昨日世界
THE WORLD OF YESTERDAY

一个欧洲人的回忆
Memoirs of a European

［奥］
斯蒂芬·茨威格
(Stefan Zweig)
— 著 —

王雪原
— 译 —

北京理工大学出版社

版权专有 侵权必究

图书在版编目（CIP）数据

昨日世界 /（奥）斯蒂芬·茨威格著；王雪原译. -- 北京：北京理工大学出版社，2022.5
ISBN 978-7-5763-1079-5

Ⅰ.①昨… Ⅱ.①斯… ②王… Ⅲ.①茨威格(Zweig, Stefan 1881-1942)—回忆录 Ⅳ.①K835.215.6

中国版本图书馆CIP数据核字（2022）第032772号

出版发行 / 北京理工大学出版社有限责任公司
社　　址 / 北京市海淀区中关村南大街5号
邮　　编 / 100081
电　　话 /（010）68914775（总编室）
　　　　　（010）82562903（教材售后服务热线）
　　　　　（010）68944723（其他图书服务热线）
网　　址 / http://www.bitpress.com.cn
经　　销 / 全国各地新华书店
印　　刷 / 三河市冠宏印刷装订有限公司
开　　本 / 880毫米 × 1230毫米　1/32
印　　张 / 13.5　　　　　　　　　　　　责任编辑 / 李慧智
字　　数 / 311千字　　　　　　　　　　　文案编辑 / 李慧智
版　　次 / 2022年5月第1版　2022年5月第1次印刷　责任校对 / 刘亚男
定　　价 / 59.00元　　　　　　　　　　　责任印制 / 施胜娟

图书出现印装质量问题，请拨打售后服务热线，本社负责调换

序

斯蒂芬·茨威格（1881年11月28日—1942年2月22日），奥地利小说家、诗人、剧作家和传记作家，出生于维也纳一个富有的犹太家庭，青少年时期饱受维也纳艺术氛围的熏陶，立志投身于文学事业。他曾先后在维也纳和柏林接受教育，二十岁就出版了第一部诗集《银弦集》，随后又将兴趣和工作重心转移到诗歌翻译、戏剧、小说和人物传记上，代表作品有著名的反战剧《耶利米》、传记《三大师》、短篇故事集《人类群星闪耀时》、长篇小说《心灵的焦灼》、回忆录《昨日世界》，以及小说史上惊人的杰作《一个陌生女人的来信》。

　　茨威格的一生经历了许多社会和政治剧变。年少时期，他生活在由哈布斯堡王朝统治的君主立宪政体之下。十九世纪末，整个欧洲经历了飞速发展，各种发明层出不穷，资产阶级世界一片欣欣向荣。从中学时代起，他便陆续在报纸上发表诗作和文学评论，逐渐在维也纳小有名气。大学时代，他在柏林过了一段"波希米亚式"生活，与来自各个阶层的青年一起畅谈文学，创作诗歌。在柏林大学获得哲学学位后，他动身前往巴黎，在这座永恒的青春之城度过了一年美好时光。在那里，与比利时诗人维尔哈伦和法国作家罗曼·罗兰的相识对他产生了深远影响。他中止了自己的文学创作,开始专心投入翻译维尔哈伦的诗歌之中。同时,罗曼·罗兰的人道主义精神和坚强意志也给他留下了深刻印象。此外,他开始涉足剧本创作,与当时伟大的德语演员和剧院导演都建立了良好的友谊。之后,他又将视角投向欧洲大陆之外,在不列颠岛、印度和美洲均留下了足迹。

回到欧洲后,第一次世界大战(1914—1918年)之前的紧张态势日益升温,而文学界盛行的狂热和煽动风格令他无比反感,于是他在报纸上发表了《致国外的朋友》,以此表达他的欧洲意识和各民族团结友爱的精神信念。"一战"爆发后,他在奥地利战争档案局谋得一份文职,并由此获得机会深入前线,切身体会战争对交战各国带来的伤痛。在战争后期,他发表了取材于《圣经·旧约》的著名反战剧本《耶利米》,通过"耶利米"这一失败者,形象表达他对战争和犹太民族的思考。该剧本在出版后大获成功,在当时处于厌战情绪下的民众中受到广泛好评,茨威格借此前往中立国瑞士指导剧本排练。他在瑞士一直待到了战争结束,在此期间,与罗曼·罗兰的友谊进一步加深,并为罗兰所在的红十字会组织写下了题为《欧洲之心》的文章,称赞他是欧洲最后的道德良心。战争结束后,茨威格不愿再回到维也纳,而是决心在宁静的萨尔茨堡安顿下来,从此开始长达三年的埋头创作,并于一九二〇年与女作家弗里德里克成婚。同时,他也目睹了战后奥地利和德国疯狂的通货膨胀以及普通民众的悲惨生活,读者们可以在书中找到非常细致生动的描写。到了二十世纪二十年代,整个欧洲似乎恢复了战前的文明和秩序,茨威格开始再度漫游各地。他先去了意大利,而后又去了德国、瑞士、荷兰、美国等国家。他在这些国家公开发表演说,并且结识了各地社会名流。同时,他在文坛的地位也越来越高,享有"有史以来被翻译得最多的作家"之美誉。一九二八年,茨威格应邀参加托尔斯泰百年诞辰,此次俄国之旅让他感受到了苏俄政权下俄国人民的真实生活风貌,并从此开启了与伟大的俄国作家高尔基之间的友谊。

从俄国回来后,茨威格在萨尔茨堡度过了五十岁生日。随着希特勒派的纳粹运动愈演愈烈,犹太人的处境开始变得日益艰难,茨威格的作品也在纳粹上台后全面被禁。但是,由茨威格与著名作曲家理查德·施特劳斯合力完成的歌剧《沉默的女人》,成功地让希特勒政府陷入投鼠忌器的两难境地,茨威格对此颇为自豪。一九三四年,由于各种政治运动不断爆发,对奥地利处境深感不安的他决定动身前往伦敦。这是一个很艰难的决定,因为茨威格的妻子和她与前夫所生的女儿选择留在萨尔茨堡,他和家人从此分离。在伦敦,茨威格一直过着深居简出的生活,仅仅与萧伯纳和威尔斯这两位大文豪有过几次会面。奥地利沦陷后,年迈的弗洛伊德在一片动乱之中被学生接到了伦敦,茨威格常常与他促膝长谈。但是对于当时深深困扰他的犹太人问题,弗洛伊德也给不出答案。

在第二次世界大战爆发前,茨威格一直没有停下游历的脚步,他曾先后两次横跨大西洋,到访巴西、阿根廷和美国。在新大陆的经历让他再度重燃希望,认为世界主义的理念能在这个新世界得以实现。一九三九年夏,不堪忍受战前舆论纷扰的茨威格从伦敦搬去了巴斯小镇,希望能让自己从时刻揪心的思绪中抽离出来。九月一日,他和当时的秘书洛蒂·奥特曼决定前往市政厅登记结婚(此时茨威格已与第一任妻子离婚),从而避免日后被迫分离。然而讽刺的是,在两人登记的同时,传来了德国入侵波兰的消息,第二次世界大战从此爆发。

一九四〇年，茨威格与第二任妻子前往巴西，在那里度过了生命的最后两年时光——二人于一九四二年二月一同服毒自杀。

在翻译此书时，我最大的感触就是，虽然这是茨威格生前最后一部作品，但读者们大可不必因为这是他的长篇遗笔而怀着沉重的心情来阅读；相反地，除了对战争的描写之外，书中绝大部分内容十分生动有趣，众多备受推崇的历史人物在他的笔下就像朋友一样亲切，许多历史上的重大事件也透过他的双眼真实地展现在读者面前，相信一定能满足书迷们对那个年代的浪漫想象。

这本书的另一个显著特征体现在茨威格引人入胜的叙事技巧上。以其生平大事作为行文的基本框架，茨威格完美地再现了十九世纪末和二十世纪初的欧洲文化艺术生活。他本人在自序中提到，此书的创作条件十分艰苦，没有任何辅助材料，只能全凭记忆。不过，在他看来，"记忆不是偶然保留某件事而遗忘另一件事的现象，而是出自一种冥冥之中的力量，能够将其有序地排列或者明智地忽略"，从这一点来说，茨威格似乎在一开始就不打算保持严格的客观标准去记录一切。但另一方面，他也极力避免了在文中提到他的私人家庭生活这类主观话题。在这种主观与客观交织的叙事方式之下，读者们既可以透过他的视角清晰地欣赏当时的世界，也能尽情地感受到这位年逾六旬的作家饱含人生智慧的思想和见解。

此外，这部书之所以能够把看似散乱的记忆碎片拼成一部系统的回忆录，要归功于茨威格贯穿全书的欧洲理念。茨威格自小深受自由主义思想影响，他不愿受到约束，希望各国的边界只是地图上毫无意义的轮廓，人们可以不受限制地去往任何地方。虽然他深爱祖国，认为只有站在自己的土地上才能创作出扎实的作品，但是他也一直自认是世界公民，是坚守人道精神的国际主义者。因此，书中许多看似琐碎的情节或者突兀的插曲，最终都指向了同一个目的：表达他的和平主义信仰和欧洲理念。相比之下，在如今逆全球化、孤立主义和民粹主义卷土重来的时代背景下，作为在第二次世界大战中备受迫害的犹太人，茨威格的这份信念显得格外珍贵。

完成这份二十七万字的译稿绝非易事，在此我想感谢我的家人王小敏先生和许泽宁先生，在许多个濒临崩溃的时刻给予我的帮助和鼓励。作为茨威格先生的铁杆书迷，我脑海中至今还会浮现这幅画面：一个明媚的春日午后，图书馆的古铜色书架在阳光的照耀下闪亮得有些令人睁不开眼，那位无意中翻开了《一个陌生女人的来信》的文学少女，就这样倚着被晒得十分暖和的书架，一口气读完了这位女主人公的悲情一生，被结尾处提到的"那股穿堂而过的冷风"震撼得战栗不已。因此，能通过翻译此书向他致敬，在某种程度上也实现了我自己最初的文学梦想。由于白天在译文上倾注了许多心血，我经常会在夜里依稀梦见茨威格或是像朋友般地与我就书中某一情节进行对话，或是像能看懂中文似的对一些我自认为绝妙的译文表示赞许。正如他在文中所言，多年以后，他的作品又以另一种形式在世界的某个角落被友爱地赋予了新的生命——也许这就是文字的力量和翻译的乐趣吧。当然，由于时间和能力有限，译文难免有诸多不足之处，还请各位读者指正。

王雪原
二〇二〇年十月于中国上海

目录

自序 / 001

太平盛世 / 007

上个世纪的学生时代 / 031

情窦初开 / 066

人生的大学 / 088

巴黎,永恒的青春之城 / 120

曲折的自我追寻之路 / 152

走出欧洲 / 169

欧洲上空的阳光与阴云 / 182

一九一四年战争之初 / 203

为了团结的国际社会而战 / 226

置身于欧洲之心 / 242

重返故国家乡 / 267

再度回归世界舞台 / 290

日薄西山 / 311

希特勒上台 / 343

和平最后的挣扎 / 374

让我们悄然离去,
静候与岁月再次不期而遇。

——莎士比亚《辛白林》

自　序

　　我从未觉得自己多么重要，重要得足以让我有一天难以抑制地将自己的人生故事写下来。在经历过很多可怕的经历、灾难和考验后，我意识到我所承受过的比以往任何一代都要沉重，因此也有了勇气写下这一部以"我"为主人公，更准确一点来说，以"我"为核心的书。曾经我最不能想象的事情就是让自己置身于故事中，除非是以边放图片边做演讲的形式。一幅幅历史图片不断滚动，我所做的仅仅是解说它们而已。事实上，我所写下的故事，绝不只是我个人的故事，而是我们这一代，承受了历史上前所未有的生命之重的人共同拥有的故事。我们都深知，在欧洲大陆上我们曾经的家园现在每时每刻都经历着火山爆发般的浩劫。而我唯一可以确信的就是，作为一个犹太裔奥地利人、一个人道主义作家、和平爱好者，我总是首当其冲，处在最危险的风口浪尖之上。这些劫难再三地颠覆了我的家园和我的生活方式，让我彻底与往昔所拥有的一切诀别。巨大的风浪将我卷入一片虚无之中，而我也很快意识到根本无处可逃。但是，这并不是借口抱怨的时机，相反，这种无所依附是一种全新的自由，只有无拘无束的人才可以放逐于风浪之中。因此，我自认可以至少达到最基本的条件，那就是对这一时代进行坦诚而客观的描绘。

因为我与生我养我的土地永久地分离了，而且比这一时代的大多数人都更为彻底。我于一八八一年出生于哈布斯堡王朝的伟大帝国，它曾疆域辽阔，盛极一时，但现在已在地图上消失得无影无踪。我成长于维也纳这座屹立了两千多年的国际大都会，但是在得知它将沦落为德国统治下的一个省后，我不得不像罪人一样连夜逃走。我用母语撰写的文学作品，原本在这个国家有数百万的读者，却被付之一炬。所以我现在不属于任何地方，我将成为永远漂泊在外的异客。甚至我心中真正的家园——我的欧洲，也在两次同室操戈的自我毁灭式战争后支离破碎，永远地离我而去。我不得不眼睁睁地目睹有史以来理性面临的最惨痛的溃败，和残忍迎来的最野蛮的胜利。我们这一代达到了前无古人的文明高度，却在道德的深渊中滑落得比以往任何一代都更深——请相信我说出此话并未带着丝毫骄傲，而是充满了惭愧之情。从我刚刚长出青涩的胡茬，到它变得灰白的这段短暂的人生里，人类社会经历了百年未有的变革，而我们身处其中的人都不堪重负。今时与往日如此不同，大起大落如此之频繁，让我时常觉得恍若隔世。当不经意地提及"我的人生"时，我经常会本能地问自己，是哪一段人生。是世界大战之前？是第一次世界大战之前，是第二次世界大战之前，还是现在的人生？我也会说到"我的家"，但是我也常常怀疑到底是哪一处家，是在巴斯的家，在萨尔茨堡的家，还是在维也纳的父母家？有的时候我还会提到"我们"在"家里"的时候会做什么，此处"我们"是指奥地利人，可不得不令人讶异地承认，我在很多时候，与其说是奥地利人，不如说是英格兰人或美国人。我已永远地离开了我的家乡，但也从未融入其他地方。我成长的那个世界，和我现处的世界，更不用说横亘在这两者之间的那个世界，都让我感到日益遥远而陌生。每一次当我和年轻的朋友们谈论某件发生在第一次世界大战之前的事情时，他们都会觉得难以置信，这时我才会意识到，那些我还认为是理所当然的现实已经成为他们无法想象的过去。我的内心深处告诉我，他们是对的，所有通往过去的道路都已切断。我只能感叹，与父辈们相比，我们短暂的人生却经历了如此之多的逆境和危险。我的先辈们的人生之路是那么笔直，简明扼要，贯穿始终；没有沧桑巨变，没有灾难危险，有的仅仅是一些难以察觉的颠簸而已。他们顺着时间的波浪从摇篮漂向墓地，一路上皆是轻松愉悦的旋律。他们从头至尾都生活在同一国家，同一城市，甚至在同一所房子里。至于外界发生的事情，只是他们在报纸上读到的一些概念，遥远得像在天边。在他们的时代，可能在世界某个地方也上演着战争，但与今天的战争规模相比，根本不值一提，而且远未触及他们的国境。他们不会听见大炮在耳边轰鸣，那些战役往往在半年后就会被遗忘，成为历史书上尘埃落定的一页，而之后的生活将一如往常。但是，对我们来说，之前所拥有的一切都片甲不留，再也无法重头来过。我们这代人所经历的种种事件，在以往的历史上绝不可能如此密集地发生在某一个国家的某一代人身上。充其量可能是，一代人先经历革命，下一代经历政变，第三代经历战争，第四代遭遇饥荒，到第五代再经历国家经济体系的崩溃，而还有许多生活在幸运的国度和年代的人，可能连其中的一场变故都没有经历过。但是对于我们这些已经六十多岁的人来说——理论上我们还能在世一段时日——还有什么经历是我们没有见证过的，还有什么苦难是我们没有遭受过的呢？我们已经从头到尾遍历了所有可能想到的人类灾难名录，但还远未翻到最后一页的结局。我已经经历了人类历史上已知的两次最惨烈的战争,并且两次站在不同立场上——第一次在支持德国这一方,第二次则是在它的对立面。在这两次战争之前,我生活在个人自由的巅峰时期,在战争之后,这种自由跌入了数百年来的最低谷。我受到过称赞,享受过自由和富足的生活,也饱受过冷眼、监禁和清贫之苦。末日景象中那四匹阴森的马①都闯入过我的生活:革命和饥荒、货币贬值和白色恐怖、流行病和流亡。大规模的意识形态思潮在我眼前蔓延开来,意大利的法西斯主义、德国的纳粹主义、俄国的布尔什维主义,还有像瘟疫一样毁灭了璀璨的欧洲文明——最具毒害性的民族主义。我一直被动无助地见证着人类种种无法想象的野蛮行为,这样的野蛮时代曾经远远地被人们抛在脑后,现在却精心谋划着卷土重来了。几百年后,我们这一代人再次看到了不宣而战的突袭,集中营、酷刑、肆无忌惮的掠夺,以及对毫不设防的城市的轰炸,还有其他过去五十代人都未曾见过的兽性。我们真诚地希望,未来的世界不会再见到这些暴行。然而,充满矛盾的是,在我们的世界将道德时钟往回拨了一千年的同时,我们也看到人类在技术和智力领域实现了闻所未闻的壮举,在短时间内超越了数百万年来所实现的一切:飞机翱翔天际,电话联通世界,人类征服太空,原子发生裂变,甚至最棘手的疾病也可被治愈。昨天还不可能的事情往往很快就会在今天变得可能。在我们这个时代之前,人类从未如此邪恶地行事,又取得如此神圣的进步。

---

① 此处的"四匹马"指的是末日四骑士的典故,出自《圣经新约》末篇《启示录》第6章,传统上认为白马骑士代表征服,红马骑士代表战争,黑马骑士代表饥荒,绿马骑士(一说灰马骑士)代表死亡。

在我看来，见证我们这一生充满如此戏剧性的经历，在某种意义上是我们的义务，因为我们所有人——原谅我再重申一次——都身不由己地见证了这些巨大的转变。对于我们这一代人来说，我们无法像前几代人那样置身事外。新兴的新闻传播方式让这个时代发生的各种事件都似乎近在咫尺。当炸弹炸碎上海的房屋时，甚至在伤者还没有被救出之前，我们就在欧洲自己家的客厅里知道了这一消息。千里之外的事件仿佛可以生动地重现在眼前。我们无处可逃，只能被迫淹没在这些无穷无尽的信息里。没有哪片土地可以幸免于难，再多的财富也买不到和平与安宁。命运之手无处不在，它提拉着我们，残忍地把我们拖回了这场无休无止的游戏中。

人们不得不屈从于国家的要求，成为最愚蠢的政治牺牲品；不得不见证最难以想象的巨变，被束缚在一个共同的命运上。纵然我们对此深恶痛绝，但只能看着它势不可挡地席卷一切。我们这些曾经行走过这段岁月——或者更确切地说，是疲于奔命逃出这段岁月——的人，几乎没有时间喘息。我们比任何先辈们都经历了更多的历史。时至今日，我们仍然站在终结和起点的分水岭上。因此，如果需要我把这一场人生回顾中止在某个特定的日期，那么我会刻意选择一九三九年九月的那一天①，它标志着我们这代现在即将步入第六十个年头的人们曾经的黄金时代从此陷落。但是，如果能从塌陷的时代废墟中挽救出一小部分真理的残片，并通过记录将其传给下一代，我们也不算枉度这一生了。

在我想要用某种形式的回忆把时代记录下来时，我所处的环境

---

① 1939年9月3日，英国（茨威格当时流亡所在地）和法国对德国宣战。

并不算有利，但这却是这一时代的典型特征。我在战争中写作，在异国他乡写作，在没有任何辅助材料的情况下写作。旅馆的房间里没有以前写的书、笔记，或者朋友之间的信件。我也无处收集信息，因为世界各地之间的邮政服务都已暂停或受到审查。我们生活在各自的孤岛上，就像数百年前轮船、铁路、航空旅行和邮政系统还未发明时一样。我的过去已经找不到任何痕迹，只剩下脑海里的记忆。今时今日，其他一切都丢失了，或者无法可及。但是，我们这一代人已经领悟了昨日之日不可追的真谛，也许，不幸遗失的文献和细节信息甚至将是我这本书的一个优势。因为在我看来，记忆不是偶然保留某件事而遗忘另一件事的现象，而是出自一种冥冥之中的力量，能够将其有序地排列或者明智地忽略。在我们的人生中，那些被忘掉的一切，其实是内心的本能早就决定要遗忘的。只有我想为自己保留的东西才能被他人所保留。因此，我要求用我的记忆来为我选择要记录下来的内容，并在我的生命沉入无尽黑暗之前，最后让它微弱地照亮一次。

太平盛世

> 我们生于和平,长于安宁,
> 陡然闯入纷繁世间。
> 汹涌波涛无尽地将我们环绕,
> 时常高兴,偶尔淡然,
> 身陷旋涡,悲欢时刻变幻,
> 摇曳激荡着躁动和不安。
> 虽感受到陌生而动荡的力量,
> 却又在那动荡中无处安放。
>
> 歌德

倘若要简短地概括第一次世界大战之前我的童年和青年时期,我希望可以用"安全感的黄金时代"这一说法。我们的奥地利王权当时已有近一千年的历史,也似乎将永远存在下去,而国家本身就是持久性的最终保证。它赋予公民的权利由议会通过,而议会代表人民的自由选举,其每项职责都得到了明确规定。我们的货币——奥地利克朗,以闪亮的金币形式流通,保证了自身的可靠性。每个人都知道自己拥有多少财产，收入是多少，什么是被允许或被禁止的。一切都有固定的规范、正确的度量。有财富的人可以精确地算出每年将收获多少利息，而公务员和军官们则可以确切地在日历上找出他们晋升和退休的年份。每个家庭都有自己的预算，知道可以分别在食物、住宿、夏季旅行和社交活动上花费几何。当然，为一些求医问诊的不时之需预留一小笔钱也是必要的。每个人拥有的房产自然地被视为子孙后代的安居乐园，商铺和农场都会代代相传。婴儿仍在摇篮里时，父母便开始把第一笔基金放入存钱罐或储蓄账户中，为他的一生保驾护航。在这个广袤的体系中，一切都是牢不可破的，由年迈的皇帝站在权力的顶峰运筹帷幄。如果他不久于人世，全奥地利的人都知道（或自认为知道）会有另一位皇帝继位，这些精心计算的秩序都不会改变。在这样的理性时代，任何激进或暴力的事情似乎都不可能发生。

这种安全感是数百万人想要拥有的财富，是所有人共同希望的理想生活。只有在这样的太平盛世下生活才是有价值的，越来越多的社会阶层也渴望从这份宝贵财富中分一杯羹。最初，只有那些拥有财产的人才能享有优势，但是逐渐地，广大群众也加入了进来。这一太平盛世也是保险业的黄金时代。人们为房屋投保火险和盗窃险，为土地投保免受暴风雨和冰雹的损害，为自己投保意外险和医疗险，为老年生活购买年金。父母在女儿们还睡在摇篮里时就买好了她们长大后的嫁妆险。最终，甚至工人阶级也组织起来，争取到了定期支付的工资以及健康保险。仆从们也开始为日后年迈而储蓄，并提前支付自己的葬礼花销。只有那些对未来毫无忧虑的人才能无牵无挂地享受当下。

但是，尽管当时人们的生活观念牢固而清醒，但这种自认为无懈可击的令人感动的自信，不如说是一种危险的自负。在十九世纪的自由主义和理想主义浪潮下，人们确信他们正朝着一条美丽世界的康庄大道高歌猛进。他们不屑曾经那段战争、饥荒和革命频发的年代，认为当时的人类不够成熟、尚未充分启蒙。而现在，用不了几十年，就能看到邪恶与暴力的终结。这种对不间断的、不可阻挡的"进步"的信念如同宗教力量一般。人们对"进步"的信仰远胜于《圣经》，日新月异的新科技似乎也毫无争议地证明了"进步"所传递的福音。的确，在那个和平的世纪末，整体社会的前进和发展随处可见，日益迅猛而且花样纷繁。电灯取代了过去的昏暗煤油灯，照亮着夜晚的街道；店铺沿着主大街一路开到郊区，焕发着诱人的光彩。相距遥远的人们可以得益于电话进行交谈。马路上飞驰的汽车取代了马车，神话里伊卡洛斯的飞行梦想也已成真。中产阶级的住宅变得像上流社会一样舒适：不再需要从水井或水道中取水，也不再需要在炉膛中费力地生火，处处干净整洁，污垢无处可寻。人们也变得更俊美，更健康强壮。各种体育活动极大地促进了身体健康，街道上瘸腿者、大脖子病人和残疾人也越来越少见。科学是主司进步的大天使，在人间散播了所有这些奇迹。社会福利也被迅速完善，个人所赋权利逐年增加，司法也更温和人道。即使是底层贫困这一终极问题，似乎也有了解决之道。越来越多的阶层有了投票权，选民因此可以合法地捍卫自己的利益。社会学家和教授们争相为普罗大众的健康幸福而努力——也难怪这个世纪沐浴在自身成就的阳光之下，并把每一个即将结束的十年视作下一个更美好的十年的序章。人们不再相信欧洲国家之间会再次发生战争这样的野蛮行为，正如他们不再相信鬼神之说一样。我们的父辈们坚信宽容与和解具有无穷的凝聚力，他们真诚地相信，国家与宗教信仰之间的分歧将逐渐融合为一种共同的人性，从而让和平与安宁——这一最伟大的财富能为全人类所共享。

如今,"安全感"一词早已从我们的词典中幻化无踪,那一代被理想主义所迷惑,抱着不切实际的幻想的人们,不禁让人哑然失笑。他们竟然乐观到认为人类的技术进步必然导致同样迅速的道德提升。在这个新世纪里,我们已经学会了对任何新的集体暴行都泰然处之,并已做好准备迎接每一个更糟的明天,对人类的道德前景保持越来越怀疑的态度。我们不得不承认弗洛伊德的观点,那就是我们的文化和文明只是薄如蝉翼的一层装饰,随时可能被表面之下的黑暗力量给打破。我们不得不慢慢地习惯现在的生活——脚下的土地会随时分崩离析,没有法律、自由或安全保障。我们早就不再相信父辈们那一套人类会迅速而持久崛起的理论了。经历了这场弹指间就令人类千年的努力化为乌有的灾难,他们这种过分乐观的态度在我们看来无疑是不合时宜的。但是,哪怕这只是一种幻想,也毕竟是我们父辈们对高尚美好的一种痴念,相比于当下的口号,其实更有人性的光辉和实际效果。尽管我经历了这一切失望,这种念想也还是在我的内心深处久久挥之不去。这种从童年时代开始就深入骨髓的想法很难磨灭,它将一生如影相随。尽管每天我都会听到各种不幸的讯息,我和无数同病相怜的人们一样经历了种种屈辱和磨难,但我还是不愿否认青年时代的这一信念,还是相信:尽管如此,前方还是会有希望。即使如今在恐惧的深渊中摸索着前行,只剩下一颗黯然破碎的心,我也会一次又一次地抬起头仰望那片照耀过我的童年的星空,用从先辈那里继承的信念安慰自己——这场倒退只是昙花一现,终有一天会消失在人类不断向前和向上的永恒节奏中。

现在,这一信念早已被一场巨大风暴所摧毁,我们终于知道所谓的太平盛世只是一座空中楼阁。然而在我的父母生活的那个时代，它也曾经固若金汤。风霜刀剑从未入侵过他们温暖舒适的生活。当然，他们有特殊的防寒屏障。他们原本就出生于富有的家庭，然后变得更加富有，而在那个时代，财富可以轻松地为你遮风避雨。在我看来，他们过着典型的犹太中产阶级的生活。这群人为维也纳文化做出了非常重要的贡献，而作为回报，他们却被赶尽杀绝。但是我可以非常客观地说，在他们的那个和平年代里，成千上万维也纳家庭都是像我父母一样安静舒适地生活着。

我父亲的家族来自摩拉维亚[①]，那里的犹太人生活在小镇和村庄里，与当地农民和中下阶层人民关系友好而和睦。他们身上没有加利西亚[②]的东部犹太人所遭受的压迫，也没有什么雄心勃勃的急躁感。他们在乡村生活中变得健康强壮，与当地农民们一起稳步行走在和平安宁的田野上。他们很早就从正统的宗教信仰中挣脱出来，成为当代"进步"派的热情支持者，在自由主义的政治时代，他们当中也有人当选为颇受尊敬的议员。从家乡搬到维也纳后，他们以惊人的速度适应了更高级的文化层次，个人发展也与时代整体的繁荣紧密地结合在一起。我的家族在这个转变过程中是一个非常典型的例子。我的祖父曾是纺织品买卖商。十九世纪下半叶，奥地利出现了空前的工业繁荣。从英国进口的织布机和纺纱机极大地促进了合理化生产，与传统的手工织布相比，大大降低了成本。犹太商人们凭借其敏锐的商业天赋和国际视野，在奥地利率先意识到了转换为工业生产的必要性及其

---

① 摩拉维亚为捷克东部一地区，得名于起源该区的摩拉瓦河。
② 加利西亚是旧地区名，在今波兰的东南境，属维斯瓦河上游谷地，历史上长期为俄、奥争夺的目标。

可观回报。他们通常仅以很小的资金开始,然后迅速建立起工厂,最初仅由水力驱动,后来逐渐发展壮大,在整个奥地利和巴尔干地区建立了强大的波希米亚纺织工业。因此,如果说我的祖父做的只是他那一代典型的成品买卖的中间生意,我父亲则坚定地迈入了现代时代,在三十三岁时在波希米亚北部建立了一个小型纺织厂。经过多年经营,他稳步地将其发展成了一个相当强大的企业。

即使在经济形势看似有利的情况下,我的父亲在扩大业务方面也十分慎重。这非常符合当时的时代精神,同时也符合我父亲相对保守、懂得节制的性格。他恪守那个时代"安稳为上"的信条。对他来说,拥有稳健的业务(稳健的理想主义也是这一时代的特征)更为重要,他也更希望通过自己的财力,而不是银行贷款和抵押来实现它。他一生中最引以为傲的就是从未有人在借据或本票上看到过他的名字,他在开户银行信用记录上也从未逾期过。而他所选的银行,也是由罗斯柴尔德家族①创立的稳定性最好的克雷迪坦斯塔尔银行。任何带有哪怕一点点潜在风险的交易都令他反感,他一生中从未参与任何跨国业务交易。他逐渐变得越来越富有,并不是由于大胆的投机或特别有远见的决策,而是由于他遵循了那个万事谨慎的时代的通用法则:用收入的一小部分积累出日益强大的资本总额。而那些没有未来计划、不假思索地花掉一半年收入的人,在我的父亲这一代人眼中,则是不太靠谱的败家子。在这个太平年代,未雨绸缪是一个经常出现的话题。不断地将收入投入资本积累中,就意味着不断增加的繁荣。

---

① 罗斯柴尔德家族是欧洲乃至世界久负盛名的金融家族。它发迹于十九世纪初,其创始人是梅耶·罗斯柴尔德。

此外，当时政府的征税仅仅只占最高收入的很小一部分，而国家和工业证券还能同时带来很高的利息，对于富人来说，财富积累几乎是一个自然而然的过程，不需要额外的心思。这么做在当时也是值得的；因为节俭的积蓄并不会像通货膨胀时期那样流失贬值；稳健的业务不会遭遇任何经济压力，即使是那些保持耐心、从不愿进行任何投机活动的人们也能赚得可观的利润。由于我的父亲很好地遵循了当时的这一通用法则，他在五十多岁时成为一个标准的富人。但是，我们的家庭生活水准却远远落后于财富的增长。生活确实逐步变得更加舒适，我们从一间小公寓搬到了一栋大房子，可以在春日午后租车去郊游，乘坐火车二等卧铺去旅行。但是直到五十岁时，父亲才第一次让自己奢侈地享受了一回，带着母亲去尼斯住了一个冬天。在父亲的深思熟虑之下，他对享受财富的基本态度是知道自己拥有它们即可，不必大肆张扬。作为一个百万富翁，父亲从未抽过一支进口雪茄，只抽当时普通的特拉布科雪茄，就像弗朗茨·约瑟夫皇帝只抽廉价的弗吉尼亚牌烟草一样。他玩纸牌时也只下很小的注。他不拘一格地保持克制，保持着舒适但谨慎的生活方式。尽管他的文化素养比大多数同事都高得多，并且在艺术造诣上也很高——他的钢琴演奏非常出色，书法工整优美，会讲法语和英语——但他坚持谢绝了任何荣誉职位，也从未渴望过或接受过他的工业家的身份赋予他的光环和殊荣。他暗地里最引以为傲的是：他从来不用向任何人请求任何东西，从来没有被迫说过"请"或"谢谢"，这对他来说比任何外在的炫耀都有意义。

每个人一生中不可避免地会有这样一个时刻：在自己身上看到父亲的影子。随着岁月的流逝，对隐姓埋名的生活方式的偏爱开始在我心中越来越强烈，尽管事实上这与我的事业背道而驰，因为我的作家身份注定会使我受到一定的公众关注,但是出于与他相同的隐秘的骄傲,我也一直谢绝了任何形式的外在荣誉,从未接受任何勋章或头衔,也不接受任何协会的主席职务。我从来没有加入过任何学院、董事会或者评审团。参加庆祝仪式对我来说是一种折磨,仅仅想到要向某个人求助这一场景,就足以让我打消念头——即使通过第三方提出请求,我也开不了口提一个字。我知道,在现在这个只能通过圆滑逃避来保持自由的世界里,这种自我约束是不合时宜的。正如睿智的歌德曾说过:"在盲目的人群之中,傻瓜都知道需要勋章和头衔来自我保护。"但是我身上父亲的影子和他隐秘的骄傲让我下意识地克制了诱惑。毕竟,正是他的这种骄傲让我能感受到内在的自由,这也许是我现在唯一拥有的财富了。

我母亲的家世则截然不同,非常国际化。她出生在意大利的安科纳[①],娘家的姓氏是布雷塔尔,她童年时代会使用意大利语和德语这两种语言。所以当她要和我的外祖母,或者她的妹妹讨论某些事情时,如果不想让仆人知道她们在说什么,就会改用意大利语。我从小就经常接触到意大利调味饭,还有当时在维也纳还很稀罕的洋蓟和其他地中海风味的美食,因此每次访问意大利时我都会立即感到宾至如归。但是我母亲的家人绝不是典型的意大利人,并且自认为比任何其他人都更有大都会风范。布雷塔尔家族最初拥有一家银行,发源于瑞士一个叫作霍海内姆斯的边陲小镇。他们以犹太银行世家为榜样,早早就计划将业务散布到世界各地,尽管规模要小得多。其中一支去了圣

[①] 安科纳是意大利中部滨亚得里亚海的港市。

加仑,还有一些去了维也纳和巴黎。我的外祖父去了意大利,舅舅去了纽约,这些国际往来使这个家族更加精于世道、视野开阔,同时也形成了某种自傲。整个家族里没有小商小贩,没有中介商人,他们都是银行家、公司董事、教授、律师和医生,每个人都能讲几种语言。我还记得在巴黎的姨妈家里,大家在餐桌上是多么自然地在几种语言中切换自如。由于整个家族的自命不凡,当一支相对落魄的亲戚家里的女孩到了出嫁年龄时,每个人都会为她提供嫁妆,这样她就不会有"下嫁"的风险。作为一个杰出的实业家,我的父亲受到了他们的尊重,但是,尽管他们的婚姻是最幸福的,我的母亲绝不会容忍将她的家族和我父亲的家族相提并论。出身于布雷塔尔家族的"名门"后代们有着一种无法斩断的优越感,以至于如果我母亲的亲戚想向我展示特别的善意时,他们会居高临下地称赞我更像一个真正的布雷塔尔家的人,仿佛在赞许我选择了父母双方更为优越的一边。

许多犹太家族所宣称的这种区分,让我和哥哥从童年时代起就时而觉得好笑,时而又觉得可气。我们总是听到某些人是"高等"的,而其他人没有这么"高等"。他们会询问我们任何新交的朋友是否来自"名门",详尽地调查他们的家庭渊源和亲戚的财富状况。这种固化的分类实际上是所有家庭和社交场合中的主题,但是在当时的我们看来是荒谬而势利的。因为毕竟各个犹太家庭之间唯一的区别,就是他们到底是五十年前还是一百年前搬离犹太贫民区的。直到很久以后,我才意识到"名门"的概念其实就是对贵族的蹩脚模仿,它表达了犹太人本质中最隐秘最深刻的一种特性。人们普遍认为,发家致富是典型的犹太人一生追逐的目标,没有人会偏离这一点。实际上,对一个犹太人来说,致富只是一个过渡阶段,是实现真正目的的手段,但绝不是目的本身。犹太人内心真正的理想和愿望是通过成为知识分子来提升自己的社会地位。在将整个犹太种族的缺点和美德表现得更为明显的东部正统犹太人中,这种对知识分子至高无上的地位的渴望有着更为直观的例子:虔诚的《圣经》学者们在犹太社区的地位远比有钱人高。即使是最富裕的犹太人,也宁愿将女儿嫁给贫穷的知识分子,而非商人。这种对知识分子的崇高敬意遍及犹太社会的所有阶层,哪怕是风里来雨里去的最贫穷的小贩,无论他必须做出多大的牺牲,也会尽力至少让一个儿子接受大学教育,给整个家庭带来荣耀,因为这样一来他们家族的一员会被明确地视作知识分子:不论是教授、学者,还是音乐家。似乎一个人的成就能够使整个家族都高贵起来。在潜意识里,犹太人总是试图摆脱那些令人讨厌的印象,比如只会做买卖、卑劣又粗俗、试图摆脱商人的铜臭气,上升到不用庸俗地与钱打交道的知识分子阶层,就像瓦格纳①的剧中人物试图打破整个种族所遭受的黄金诅咒一样。因此,在犹太人中,致富的想法几乎总是在一个家族的两代或最多三代之内就消失了,甚至最强大的豪门也会发现他们的子孙后代不愿接管上一代建立起来的银行和工厂等家族基业。因此,罗斯柴尔德勋爵成为一名鸟类学家,沃伯格家出了一位艺术史学家,卡西尔家的一位成员是哲学家,萨松家出了位诗人,这些都并非偶然。他们都响应了潜意识里同样的冲动,要把自己从束缚了犹太人的冷酷的赚钱思想中解放出来。也许这种逃往文化领域的行为甚至还表达了一种内心的渴望:要将他们的犹太人身份改换成四海

---

① 理查德·瓦格纳(1813年5月22日—1883年2月13日),出生于德国莱比锡,浪漫主义时期德国作曲家、指挥家。

之内皆被认可的身份。因此,"名门"不仅仅意味着上层社会地位,也表达了犹太人希望通过适应另一种也许更普遍的文化,将自己从所有的犹太人贫民区加诸他们身上的缺点、约束和狭隘中解放出来。但是,这也造就了犹太人命运中另一个永恒的悖论——由于如今从事知识阶层职业的犹太人数量异常庞大,这种逃往知识领域的行为与他们早先对物质获取的专注一样,都招来了祸端①。

几乎没有哪座欧洲城市像维也纳那样对文化生活充满热情。几个世纪以来,奥地利和它的君主政体不仅在政治上没有什么野心,在军事上也没有什么特别的成绩,当地人最强烈的自豪感都倾注在了追求杰出的艺术成就上。古老的哈布斯堡帝国曾统治过欧洲的几个最重要和最有价值的地区——德国和意大利、佛兰德和瓦隆——但它们早已脱离了统治,只有曾经的都城完好无损地保存了下来,延续那份作为宫廷的避难所和千年传统的守护者的古老荣耀。当年的罗马人奠定了这座城市最初的军事基石,让其成为保护拉丁文明不受野蛮人侵害的边远前哨。一千多年后,奥斯曼帝国对西方的进攻也确实止步于维也纳的城墙之下。尼伯龙根传说中的人物们到过这里,乐坛不朽的北斗七星——格鲁克、海顿、莫扎特、贝多芬、舒伯特、勃拉姆斯和约翰·施特劳斯从这座城市照耀着世界,欧洲文化的所有洪流都汇集在这里。在宫廷、贵族和普通民众中,德意志文化与各种斯拉夫、匈牙利、西班牙、意大利、法国和佛兰德文化交织在一起。维也纳,这座音乐之城,有着独特的天赋,能够以一种全新而独特的方式和谐地化

---

① 茨威格指的是希特勒的反犹政权对"知识界"的犹太人实施的禁令。例如,他们不再被允许担任律师和医生。

解所有反差，其中的典型代表就是奥地利音乐和维也纳音乐。这座城市思想开放，尤其善于接纳，吸引了各种不同的力量，缓和了它们之间的剑拔弩张，让它们安然共处。生活在这里是一件愉快的事，在这种对知识分子极其包容的氛围中，不知不觉地，每一个维也纳公民也变成了超越民族和国家的世界公民。

这种调和的艺术，就像乐曲的过渡小节一样轻柔自然，甚至在城市的外观上都随处可见。几个世纪以来，它从中心慢慢扩张，逐渐有机地发展成为一个容纳两百万居民的大都市。虽然具有大都会该有的一切奢华和多样性，但它还没有大到像伦敦或纽约那样与大自然隔绝。城市边缘的建筑倒映在波光粼粼的多瑙河上，俯瞰着广阔的平原，或错落有致地分布在花园和田野间，或星罗棋布地点缀在阿尔卑斯山余脉的缓坡上。你很难分辨哪里是自然的界限，哪里又是城市的起点。它们彼此彬彬有礼地让道，没有任何冲突或矛盾。而在市中心，你又会感到城市像一棵古老的树一样一圈一圈地生长变粗，环城大道代替了古老的防御工事，用层层房屋包围和保护着最珍贵的核心。在最深处的核心内城里，古老的宫殿和贵族宅邸诉说着历史：贝多芬曾为利西诺夫斯基家族演奏；海顿曾是埃斯特哈兹家的座上宾，他的《创世纪》于这里的古老大学里首演；霍夫堡见证了历代帝王的生活，美泉宫曾目睹过拿破仑的起居；结盟在一起的基督教世界的统领们曾在圣斯蒂芬大教堂里祷告，感恩他们在土耳其人手下逃过一劫；大学古老的围墙上也见证过无数闪亮的学术界和科学界明灯。同时，在这些古老的建筑中间，各种新建筑拔地而起，傲气十足，气势磅礴，街道光彩夺目，商厦金碧辉煌。但是这两者之间，就像被开凿的石头与大自然一样，相安无事，互不打扰。住在这个热情欢迎陌生人、热情接待外来者的城市里，十分美妙，这种轻松愉快的气氛就像在巴黎一样。众所周知，维也纳是一座享乐主义的城市——然而，文化的意义不就在于汲取生活粗粝的原材料，并通过艺术和爱的手段提炼出其中最美好、最微妙的精华吗？维也纳人是美食鉴赏家，他们欣赏美味的葡萄酒、微涩的鲜啤、奢华的糕点，但他们也追求更雅致的乐趣。音乐、舞蹈、戏剧、谈话、举止和品位都是这里颇能体现出教养的艺术。在个人或整个社会的生活中，军事、政治或商业事务都不是首要的；普通的维也纳市民在看晨报的时候，眼睛通常首先不是盯着议会辩论或外交事务，而是浏览剧院演出单，这在其他城市会很令人费解。对于维也纳人和奥地利人来说，这座帝国剧院——城堡剧院——不仅仅是一个演员表演戏剧的舞台，它是反映宏观世界的一个缩影，是社会可以审视自身的一面明镜，真正代表了有品位的"宫廷做派"。在城堡剧院的演员身上，观众可以看到如何着装、步入厅堂、进行交谈的范例，以及有品位的人应当使用或避免使用的措辞。舞台不只是一个娱乐场所，还是一本讲述良好行为举止和正确发音的活的百科全书。所有与城堡剧院沾上一点边儿的人，周身都散发着一种像圣人一样令人尊敬的光环。当富有的首相走在维也纳的大街上时，不会有人回过头来盯着他看，但是每个女售货员和马车夫都能认出城堡剧院的演员和歌剧女主角。当我们这些男孩子们看到他们中的一个经过时（我们都收集了他们的照片和签名），会自豪地向别人炫耀。这种近乎宗教般的个人崇拜甚至延伸到了他们的随行人员，例如阿道夫·冯·索南塔尔的理发师、约瑟夫·坎兹的马车夫，人们对他们既敬畏又暗暗羡慕。年轻的花花公子们也会争相找那些演员光顾过的裁缝店去制作衣服。一位著名演员职业生涯的周年纪念日，或者一位伟大演员的葬礼，都会盖过所有政治新闻。每个维也纳作家的梦想就是在城堡剧院上演他们所写的剧目，因为这意味着一种贵族式的封赏，随之而来的是一系列的好处，比如终生免费的剧院入场券和所有正式场合的邀请函，因为你已经去皇家做过客了。我仍然记得自己当时受到的隆重接待。城堡剧院的导演要我一大早去他的办公室，他首次向我表示了祝贺，告诉我剧院已经接受了我的剧本。那天晚上回到家时，我在公寓里发现了他的拜访函——他正式地回访了我，一个26岁的年轻人。仅仅被他们接受成为一个为皇家舞台写作的作家，就使我像一个绅士一样享受到皇家剧院的院长平等相待的殊荣。剧院里发生的任何事都会间接地影响每一个人，哪怕是和这事没有任何直接关系的人。我记得在我还年幼的时候，有一天家里的厨师热泪盈眶地冲进客厅，因为她刚刚听说城堡剧院的明星女演员夏洛特·沃尔特去世了。她过分的悲伤令人觉得十分荒诞，因为我们这位半文盲的老厨娘一生从未去过那个著名的剧院，也从未在舞台上或在现实生活中见过夏洛特·沃尔特。但在维也纳，一个伟大的奥地利女演员是整个城市的公共财产，即使是毫不相干的人也会觉得她的离世是巨大的损失。每一位深受喜爱的歌唱家或艺术家的陨落都会不可避免地引发举国上下的哀悼。当首映过莫扎特的《费加罗的婚礼》的旧城堡剧院将被拆除时，整个维也纳上流社会都怀着庄严的心情聚集在那里。帷幕刚落下时，每个人都冲向舞台，希望至少能把台上他们最喜爱的艺术家们曾经踩过的微小碎片作为遗物带回珍藏。即使几十年后，这些普通的木制碎片仍被保存在许多富人家庭珍贵的小匣子里，就像圣十字架碎片被保存在教堂里一样。

在我那个时代，当所谓的贝森朵夫萨尔厅被拆除时，我们的行为也并没有理智多少。它本身是个小音乐厅,专为室内乐而建,整个建筑朴实无华,没有任何伟大的艺术特色。它曾经是列支敦士登王子的骑术学校,只是简单地增加了内部台板用以演奏音乐,没有任何其他装饰。但对音乐爱好者来说,这里是一个神圣的地方,就像越是古老的小提琴越是受到钟爱一样。肖邦、勃拉姆斯、李斯特和鲁宾斯坦都在这里举行过独奏会,许多著名的四重奏也都在这里首次上演。现在它要为一个专门建造的新音乐厅让路,这对于我们这些在那里度过了许多难忘时光的人来说是无法接受的。最后一场演出的那天,罗塞四重奏乐队以比以往更出色的水准演奏了贝多芬的乐曲。最后几个小节渐渐飘远,观众们却久久不愿离开。我们不停地鼓掌喝彩,有些女人开始激动地啜泣,没有人愿意承认这就是最后一面。为了让我们离席,他们把大厅的灯都熄灭了。在座的四五百人仍然没有一个离开座位。我们待了半个小时,一个小时,仿佛我们的静坐抗议可以强行拯救这座神圣的大厅。作为学生的我们,通过开展运动,通过请愿、示威和写文章,力图保护这座贝多芬去世时的房子不被拆毁!每拆除一座历史悠久的维也纳建筑,都像是从我们身体上撕下一片破碎的灵魂一样。

这种对艺术,特别是对戏剧的狂热,在维也纳社会的各个阶层都普遍存在。数百年的传统使这座城市本身成为一个秩序清晰的地方,同时——正如我曾经给自己写过的那样——也是一首精心编排的交响曲。皇宫奠定了基调,因为皇宫不仅是城市的空间中心,也是超越民族的文化意义上的中心。宫殿的周围是奥地利、波兰、捷克和匈牙利大贵族的宏伟住宅,形成了所谓的第二壁垒。然后是"上层社会"成员,包括一些小贵族、高级公务员、工业巨头和"古老家族"。在他们之外是市民阶层和无产阶层。所有这些社会阶层生活在自己的圈子里，各自都有其在城市的主要活动区域：大贵族们在核心区宫殿里，外交使节们在第三大区，商业巨贾和工业家在内环大道上，小市民阶级在第二至第九大区，至于无产阶级则生活在城市的边缘。不过，所有的这些圈子的人们都能在剧院里和大型节庆活动中相遇。例如在普拉特绿地公园举行花车游行时，三十万普通观众可以与那些坐在精美的马车里的"一万上层观众"相互热情地致意。在维也纳，一切用色彩或音乐来表达的事物都能成为庆典场合：基督教圣体节游行的宗教场面、阅兵仪式，或者城堡音乐节上室外音乐家的演出，甚至是葬礼，都会吸引热情的观众。每一个真正的维也纳人都希望最后能有一支风光体面的送葬队伍，有许多同伴一起护送他这具"精心装扮的躯壳"踏上最后的旅程。真正的维也纳人甚至要把他的死亡也转变成供人欣赏的精彩表演。整座城市都无不一致地陶醉在一切色彩缤纷、悦耳动听的节日氛围中，陶醉在把戏剧表演作为对生活的有趣映射的喜悦中。

维也纳人的这种戏剧狂热，这种对备受喜爱的人物琐碎的生活细节的追踪，有时甚至到了荒诞的地步，很难不让人取笑。和隔壁野心勃勃的德意志相比，奥地利既懒于关注政治，又经济落后，这的确可能部分归因于我们过分看重了感官的快乐。但从文化的角度来看，这种对艺术极高的重视造就了我们对艺术成就独一无二的尊崇，也带来了几个世纪以来艺术专业无与伦比的发展，最终使所有文化领域都达到了卓越的水准。艺术家在一个受到重视，甚至被高估的地方最为自在舒适，同时也最有灵感。当艺术在整个民族的生活中占有重要地位时，就会达到它的顶峰。就像文艺复兴时期的画家们，他们慕名来到佛罗伦萨和罗马，接受了专业训练，在全体市民的期待下，每个人都觉得必须超越他人，超越自己，最后都纷纷取得了非凡成就。在维也纳的音乐家和演员们也知道自己在人们心中是多么重要。在维也纳歌剧院，在城堡剧院，任何疏忽都会被注意到。演奏错误的音符能立刻被听出来，错误的切进或者没有拖够的音长会立即受到批评。这种精准的洞察不仅来源于听过各种首演的专业文艺批评家们，还来源于普通观众们——他们在每日不断的对比聆听中培养出了敏锐的鉴赏力。人们在政治上、行政上和道德上的态度都是随和的，潦草敷衍可以得到宽容，违法乱纪可以仁慈处理，但是在艺术上却不留一丝情面，因为它关系到整个城市的荣誉。每一位歌唱家、每一位演员、每一位音乐家都必须不断地全力以赴，否则他的事业就完蛋了。在维也纳成为公众的宠儿是一件美妙的事，但要保持这种地位并不容易，对艺术标准的懈怠是不可原谅的。这种被不断无情地监督的状态，迫使维也纳的每一位艺术家竭尽全力，从而把这座城市的艺术成就整体提升到一个超凡的水平。我们这些年轻时就生活在那里的人，也从那时起，就把一种严苛而不可动摇的艺术标准带进了我们的生活。看到过古斯塔夫·马勒手下的歌剧院将严格标准贯彻到最小细节的人们，看到过爱乐乐团激情四射又极其精准的演奏的人们，很少能对如今的戏剧或音乐表演感到完全满意。但我们也会批评我们那个时代的艺术表演，不管在过去还是在现在，维也纳都是世界上少有的通过谆谆教诲来打磨新兴艺术家们的技能，从而取得高水平成就的城市。这种对正确节奏和旋律的意识也深深影响了广大民众，即使是坐在"新酿酒"①酒馆里最谦逊的食客，也会要求现场管乐队演奏质量上乘的音乐，正如他期

---

① 新酿的葡萄酒。

望从老板那里得到上好的美酒一样。同样地，人们也清楚地知道哪支军乐队在普拉特公园演奏时最富有激情，是"德意志大师"还是"匈牙利人"。维也纳人都有一种节奏感，而空气中也仿佛处处弥漫着这种音乐节奏。这种音乐性在作家身上，体现出来的就是我们精心创作的散文诗；在其他人身上，体现出来的就是对社交态度和日常生活的精致感。在所谓的"上流社会"中，一个不懂得欣赏艺术或享受仪式感的维也纳人是不可思议的；在下层社会中，即使是最穷的人也能在生活中从周围的风景和友善的社交氛围中获得一定的审美。如果你不热爱文化，不能够享受和批评平凡生活之余的神圣美好，那你就不是真正的维也纳人。

对犹太人来说，适应其所居住的社群或社会的整体环境不仅是为了保护自己，也是一种深深的内心需求。他们渴望家园、和平、安宁和安全感，渴望一个不再把自己当作异乡人的地方，这促使他们对周围的文化形成了一种热情的依恋。除了十五世纪的西班牙，没有哪个地方比他们在奥地利更愉快、更富有成效地建立了这样的依恋。犹太人在这里定居了两百多年，他们在这里遇到了一群轻松愉快、自然随和的人们。在亲和的外表之下，他们内心也有着与犹太人相似的、对知识和审美价值的追求。在维也纳，他们一拍即合，因为在过去的一个世纪里，奥地利艺术已经失去了传统的皇室和贵族守护者们，而这一任务就此落在了他们肩上。在十八世纪，女皇玛丽亚·特蕾西亚让女儿接受音乐的熏陶，约瑟夫二世也能以鉴赏行家的身份与莫扎特讨论歌剧，列奥波特二世本人就是作曲家，但后来的继任者皇帝弗朗茨二世和费迪南德对艺术没有任何兴趣，弗朗兹·约瑟夫皇帝在他八十年的人生中甚至从未读过一本除了《军队手册》以外的书，甚至对音乐产生了坚定的反感。同样，显赫的大贵族们也放弃了以前的赞助人角色。埃斯特哈兹家族曾将海顿奉为府上贵客；洛布科维茨、金斯基和瓦尔德施泰因家族曾争相请求贝多芬在他们的府邸中首演新作品；图恩伯爵夫人曾在这位放浪形骸的音乐家前屈膝跪下，请求他不要将《菲岱里奥》从歌剧院的节目单上划掉。这些光荣的日子已经一去不复返了。甚至瓦格纳、勃拉姆斯、约翰·斯特劳斯和雨果·沃尔夫也再得不到他们的丝毫支持。因此，此时维也纳市民们必须挺身而出，以保持爱乐乐团的高水准，使画家和雕塑家能够谋生。这也是犹太资产阶层的骄傲和抱负——维护维也纳昔日的荣耀和文化。他们一直热爱这座城市，在选择定居于此时，他们敞开了心扉，毫无保留地拥抱了维也纳。也正是由于对维也纳艺术的热爱和奉献，他们有了宾至如归的感觉，觉得自己真正地融入了维也纳。实际上，他们对其他公共领域的影响很小。皇室的富丽堂皇足以让所有私人财富都黯然失色，最高统治者的职位是世袭的，外交使臣也只有贵族能担任，军队职务和高级公务员则留给了当地古老大家族。犹太人从未尝试过让自己显得高高在上，以进入那些特权圈子。他们识趣地尊重了这种传统特权，也认为这是理所当然的。例如，我记得我父亲一生中从未在萨赫大饭店吃过饭，这并不是出于昂贵的价格——萨赫与其他豪华酒店之间的价格差别并不大——而是出于保持距离的本能。如果与施瓦岑贝格王子或洛布科维茨王子相邻而坐，他会觉得非常尴尬和不自在。只有在面对艺术时，维也纳人才享有平等的权利，因为艺术就像爱一样，被视为城市里每个人的责任。犹太资产阶级通过对他们施以援手，提供赞助，在维也纳文化中做出了不可估量的贡献。他们是真正的观众，会购票去剧院和音乐厅，购买书籍和画作，参观展览，并且在各地倡导和鼓励先锋艺术。他们的思维更加灵活，不受传统的约束。他们几乎建立了十九世纪以来所有大型的艺术收藏，几乎所有的先锋艺术都是在他们的支持下才能成为可能。如果没有犹太资产阶级的一贯兴趣作为支撑，在宫廷态度变淡的时候，在贵族和信奉基督教的百万富翁们宁愿把钱花在赛马场和狩猎上的时候，维也纳将在艺术上远远落后于柏林，正如奥地利在政治上落后于德意志一样。任何想来维也纳尝试新鲜事物，想来这里寻求理解和倾听的外来艺术家们，都必须依靠犹太资产阶级。在反犹时代①唯一一次尝试建立所谓的"国家剧院"时，他们根本找不到剧作家、演员或观众。几个月后，"国家剧院"惨淡收场，这个例子让人们幡然顿悟：原来在十九世纪享誉世界的维也纳文化的绝大部分，实际上是由维也纳的犹太人赞助支持的，甚至由他们所创造。

在那几年，维也纳犹太人像在西班牙的犹太人一样，在他们同样悲剧性的毁灭发生之前，逐渐发展出非凡的艺术创造力。他们的艺术不带有任何典型的犹太风格，而是以奇迹般的同理心强烈地表达了奥地利和维也纳的一切。作曲家戈德马克、古斯塔夫·马勒和勋伯格声名远扬；奥斯卡·施特劳斯、莱奥·法尔和卡尔曼将传统的华尔兹和轻歌剧升华到了新的高度；霍夫曼斯塔尔、阿图尔·施尼茨勒、贝尔·霍夫曼和彼得·阿尔滕贝格奠定了维也纳文学在欧洲的全新地位，甚至超越了格里尔帕尔策尔和施蒂弗特时代；索嫩塔尔和马克斯·莱因哈特复兴了维也纳作为剧院之城的国际声誉；还有弗洛伊德和其他学术大师们让古老的大学重新获得举世瞩目的成就。不论是学

---

① 纳粹政权，始于1933年希特勒上台担任国家总理后。

者、演奏家、画家、导演,还是建筑师、新闻工作者,都在维也纳的文化生活中享有至高无上的地位。对城市充满激情的热爱和想要融入其中的渴望,使他们完全被接纳,他们也十分乐于进一步发扬奥地利的文明之光,并且认为这是自己的奥地利身份被认可后的神圣使命。实际上,我必须诚实地说,在欧洲和美国备受青睐的新兴奥地利文化的很大一部分,诸如音乐、文学、戏剧和艺术品流转方面,都归功于维也纳犹太人的努力。是他们那可以追溯到数千年前对知识文化的仰慕,把他们带到了成就的巅峰。在这里,一种几个世纪以来都找不到出路的知识文化邂逅了一个已经有些疲惫的传统,它通过不懈的努力为这一传统注入了新生的力量,让它得到滋养,焕然一新。维也纳正是这样一个融合了多样的文化元素,在文明上超越国界的地方。接下来的几十年将会证明:企图粗暴地用民族主义的新模式改造这座城市,使它沦落为一个地方小城,是多么可鄙的罪行。维也纳的天赋,特别是其音乐天赋,能将所有民族和语言上的对立变得和谐统一,这里的文化是所有西方文化的协奏曲。任何在这里生活和工作的人都不会有狭隘的偏见,没有哪里比维也纳更容易让你成为真正的欧洲人。我深知,我必须在一定程度上感谢维也纳——这座在马库斯·奥雷留斯时代就已经在捍卫罗马的普世价值观的城市,让我早早地理解了天下大同的思想,并把它视作我内心最崇高的理想。

在昔日的维也纳,我们过着轻松美好的生活,但是住在北边的德国人对我们这些多瑙河畔的邻居却感到恼火和鄙视,因为我们不能像他们那样能干、高效,且遵守严格的秩序,而是沉迷享乐和美食,喜欢聚会和剧院,并且还在这些场合中创作出了美妙杰出的音乐。我们确实没有像德国那么能干,高效地毁灭其他民族,也没有德国人高高在上的傲慢和开拓前进的贪婪，我们维也纳人更喜欢自在地闲聊。我们喜欢举行愉快的社交聚会，态度友善甚至有些懒散，所有人都能乐在其中，没有任何沮丧。"自己生活也让别人生活"是最著名的维也纳精神原则，在我看来，这一原则比任何必须存在的准则都更为人性，可以在所有社交圈中大行其道，受到绝对的欢迎。不论贫穷或富有，无论捷克人还是德国人，基督教徒还是犹太教徒，尽管偶尔会互相讽刺几句，但他们始终能和平相处。即使是政治和社会运动也没有那种残忍的恶意，然而，这种来自第一次世界大战的毒瘤，最终残留在了时代的血液里。在以前的奥地利，即使有斗争也是充满骑士风度的；在报纸和议会上抱怨完，在发表完西塞罗式①的长篇大论之后，议员们又会快乐地坐在一起喝咖啡或啤酒，交谈恢复如常。甚至当反犹党党魁卢埃格尔②成为市长时，私人社交关系也没有任何变化。我个人也必须承认，不论是在学生时代，还是进入文坛后，我从未因为犹太人的身份受到丝毫漠视或轻蔑。相邻餐桌的食客之间、不同民族之间、不同国家之间的仇恨尚未从每日报纸上进入现实中，仇恨也还尚未将不同人群、不同民族和不同国家割裂开来。在公共领域里群体的残暴特性还不像今天这样强大。在私人生活中做什么或不做什么的自由是理所当然的——这在现在已经很难想象——宽容也没有像今天这样被蔑视为软弱，而是被盛赞为高尚的道德。

我成长在一个不是那么激情燃烧的年代。在我的时代，世界秩

---

① 西塞罗是古罗马著名政治家、哲人、演说家和法学家，以善于雄辩而成为罗马政治舞台的显要人物。
② 卡尔·卢埃格尔（1844—1910），奥地利基督教社会党领袖。尽管他确实持有反犹观点，但他通常被视为维也纳的一位好市长。茨威格在稍后会再次提到他。

序井然，社会结构清晰，各个组成部分之间的过渡平缓而自然，一切都有条不紊。新速度的节奏尚未从机械、汽车、电话和飞机上转移到人类身上。时间和年龄是由不同的标准来衡量的。人们过着相对悠闲的生活。当我现在尝试描绘那些经常出现在我的童年里的大人们的身影时，我惊讶地发现，他们中有许多人都过早地发福了。我的父亲、叔叔们、老师、商店的推销员、爱乐乐团台上的音乐家，都有着四十岁时的那种心宽体胖的"气度"。他们步态沉着，语调温和，在说话时抚摸着精心修剪过的、通常已经灰白色的胡须。但是灰发只是"气度"的其中一个标志，一个"稳重的男子"还会刻意避免年轻人不够得体的亢奋举止。即使在我很小的时候，我父亲还不到四十岁，我也不曾见过他急匆匆地上下楼，或者让人察觉到他仓促行事。匆忙不仅被认为不够优雅，还被视作是多余的。因为在这个稳定的、有无数小型保障的市民阶层生活中，不曾有过任何突发状况。发生在周遭的那些灾难并没有渗入这种安全生活的壁垒里。布尔战争、日俄战争，甚至巴尔干战争都没有在我父母的生活里留下深刻的印象。他们通常对报纸上的战争报道一扫而过，漫不经心得就像在看体育新闻。确实，发生在奥地利以外的任何事情与他们又有什么关系呢？能给他们的生活带来什么改变吗？在奥地利的和平时代里，没有政体的剧变，也没有财产突然的贬值。有一次证券交易所的收益率下跌了四五个点，人们就称之为"暴跌"，并且眉头紧锁地念叨这场灾难。人们对高税收的抱怨更多是出于习惯，而不是真的确信如此。事实上，与战后时期相比，当时的税收微不足道得就像是赏给国家的一点小费。遗嘱中有最精确的条款，以保护子孙后代免受财产损失，就好像是某种无形的债契一样提供了永恒的安全保障。与此同时，人们过着舒适的生活，所以那一点小小的烦恼就像乖巧的家养宠物一样，根本不足为惧。当我在偶然得到的旧报纸上读到曾经那些对小型地方议会选举激动人心的报道时，当我试图回忆在城堡剧院的某场演出里的微小失误时，或者想到年轻的我们曾经义愤填膺地辩论一些根本不重要的问题时，我都忍不住嘴角上扬，笑叹当年。所有这些忧虑是多么不值一提，那时候的岁月又是多么宁静啊！我的父母和祖父母这一代人非常幸运，他们的人生之路笔直清晰，生活永远安宁，但我不知道我是否真的羡慕他们。因为他们的生活远离了真正的苦难，远离了命运的恶意。他们对危机和问题一无所知，这让他们的心灵免受压迫，但他们的精神世界也因此未能变得广袤辽阔。他们不知道安宁舒适之路上会出现绊脚石，不知道生活也可能危机四伏，顷刻间天翻地覆。他们身上那种令人感动的自由主义和乐观精神，让他们想象不到有一天，窗外每天新生的太阳都会带来生命的凋亡。即使在最幽深的夜晚，他们也从未梦到过有一天人类会如此危险，所以也不曾想象过他们可以迸发出多大的力量来度过危险，克服考验。而我们这一代人，曾经历过争分夺秒地逃出生天，也曾因为身上流淌的祖先血液而备受折磨；我们被无尽地驱逐，又开始无尽地轮回；我们既是未知神秘力量的牺牲品，也是它心甘情愿的仆人。在我们这个时代，安宁舒适已成为一个古老的传说和幼稚的梦想。恐怖不断刷新着我们的认知，令人毛骨悚然，惶惶不可终日。我们生命中的每一个时刻都变得与世界的命运息息相关。我们这一代经历的所有悲欢离合，远远超出了个人的渺小生活，而上一代人对这些都无从知晓。因此，在我们这个年代，即使是最微不足道的人，对现实的了解也会远远胜过我们最聪明的先辈。但是世上并没有免费的礼物，我们为此付出了一切。

上个世纪①的学生时代

小学毕业后，我便被送到文法学校念中学，这在当时看来是再自然不过的了。即便仅仅是为了社会地位的缘故，每个富裕家庭也都希望自己的儿子"受过教育"。他们会培养他们的子女学习英语和法语，熟悉音乐，最开始请家庭保育教师，然后再请私人教师来教育孩子礼貌的行为举止。但是，在那个"开明的"自由主义时代，只有通向大学的学术教育才是真正重要的，因此，每个"名门"家族都雄心勃勃地希望，至少能有一个儿子能获得某种专业的博士学位。通向大学的道路漫长艰难，而且荆棘遍布。在五年的小学教育和八年的中学教育里，我们必须每天花五到六个小时坐在学校的木头长凳上听讲，在课余时间里还得做作业。另外，学生们还必须在校外掌握"通识"科目：现代法语、英语、意大利语、古希腊语和古拉丁语，一共五种语言，以及几何、物理和其他学校科目。这么多课业压下来，我们几乎没有时间进行锻炼、参加活动或者散步了，最重要的是没有时间进行轻松的娱乐活动。我依稀记得，七岁的时候，我们必须学会一首儿

---

① 十九世纪。

歌《幸福快乐的童年时光》，然后一起合唱。现在的我仍然能回忆起这首简单天真的小调，但即使在那个时候，我也很难把歌词唱出口，更是打心底里不相信歌词里的内容。老实说，我的整个求学生涯都是在一种持续的单调无聊中度过的。我越是迫切地想要摆脱这种乏味的生活，这种无聊和厌倦就越会因此不断地增加。在这种单调冷漠的沉闷教育中，我不记得曾经感到过"快乐"或者"幸福"，它彻底地毁了我们生命中原本应当是最快乐的日子。我必须承认，当我看到当今的孩子们可以如此独立自由、幸福快乐时，我会忍不住地嫉妒。今天的孩子们很自然地与老师交谈，几乎与他们平起平坐；他们匆匆地赶去学校，但是不带有任何惧怕，不带有我们过去那种学海无涯、永无止境的压力，这都让我感到不可思议。现在的孩子们不管在学校还是在家里，都可以光明正大地表达他们的喜好和那些年轻好奇的内心想法——他们是自由独立的初生骄阳。而当进入讨厌的学校里时，我们不得不低沉下头，避免与无形的奴役枷锁发生冲撞。学校，对我们来说，意味着强迫、沉闷和无聊，在教室里我们必须死记硬背那些并不值得了解的、被切块分好的知识。那些学术材料，或者看起来像是学术材料的东西，与我们自己的真正兴趣没有任何联系。老式的教学方式意味着枯燥无味的学习，只为了学习而学，并不能带来生活的启发。我唯一会对学校表达衷心感谢的快乐时刻，就是它的大门在我身后永远关上的那一天。

并非我们奥地利的学校本身不好，相反，其课程是在百年经验的基础上精心设计的。如果能够以激励性的方式进行教学，它将为全面的文化普及教育打下坚实的基础。但现实是，它遵从了一份死板枯燥的教学大纲，让课堂变得毫无生气。它就像一个冰冷的机器一样，无法对不同的学生因材施教,而是自动地重复着这些教学用语:良好、及格、不及格,以显示我们离教学要求还差多远。正是这种缺乏情感、清醒客观、像军营般的气氛,让我们下意识地倍感痛苦。我们被分配固定的学习任务,然后再就任务进行测验。在我们整整八年的中学教育中,没有一个老师亲自问过我们自己愿意学什么,每一个年轻人内心渴望的那种被鼓励求知的力量也完全缺失。

这种理性严肃的氛围甚至在学校建筑上就能一览无余:这是一座典型的实用性建筑,草率而廉价地建造于五十年前。它的墙壁阴冷,粉刷得很差,教室房顶低矮,没有任何令人赏心悦目的图画或者其他类型的装饰。公共盥洗室的味道笼罩着整个建筑。这座像军营一样的教学楼,更像是一件被无数前人使用过的酒店旧家具,以后还将有无数人继续用下去,而他们在使用时也会带着同样的冷漠或不情愿。直到今天,我还忘不了那幢建筑物散发的霉味,就像陈腐的奥地利政府机构一样。我们称之为"国库的味道",那是一股从过度闷热拥挤的房间所散发出的臭味。它先附着在你的衣服上,然后落在灵魂上。我们像摇橹船上流放的囚犯一样,两人一组坐在低矮的木凳上,不得不佝偻着身体,常常腰酸背痛。冬天,煤气灯的明火发出的蓝色光芒在我们的书本上跳动闪烁;夏天,他们又把窗户全都挂上窗帘,防止我们眷恋窗外的蓝天。在我们那个年代,人们还没有意识到,年轻的、尚在发育的身体需要新鲜空气和锻炼。他们认为,在长凳上一动不动地坐了四五个小时后,能在寒冷狭窄的走廊里休息十分钟已经足够了。我们每周被带去健身房两次,那里所有的窗户都被关得严严实实。我们在木地板上毫无意义地跑跳,每一步都会从地上带起灰尘。他们认为这样就足够保持卫生健康了,国家已经对我们尽到了"健全的精神寓于健全的身体"①这一责任。数年之后,当我路过这幢阴郁惨淡的建筑时,一想到不用再踏进这座埋葬我们青春的地牢,便松了一口气。在庆祝这所著名学校成立五十周年之际,作为一位明星校友,我曾被邀请在教育部长和市长面前发表演讲,但是我礼貌地婉拒了——因为我没有任何理由感激学校,任何类似的言论都是撒谎。

学校生活的沉闷也不能全怪我们的老师,他们谈不上好,但是也说不上坏。他们并不是暴君,但另一方面,也不是乐于助人的朋友——他们只是可怜的被奴役的魔鬼,按照官方设置的课程模式,每天例行公事,就像我们不得不每天做我们的功课一样——因为显而易见——在学校的午休钟响了之后,他们像我们一样高兴,我们都一样地自由了。他们不喜欢我们,但也不恨我们——他们又有什么理由这样呢?他们对我们一无所知;几年过后,只会记得一届学生里为数不多的几个名字。按照当时的教学方法,他们丝毫不用费心,只需要知道学生们在上一次作业中犯了多少错误。他们坐在高高的讲台上,我们坐在下面;他们提了问题,我们就得回答。除此之外,我们之间没有其他联系。在师生之间,教师的讲台和学生的长凳,分别代表着"上级"和"下级",构成了一道无形的等级障碍,阻止了所有的互相接触和了解。当时,把学生当作一个独立的个体,关注他们的个人特质,是超出了教师的能力范围的。他们也不需要写工作报告,虽然这在现在是理所应当的。另一方面,与学生进行私人谈话将会降低老师的威严,因为这会使学生和老师两个不同的级别变得平等。我现在

---

① 此处原文为"mens sana in corpore sano",字面意思是"健全的精神寓于健全的身体"。

已经忘记了所有老师的名字和长相——没有什么比这更能说明我们和老师之间完全没有任何精神和知识的联系了。在我的记忆中，老师的讲台和班级的笔记簿像照片一样清晰，我们总想瞄一眼笔记簿上面的分数；在我眼前仿佛还能看见那本红色的笔记簿，上面有各种分类标记，黑色的短铅笔飞舞着写下我们的成绩，而我自己的练习本上则满是老师用红墨水批改的地方。但是，我再也想不起任何一个老师的面孔了——也许是因为站在他们面前时我们总是低着头，或者视线在别处游荡。

这种对学校的厌恶不仅仅是我个人的态度。我不记得有哪位同学不讨厌这种学习方式——它压制了我们最热情的兴趣和想法，只剩下墨守成规和枯燥乏味。很久以后我才意识到，这种没有感情、没有灵魂的教育年轻人的方法，并不能归咎于政府在教育方面的疏忽。在小心翼翼的隐藏之下，它其实表达了一个明确的观念：我们前一代人，或者说在我们之前设立权威的人们的思想里充满了对安全感的迷恋，所以他们不喜欢年轻人，或者说习惯性地不信任我们。资产阶级社会以其系统性的"进步"和良好的秩序而自豪，宣扬在生活各方面的从容和克制，认为这是人类唯一有效的美德，与之相反的是，必须要避免仓促前进。奥地利是一个由年迈的皇帝和大臣统治的古老国家，这个国家没有野心，只希望通过抵制所有的激进变革来保持自身在欧洲的完整。而年轻人总是本能地渴望这种迅速和激进的变化，因此被认为是一种不稳定因素，必须尽可能地加以中和或压制。所以他们没有理由让我们的学生时代过得愉快，想要在这个时代崛起，我们必须得耐心等待。当所有的事情都被这样延迟的时候，年龄的意义就和今天大不相同了。一名文法学校十八岁的学生会被当作小孩对待，如果被发现吸烟会受到惩罚；如果他想离开教室去卫生间，也不得不温顺地举手请示。甚至一个三十岁的人也被认为是不成熟的，四十岁也被认为还没有做好承担责任的准备。当时有一个惊人的例外，那就是古斯塔夫·马勒在年仅三十八岁时被任命为宫廷歌剧院的院长。在国家最高级别的艺术机构任命"一个如此年轻的人"，把所有维也纳人都吓得不轻，窃窃议论（没有人停下来想想，莫扎特在完成了他所有的重要作品时也只有三十六岁，而舒伯特只有三十一岁）。当时社会各界普遍存在着对年轻人的不信任，认为他们"不太可靠"。我的父亲绝不会让一个年轻人进入他的公司。一个面相年轻的人是不幸的，因为无论走到哪里他都必须努力打消别人的怀疑。年轻是所有职业晋升的障碍，只有年龄是优势，这在今天看来几乎难以置信。现在的普遍做法截然不同，四十岁的人会努力让自己看起来好像只有三十岁，六十岁的人想让自己看起来只有四十岁。年轻、精力、动力和自信在现在备受推崇，但是在那个太平年代，想要成功的人生，就必须尝试所有可能的方法让自己看起来比实际年龄更老。报纸上刊登着各种快速蓄胡子的广告；刚刚获得医师资格的二十四五岁的年轻医生，会留着浓密的胡子，戴着金边眼镜——即使他们的视力很好——只是为了给病人留下他们经验丰富的印象。他们穿着黑色长大衣，不慌不忙地迈出每一步，尽可能地让自己发点福，从而看起来得体稳重。如果他们在事业上非常上进，就会不厌其烦地至少让自己从外表上与青春和不成熟划清界限。在上六年级和七年级的时候，我们拒绝背双肩书包，而是每天带上公文包，因为书包会给我们贴上"学生"的标签。现在看来令人羡慕的一切——青春时期的清新、自信、勇敢、好奇和对生活的渴望——在当时那个只信赖约定俗成的年代，都是不可靠的。

只有这种奇怪的态度才能解释政府利用学校来维持权威的行为。我们接受的教育首先是，认为现状是完美无缺的，老师的意见是绝对正确的，父亲的话是不容辩驳的，而矛盾绝对不被容忍，国家制度也绝对永远有效。这种教育理论的第二项原则，同时也是家庭中普遍采用的原则，就是年轻人不能过得太安逸舒服。在我们获得任何权利之前应该先了解自己的义务，最重要的是绝对服从的义务。从一开始，我们就被灌输这样的思想——我们的人生还没有创造出任何价值，也没有任何经验，因此我们对被允许做的任何事情都必须心存感激，而没有权利提出质疑或要求。在我那个时代，这种愚蠢的恐吓方式从孩提时代就开始了。女仆和没有头脑的母亲会恐吓三四岁的孩子，威胁他们如果不马上停止调皮捣蛋，就会叫警察来。上了文法学校后，如果带回来一张某个副科差的成绩单，家长们会威胁着让我们退学，把我们送去学手艺——回到无产阶级的状态，这也是资产阶级社会最严重的威胁。但是，当年轻人出于对教育的真诚渴望，想向大人们询问某个当下的严重问题时，他们却会被居高临下地搪塞一句："你还不懂。"各种场合都能听到这种话术——在家里、学校，或者出自政府之口。年轻人不断被加深这样的印象：他还没有长大，什么都不懂，除了听从之外别无选择，只能相信别人告诉他的一切，自己不能参加讨论，更不用说反驳任何人。出于同样的原因，在学校的讲台上，可怜的老师们总是保持着不可接近的冷漠，把我们所有的思想和心血都限制在课程学习上，而我们在学校里是否快乐并不值得关注。在这种时代精神下，学校的唯一目的，与其说是带领我们前进，帮助塑造我们的思想，让我们出类拔萃，不如说是阻碍我们进取，把我们装进已经成型的模具里，不能有丝毫反抗，并且约束我们，让我们趋于同样的平庸。

这种心理或者非心理上的压力只会对年轻人产生两种影响——要么使他们精神麻木,要么激发他们,刺激他们。心理分析档案中的记录告诉我们,大量的自卑情结都是这种荒谬教育的产物;而偏偏就是当时上过这种奥地利学校的人们发现了心理学上的自卑情结,这也许并不是巧合。我本人,由于这种压力,则早早地产生了一种渴望自由的热情,这种热情的程度是今天的年轻人难以体会到的,与之相伴的还有对一切专制主义和权威声明的憎恨。这种热情和憎恨在日后伴随了我一生。多年来,我对一切教条和规矩的厌恶已经成为一种纯粹的本能,让我几乎已经忘了这种厌恶来自何处。但有一次在一所大学的大礼堂进行一场巡回演讲时,我需要站在高高的讲台上,而台下的听众则坐在长凳上,就像当年我们那些学生一样。那一刻,一阵突如其来的不安向我袭来。我还记得上学的时候,老师在台上用那种不友好的、专断的、教条式的方式对我讲话,而当时的我是多么痛苦。这种在高高的讲台上发表演讲的恐惧淹没了我,我担心自己看起来像当时的老师一样毫无人情味。这种压抑感使那次演讲成为我最糟糕的一次经历。

到了十四五岁后,我们开始习惯了这种学校生活。我们拿老师开玩笑,带着没有热情的好奇心学习。但是,学校越来越让我们感到无聊和不安。一个奇怪的现象悄然发生了——我们这些男孩在十岁时进入文法学校,在八学年制的四年学习之后,智力发育就超过了学校课程的水准。直觉告诉我们,学校里已经没有多少东西值得我们学习了,在许多真正让我们感兴趣的科目中,我们甚至比那些可怜的老师们知道得更多,因为他们自从大学毕业后,就再也没有因为兴趣翻开过一本书。另一个越来越明显的差别是——每天坐在学校的长凳上，我们听不到任何新鲜事，或者任何我们觉得值得知道的事情。与此同时，外面的世界充满了无数刺激我们思想的事物——这是一座有剧院、博物馆、书店、大学，还有音乐的城市，是一个每天都充满新的惊喜的地方。由于我们对知识的渴求，还有对艺术和感官的好奇心在学校里得不到任何满足，因此我们狂热地专注于一切发生在学校之外的事物。起初，只有两三个同学发现自己对艺术、文学和音乐感兴趣，后来人越来越多，最后几乎全班都是如此。

因为热情会在年轻人中间传染，在学校里就像麻疹或猩红热一样，从一个人传染到另一个人身上。初学者们出于幼稚的虚荣心和好胜心，总想要尽快胜过别人，因此达到了互相督促的效果。而热情会走向哪种兴趣方向，多多少少是随机的。如果班上有集邮爱好者，他很快就会使十几个人染上同样的狂热；如果三五个男孩对芭蕾舞演员高谈阔论，那么之后他们的同学也会每天站在歌剧院的后台门前追星。比我们低三级的一个班里，全部学生都迷上了足球，而高年级有一个班是社会主义和托尔斯泰的狂热崇拜者。可能就是因为我碰巧和一群兴趣爱好转向艺术的孩子们同班，我的职业生涯也因此注定了走向艺术之路。

对戏剧、文学和艺术的热情本身在维也纳是很自然的：维也纳的各类报刊为文化活动留出了特定的版面，无论你走到哪里，都可以听到大人们在谈论歌剧院或城堡剧院的演出；所有的文具店里都挂着著名演员的画像；在当时，体育运动被认为是一种相当暴力的职业，在文法学校上学的男孩会为沉溺其中而感到羞耻；而承载着大众理想的电影在当时还没有被发明出来。在家里也不用担心被父母抵制，与打牌和追女孩子相比，戏剧和文学是更为"天真"的爱好。毕竟，和所有维也纳的父亲一样，我父亲年轻时也是个狂热的剧院观众，他观看理查德·瓦格纳指挥的《罗恩格林》演出时的心情，和我们观看理查德·施特劳斯和格哈特·豪普特曼的首演时一样兴奋。因此，我们这些中学生们争先恐后地去看任何作品的首演，就是件非常自然而然的事了。如果我们不能在第二天早上在学校里与其他同学交谈前一晚演出的每一个细节，将会多么羞愧啊！如果我们的教师有那么一丁点儿关心我们，他们肯定会注意到，在每场大型演出首演前一天的下午，三分之二的学生都会神秘地生病请假——我们不得不在3点就开始排队，以获得仅有的站票。如果他们仔细观察的话，也会意识到，我们包着拉丁语语法书皮的书实际上是里尔克的诗歌，我们数学练习本上抄的全是借来的书中美妙的诗歌。每天我们都发明新的方法，利用枯燥的课程自我阅读。当老师在讲台上对席勒《论质朴的诗和伤感的诗》发表一些老生常谈的观点时，我们在桌子底下读着尼采和斯特林堡的作品，而这些善良的老学究们从来没有听说过他们的名字。我们像患了一场热病一样，热切地想要了解和掌握艺术和科学中各个领域正在发生的一切。我们挤在大学生中间听下午场的讲座，我们看所有的艺术展，我们去解剖系的讲堂看解剖。我们好奇的鼻子嗅着一切新鲜事物。我们偷偷溜进爱乐乐团的排练现场，在二手书店里翻找，每天都去查看书店的橱窗上关于新书的信息。最重要的是，我们如饥似渴地读书，阅读手头能弄到的一切书籍。我们从所有的公共图书馆借书，互相借阅自己能找到的书。但是，我们获取所有新奇事物最好的文化源泉其实是咖啡馆。

　　要理解这一点，你必须要知道的是，维也纳咖啡馆是一个独特的场所，世界上任何其他地方都无法与之相比。这里是一个真正的民主俱乐部，任何人都可以以一杯便宜的咖啡价格加入其中。作为这一小笔开支的回报，每一位客人都可以连续坐上几个小时，聊天、写作、打牌、处理邮件，尤其是可以阅读各类报纸和杂志。好一点的维也纳咖啡馆里会有维也纳全部种类的报纸，除此之外，还有整个德意志帝国、法国、英国、意大利和美国的报纸，以及所有国际上主流的文学艺术杂志，如《法国水星评论》《新观察》《创作室》和《伯灵顿杂志》。所以我们对世界上发生的每一件事都有最直接的了解，对每一本书的出版和每一场不管在哪里上演的戏剧都了如指掌，我们还会比较所有报纸上的相关评论。再没有什么比咖啡馆更有利于奥地利人进行思想交流、开拓国际视野了，因为他们可以在这里广泛地了解世界上发生的一切，同时也可以和朋友们一同讨论。只要我们每天在那里坐上几个小时，那么任何事就都逃不过我们的眼睛。由于这种集体性的兴趣，我们像学习《画中的世界》[①]这本教材一样学习各种艺术，不仅仅是用自己的双眼，而是二十多双眼睛一起观察；如果有一个人错过了什么，另一个人就会帮他指出来。因为这种孩子气般的炫耀，我们总是互相竞争，以一种体育竞技般的野心了解最新发生的一切。我们不停地搜寻最新的话题，试图带来轰动的效果。例如，当我们正在讨论当时还不受欢迎的尼采的作品时，其中一个人可能会突然摆出一副高人一等的姿态说："但是克尔凯郭尔更擅长于'自我'这个主题。"这时，我们就会感到紧张不安，暗自想道："他知道克尔凯郭

[①] 这是捷克人约翰·科门纽斯制作的带插图的十七世纪教育作品书名，在当时通常用作学校教科书绘本。

尔的事，但是我却不知道，他到底是谁呢？"第二天，我们大家就纷纷跑到图书馆找那位已故的丹麦哲学家的著作，因为我们觉得，如果别的孩子知道一些新东西，而自己却不知道，那会是我们的耻辱。我们充满热情地寻找，正确及时地了解最新的、最不同寻常的话题，还有那些尚未被报纸上的官方文学批评家们扼杀在摇篮里的名字，这种激情在我身上一直延续了很多年。我们特别渴望了解那些尚未被普遍承认的、难以掌握的，同时又不同寻常的、新颖激进的东西；越是深奥和遥远的事物，我们这个小团体中渴望竞争的好奇心就越是想要把它从隐藏之中挖掘出来。比如，在我们上学的时候，斯蒂芬·乔治和里尔克的书总共只发行了两三百本，最多有三四本流转到了维也纳。没有哪个书商进了他们的书，也没有一个官方的评论家提到过里尔克的名字。但由于奇迹般的意志力，我们这个小圈子知道了那位诗人的每一首诗里的每一行字。我们这些没有胡子，还没有完全长大的孩子，每天还要在学校的长凳上老老实实地听讲，确实是年轻诗人的理想读者群，因为我们好奇心强，善于探究，善于批判，还拥有纯粹的热情。实际上，这种热情简直无穷无尽。几年来，我们这群男孩们，在上课时，在往返学校的路上，在咖啡馆里、剧院里和散步的时候什么都不做，只讨论书籍、绘画、音乐和哲学。任何以演员或指挥的身份公开表演的人，或者出版过书籍、或在报纸上写过文章的人，都是我们世界里的明星。数年后，当读到巴尔扎克描写他青少年时代的那句类似的话时，我感到无比地震惊。他说："对我而言，名人就像神一样，不像平常人那样说话、走路和吃饭。"这正是我们曾经的感受——在街上看到古斯塔夫·马勒是一个不得了的事件，会在第二天早上像赢得胜利一样报告给我们的朋友。有一次，还是一个小男孩的我被介绍给了约翰内斯·勃拉姆斯，他当时亲切地拍了拍我的肩膀。这个非凡的经历让我连续好几天都受宠若惊，魂不守舍。事实上，十二岁时，我对勃拉姆斯究竟做了些什么只有非常模糊的概念，但仅仅是他的名声和创造力光环就令我非常震撼了。在格哈特·豪普特曼某部作品首演的好几个星期前，全班同学就会开始兴致勃勃地关注起来。我们会去接触演员或者一些小配角，就是为了能在其他人之前了解剧情和演员阵容！我们去剧院的理发师那里理发（不怕您见笑），只是为了收集一些关于沃尔特或者索嫩塔尔的小道消息。一个低年级的男孩在我们这里特别受欢迎，受到各种各样的关注，仅仅因为他是歌剧院灯光检查员的侄子，可以带我们混进排练场地。踏上舞台时，我们所感受到的诚惶诚恐，甚至超过了但丁升上神圣的天国时的那种敬畏。我们如此强烈地感到艺术家们的声望所散发出的光芒，即使中间辗转了好几道，仍然会惊艳我们的目光。某位穷苦老太太在我们看来不同凡响，仅仅是因为她是弗朗兹·舒伯特的孙侄女。我们甚至还会在街上恭恭敬敬地向约瑟夫·坎兹的贴身男仆行注目礼，因为他很幸运能和那位最受欢迎、最杰出的演员走得如此之近。

当然我现在深知所有这种不加区分的荒谬热情，多少只是出于相互模仿的心理（就像运动员想争第一的本能反应），以及幼稚的虚荣心，和想要通过获得崇高的艺术品位来体现与庸俗的家庭和学校环境不一样的优越感。但是仍然令我感到惊讶的是，这种对文学的热情给予了我们那个时代的年轻人如此多的启蒙，我们如此早地就开始讨论和解读文本细节，而且具备了批判辨别的能力。十七岁时，我不仅读了波德莱尔和沃尔特·惠特曼的所有诗歌，而且大部分篇章我都能熟记于心。在之后的人生中，我再也没有像在中学和大学时那样广泛地涉猎阅读过了。那些直到十年后才为公众所尊崇的名字，我们在当时就能脱口而出，即使是最昙花一现的人物，也会因为我们如此热切的关注而留在我们的脑海里。有一次，我告诉我尊敬的朋友保罗·瓦莱里说，我和他在文学上的相识是多么久远，因为我在三十年前就已经读过他的诗了，并且很喜欢它们。和善的瓦莱里笑了笑说："别装模作样了，我的朋友！我的诗在一九一六年才第一次出版。"但是，早在一八九八年，我们就在维也纳读到过他的早期诗作。当我详细描述了那家小型文学杂志的颜色和排版时，他惊呆了。"但即使在巴黎，也几乎没有人知道它们。"他惊讶地说，"你在维也纳怎么能找到它们呢？"我回答说："就像你自己还是个学生的时候，在家乡小镇里也能读到马拉美的诗一样。马拉美当时也并不比你更出名，也不是公认的文学经典大师。"他同意了我的观点："年轻人发现诗人，是出于自己的渴望。"事实上，甚至在风越过国境之前我们就能感知到它飘过来的气息，因为我们总是张开身上所有的感官去捕捉它。我们发现了新的东西，因为那是我们自己想要的，因为我们渴望拥有只属于我们自己的东西——而不是属于我们父辈的，或者属于我们周围大环境的东西。年轻人就像某些对天气变化有敏锐直觉的动物一样，在老师和学术界之前，我们这一代就已经觉察出旧世纪的一些艺术想法即将过时，而一场革命，或者至少是价值观的变革风暴正在酝酿之中。在我们看来，我们父辈那代优秀而功底扎实的大师们——文学上的戈特弗里德·凯勒、戏剧上的易卜生、音乐上的约翰内斯·勃拉姆斯、绘画上的莱布尔、哲学上的爱德华·冯·哈特曼——都有着那个太平盛世里循规蹈矩的思维。尽管他们技艺精湛，知识渊博，但我们不再对他们感兴趣。我们本能地感到，他们那冰冷温和的节奏与我们躁动不安的心跳无法合拍，也与现代社会的发展速度无法协调。德意志青年中最为机警的思想家赫尔曼·巴尔当时曾住在维也纳。他疯狂地出击，像一个思想的斗士一样为所有正在酝酿的新兴事物扫清障碍。在他的帮助下，分离派运动的标志性展览在维也纳成功开幕，让巴黎的老学究们大惊失色，吸引了印象派画家、点描派画家、挪威的蒙克、比利时的罗布斯，以及所有能想到的在当时还不受宠的先锋艺术家，奠定了格吕内瓦尔德、格列柯和戈雅这些当时还未受到青睐的现代艺术前辈们的风格。在音乐方面，通过穆索尔斯基、德彪西、施特劳斯和勋伯格的作品，我们突然学会了用新的视角去欣赏，同时也了解了新的节奏和音色。在文学方面，出现在左拉、斯特林堡和豪普特曼的作品里的现实主义，出现在陀思妥耶夫斯基的作品中极富吸引力的斯拉夫精神，以及出现在魏尔伦、兰波和马拉美的诗歌中的一种前所未有的精致文采，也为我们带来了全新的体验。在哲学方面，尼采彻底改变了以往的形式。在建筑领域，也开始有了功能性建筑的理念，而以往新古典主义的繁文缛节之风不再受到推崇。突然之间，古老舒适的旧秩序被打乱了，汉斯里克①提出的"美学之美"的标准受到了质疑。当那个资产阶级时代的官方批评家们经常对新兴事物的实验表示恐惧时，当他们常常大言不惭地用"颓废"或"无政府状态"之类的字眼儿来谴责这一不可阻挡的潮流时，我们年轻人却奋不顾身地纵身跃向这一汹涌的浪潮中，投身于最为剧烈的激荡之中。我们感到这是我们自己的时代的开始，我们终于迎来了自己的时代。突然间，我们

---

① 爱德华·汉斯里克，一位很有影响力的十九世纪奥地利音乐家。茨威格原意在此引用他最著名的作品《优美音乐》，但是有些偏差。

不安的追寻和探索的激情获得了意义：我们这些还在上学的年轻人，可以加入这种为新艺术而进行的狂野而又激烈的斗争中。不管在哪里尝试新的艺术试验，是排演一出韦德金德的戏剧，还是举办一场现代诗歌的读书会，我们肯定会到达战场，用我们的思想和全部力量给予帮助。阿诺德·勋伯格年轻时的一部毫无调性的作品首演时，我也在现场。当时一位先生使劲儿地发出嘘声和口哨声，对此，我的朋友布施贝克毫不留情地回敬了他一耳光。我们是推动每一种新艺术的先锋突击队，因为它是新的，因为它会为我们改变世界。现在轮到我们成为世界的主人了，我们感到"与之息息相关"[①]。

新艺术之所以引起了我们极大的兴趣，让我们如此着迷，是因为它们几乎完全是年轻人的作品。在我们的父辈中，只有当诗人或音乐家首先"证明了自己"，迎合了资产阶级社会应有的品位时，他们才会受到尊重。那些我们被教导要予以尊重的人，都让自己表现得像真正值得被尊重的人一样。他们身穿华丽的天鹅绒外套，留着修剪整齐的灰色胡须——威尔布兰特、埃伯斯、菲利克斯·达恩、保罗·海斯、伦巴赫，这些早已淹没在时间洪流中的名字都是当时公众的宠儿。他们总是表现得既"端庄"又"文质彬彬"，以一种沉思的神态拍照，举止就像政府要员和王公贵族一样，也像那些人一样佩戴勋章。与此同时，年轻的诗人、画家或音乐家最多被认为是潜力股而已，要先被冷落一阵儿才能彻底地被认可。那个谨慎的年代不喜欢在一位艺术家通过长期扎实的成就证明自己之前，过早地给予青睐。但

[①] 拉丁语，大致含义为"我们与之息息相关"，或如茨威格在前一句解释的"现在轮到我们了"。

是，新兴的诗人、音乐家和画家都很年轻：名不见经传的格哈特·豪普特曼在三十岁时一举成名，占据了整个德国舞台。斯蒂芬·乔治和莱纳·玛利亚·里尔克在23岁时就蜚声文坛，收获了大批狂热的追随者，而这个年纪在奥地利法律上来说甚至还不算成年。在我们自己的城市里，"维也纳青年团"一夜之间出现了，其成员包括阿图尔·施尼茨勒、赫尔曼·巴尔、理查德·贝尔-霍夫曼、彼得·阿尔滕贝格等人。在他们的带领下，奥地利文化首次通过对各种艺术手段的精练实现了欧洲式的表达。除此之外，还有一个人物使我们如痴如醉，深受启发——那就是非凡独特的天才雨果·冯·霍夫曼斯塔尔[①]。我们年轻人不仅从他身上看到了自己的最高抱负，而且还看到了文学的绝对完美，他还几乎是跟我们同时代的人。

年轻的霍夫曼斯塔尔的出现，成为年少成名的伟大奇迹，空前绝后。在世界文学史上，除了济慈和兰波，在我眼中没有谁在少年时代就能在语言上做到如此精准无误，在思想上具有如此深刻广泛的启发性，即使是最漫不经心的一句话也饱含诗意。他在十六七岁时就写下了德语文学史上不朽的诗歌和散文，直到今天仍然令人望尘莫及。他的突然出现和一开始就取得的完美是如此的卓尔不凡，在一代人中几乎不可能找得到第二例。因此，所有第一次听说他的人都对他的成就感到不可思议。赫尔曼·巴尔经常和我谈起，当他收到一篇来自维也纳"劳里斯"的杂志投稿时，是多么惊讶，他没有听说过这个笔名，因为当时教育局不允许学生用真名发表文章。在他收到的来自世界

[①] 霍夫曼斯塔尔（1874—1929），奥地利作家、诗人。十六岁开始发表作品。其诗优美抒情，迷人的语言和梦幻的情调立即引起轰动，被称为新浪漫主义神童。

各地的稿件中，从来没有过这样一篇文章，用如此潇洒飘逸的手法和如此灵动典雅的语言，阐述了如此丰富的思想。"劳里斯是谁？"他暗自好奇。"这个不知名的人是谁？他肯定是一位睿智的老人，在多年的沉默岁月里，神秘地遁世隐居，提炼出了他的人生经验和崇高的语言精华，创造出了一种性感的魔力。"这样一位智者，这样一位有才华的诗人就和他住在同一个城市里，而他却从来没有听说过！巴尔立即给匿名的劳里斯回信，和他约定在一家咖啡馆见面讨论——那就是著名的格林斯泰德咖啡馆，也是有才华的文学青年常去的地方。在等候时，突然，一个身形修长、尚未长出胡子、穿着青年装短裤的中学少年走了进来。他脚步轻快地走到他的桌子跟前，鞠了一躬，用尖细的、还在变声期的嗓音坚定有力地说道："我是霍夫曼斯塔尔，笔名劳里斯。"多年以后，当巴尔说起这件令人惊讶的相遇时，仍然激动不已。起初他简直不敢相信，一个中学生，在人生还没有真正开始之前，就已经具备了如此的艺术才能、如此广阔的视野和如此丰富的人生知识！阿图尔·施尼茨勒也跟我说过差不多的话。施尼茨勒当时还是名医生，因为他早期成功的文学作品似乎不足以保证其安稳的生活。他当时已经是"维也纳青年团"的领袖人物，比他更年轻的人们喜欢向他寻求建议和指导。在拜访一些泛泛之交时，他曾遇到了一个高大的年轻男生，其聪明才智给施尼茨勒留下了深刻的印象。当男生问他是否可以给他看看自己创作的一部短篇诗剧时，施尼茨勒很高兴地邀请他到自己的单身公寓去，尽管并没有寄予任何厚望——他认为这只不过是一个学生的拙作，不过是为赋新词强说愁，或者是对古典主义风格的模仿。他还同时邀请了一些朋友，彼时的霍夫曼斯塔尔穿着青年装短裤，颇为拘谨，然后便开始朗读。施尼茨勒对我说："几分钟后,我们突然都竖起了耳朵,互相交换了惊讶,或者说震惊的眼神。我们从未在任何已知的诗歌中听到过如此完美无缺的意象和如此富有音乐感的韵脚。实际上,我们一直认为自歌德以来就再也不可能有人做到了。但是,比起这种对独特形式的掌握(自霍夫曼斯塔尔以来无人能在德语文学上达到的形式)更令人赞叹的是,这种对世界的认知仅仅来自一个在学校里度过大部分时光的中学生的某种神奇的直觉。"在霍夫曼斯塔尔结束朗读后,他们都陷入了沉默。施尼茨勒对我说:"我有一种感觉,这是我一生中第一次遇到一位天才,而之后再也没有被这样征服过。"一个十六岁就有这样开端的人——或者说在没有开始之前就已达到完美的人——应该是歌德和莎士比亚的兄弟。然后,他的完美似乎还能再上一层楼:在第一部诗剧《昨日》之后,他创作了《提香之死》的盛大篇章,把德语转为意大利语的悠扬声调。他创作的众多诗歌中,即使是单单一首,对我们来说都是一个重大事件,多年以后我仍然可以一字一句地背诵。然后他还创作了短剧和散文。那些丰富的知识、对艺术的完美理解和广阔视野,全部被神奇地浓缩在了几十页的稿纸上。他从中学到大学时代所写的一切,都像是从内部散发出光芒的水晶,既深邃又闪耀。这些诗和散文就像来自伊米托斯山芬芳的蜂蜡①一样,有着某种独一无二的魔力。他创作的每一首诗都恰到好处,减之一分嫌少,增之一分嫌多,让人觉得是某种难以把握的潜在力量引导着他走向迄今未被涉足的路上。

他的横空出世对于我们这些做着笔记自学艺术的人来说,是多

---

① 伊米托斯山以大理石和蜂蜜著称,罗马时代诗人奥维德曾描绘过的山坡上的芬芳植物花草早已绝迹,但自古已有的养蜂业至今犹存。

么令人着迷啊！对于年轻一代而言，最令人陶醉的事情莫过于知道在他们周围生活着一位精致而纯粹的天才诗人。在他们以往的想象中，他就像霍尔德林、济慈和莱奥帕尔第这些传奇人物一样，遥不可及，但是现在，在如梦似幻间却发现，这样的人物真实地存在着。这也是为什么我会如此清晰地记得亲眼见到霍夫曼斯塔尔的那一天。我那会儿十六岁，当时我们都热切地追随着我们这个理想导师的一切行踪。有一次，我激动地发现报纸中缝的一篇小资讯，宣传了霍夫曼斯塔尔将在学术俱乐部做一场关于歌德的报告（我们简直无法想象这样一位天才竟能在如此低调的场合讲话。在我们学生们眼中，霍夫曼斯塔尔要去公开演讲的地方一定会被听众挤爆）。但是，我们发现，事实证明，在对"什么是永恒的艺术"的判断上，我们这些微不足道的学生们要遥遥领先于那些普通民众和公共批评家们。大约只有一百多位听众聚集在这个小房间里，所以我大可不必为了能让自己有座位而提前半个小时候场。我们等待了一段时间后，一位身形修长、并不起眼的年轻人路过我们，走到讲台上开始讲话。他出现得如此突然，我几乎没有时间去仔细打量他。他的胡子看起来还很软，还没有完全成熟，身材也十分细长，看起来比我想象的还要年轻。他的脸庞轮廓分明，有着颇具意大利式的黝黑肤色，看起来似乎有些紧张不安。他那深邃、柔和但高度近视的眼睛不断转动，更添了几分慌乱。然后突然之间，他像游泳运动员跳入了熟悉的泳池里一样，开始沉浸在他的演讲中。随着时间的流逝，他渐入佳境，手势越来越自如，神态也更加自信。一旦最初的尴尬消失，进入了他擅长的知识领域，他的紧张不安就被一种奇妙的放松和活力一扫而光——我在后来的私人谈话中经常注意到这一点。我们只在最初的几句话中注意到他的声音不是很有吸引力，有时听起来像假声，有些轻微的急促，但是很快地，他的演讲开始让我们变得自由而激动，我们不再注意他的声音，甚至不再注意他的脸。他说话时没有手稿文本，也没有提纲，甚至可能也没有仔细地准备，但他与生俱来的那种神奇的形式感使每句话都完美无缺。最大胆的对仗一句接一句地铺陈开来，让我们眼花缭乱，但又以清晰而出乎意料的形式阐明了自身。我们不禁怀疑，现场所听到的只是一座巨大的思想宝库散落在我们面前的一部分，他还可以兴高采烈地上升到更高的领域，还可以再滔滔不绝讲几个小时，灵感也不会枯竭，水准也不会降低。正如斯蒂芬·乔治在后来的私人谈话中对他的称赞一样，我深深地感受到了"这位创作者跌宕起伏的诗句和魅力四射的对话"的魔力。他神经紧绷，躁动敏感，对现场气氛中的每一个变化都做出反应，私下里常常郁郁寡欢，神经紧张，因此与他亲近并不容易。但是，一旦有个问题引起他的兴趣，他便像火箭一样浑身燃烧起来，火光绚烂地冲上云霄，将所有的讨论都升华到他想要的、也只有他才能真正进入的境界。除了与思维缜密、开放透明的瓦莱里和冲动飞扬的凯萨林有过这样的对话之外，我从未与其他人进行过如此高水平的交谈。在某些灵感迸发的时刻，一切都被生动地拉回到了他神奇的敏锐记忆中——他读过的每本书，见过的每幅图画、每处风景。一个接一个的隐喻像手拉手一样自然而然地连在一起，他的视角像突然出现的布景一样在地平线上缓缓升起。在第一次见到他的那场演讲中，以及在后来与他的个人交往中，我真正地感受到了仅凭理性就可以理解的天才的"气息"。

  从某种意义上说，霍夫曼斯塔尔本人也再没有超越他从十六岁到二十四岁间所创造的不可复制的奇迹。我同样欣赏他许多后来的作品：精彩的散文、他的鸿篇巨制《安德烈亚斯》（虽未完成，但可能是德语小说中最为上乘的作品），以及他的某些戏剧作品。但是，随着他与当代戏剧和当代流行的兴趣联系得越来越紧密，一旦他清楚地意识到自己雄心勃勃的计划，那些早期作品中天生的、恰如其分的确定感和纯粹的灵感就消失了，与之一起消失的是我们青年时代陶醉其中的狂喜。凭借着我们这些尚未成熟的人所独有的神奇感知，我们早早地意识到了我们青年时代的这个奇迹是一生仅有一次的邂逅，以后再也不会遇到。

  巴尔扎克以其精彩绝伦的妙笔描述了拿破仑是如何激励了一整代法国人。对他来说，小小的波拿巴中尉飞黄腾达成为世界的皇帝，不仅意味着一个人的胜利，而且意味着青年思想的胜利。一个人不需要皇室血统就能在早期获得权力，你可以来自任何微不足道的小门小户，甚至是贫穷的人家，但这并不妨碍你在二十四岁时成为大将，三十岁时成为法国的最高统治者，然后再成为整个世界的领袖。这种空前的成功促使成百上千的人抛弃了他们的卑微职业，背井离乡开始闯荡。波拿巴中尉成了整个年轻一代心中的偶像，鞭策他们萌生更远大的野心。他一手提拔了大军团里的诸多将军，也造就了《人间喜剧》[①]中的很多主人公形象。一个单枪匹马的年轻人仅凭着第一次大胆尝试就达到了前所未有的高度，仅仅是这种成功本身，就能够鼓舞周围所有的年轻人追随他的脚步。从这一点来看，霍夫曼斯塔尔和里尔克也极大地激励了我们这些更年轻的人——身上还不断迸发着能量

[①] 在《人间喜剧》中，巴尔扎克成功地塑造出一系列取代贵族而入主社会的资产者形象，把1816—1848年王政复辟、七月王朝期间广阔的社会生活尽收笔底，无论是贵族衰亡、资产者发迹，还是金钱罪恶，都无所不包地囊括其中。

的人。我们并不奢望能够复制霍夫曼斯塔尔的奇迹，但是仅仅是他的存在就让我们振奋不已。他直观地向我们表明，在我们自己的时代，我们这个环境也可以诞生出杰出的作家。毕竟，他的父亲是一名银行经理，和我们其他人一样来自犹太中产阶级；这位天才在我们这样的家庭中长大，拥有和我们同样的社会阶层和道德原则；他上过同样乏味无趣的文法学校，用过同样的教科书，并且在同样的木凳上穿着同款制服熬过了八年时间；他像我们一样对学校教育感到不耐烦，热衷于探索所有知识。看看人家，当不得不坐在那些长凳上听讲，在健身房里小跑时，他成功地克服了学校、家庭和城市的限制，通过不懈地攀登达到了无比的高度。可以说，霍夫曼斯塔尔给我们上了生动的一课，证明了即使在我们这样的年纪，即使是在奥地利文法学校里地牢般的氛围中，也可以创作文学作品，甚至达到完美的水准。尽管在家庭和学校里，我们只是默默无闻的少年，但我们的作品有可能被出版，被公众讨论，然后一举成名——这对年轻人而言是多么诱人！

至于里尔克，对我们而言则代表了另一种不同的激励，他提供了一种不同于霍夫曼斯塔尔的成功方式，令人更为心安。即使是我们中间最大胆的人，也会认为以霍夫曼斯塔尔的方式声名鹊起这样的想法是对他的一种亵渎。因为他是少年天才，是无与伦比的奇迹。如果把我们十六岁时写的诗文与他在同一年纪写下的那些著名作品进行比较，我们只会感到敬畏和惭愧；就像他还在文法学校时就已经在思想的天空中自由翱翔，会使我们感到汗颜一样。而里尔克，虽然也是在年仅十七八岁就开始写作和出版诗歌，但是，与霍夫曼斯塔尔的诗歌相较而言，他的早期作品尚未成熟，而且天真幼稚。他的作品里确实透漏出一些天才的踪迹，但是其他部分就不那么令人满意了。直到二十二三岁时,这位才华横溢的诗人才逐渐受到我们的热爱,开始形成他的个人风格,这对我们来说是极大的安慰。我们并不一定需要像霍夫曼斯塔尔那样,在中学时期就达到完美,也可以选择像里尔克一样,先做些尝试,为以后的作品建立框架,再加以改进,不必因为暂时的水平不足、不够成熟、不够有责任感就马上放弃。尽管有霍夫曼斯塔尔的奇迹在,但是我们还可以模仿里尔克更为平稳寻常的成功之道。

很自然地,我们所有人早早地就开始写散文或诗歌、做音乐,或者朗诵读书。毕竟,年轻人的热情是无法被抑制的。我们从根本上就不会满足于吸收这些印象,必须要用创作来有效地加以回应。对年轻人来说,对剧院的热爱意味着至少希望自己以某种方式在剧院表演或者为剧院工作。因为我们对各种形式的才能有着狂热崇拜,这也使得我们不禁开始回顾自己,想知道是否也可以在自己尚未开发的潜能中,或者尚未完全得到启蒙的头脑中发现这种天赋的蛛丝马迹。鉴于当时维也纳的氛围和时下的环境,在我们学校的课堂上追求艺术创作的行为是一种非常切合时宜的流行现象。我们所有人都在寻找自己的才华,并试图将它开发出来。有四五个同学想当演员,便模仿城堡剧院演员的说话方式,总是背诵或者朗诵台词,他们偷偷地去上了戏剧课,还在课间休息时即兴创作经典戏剧中的场景,互相分配角色任务,而我们其余人则形成了看热闹、但又非常苛刻的观众。还有两到三个同学是训练有素的音乐人,但尚未决定是想成为作曲家、演奏家还是乐队指挥。正是他们让我对现代音乐有了最早的认识。在当时,现代音乐还被严格地排除在爱乐乐团的音乐会之外。这几位音乐专业人士也会请我们为他们的歌曲和合唱写词。还有一个男孩,其父亲是当时著名的协会画家,会在上课时用我们的练习本为班上这些未来的天才们画肖像。但是,最强烈的流行趋势还是朝着文学方向的努力。在彼此激励下我们取得了飞快的进步。通过对每首诗的相互批评,我们在十七岁时达到的水平要远高于单纯的业余爱好者,而且我们中的一些人甚至接近了真正的成功——有些作品不仅被粗俗的地方杂志接受,还在新生代主流期刊上发表,甚至还获得了稿酬——这是最有说服力的证明。我的一个朋友Ph. A——我像崇拜天才一样崇拜他——在顶级文学期刊《潘神》中大放异彩,他的名字与德默尔和里尔克同时出现。另一位同学AM.,以奥古斯特·奥勒的笔名写作,在当时所有德语期刊中门槛最高、同时也最不拘一格的《艺术之叶》上发表,斯蒂芬·乔治通常只在该期刊上刊登来自经典作家圈的作品。在霍夫曼斯塔尔的启发下,还有一个同学写了一部关于拿破仑的戏剧;还有一位提出了新的美学理论,创作了一些优秀的十四行诗。我本人则在现代文学的主要期刊《社会》和马克西米利安·哈尔登主编的《未来》上发表过一些作品——《未来》这本周刊在现代德国的政治和文化史上也享有重要地位。回顾当时那段时光,我必须客观地说,我们渊博的知识、高超的文学技巧以及我们的艺术水平在十七岁的年纪来看确实令人惊讶,只能解释为:我们受到了霍夫曼斯塔尔奇迹般的少年成名的启发,所以竭尽全力地想要保持在彼此之间的领先地位。我们掌握了各种语言技巧、各种夸张和大胆的用法,和各种诗歌的写作方式,从品达式①的颂歌到形式简单的民歌,我们尝试了无数种风格。我

---

① 品达,是古希腊抒情诗人,其诗风格庄重,词藻华丽,形式完美,在十七世纪古典主义时期被认为是"崇高的颂歌"的典范。

们每天都会互相展示自己的作品,讨论难以捕捉的不足之处和每个韵脚的细节。当我们善良的老师还被完全蒙在鼓里,仍然用红色墨水改着我们的作文,指出其中标点符号的错误时,我们已经在互相进行文学批评了。我们的严格态度、艺术专业度和对细节的关注,与当时报刊上任何专业的经典文学批评家相比有过之而无不及。在学校的最后几年里,我们的狂热激情使我们在专业评判和表达自我的文采方面,要远远领先于那些已经成名的评论家们。

我们在文学上的早熟,虽然是忠实于事实的描述,但是可能会使人们误以为我们是一班特别有才华的学生,但实际上绝非如此。当时在维也纳,我们十几所学校中出现了同样的狂热现象和同样的早熟天才,这绝非偶然,而是因为我们当时所处的氛围非常有利——城市有着肥沃的艺术土壤,在世纪之交的非政治化的时代里孕育出一切相互交织的新文学和新思想。通过某种化学反应,这一切在我们体内产生了一种创作文学作品的渴望,这几乎成为那个时代的一种必然。每个青春期的年轻人都会写作,或者有写作的欲望,尽管在大多数情况下,这只是短暂的冲动,而且这种倾向往往是青春特有的症状,很少能够长久地延续。我们当中那五个想成为演员的同学没有一个成了真正的演员。在最初惊人的创造力消失之后,那两位登上《潘神》和《艺术之叶》[①]的年轻作家也成了平凡的律师或公务员,也许还会对当年的野心报以忧郁或嘲讽的一笑。在所有这些人中,我是唯一一个一直保持创作激情的人,这一激情也成了我一生的意义和核心。但是我

[①] 茨威格在德语原文注释中写道:"凡是书中提到年纪轻轻就去世的奥古斯特·奥勒时,斯蒂芬·茨威格的记忆都是有偏差的。"

非常感谢那些曾经志同道合的朋友们，他们给了我那么多帮助！那些激烈的讨论和批评、互相竞争和相互钦佩，极大地锻炼了我早期的写作能力，丰富了我的头脑，使我看到了更广阔的精神天地，而这些生动的灵感也使我们摆脱了学校阴冷凄凉的气氛。"在许多至暗时刻，还是会有神圣的艺术……"①每当我听到舒伯特这首不朽的作品时，都仿佛真实地看见我们佝偻着背坐在那令人讨厌的学校长凳上，待到放学后，又带着活力四射的激动神情一路上背诵着诗歌，讨论着诗歌，在热情洋溢中忘记时空的束缚，忘我地进入一个更美好的世界。

这种对艺术的狂热痴迷，对美学主义近乎荒谬的执着，注定会影响我们年轻人的正常生活。如果现在想想，当时我们每天都塞满了学校和私人教师的课程，那是如何挤出时间阅读这些书的呢？答案很明显，这一定是在牺牲睡眠和身体健康的代价下做到的。尽管必须七点钟起床，但我从未在凌晨一两点之前放下书本。我也因此养成了一个坏习惯——不管时间有多晚，总是要看一两个小时的书才能入睡。因此，我总感觉怎么也睡不够，经常在最后一秒才起床，然后匆匆出发去学校，在路上一边小跑一边吃着黄油面包早餐。相对于我们所拥有的高超知识水平而言，我们的身材瘦弱得可怜，看上去像未成熟的水果一样，而且我们穿得也很不讲究。我们的每分零用钱都投入到了剧院、音乐会或书籍上。当我们用全身心的投入去打动那些大人物时，吸引女孩就显得并不重要了。实际上，与女孩约会对我们来说是在浪费时间，因为在我们傲慢的认知中，异性在本质上是劣于我们的，也

---

① "在许多至暗时刻，还是会有神圣的艺术……"这是舒伯特的著名乐曲《致音乐》的开头。歌词是舒伯特的朋友弗朗兹·冯·舒伯撰写的。

不想在闲聊中浪费宝贵的时间。现代的年轻人会很难理解我们是如何忽略甚至鄙视所有体育活动的。在十九世纪，人们对体育运动的热情尚未从英国传播到欧洲大陆。截至那时，还没有出现十万名观众在体育场馆里观看两位拳击手互相搏斗，为打碎对手下巴的胜利者狂热欢呼的场面。报纸也不会像现在这样派记者去对曲棍球比赛进行荷马史诗式的专栏报道。摔跤比赛、田径活动和举重挑战在我们的时代被认为是为屠夫和搬运工等市郊观众而设计的。赛马运动这种更为高雅的贵族运动每年可能会吸引上流社会去几次赛马场，但对我们而言没有任何吸引力，所有的体育活动对我们而言都是浪费时间。在我十三岁开始感染上文学和艺术的传染病后，就不再去溜冰，而是花光父母给我上舞蹈课的钱去买书。我在十八岁的时候仍然不会游泳、不会跳舞或打网球；直到今天，我都不会骑自行车，也不会开车。我对运动的了解少得可怜，足以让十岁的孩子都为我感到羞耻。即使是现在，我也没有弄清楚棒球和橄榄球、曲棍球和马球之间的差异。报纸的体育版对我来说就像神秘的中文符号一样难懂。至于那些速度或技巧的运动记录，对我来说就像波斯国王的那句名言——当有人建议他去观看赛马时，他以一种东方智慧说道："有什么意义呢？我知道一匹马跑得比另一匹快，但具体是哪一匹马更快，对我来说没有任何区别。"同样，浪费时间玩游戏和花时间锻炼一样可耻。国际象棋是唯一受到我们青睐的游戏，因为它需要投入脑力。更荒谬的是，尽管我们认为自己是文学萌芽或者至少是潜在的诗人，但我们很少注意大自然。在生命的前二十年里，我几乎对维也纳的美丽视而不见。只有最炎热的美丽夏日对我们而言有特别的吸引力，因为整个城市的人们都去度假了，我们因此可以在咖啡馆里抢先拿到更多的报纸期刊。我后来花了好几年甚至几十年的时间,才建立起适当的平衡感,在一定程度上改善了身体的笨拙,这些都是我当时那种幼稚的贪婪行为引发过度劳累的后果。但是总的来说,我从未后悔自己在文法学校时,凭着一腔热血去阅读和思考的这种行为。它让我对内心自由充满了激情,让我在任何情况下都不愿失去它,而从那时起我所读和所学的一切都为后来奠定了坚实基础。一个人可以在往后的人生中弥补之前忽略的肌肉锻炼,但是只有在那一段关键的成长期里才能训练自己的思维,充分提高理解能力,只有那些早早地学会了展开思想的翅膀的人,才能够在之后充分翱翔着俯瞰整个世界。

在我们的青年时代,真正伟大的经历其实是我们意识到了一种即将出现的艺术新事物——比父母和周围世界所喜爱的那些艺术更富有激情和挑战,也更诱人。但是,当我们对这一变化本身深深地着迷时,并没有注意到这些审美的转变其实是更深远的变化的预兆,最终将动摇并摧毁我们上一代的整个太平盛世。在古老的、昏昏欲睡的奥地利,一个惊人的结构重组正在悄然发生。几十年来任由自由资产阶级摆布的那些安静温顺的广大群众突然变得躁动起来,开始组织运动,争取自己的权利。在十九世纪的最后十年里,强烈的政治风暴扰乱了奥地利舒适宁静的生活。新世纪需要一个新的秩序和一个新的时代。

在奥地利这些伟大的群众运动中,第一个出现的便是社会主义运动。在那时,被误导为"普世"的选举权其实还仅限于缴纳了一定税款的富裕市民阶层。但是,这一阶层选举出来的律师和地主绅士们却真诚地认为,他们是为人民发声,在议会中代表着人民的利益。他们为自己接受过教育,或者甚至是高等教育而感到自豪,用优雅得体的举止谈吐来显示自己的身份。因此,议会讨论就像是在一家上流俱乐部举行的晚间辩论一样。他们对这个世界的自由信念,让他们认为这个世界通过宽容和理性已经取得了无懈可击的进步。这些中产阶级民主人士真诚地认为,他们做出的那些小小的让渡和逐步改善,是为奥地利所有民众谋求福祉的最好方式。但是他们完全忘记了,他们只代表大城市里那五万或者十万个富裕市民,并不代表整个国家数十万甚至数百万的人口。在那个时候,机器已经可以进行工作,曾经四处分散的劳动阶级被集中在工业产业里。在著名的维克多·阿德勒①的领导下,奥地利成立了社会民主党,以贯彻无产阶级的理念——实现真正的普选。一旦这一点被批准,或者说被迫实行,人们就意识到,自由主义所代表的社会力量是多么单薄,尽管它也是有用的。与此同时,宽容和解也从公共政治生活中消失了。各方利益开始激烈对抗,战斗从此打响。

我还记得,在孩提时代,奥地利的社会民主党产生决定性变化的那一天。工人们以令人瞩目的方式展示了他们的力量和人数,他们提出口号,将五月的第一天定为劳动人民的节日,并计划在这天整齐团结地列队向普拉特公园②行进,沿途经过那条必经之路——栗树大道。那条美丽的林荫大道通常留给贵族和富人的马车通行,他们以往也会在那天去参加传统游行。这一消息使自由派中产阶级市民们感到无比恐惧。社会主义者——在当时的德国和奥地利,这个词带有某种血腥的恐怖意味,就像之前的雅各宾派③和之后的布尔什维克党一样。

---

① 维克多·阿德勒(1852—1918),于1889年成立了奥地利社会民主党。
② 维也纳著名的大型公园,栗树大道是穿越它的主要途径。
③ 雅各宾派是法国大革命时期参加雅各宾俱乐部的激进派政治团体,它的激进主张得到大部分贫苦阶级和平民百姓的拥护。

最初，所有人都认为，那些来自城市郊区的赤色分子会一边游行，一边火烧房屋，抢劫商店，实施任何可以想象到的暴力行为。恐慌开始在人群中蔓延。整个城市及其周围地区的警力都被调到普拉特公园的大街附近，军队也处于备战状态，时刻准备开火。普拉特公园附近不再有私人马车或出租马车出没，店主也在百叶窗外放下了铁护板。我还记得父母严格禁止我们小孩在那个随时可能火光冲天的日子里上街玩。但是在那天，工人们带着他们的妻子和孩子们，以模范的纪律，排成四列向着普拉特公园前进，所有人都在衣服扣眼里插上象征他们党派的红色康乃馨。他们一边唱着国际歌一边前进。随后，在他们从未涉足过的美丽的林荫大道上，孩子们唱起了自由欢快的校歌。没有人遭受谩骂，没有发生任何斗殴，也没有人攥紧拳头，警察和士兵们向工人们露出了同志般的微笑。由于工人的这种毫无错漏的举动，资产阶级再也不能给他们打上红色革命者的烙印。最后，双方都做出了让步——正如这个古老睿智的国家一直以来的作风。在那时，将示威者压倒在地的剿灭手段还没有被发明出来，尽管人道主义理想已经开始消退，但即使在党派的领导人身上，它也还是鲜活存在着。

红色康乃馨作为党的象征出现后不久，人们的纽扣眼中突然又出现了另一种花——白色康乃馨——代表基督教社会党（现在想来这是多么令人感动呀，当时的党派象征是花朵，而不是军靴、匕首或死人骷髅）。来自中下层阶级的基督教社会党，实际上只是对无产阶级工人运动的一种有组织的对应运动形式，从根本上说，都是由于机械战胜工艺的缘故。将大量工人聚集在工厂中，确实为工人提供了力量，也为社会带来了进步。但是，这又同时威胁着小作坊的生存。庞大的百货商店和大规模生产让小市民阶级和仍在从事传统买卖的小作坊主的生活被夷为废墟。聪明而受欢迎的党派领导人卡尔·卢埃格尔博士利用了这种焦虑不安的心态，并以"我们必须帮助小人物"为口号，团结了不满的中下阶层。他们对比自己富裕的人的嫉妒远小于对从资产阶级地位沦落为无产阶级的恐惧。这群生活在焦虑状态中的社会阶层在后来聚集在了阿道夫·希特勒周围，成为他的第一批追随者。卡尔·卢埃格尔在另一种意义上也为希特勒做出了榜样——向他传授有用的反犹太主义口号，从而让心怀不满的小市民阶级有了一个形象具体的敌人，同时也不知不觉地将他们的仇恨从大地主身上转移，不再对封建财富虎视眈眈。但是，如果我们将这两个人进行比较，显而易见，我们在本世纪①所看到的由后者主导的政治斗争，是一次可怕的历史倒退，其粗俗和残酷程度要远胜过前者。卡尔·卢埃格尔是个大气的人物，留着柔软的金色胡须（在维也纳被称为"英俊的卡尔"），接受过学术教育——在一个知识价值高于一切的时代，他在学校学到的东西还是非常有用的。他的演讲对普通百姓极具吸引力，言辞犀利而风趣，但即使在最为激烈，或者说在当时的人们认为是激烈的演讲中，他也从未失过体面。他有一个相当于朱利叶斯·斯特雷彻②的助手——一位叫施耐德的机械师——其反犹太宣传包括一些粗鄙的胡说八道，比如仪式谋杀的传说，但是他小心地控制着这些宣传武器。卢埃格尔的私生活无可挑剔，对反对者也始终保持一定的风度，尽管他公开宣扬反犹太主义，但仍然会帮助早年的犹太朋友，对他们报以友善之态。当他领导的运动最终控制了维也纳市议会，他也被任命为市

---

① 二十世纪。
② 朱利叶斯·斯特雷彻（1885—1945），曾是臭名昭著的反犹纳粹报纸《冲锋队员》的主编和创刊人。

长时——当时非常反感反犹主义趋势的弗朗茨·约瑟夫皇帝曾两次拒绝批准这一任命——他对这座城市的管理实际上是非常公正的,堪称民主的典范。被反犹党的胜利吓坏的犹太人在此后继续享有着平等的权利,受到尊重,充满仇恨和相互毁灭的冲动还尚未渗透到那个时代的血液里。

就在这时,出现了第三种象征性的花——蓝色的矢车菊,这是俾斯麦的最爱,也是德意志民族党的标志——但是当时没有人意识到——这是一个精心谋划的革命性党派,将用残酷的力量摧毁奥地利君主制,建立一个在普鲁士人和新教徒的领导下的大德意志,实现希特勒的梦想。基督教社会党的根基在维也纳和乡村地区,社会民主党成员多分布在工业中心地区,而德意志民族党的信众们则几乎只出现在波希米亚和阿尔卑斯山的边缘地区。他们虽然人数不多,但是野蛮的侵略和残酷的攻击弥补了其数量的不足。该党内的几位议员代表成了奥地利议会的恐怖象征——或者从传统意义上说——成了奥地利议会的耻辱。希特勒本人是来自边远地区的奥地利人,受到这些人的理念和手段的启发。他扬帆起航,拿起号角喊着乔治·冯·舍纳勒①提出来的口号:"脱离罗马(天主教)!"当时成千上万的德意志民族党党员听从了他的话,从信仰天主教转而皈依新教,试图激怒当时的皇帝和神职人员。希特勒还继承了他的反犹太种族主义口号——"种族中存在着耻辱"②——最重要的是,他从舍纳勒那里学会了使用冷

---

① 乔治·冯·舍纳勒(1842—1921),奥地利泛德党的创始人。它只持续了不到二十年,但希特勒和德国纳粹主义受其反犹主义和反天主教立场的影响。
② "种族中存在着耻辱",这句话通常是指犹太人的种族出身使他们成为像猪一样的低等动物,是种族中的耻辱。

酷的突击部队的手段，即用一小撮人施行恐怖主义的暴行，从而威胁虽然数量上占优势，但更为人道和被动的大多数人。用橡胶警棍破坏聚会，在夜间袭击反对者并逮捕他们——这些冲锋部队为德国纳粹党所做的事情在奥地利是由学生团体为德意志民族党所为。这些学生团体在学术豁免权的保护下，建立了前所未有的暴力恐怖制度，随时准备在任何政治行动中军事化地组织起来，响应号召。他们聚集在所谓的青年会中，脸上总是带着伤，常常醉酒闹事，还把持了大学礼堂，因为他们不仅像其他学生一样戴着袖标和帽子，还带着坚硬沉重的棍棒武装。他们不停地挑衅，一会儿攻击斯拉夫人，一会儿又转向犹太人，或天主教徒，或意大利人，把这些手无寸铁的学生赶出了大学。每一次"休闲散步"中——他们曾这么称呼星期六的游行——都会发生流血事件。由于大学传统的禁入特权，无法进入校园的警察只能在场外无助地看着这些欺软怕硬的暴徒在里面横行肆虐。他们只能小心地在有限范围活动，运走那些被民族党成员们暴力地从台阶上扔到路边的伤者。每当这个规模很小但是虚张声势的德意志民族党想要用武力强行做些什么时，它就会派出这支大学生突击部队。当首相巴德尼伯爵[①]在皇帝和议会的同意下颁布《语言条例》，希望借此实现奥地利各民族之间的和平，使君主制的寿命再延长几十年时，这些年轻的暴徒们已经占领了环城大道。骑兵被派进去，拔出刀枪进行镇压。但是，那个自由主义时代有着可悲的人道主义的善良软弱，这种暴力骚

[①] 卡西米尔·巴德尼（1846—1909），奥地利政治家，于1895—1897年间担任首相。他曾试图引入《语言条例》，在当时属于奥匈帝国的波希米亚事务中赋予德语和捷克语同等地位。德语通常是受过良好教育的人首选的语言，因此他的提议遭到了强烈反对。

动和血流成河的景象是如此惨烈,政府在面对德意志民族党时不得不让步。首相辞职了,受到忠诚支持者们拥护的《语言条例》也被废除了,野蛮政治取得了史上第一次胜利。在互相容忍的和解时代,人们曾艰难地努力修补着种族和阶级之间潜在的裂痕,而现在,缝隙分裂成了巨大的鸿沟。实际上,在新世纪开始前的十年里,奥地利各派纷争早已拉开了序幕。

然而,当时的年轻人还全神贯注地醉心于文学中,很少注意到国家的这些危险变化。我们的目光只集中在书籍和画作上,对政治和社会问题丝毫不感兴趣。这些尖锐的争吵对我们的生活有什么意义呢?当这座城市因为选举而上下震动时,我们正待在图书馆里;当群众纷纷开展运动时,我们正创作和讨论着诗歌。我们看不到墙上燃烧着烈火的文字,就像古代的贝尔沙扎国王一样,在品尝美味的艺术盛宴时,我们从未朝前看过一眼。几十年后,当断壁残垣砸在我们身上时,我们才意识到,房屋的地基早就被破坏了。个人自由在欧洲的没落,随着新世纪一起悄然来临了。

情窦初开

在文法学校的八年时间里,一个非常私人化的事实影响了我们所有人——我们从十岁的小男孩开始逐渐成长为十七八岁的成熟小伙子,本能开始在我们身上觉醒。在现在,青春期的萌动似乎是完全私密的事情,所有年轻人都在成长过程中自己解决,乍看之下似乎也根本不适合公开讨论。然而,对于我们这一代人来说,青春期的危机已经超出了其实际范围。同时,它也带来了另一种意义上的觉醒——它教会我们首次以更加批判的角度审视我们成长的社会和其中的风俗惯例。通常情况下,儿童,甚至是年轻人,会在一开始选择遵守周围社会的规则。但是,只有在看到其他所有人都真正遵守它们的前提下,他们才会服从地照做。老师或父母的任何一个谎言都会不可避免地使年轻的学生们不再信任周围的世界,让他们以更加尖锐的目光审视整体环境。很快,我们就发现:所有我们迄今为止所信任的权威——学校、家庭、公共道德——都在"性"这个话题上极其不真诚。更糟糕的是,他们也希望我们和他们一样在这方面遮遮掩掩。

三四十年前,对这一问题的思考并不像现在这样。也许在以前的年代里,在一代人身上从未发生过如此彻底的两性关系的转变,而这种转变是由一系列因素造成的——妇女解放运动、弗洛伊德精神分析、通过体育活动锻炼身体、年轻人开始宣称独立自主等。十九世纪资产阶级所持有的这种道德观念本质上还是维多利亚时代的产物，如果我们将其与现在更为自由无拘的态度进行对比，一探究竟，或许最接近真相的解释是：那个时代对"性"话题不安的回避是由于内心的不安感。在以前宗教信仰盛行的时代，尤其是严格的清教徒时代，很容易对这一话题进行处理。大家都怀着真诚的信念，认为对肉体的渴望是魔鬼的欲望，这种欲望是放荡有罪的。中世纪的统治者们通过严格禁止大部分与其相关的活动来解决这个问题，并实施了苛刻的道德规范，特别是在深受加尔文主义影响的日内瓦，这种风气尤为盛行。然而，在我们这个宽容的时代，人们早就停止了对上帝的信仰，也不再相信魔鬼的存在，所以，这个时代再也无法完全唤起人们对这种极端惩罚的勇气，但是，"性"也还是被视作一种不受政府管束的、具有破坏性的力量，它无法被纳入道德体系中，因而也不能在现实中存在，因为在包办婚姻之外，以任何形式进行的自由恋爱都会破坏资产阶级的"正派"。人们还发明了一种解决这一难题的荒唐的折中之法。虽然在道德上并没有禁止年轻人从事性行为，但是却限制他们必须悄悄地处理这类令人尴尬的事情。虽然不能从文明的世界中消除"性欲"，但至少不能让它露骨地表现出来。因此，在这种不言而喻的默契之下，人们都不会在公共场所、学校或家庭中提及这一困难复杂的问题，而且任何可能使人联想起它的事物也都会被压制。

自弗洛伊德以来，我们就意识到：试图把自然本能从有意识的思想中压制下去的做法并不能成功消除它，只会危险地将其移入潜意识中，因此，现在的我们很容易对这种天真愚昧的沉默策略一笑了之。但是在当时,整个十九世纪都深陷这样的幻想中——所有冲突都可以通过理性解决,越是抑制自己的本能,就越可以压抑内心的这种不愿受到管束的冲动——所以,如果年轻人没有受过性生活的启蒙,就会忘记它。出于这种通过无视问题来解决问题的自欺欺人的想法,各地政府都同意用这种缄口不言的方式进行联合抵制。基本上,在负责传道的教会里,在学校、沙龙、法院和书籍报纸上,以及各种流行趋势和社会习俗里,都避免提及此事。令人惭愧的是,就连科学——原本承担直面所有问题的任务——也缴械投降了,认同这种自然本能是肮脏的想法——Naturalia sunt turpia[①],并以种种借口回避研究这一不雅的话题。在那个年代,在所有人的共识之下,任何领域的书籍(哲学、法律,甚至医学领域)都无一例外地将这一话题一笔带过。当刑法专家在开会讨论将更为人道的手段引入监狱的议题,以及监狱中的生活对囚犯造成的精神损害时,他们胆怯地逃避了真正的核心问题。同理,神经科医生对各种歇斯底里症的病因非常清楚,但他们同样不愿直面解决这一问题。我们在弗洛伊德的著作里读到,即使他尊敬的老师夏科特也曾私下向他承认自己知道这些病例真正的原因,但永远不能公开发表。没有作家愿意冒险对这些主题进行真实描绘,因为它们只关注了美学意义上的美丽。就连几个世纪前的作家都毫不畏惧地展现了当时那幅诚实包容的时代文化图景——在笛福、阿贝·普雷沃斯特、菲尔丁和雷蒂夫·德·拉布列塔尼的作品里我们都可以读到他们没有遮掩的真实描述。然而,到了十九世纪,人们反而开始只注重文学上的"敏感"和崇高的部分,对这些略微不堪但真实的描述

---

① Naturalia sunt turpia,天性即是污点。

却讳莫如深。因此，在那个时代的文学作品中几乎找不到一丁点刻画那个时代的年轻人面临危险、黑暗和困惑的痕迹。即使有作家斗胆提到卖淫，他也认为应该委婉地描述一个像"茶花女"①一样散发香水味的女主人公的身影。因此，我们面临着一个奇怪的现象：如果当时的年轻人想知道他们过去几代的同龄人们是如何度过他们的一生的，即使是翻遍当时最伟大的作家的作品，比如狄更斯、特克雷、狄戈里弗德·凯勒和比昂松②的小说，也找不到除了被提炼过的平淡的爱情之外的任何其他描述——除了托尔斯泰和陀思妥耶夫斯基这些站在欧洲伪理想主义之外的俄国作家的作品之外。因为时代的压力抑制了这一代人的表达自由。没有什么比文学上的束缚更能清楚地说明我们先辈的道德观念和生活氛围里那种歇斯底里的敏感了，这在今天来说完全不可想象。现在有谁能理解，法国一家公共法庭以伤风败俗为由禁止了像《包法利夫人》这样完全基于现实的小说？有谁能理解在我年轻的时候，左拉的小说被视为色情作品？托马斯·哈代这位平和的新古典主义叙事作家会在英格兰和美洲引起轩然大波？在这些书中，尽管作家们对这一话题已经有所保留，但是还是暴露了太多生活的真相。

但我们就一直浸泡在这种沉闷之中，在这种不健康的、充满霉味儿的氛围里长大了。这种不诚实的、不切实际的道德观念——掩盖和缄默——压倒了我们年轻人。由于这种达成共识的沉默，这一话题在文学和文化史上也没有留下任何记载。对于我的读者而言，重构当时发生的令人难以置信的事情可能并不容易。但是，有一个很好的参照

---

① 小仲马创作了小说《茶花女》，威尔第在此基础上创作了著名歌剧《茶花女》。
② 比约恩斯彻纳·比昂松（1832—1910），挪威小说家，于1903年获得诺贝尔文学奖。

物就是时装，因为时装会泄露一个时代的道德风尚，并且明显地在视觉上展示出来。一九四〇年，当我写这部自传时，如果一九〇〇年的社会男女穿着当时的服装出现在电影院银幕上，全体观众——不管是在欧洲还是在美洲，城镇还是乡村——都会爆发出欢快的笑声，这绝非巧合。最天真单纯的人也会嘲笑那些过去的奇怪穿着，就像看讽刺漫画一样：一群穿着既不自然也不舒服、既不卫生也不实用的衣服的傻瓜。即使小时候曾看到过母亲、阿姨和女友们穿这些古怪的礼服，我们还是觉得——整整一代人都屈服于这种愚蠢的着装习俗而没有抗议——这像一个荒唐可笑的梦。当时流行的男装风格是僵硬的高衣领（其中有一种因为过于僵硬而被称为"弑父者"），穿着这种衣服参加任何活动都非常不便；带着长长后摆的黑色燕尾服，像烟囱一样的高顶礼帽，都令人觉得好笑。但是，最可笑的是过去淑女的穿着，她们的衣服很难穿上，即使穿上了也极不舒服，因为每一个细节都是对天然的暴力对抗。鲸骨紧身胸衣将腰部勒紧，使她们的身体像黄蜂似的被切成两半，下半身的裙装像一只圆滚滚的巨大铃铛，领口紧紧地贴着喉咙，脚被包裹到了趾尖，头发被烫成无数个小卷或被编成小辫，然后再戴上一顶摇摇欲坠的华丽礼帽。即使在最炎热的夏天，手上也得戴着手套——尽管周身散发着香味，浑身戴满昂贵的珠宝，衣服上还有各种精美的蕾丝、褶边和其他装饰，这种早已成为历史的着装风格还是会给人留下可怜无助的印象。人们一眼就能看出，一旦穿上这样的服装，这些女性就会像全副武装的骑士一样，再也不能自由、快速、优雅地移步。在这样的包裹之下，身体的每一个动作、每一个姿势都被限制了，因此显得非常假而不自然。仅仅是打扮成一个淑女的样子——且不说上流社会的其他礼节——穿上这样的礼服然后脱下来，就是一个复杂的过程，没有别人的帮助根本不可能完成。首先，要扣上背后从腰部到脖子的无数个搭扣，女佣们必须竭尽全力收紧小姐的紧身胸衣，她们长长的头发——在这里提醒一下我年轻的读者们，三十年前，除了少数俄国女学生外，欧洲女性都有这样的及腰长发——必须每天由美发师用大量的发夹、梳子、卷发圈和卷发器把头发弄卷，编或盘起来。然后，她们还要穿上衬裙、吊带背心、紧身上衣和外衣，一层一层就像洋葱皮一样。她们被女佣转来转去，进行调整，直到女性天然的身形特征完全消失不见为止。这种荒谬其实有一层隐秘的含义：在这种装束之下，女人的真实身材被完全掩盖了，即使在婚礼当天，新郎也丝毫不知道他未来一生的伴侣的身材是挺拔还是驼背、丰满还是瘦削，腿是长还是短。那个"讲究道德"的时代认为完全可以通过在女性的头发、胸部和身体其他部位添加人为的修饰让人产生错觉，以迎合当时对女性身材的普遍审美。如果想让自己看起来像个淑女，就应该尽可能少地让人看到身体的自然形态。实际上，这种服装背后的原则只是为了服从当时普遍的道德趋势——不厌其烦地进行隐蔽和掩盖。

但是这种看似睿智的道德观念完全忘记了，如果魔鬼被关在门外，它还会通过烟囱或者后门强行闯入。对于可以无拘无束地打量这些服装的现代人来说，如此费尽心机地隐藏每一寸裸露的皮肤和实际身形，并不会让人感受到道德上的得体。相反，这些时尚更加凸显出了性别的极端特点，反而令人感到难堪而不忍直视。现代的青年男女既高大又苗条，没有胡须，都留着短发，从外表一眼看过去就觉得可以与他们成为朋友，但是在过去那个时代，两性之间则要尽可能地拉开距离。男人留着长胡须，或者至少两端留着上翘的八字胡，作为男性气质的明显标志；而女性则需要通过束身胸衣，使乳房这一女性的性别属性显得更为突出。人们对所谓"强势性别"和"弱势性别"极端的强调区分，还体现在其行为举止上——男人应该豪爽、有骑士风度、有进攻性，而女人则应该腼腆、羞怯、矜持、防备。他们不是平等的，而是猎人和猎物的关系。这种在外在行为上不自然的紧张对立，注定会加剧两者之间的内在张力，也就是对性的渴求。这一荒谬的策略——人们对违背心理学的缄默和掩盖所造成的后果一无所知——在当时社会上出现了完全相反的效果。在一种不断的拘谨焦虑中，人们总是会在生活的各个方面——文学、艺术和时尚——发现种种不道德之处，以期阻碍各种形式的刺激，但最后却发现这些不道德的念头无休无止地在脑中徘徊。由于社会总是在注意什么可能不得体，因此时刻处于警惕状态：在当时的世界看来，每一个手势、每一个用词都随时有可能让"体面"处于致命的危险之中。我们或许还可以理解在那个时候，女人在游戏或运动中穿任何形式的裤子似乎都十恶不赦，但是，我们如何解释这种歇斯底里的拘谨让当时的女性甚至连"裤子"这个词都说不出口？如果需要提到男人的裤子这种会引起情欲的物品，她们就不得不采用一种忸怩委婉的说法——"他的难以启齿的东西"——来表达。一对来自相同社会阶层但性别不同的年轻人绝对不可能单独出去玩——或者说，每个人首先会想到的就是"可能会发生什么事儿"。只有在有一个监督人，比如母亲或女家庭教师寸步不离的情况下，才允许进行这样的接触。即使在最热的夏天，如果年轻女孩穿了露出脚踝的裙子，或者光着臂膀去打网球，也会被认为是丢人的事。对一个有教养的女性来说，在公众场合交叉两脚是非常不当的行为，因为脚踝可能会不经意地露出裙底。阳光、水和空气等自然界的元素也不能碰到女性的皮肤。在海边，妇女们穿着厚重的泳衣套装下水，从脖子到脚都裹得严严实实。寄宿学校和修道院的年轻女孩甚至在洗澡时也得穿着白色长袍，忘记了她们还有肉体。这不是传说，也并非夸张——当一位老妇人离世时，除了她分娩时的接生婆、丈夫和女入殓师之外，这一生中不会有别人见过她的身体，哪怕只是肩膀或膝盖。如今，四十年过去了，在现在这一切看起来像是童话或是幽默的夸张。但是这种对身体和天性的恐惧，在当时确实以一种神经质的力量渗透了从上至下的整个社会。现在，很难想象，在世纪之交，当第一批女性骑自行车或在马背上跨骑而非侧骑的时候，人们会向这些大胆的娘儿们扔石子；当我还在上学的时候，维也纳报纸的专栏里充斥着对一项惊人创举的讨论——歌剧院里的芭蕾舞演员在舞蹈时没有穿紧身套袜；伊莎多拉·邓肯——尽管她穿着长长下垂的舞衣跳着非常古典的舞蹈——第一次露出赤脚，而非常见的丝绸舞鞋，在社会上也引发了空前的轰动。请想象一下，当时的年轻人就成长在那样一个时刻警惕的环境里；再想象一下，当年轻人意识到这件掩盖"性"的神秘的道德斗篷其实已经破旧不堪、充满漏洞时，这种时刻保持"体面"的惶惶不安是多么荒谬。毕竟，我们几十个上文法学校的男孩难免会有人在昏暗的小巷里撞见老师，或者偶然听到家庭圈子里某个在我们面前一本正经的人，其实也干过各种各样见不得人的事。事实上，没有什么比这种拙劣的隐藏手法更能激发我们的好奇心了。自由公开地展示天性并不受欢迎，因此，在大城市里，好奇心会产生某种地下的、通常不是很健康的发泄渠道。这种对"性"的压制导致了社会各个阶层的年轻人都有一种隐蔽的过度兴奋，并且以一种幼稚的、不专业的方式表现出来。在当时，人们几乎找不到哪个围栏或某间偏僻的小屋没有被胡乱地画上一些不雅的文字和涂鸦，也几乎找不到哪片女士泳区的分隔板上没有被钻开几个用来偷窥的小孔。那些在现在由于更符合天性的道德和礼仪而消失的行业，在当时却在秘密地蓬勃发展，尤其是在酒吧柜台下出售给青年小伙子的裸体照片交易。因为严肃文学必定严谨而充满理想主义，因此催生出了在所有书籍中最糟糕的那类"外套之下"的色情文学——用最糟糕的笔墨写成，印刷在最低劣的纸上，但是往往非常畅销，比如那种"挑逗性"的杂志，但在现在已经找不到这种令人厌恶的淫秽作品了。在宫廷剧院用阳春白雪的艺术作品向当时的理想致敬时，也有一些剧院和歌舞剧院专门表演最肮脏粗俗的节目。被压制的事物在哪里都能找到出路，找到绕过障碍、摆脱困难的方法。因此，由于我们这一代在性方面的启蒙，和以任何轻松形式进行的异性交往，都被一本正经地禁止了，我们对性的迷恋要远远超过今天这些在恋爱中更加自由的年轻人。禁果会激起欲望，只有被禁止的事物才会激起更强烈的渴求，眼睛看到得越少，耳朵听到得越少，头脑里反而渴望得越多。越少的空气和阳光落到身体上，这种感觉反而越灼热。总而言之，我们年轻人在当时所承受的社会压力，非但没有提高我们的道德水平，反而使我们怨恨和不信任那些当权者们。从我们性觉醒的第一天起，我们便本能地觉得，这个不诚实的社会想要通过沉默和隐藏的道德约束，来剥夺本该属于我们的合法权利，同时牺牲了我们对诚信的渴望，只为维护某种早就不再有任何现实意义的陈旧观念。

然而，这种社会道德，一方面默许性行为以自然的方式存在，另一方面又不惜任何代价对它绝口不提，这实际上是双重的谎言。因为它对年轻男性睁一只眼闭一只眼，甚至用睁着的那一只眼睛暗送秋波，鼓励他们"去放荡一下"，就像当时流行的玩笑话说的那样。而面对女人时，社会又警觉地闭上了两只眼睛，视而不见。甚至连传统习俗也默认了男人有某种欲望，而且允许他们有这种欲望。但要诚实地承认女人也有这种欲望，承认造物主永恒的目标需要女性和男性共同完成，这会完全触犯"女性是圣洁的"这一概念。在弗洛伊德之前，这是一个大家认可的公理：女人只有在被一个男人唤起肉体的欲望之后才会有身体上的欲望，当然，这只有在结婚之后才被正式允许。即使是当时那个讲究道德的时代，维也纳的空气中也充满了危险的色情感染源，而一个上流出身的女孩从出生到走上婚礼圣坛的那一天，都必须生活在一个完全消毒的环境中，因此，为了保护自己的清誉，年轻姑娘们时刻都要有人陪伴着。姑娘们都有家庭教师，她们的职责就是确保她们不会——坚决不能！——在无人陪同的情况下走出家门；她们需要人送去学校，去上舞蹈课和音乐课，然后再被人接回来；她们读的每一本书都要先被检查一遍。最关键的是一定要让她们忙个不停，防止闲下来之后胡思乱想。她们必须练习弹钢琴、唱歌和画画；必须学习外语、艺术史和文学史；她们受到良好的教育，甚至是被过度教育了。然而，虽然人们尽可能地使她们形成良好的教养和举止，与此同时，又非常小心地让她们对自然天性一无所知——这种无知程度在今天无法想象。出身上流家庭的年轻女孩对男性的身体构造毫无概念，也不知道孩子是如何诞生的，因为她是一个天使，在进入婚姻殿堂前不仅要保持身体的纯洁，也必须保持思想的完全"纯洁"。一个姑娘如果在当时受过良好的教育，就意味着她不懂得生活，这种无知有时会伴随她们一辈子。我有一个到现在想起来还忍俊不禁的故事——我的一位阿姨在新婚之夜突然又回到她父母的公寓，在凌晨一点钟疯狂地按铃，抗议她再也不想看到那个可怕的人了！这个人已经和她第二次办婚礼了，但是她认为他是一个疯子、一个怪物！因为他当真想把她的衣服脱下来，而她费了好大的劲儿才从他那显然是疯了的要求下挣脱出来。

另一方面，我不能否认，这种无知使当时的年轻姑娘们有一种神秘的魅力。虽然羽翼未丰，但她们隐隐地感到，在自己的世界之外，还有一个她们一无所知的世界，一个不允许她们知道的世界，这使她们充满了好奇、渴望和热情，让她们心醉神往又困惑不已。如果你在街上跟她们打招呼，她们会脸红——现在还有年轻女孩会脸红吗？单独在一起时，她们会窃窃私语，或者咯咯地笑个不停，好像有点微醺似的。她们对于从未透露给她们的一切未知充满期待，幻想浪漫的生活，但同时又羞于想象有人会发现她们的身体是多么渴望一种自己也并不十分清楚的情感。这种轻微的困惑反而让她们的举止生动活泼起来。她们走起路来跟今天的女孩子不一样：现代的女孩子通过运动变得更加强健，和年轻男孩们打成一片，轻松自在，相处起来平等自然，毫不尴尬；而在我们那个时代，即使在十步开外，你也能从走路的步伐和姿势判断这是一个未婚女孩还是一个与男人有过肉体接触的已婚女人。年轻的姑娘比现在的姑娘更像未经人事的少女，而没那么像成熟的女人。她们更像那种富有异国情调的娇嫩植物，生长在一个过于温暖的人工温室里，远离任何风霜；她们是特定教养和文化下的一种人工培育品。

但这就是当时社会所期待的年轻女孩的样子——天真懵懂而富有教养，但是无知而好奇、容易害羞、时常犹豫不决，而且没有生活经验。她们接受的是远离现实生活的教育，注定要在婚姻中被丈夫摆布，没有任何自己的主观想法。习俗和礼仪似乎保护着她们，把她们视为最隐秘的理想，视为端庄、神圣、贞洁的象征。但是，如果一位年轻姑娘浪费了光阴，到了二十五岁甚至三十岁还没有结婚，那就会是一场悲剧！社会传统无情地规定，三十岁的未婚女子也必须保持一种没有经验、没有欲望的天真状态——在三十岁这个年龄，这种状态完全不合时宜——为了家庭和"体面"而不得不保持自己的"纯洁"。少女时代的温柔形象在这时变成了尖锐残酷的讽刺画面。在这个年纪的未婚女子就像是"被遗弃在货架上的商品"一样，而"剩女"会成为老处女，会被肤浅的讽刺期刊变着花样嘲弄。如果打开早年的《街头快报》或者某本当时的幽默杂志，人们会发现，在每一期上各种对老处女的无情嘲笑如此可怕：讥讽她们的精神出现了严重问题，无法掩饰对爱的自然渴求。她们为了家庭和名声，不得不压抑自然天性，以及对爱和成为母亲的渴望，然而人们没有认可这些牺牲者的悲剧，而是用一种缺乏同理心的方式嘲笑她们，这让现代的我们无比反感。这个社会违心地背离了天性，而对泄露了这一秘密、无意间揭开了它虚伪面纱的这些女性又最为残忍。

当时的资产阶级传统极力试图维持这一假象：一个来自"上流圈子"的女人是没有性欲的，她也不能有性欲，直到结婚前都必须如此，否则就会沦为不道德的人，要被逐出家门。但是，不得不承认的是，这种本能还会出现在年轻的男孩身上。经验表明，人们是无法阻止性成熟的年轻人将其付诸实践的，所以社会仅仅寄希望于他们能在神圣的礼仪界限之外，在人们见不到的地方去寻欢作乐。就像在城市里，人们在干净整洁的街道上优雅地漫步，目光所及之处皆是华美奢侈的店铺，而藏污纳垢的下水管道则被掩盖在地下。年轻男性的全部性生活都应该在看不见的地方,在社会道德的表面之下进行,但年轻人因此会面临的危险和可能会涉足的环境都无关紧要,学校和家庭也不会向他做出任何解释。在那个道德社会存留的最后几年里,偶尔会有些具有所谓"进步思想"的父亲,会考虑这个话题,在儿子开始长胡子时,试图以一种负责任的方式帮助他。他会叫来家庭医生,然后医生会让男孩进入私密的房间里,先煞有介事地擦一会儿眼镜,再开口讲述关于性病的危险,告诉他们要节制,要记得采取一定的预防措施,但年轻人通常早已自行了解过这些知识了。其他的父亲则采用了一种更为奇特的方法:雇一个漂亮的女仆,让这个姑娘教会他们的儿子如何实践。这些父亲认为,最好是关起家门把这件麻烦的事情解决,这样既保留了表面上的体面,又避免了年轻人落入某个"狡猾的小人"手中。然而,有一种启蒙方式,无论以何种形式进行,都会被当权者们坚决禁止——那就是公开和诚实的性教育。

那么,一个资产阶层的年轻人会面临什么样的后果呢?在其他社会阶层中,包括所谓的下层阶级,性行为根本就不是问题。在乡下,一名十七岁的农场工人会和一位女仆上床,这种关系如果有了什么后果,也没什么要紧。在我们阿尔卑斯地区的大多数村庄里,私生子的数量远远超过了婚生子女。在城市里的无产阶级中,如果一个年轻的工人还没钱结婚,他会和同一阶级的女人"罪恶地同居"。在加利西亚的正统犹太教徒中,一名十七岁的年轻人在刚刚性成熟时就会被家里安排结婚,很有可能在四十岁时就当上了爷爷。只有在我们资产阶级社会,人们才不愿实施早婚这种解决这一问题的真正办法,因为没有哪个家长会把女儿托付给一个二十出头的青年,因为这么年轻的人是不够成熟的。在这一点上,我们又可以发现一种不诚实的现象——

资产阶级的时间历法与自然的节奏完全不同步。虽然自然天性让年轻人在十六七岁时就达到性成熟,但在当时的社会中,只有当他取得了一定"地位"时,他才能达到结婚的年龄,而这在二十五六岁之前是不可能做到的。所以在真正的性成熟和社会所认为的成熟之间,存在着一段人为的空档,长达六年、八年,甚至十年之久。在这段时间里,年轻人不得不自己想办法,私下进行"冒险"。

但这并不是说当时他们有很多机会可以做这些事情。只有少数特别富有的年轻人能够负担得起包养情妇的奢侈之举,因为这意味着要为她租一间公寓,并为她提供生活所需。同样,也有一些特别幸运的年轻人通过与已婚女人发生关系,实现当时的文学理想——因为这是当时的小说中唯一一种可以描述出来的浪漫。其余的人则尽可能地与女店员和女服务员调情,但是这并不能带来真正的满足感。在妇女解放之前,只有来自最贫穷的无产阶级家庭的女孩才有无所顾忌的自由,建立一种转瞬即逝的、没有婚姻前景的随意关系。她们穿着寒酸,每天十二个小时的低薪工作让她们精疲力竭,不修边幅(在那个年代富人才有盥洗室)。由于成长在一个非常狭窄的社会圈子里,这些可怜女孩的知识水平通常远低于她们的恋人,因此,年轻男孩们会尽力避免被人看到与她们一起出入公共场合。社会传统还演变出一种专门应对这类尴尬现象的单间餐室,正如它的名字所示,在那里你可以和一个女孩私密地共进晚餐,剩下的事情就是在幽暗巷子的小旅馆里完成的了,而这种旅馆也是专门为这类生意所开的。但所有这些露水情缘都是转瞬即逝的,没有任何真正的吸引力。它们纯粹是出于性的目的,并没有情爱的成分,因为人们总是匆忙而秘密地实践它,就像在做一件被禁止的事一样。最好的一种可能性是:和那些既享有社会地位、又不受社会约束的混血儿——女演员、舞蹈家、女艺术家，以及其他所有在那个时代唯一"解放"的女性们——建立关系。不过，总的来说，当时婚姻之外的性行为只能以卖淫为基础，它就像一个阴暗的拱形地窖，地窖之上则矗立着资产阶级社会里富丽堂皇的宏伟建筑。

现在这代人对世界大战前欧洲的卖淫现象知之甚少。如今，大城市里的妓女就像街上的马车一样稀罕，但在那个时候，人行道上到处都是放荡的妓女，要避开她们比找到她们难多了。此外，还有各种"密闭场所"、妓院、夜总会、充斥着各种舞女和歌女的卡巴雷歌舞厅以及有陪酒女郎的酒吧。在这样的地方，女性像商品一样被公开出售，在每一个价格区间，在一天当中的任何时候，你都能找到对应的物品。男人们不用花费很多时间和精力就能买到一个女人的一刻钟、一个小时，或者一个晚上——就像买一包烟或一份报纸那样轻松。而在今天，年轻人理所当然地不再需要这些在当时不可或缺的场所，卖淫也在一定程度上被消除，但不是由于警察和法律的努力，而是因为人们对这种虚伪道德下的悲剧性产物的需求减少了，所以它只剩下了一小部分市场——我似乎找不到比这更好的证据来证明今天的爱情和生活拥有更加自然的诚实。

官方对这些不光彩行为的态度从来都是十分尴尬的。从道德的角度来看，没有人敢公开承认妇女有出卖自己的权利；但是当生理需求进入这个计算等式时，没有卖淫又是不可能的，因为它为婚姻之外的性生活问题提供了疏通渠道。因此政府采取了一种模棱两可的方式，把妓女们分为两类，一类是没有官方许可、政府反对的、不合道德的危险暗娼；另一类则是有国家颁发的许可证、并由政府征税的合法妓女。一个姑娘如果下定决心要成为一名妓女,她可以从警察那里得到特殊执照和一本经营许可的小册子。通过把自己置于警方的控制之下,并且每周尽职尽责地去做两次体检,她便可以用她认为合适的价格出租自己的身体,获得经营权利。这一行也被认作是一种职业,但是同样地,道德又一次使了绊子——这种职业并没有得到完全承认。例如,如果一个妓女把她的商品,也就是她的身体,卖给了一个男人,而事后这个男人拒绝支付约定的价格,那么她也无法起诉他。在那一刻,她的要求突然变成了不道德的,政府也不会提供任何保护,法律给出的理由是:"伤风败俗",因为这是一笔肮脏的交易。

这类细节暴露了这个制度的矛盾之处:一方面,这些妇女能在国家允许的行业中占有一席之地,另一方面,她们又被视为普通法律之外的弃儿。此外,真正的不诚实之处还在于:这些限制只适用于较贫穷的阶级。对于一个维也纳的芭蕾舞女演员来说,男人们只要花两百克朗就可以随时买到她,就像只用两克朗就可以买到一个街头妓女一样,而女演员当然是不需要执照的。一些著名的交际花甚至会出现在赛马比赛(快步赛或者德比赛①)的报道中,与其他上流人士一起并列出现在报纸上,因为她们也属于"社交名人"。同样,一些非常有钱的老鸨——为宫廷、贵族和富有的资产阶级提供高级货的妇女,也是不受法律约束的,否则法律肯定会对她们判处严厉的监禁。严格的纪律、无情的督查和社会的排斥只适用于成千上万的底层妓女,社会利用她们的身体和被羞辱的灵魂来捍卫一个早已陈腐不堪的道德观

---

① 德比赛,德比一词源于英国德比郡,此地盛产名马。由于很多赛马都是出自德比郡,因而在比赛中往往出现德比马相互竞争的场面,这种比赛就被称为"德比赛"。

念——反对自然形式的自由爱情。

这支庞大的妓女队伍被分为不同的种类,就像真正的军队被分为骑兵、炮兵、步兵和攻城兵一样。在卖淫行业里,最接近攻城兵那一类的,是把城市的某些街道抢占为自己的地盘的妓女们。在中世纪,这些地方通常是绞刑架、麻风病房或墓地的所在,是亡命之徒、刽子手和流浪汉经常光顾的地方。几个世纪以来,较为优越的市民阶层一直不愿踏足这些区域,政府便允许把那几条小巷用作风月场所。在她们矮小的公寓窗前,几百个女人相邻而坐,就像二十世纪日本吉原和开罗的鱼市上的妓女们一样。她们是廉价物品,白天和夜晚轮班交替工作。

流动的妓女则相当于骑兵或步兵。无数女人试图在街上招揽顾客,出售自己。在维也纳,这种妓女被称为"站街女",警察用无形的线把街道分成不同的区,有一些区域就是专门留给这些姑娘的售卖区。她们穿着一身花了不少力气淘来的艳俗之物,在街上昼夜游荡,即使天气又冷又湿,她们也要坚持到天亮。每当有人路过时,她们那疲惫不堪、妆花得不成样子的脸上就会挤出卖弄风情的假笑。而现在,街上再也没有这些饥肠辘辘的可怜女人的身影——她们通过强颜欢笑来赚钱谋生,终日四处辗转,最后免不了被送进医院——这让我觉得所有的大城市都比以前更加美丽,也更加人性化。

但是,即使这么多类型的妓女,也满足不了人们日益膨胀的需求。有些人觉得,与其在街上勾搭这些在夜间飞来飞去的可怜极乐鸟儿,他们更愿意惬意地待在一个更加舒适隐蔽的地方:在温暖的灯光下,带着更奢侈的光环,在音乐中与姑娘们相拥而舞。对这些客人来说,他们会选择"密闭场所",也就是妓院。女孩们聚集在这样一个摆满假奢侈品的所谓沙龙里，有些人穿着淑女的服装，有些人则干脆明目张胆地穿着晨袍。钢琴家在现场演奏音乐，人们喝酒、跳舞、轻松地交谈，然后再双双隐蔽地退到卧室里。在某些知名的高级妓院里（尤其是在巴黎和米兰），一名不谙世事的年轻人可能会误以为这是私人住宅，而他不过是被邀请来参加一场非常开放的社交名媛聚会而已。此外，这里的女孩也比外面的站街女生活得更好。她们不必在风雨中穿过泥泞的小巷，而是坐在温暖的屋子里，穿着精美的衣服，享受美酒佳肴。然而，她们实际上也是被老鸨囚禁的鸟儿，被迫以过高的价格购买华丽的衣服，并且被老鸨处心积虑地扣掉高昂的食宿费用。这样一来，即使是她们当中最努力接客赚钱的女孩也还是会欠着沉重的债务，因而永远不可能按自己的意愿自由地离开这里。

如果这些房子里的秘史能被记录下来，那将会是很有趣的史料，也会是那个时代文化的重要参考文献，因为它们包含了最特别的秘密——当然，严苛的当权者早就知道这些了。那里有仅供上层社会的人——据说甚至还有来自宫廷里的绅士们——使用的秘密房间和特殊的楼梯，普通人是无缘得见的。有些房间四周镶满镜子，有些房间可以透过孔眼令人毫无察觉地偷窥隔壁房间里的男欢女爱。姑娘们要在抽屉和箱子里准备上各种奇装异服——从修女服装到芭蕾舞演员的短裙——供有特殊癖好的男人选择。与此同时，在同样的城市，同样的社会里，在同样的道德观念下，人们却把年轻女孩骑自行车看作是可耻行为，并把弗洛伊德清晰冷静、令人信服的陈述，称作对科学尊严的侵犯——因为他说出了一些他们不愿意承认的事实。在同样的世界里，他们如此热衷于捍卫女性纯洁，同时却又容忍这种可怕的肉体交易，甚至组织这种交易，从中获利。

所以我们不能被那个年代伤感的长篇小说或者中篇小说所误导,对年轻人来说,那绝不是一个好时代。年轻的女孩被家人牢牢控制在密闭的温室里,被全方位地封锁在真实生活之外,身体和精神的发展都被人为地阻碍了。年轻的男孩们则被迫暗地里进行一些不正当的行为。所有这一切都是为了保护一种没有人愿意真心信奉的道德。年轻人原本可以按照自然天性建立坦率诚实的关系,从而获得幸福快乐,但只有极少数人拥有这样的幸运。如果让那个时代的人们诚实地回忆与异性第一次见面的情景,你会发现他们很少能想起来有哪些让自己真正感到愉快的情节。年轻人谨慎而秘密地行事,除了社会约束的缘故,还有另一个原因——让他们即使在最亲密的时刻也会在脑海里掠过一丝阴影:对感染性病的恐惧。在这一点上,当时的年轻人再一次地不如现代人幸运。因为四十年前的性病传播比现在要普遍得多,其危险和影响也比现在要可怕得多,而且医生们还不知道如何解决这些疾病,还不能像今天这样迅速而彻底地治愈患者。现在这类疾病只不过是生活中的短暂插曲,得益于保罗·埃尔利希①发明的治疗方法,现在的患病人数大大减少,中小型大学医院里的教授要等上好几周才能找到新的梅毒病例给学生们演示。而在那个年代,据军队和大城市的统计资料显示,每十个年轻人里至少有一个或两个人感染梅毒,所以当时的年轻人经常受到这一警告。走在维也纳的街道上,每隔六七幢大楼就会出现一个招牌,上面写着"皮肤病和性病专家在此行医"。除了对感染的恐惧之外,更令人毛骨悚然的是当时所采用的令

---

① 保罗·埃尔利希(1854—1915),杰出的德国免疫学家,于1908年获得诺贝尔医学奖。

人厌恶、有失体面的治疗方式。同样，今天的世界对此一无所知。梅毒感染者的全身要连续几周涂满水银，这会使得他们牙齿松脱，还会产生其他健康损害。病症发作时，不幸的受害者会觉得精神和身体上都受到了玷污。而且，即使经历了这种可怕的治疗，在他的余生也无法确保这种邪恶的病毒不会突然从休眠中复发，再次穿入他的脊髓让他瘫痪，或者让他颅内感染。难怪当时许多被诊断出患有梅毒的年轻人会立即拔枪自杀，因为他们无法忍受自己和家人被人怀疑得了不治之症。此外，这种隐秘的性生活还会带来另外的焦虑。如果我诚实地回忆那个年代，我不记得有哪个中学同学没有出现过面色苍白、精神涣散的时刻——因为他得了病或者担心自己得了病；因为他被敲诈，要求支付一笔堕胎的费用；因为他瞒着家里人，所以提供不了这么多钱；因为他不知道如何凑到一笔赡养费，来养活某个女服务员生下来的、声称要由他负责的孩子；或者因为他的钱包在妓院被偷了，又不敢去报警。所以，那个伪道德时代下的年轻人生活得比那些宫廷作家的小说和戏剧所描述的要刺激多了，同时也更为肮脏和压抑。在爱情这一领地，就像在学校和家里一样，年轻人几乎从未享有过他们这个年龄应有的自由和幸福。

在我所描绘的这幅真实的时代图景中，这些部分必须得到着重强调，因为我经常发现，我很难在与战后一代的年轻朋友们交谈时说服他们，让他们相信我们的年轻时代肯定不如他们。当然，作为国家公民，我们比现在这代人享有更多的自由，现在这代人有服兵役或服劳役的义务，而且在许多国家里，他们都被迫接受一种群众意识形态，普遍受到国际政治专横愚蠢的摆布。我们那时，则可以不受干扰地致力于我们的艺术和精神爱好；我们可以用一种更加个人化的方式度过闲暇时间，以更加国际化的方式生活。整个世界都向我们敞开了，我们不用通行证和许可证就能去任何想去的地方；没有人来盘问我们的信仰、出身、种族或宗教。我们确实——我并不否认这一点——拥有无限的个人自由，而且我们不仅热情地欢迎它，还充分地利用它。但正如弗里德里希·海贝尔曾说的那样："有葡萄酒时没有高脚杯，有高脚杯时又没有酒。"两全其美的事很少会发生在同一代人身上；如果道德风俗给人以自由，国家就会实行强制的改造；如果国家给人以自由，道德风俗又会强加约束。那时我们确实见过更多世面，见过世界曾经更美的样子，但今天的年轻人却度过了更为充实的青春岁月，更清楚地理解他们所经历的一切。在今天，我看到年轻人昂首挺胸，带着明亮欢快的神色走出学校；我看到男孩和女孩在一起轻松自由地互相陪伴，没有虚伪的羞怯和腼腆，在学习、体育和游戏上互相竞争；我看到他们在雪地上一起滑雪，在游泳池里像原始人那样无拘无束地比拼，一起在乡间开车兜风。他们在生活的方方面面都以一种不受干预的健康方式相处，就像兄弟姐妹一样，没有任何内在或外在的压力。每当这种时候，我总觉得好像横亘在我们两代之间的不止四十年，而是有一千年之久。我们不得不在暗处用偷偷摸摸的方式体验爱和被爱，而他们脸上却有着真正快乐的神色。道德风俗在有利于年轻人的方面发生了多么伟大的革命啊！他们在生活和爱中重获了多少自由！在这种健康的新自由中，他们的身心又能够多么茁壮地成长！在我看来，现在的女性也更美丽了，因为她们可以自由地展示她们的身材；她们的步态更挺拔，眼睛更明亮，谈话也不那么做作。这些新时代的青年获得了一种多么不同的信心啊！没有人要求他们做什么或不做什么——只需听从自己的声音和责任感的召唤。他们从父母、长辈和老师手上夺回了自我控制权，并且早就挣脱了那些拖累自己发展的桎梏、恐吓和紧张。他们不知道，为了得到在他们看来是理所当然但在当时被禁止的欢愉，我们不得不诉诸各种秘密伎俩。他们愉快地享受着青春年华，热情昂扬，充满朝气，自由轻松，这是他们这一年纪本该有的样子。在我看来，这种幸福中最好的部分，是他们不必对别人说谎，可以诚实地面对自己的自然感受和欲望。这种无忧无虑的生活方式可能意味着他们缺乏我们年轻时那种对精神世界的敬畏；也许因为爱情的付出和获得在现在变得非常容易，他们无从享受到爱情对我们而言尤为珍贵和令人心醉的另一面；他们不再羞怯腼腆，因此也不曾体会含情脉脉的温柔。他们甚至也无从知晓，禁止某种行为所带来的敬畏感，会如何神秘地增强在享受这一行为时所带来的满足感。但是，与被挽回的尊严相比，这些失去的在我看来都无足轻重——当今的年轻人再也没有恐惧和压迫，可以尽情地享受我们那个时代被禁止的东西——坦诚的自信。

人生的大学

盼望已久的时刻终于到来。在旧世纪的最后一年，我们终于走出了那所令人讨厌的文法学校，学校大门也彻底地在我们身后关上了。在通过了学校的期末考试之后（真不太容易）——我们对数学、物理和其他学校科目又了解多少呢？——很荣幸地，校长为我们做了一场非常动情的毕业告别演讲，我们都穿着黑色长礼服出席了这一场合。他说，我们现在长大了，必须勤奋高效地努力，为国增光。八年的同窗生涯就这样结束了，我在之后很少再见到这些患难之交们，我们大部分人都去读了大学，而那些不得不妥协去工作的同学们则对我们羡慕不已。

这是因为在那个遥远的时代，在奥地利，大学有一种特殊的浪漫光环。学生身份会赋予年轻的学者们一些特权，使他们比同时代的其他人拥有更大优势。我很怀疑除了说德语的国家之外，人们对这一古老而且奇怪的现象是否有所了解，所以我需要在这里解释一下这种时代性的荒谬。我们的大学大都建立于中世纪，在那个年代，学富五车的知识分子可谓超凡脱俗，而且社会赋予了年轻人某些特权以鼓励他们学习。中世纪学者们不受普通民事法庭的约束，传票送不到他们手上，警察也不会在学校里纠缠他们。他们穿着特殊制服，有决斗豁免权，属于一个有自己独特传统的行会——不论这些传统是良俗还是恶习。随着时间的推移，民主逐渐进入公共生活，中世纪行会都逐渐解散了，欧洲其他地方的学者们也随之失去了这种特权地位。只有在德国和讲德语的奥地利，阶级意识仍然占据主导地位，大学生们还顽固地紧握着这些早已失去意义的特权不放。他们甚至以此为基础建立了一套自己的学生行为准则。除了普通市民荣誉之外，这里的学生还尤其重视一种特殊的"学生荣誉"。任何侮辱他们的人都必须接受他们的挑战，也就是说，如果侮辱他们的人"符合被他们挑战的资格"，他们就会进行决斗。商人和银行家这类人并不符合这个自以为是的标准，只有同样受过教育的人、研究生，或者军官才有这一资格——在数百万人群中，再没有其他人有这个荣幸与那些年轻愚蠢的男孩们动武了。而且，要想被认可为一个真正的大学生，就必须证明自己的勇气，这意味着要尽可能多地进行决斗，而且要让这些英勇事迹留下的疤痕在脸上展示出来。在地道的德语文化中，脸颊上和鼻子上如果不带点伤，就不能被称为一个学者。所以，那些用特定颜色标记他们属于某个团体的学生们，总是没事儿就开始互相挑衅，或者侮辱其他爱好和平的学生和军官们，以便能够进行更多的决斗。在兄弟会里，每个新成员都会在击剑室里接受测试，展示自己在这项有价值的行为上的能力。他们还要遵从兄弟会的其他习俗，每一个"狐狸"（新手的别称）都会被分配给一个年长的兄弟会成员，然后必须像奴隶一样对他唯命是从，而后者则会按照学生行为准则的要求，向他传授高尚的艺术，总结下来就是喝酒要喝到吐为止。最严峻的考验是把一大杯啤酒一口气喝光，用这种光荣的方式证明自己不是一个懦夫，或者大声合唱学生歌曲，一起在夜里横冲直撞，踩着正步穿过街道，公然违抗警察。这一切都被认为是富有男子气概的合理学生行为，符合日耳曼传统。每逢星期六，这些头脑简单的兄弟会成员们会戴上五颜六色的帽子和丝带，挥舞着小旗子游行。他们愚蠢的傲慢在这些活动中不断滋长，令他们对那些不懂得尊重这种日耳曼式的男子气概和学术文化的普通大众心生鄙夷，觉得自己才是真正知识青年的代表。

对刚从省城文法学校来到维也纳的毛头小伙子们来说，所有浪漫回忆都浓缩在了这样潇洒快乐的大学时代里。几十年后，这些垂垂老去的村公证员们和医生们会端着茶杯，充满感情地欣赏挂在墙上的交叉剑和学生时代的彩色丝带，骄傲地炫耀自己脸上留下的决斗伤痕和曾经的"学术"光环。然而，对当时的我们来说，这种愚蠢野蛮的生活方式只会令人憎恶，如果我们遇到那些戴丝带的帮派成员，就会明智地避开。对我们这些坚信个人自由高于一切的人来说，这种侵略的冲动，以及一种集体奴性的倾向，清晰地展现了日耳曼思想中最坏、最危险的一面。我们也知道，这种人为的木乃伊化的浪漫活动，其实隐藏了精心谋划的实际目标——成为某个决斗兄弟会的一员，可以确保一个年轻人得到某个身居高位的前成员的支持，从而为其以后的职业生涯铺平道路。加入波恩的普鲁士兄弟会是进入德国外交部门的唯一可靠途径；奥地利的天主教兄弟会成员们，则有很大可能在当政的基督教社会党内找到一份好差事。这些"英雄"们盘算得很清楚，这些彩色丝带要在将来发挥作用，弥补他们学生时代被严重忽视的学业；在找工作时，脸上的疤痕会比他们头脑里的知识派上更大的用场。一想到这些愚蠢的军事化帮派和那些布满伤疤、大胆挑衅的臭脸，我就没有了去学校大厅的兴致。而其他真正想学习的学生们如果想去大学图书馆，也会避免穿过大厅，转而从一个不显眼的后门绕道而行，以免遇到这些可怜的"英雄"们。

我的家人们很早就一致决定了要送我去念大学，唯一的问题就是选择哪个专业。父母把选择的权利留给了我，因为那时我的哥哥已经在帮忙打理父亲的生意了，所以作为小儿子的我不用特别着急。毕竟，只要我能获得博士学位，光耀门楣，具体是什么专业并不重要。奇怪的是，我自己也不介意选择什么方向。我很久以前就倾心文学了，所以对那些专业化教学的各类学术领域都不感兴趣，我甚至还对所有的学术追求都怀有一种隐秘的不信任感，这种感觉直到现在仍未消散。在我看来，爱默生的"好书能够代替最好的大学"这条格言十分精准。直到今天，我仍然坚信：一个人即使没有上过大学，甚至没有上过文法学校，也可以成为一位优秀的哲学家、历史学家、文学语言家、律师或其他任何专业人士。在日常生活中，我不断发现，二手书商们比讲书的教授更了解这些书；艺术品交易商人比学院派的艺术史学家们知道得更多；在所有领域中，许多最重要的想法和发现都源自学术圈之外。学术生活对普通人才来说可能实用而有益，但在我看来，有创造力的人大可以放弃这种学术方式，因为他们很有可能会被其束缚。尤其是在维也纳这样的大学里，一所学校有六七千名学生，过于庞大的数量从一开始就限制了学生与老师在私下里有效的接触。而且，由于过分忠于传统，这些学校早就被时代抛弃了。我不曾在大学里遇到过有哪一位知识丰富到能让我着迷的老师。所以我选专业的真正标准不是什么最吸引我，而是对我来说什么课业负担最小，好让我有最多的时间和自由来从事我真正的爱好。我最终选择了哲学——或者按照我们那个旧时代更确切的名称，叫作"精确哲学"——并不是出于要在日后从事这一职业的目的，因为我在纯抽象思维方面并没有多少天赋。我的想法全都来自具体的物体、事件和人物，一切纯理论的和形而上学的东西都超出了我的理解。但在精确哲学中，我只需要掌握一定范围内的纯粹而抽象的内容，我就可以很轻松地逃掉课程和讲座，只需要在第八学期结束时交一篇毕业论文，参加几次考试即可。所以我为我的大学生涯制订了一个计划——前三年里我完全不会为学习费一点心思。然后，在最后一年，我再进行艰苦冲刺：掌握课业知识，快速地凑出一篇论文。这样一来，大学便可以给予我真正想要的一切：几年的自由生活，专注于我的艺术事业——让我真正地开启人生的大学。

回顾过去，我能记得的最快乐的时刻莫过于刚开始我称作"非学习"的大学时代。当时我还年轻，还不认为自己必须要达到尽善尽美。我相当自由独立，一天二十四小时完全属于我，我可以读喜欢的书，做喜欢的事，不用向任何人解释。学术考试的阴云还没有笼罩在光明的地平线上。对一个十九岁的年轻人来说，三年是一段很漫长的时光，一路上充满了丰富多彩的可能性，有数不尽的潜在惊喜和礼物！

我开始做的第一件事就是精心挑选我创作的诗歌，把它们收录成册。我可以毫不惭愧地承认，在十九岁刚从文法学校毕业时，我觉得打印机的墨水是世上最美妙的气味，比西拉子的玫瑰还要芬芳。每当我的诗被报纸采用发表时，我本不强烈的自信心就会极大地增强——让我暗自考虑，难道不应该再尝试一次质的飞跃，努力出版一整卷诗集吗？我的朋友们对此十分赞成，他们对我的信任甚至超过了我本人，于是我下定了决心。我斗胆把手稿寄给了当时在德语诗歌界最杰出的舒斯特尔-勒夫勒出版社。这家出版社曾出版过利林恩克龙、德默尔、比尔鲍姆和蒙伯特①的诗集,事实上,与里尔克和霍夫曼斯塔尔同期的诗人们都通过这家出版社发行作品,它可以说是新德语风格的发源地。在之后的日子里,那些令人难忘的幸福时刻接踵而至,哪怕我日后取得了巨大的成功,我这一生也再没有体会过当时的感受。我先是收到了一封带有出版商邮戳的信,我忐忑不安地拿着它,激动得几乎不敢打开。然后,我屏气凝神地读了信里的内容——公司已经决定出版我的诗,甚至还让我考虑下一部作品!之后,我又收到一个装着第一份校样的包裹。我怀着极大的兴奋拆开了它,仔细端详它的字体、版面设计和书的雏形样式。又过了几周,第一批样书送过来了。我一遍又一遍地端详它们,感受它们,比较它们,感觉不到一丝疲倦,然后又孩子气地跑去书店,想看看这本书有没有被陈列出来,如果有的话,它是摆在醒目的中间呢,还是藏在某个隐蔽的角落里呢?在那之后,便是等待素不相识的读者来信,等待难以预料的批评家们的评论了——它们让我如此牵肠挂肚,又如此兴致勃勃!我日后也常常暗自羡慕年轻人把自己的第一本书献给世界的那一刻。但我的这种快乐并不是因为得到了自我满足,而是出于一种对处女作的初恋般的着迷而已。任何人都不难发现我日后对这些早期诗作的态度,这本《银弦集》——早就被埋在我记忆深处的首部诗集的名字——再也没有重印发行过,我也没有把它们中的任何一首收录在我的诗歌全集

---

① 戴特勒·范·利林恩克龙,笔名弗里德里希·巴隆·范·利林恩克龙(1844—1909),诗人。理查德·德默尔(1863—1920),诗人,他是利林恩克龙的密友,深受尼采的影响。奥托·朱利叶斯·比尔鲍姆(1865—1910),诗人、小说家和剧作家。阿尔弗雷德·蒙伯特(1872—1942),诗人。

里。这些诗句充满了模糊的预言和无意义的情感代入，并不是来自我的生活经历，仅仅是出自对语言的热爱。它们确实展现出了一定的韵律性和形式美，而且引起了一些小众爱好者们的注意，我并不能抱怨自己没有受到足够的鼓励。当时诗歌界的领军人物利林恩克龙和德默尔给予十七岁的我热情的、甚至同道中人般的认可；我崇拜的里尔克寄给我一本他最新诗集的专刊，题写"谢谢"二字作为对我"引人入胜的作品"的回赠。我把这本诗集当作我年轻时最珍贵的纪念之一，从奥地利的废墟中将它抢救出来，带到了英格兰（让我想想它现在放在哪里）。时至今日，里尔克送我的这本诗集礼物——也是众多这类回赠礼物中的第一个——已有四十个年头了，而他早已不在人世。每当看到他熟悉的笔迹向我问候时，我都会有种奇怪的感觉。但最出乎意料的是，与理查德·施特劳斯齐名的最伟大的在世作曲家马克斯·雷格，居然请求我准许他为那本处女诗集中的六首诗谱曲。从那时起，我便经常在音乐会上听到其中某一首——这些早已被尘封在记忆里，从我的脑海中消失的诗作，随着时间的推移，又在另一位大师饱含朋友情谊的艺术之手中焕发新生。

  这些出乎意料的认可，以及评论家们的友好态度，进一步鼓励了我。否则，在无可救药的自我怀疑下，我永远不会，或者不会这么早地采取行动。在学生时代，即使我曾在现代文学杂志上发表过短篇小说、散文和诗歌，我也从没有想过把这些作品寄给哪家发行量很大的、有影响力的报纸。在维也纳，真正具有这样高质量的报纸只有一家，那就是《新自由报》。它凭借其崇高的立场、对文化的关注和政治上的声望，在整个奥匈帝国占据了与英国的《泰晤士报》和法国的《时报》几乎相同的地位，即使在德意志帝国时期，也没有哪家德语报纸达到了如此高的文化水准。主编莫里茨·贝内迪克特拥有源源不断的热情动力和非凡的组织才能，他把自己魔法般的精力积极地投入文学和文化领域，让其他所有德语报纸都黯然失色。如果他想向著名作家约稿，他会不惜一切代价：一封接一封地寄出十封甚至二十封电报，并且事先预付各种费用；在圣诞节和新年的节日专号和文学增刊上全都是出自那个时代最伟大的作家之手的文章。阿纳托尔·弗朗索斯、格哈特·豪普特曼、易卜生、左拉、斯特林堡和萧伯纳这些大文豪们的名字都会出现在这样的节日特刊上。这份报纸对整个维也纳乃至奥地利的文学发展都有不可估量的影响。这样一份报纸所发出的观点自然是非常进步和自由的，此外，它的态度也十分谨慎周全，可谓旧时奥地利高文化标准的一个绝佳范例。

在这座进步的神殿中，有一个尤为圣洁的神物，那就是"文艺专栏"，就像巴黎的每日报纸《时报》和《论坛报》一样，你能在此处找到关于散文诗歌、戏剧、音乐和艺术最优秀的评论。它们位于分割线之下的底部版面，明显地与那些转瞬即逝的每日政治新闻区别开来。只有那些证明了自身价值的文学大家才可以为这个专栏写文章——只有正确的判断、多年的广泛经验和完美的艺术形式，才能让一个作家在历史的长河中脱颖而出，进入这个名人圣堂里。散文大师路德维希·斯贝德尔和爱德华·汉斯利克曾在这一专栏发表过戏剧和音乐领域的评论，他们拥有的神圣权威与巴黎的圣博夫在其专栏《星期一评论》中的权威不相上下。这些批评家的赞成或反对决定了一部音乐剧、一部戏剧或一本书在维也纳的命运，也决定了作曲家或作者本人事业的成败。当时，文艺专栏上的每一篇随笔都是城里受过教育的人们讨论的话题，这些文章会受到讨论或批评，引起赞赏或敌意。

如果一个新作家的名字偶然间出现在久负盛名的专栏作家之列，就会引起巨大的轰动。在年轻一代中，只有霍夫曼斯塔尔偶尔能凭借他的一些优秀评论跻身到这一高度；其他的年轻作家如果能设法让自己的名字出现在这份报纸的独立文学增刊里，便心满意足了。在维也纳人看来，一位能在文艺专栏的头版上撰文的作家，就如同把名字刻在了大理石碑上一样名垂青史了。

我现在已经想不起来当时是如何鼓起勇气向《新自由报》投寄诗歌短评的了——在那时，我的父亲将《新自由报》视为神谕，那是只有救世主才能到达的圣殿。但毕竟，能发生在我身上的最坏结局也不过是被拒绝而已。文艺专栏的主编每周只在某个下午两点到三点之间，对那些可能发表散文的人进行一次访谈，因为那些知名的、根基稳固的撰稿人有着固定的创作周期，几乎没有给其他人的创作留下任何空间。我怀着激动的心爬上狭窄的旋转楼梯，来到他的办公室门口，把我的名字报了上去。几分钟后，仆人回来了——告诉我专栏主编要见我，我便进入了那间狭小的房间。时任文艺专栏主编的西奥多·赫茨尔，是我在生命里遇到的第一个享有国际声誉的人——我当时并不知道他会给犹太人的命运和我们的时代带来天翻地覆的影响。在那时他的立场相当矛盾，充满了不确定性。他立志成为一名作家，在很小的时候就展现出令人炫目的新闻才能，先是出任了《新自由报》驻巴黎的记者，后来又成为该报文艺版块的专栏作家，成为维也纳公众的宠儿。他的散文具有丰富的敏锐性、睿智的观察力、流畅的文风和崇高的立意，至今仍十分引人入胜，即使在情绪高昂或者批判别人的时候，他也从未失去过与生俱来的行文特色。他能写出人们所能想到的最有文采的新闻报道，让这座对精妙语言已经习以为常的城市为之倾倒。他写的一部戏剧也曾在城堡剧院大获成功。他获得了极高的社会地位,年轻人崇拜他,父辈们尊敬他。直到有一天,意外突然降临了。命运总能用某种方式找到为其秘密目的服务的人,即使他想逃离,也无能为力。

西奥多·赫茨尔在巴黎的一次经历使他的内心受到极大的震惊,这也成了改变他一生的时刻之一。作为驻巴黎的记者,他出席了贬黜阿尔弗雷德·德雷福斯的场合,亲眼见证了人们把他的肩章从制服上扯掉,而德雷福斯面色苍白地哭喊道:"我是无辜的。"在那一刻,他心里明白德雷福斯确实是无辜的,他背负了叛国的可怕嫌疑,只是因为他是犹太人。在西奥多·赫茨尔还是一个有着直率的男子气概的骄傲学生时,他的内心就已经为犹太人的命运而饱受痛苦了——或者更确切地说,多亏了他先知般的洞察力,他在当时事态还不太严重的时候就预见到了所有的悲剧。当时,他发挥了自己天生的领导能力——这一点从他极为大气的外表、开阔的思想和对世界的了解就可以看出,提出了一个绝妙的计划,可以一劳永逸地解决犹太人问题,那就是通过自愿的、大范围的受洗团结犹太教徒和基督教徒。他总是倾向于非常戏剧化的想法,曾设想自己带领着成千上万的奥地利犹太人组成一个长长的队伍,向圣斯蒂芬大教堂行进,以一种典型的象征性仪式,将那些遭到迫害、无家可归的人们从种族隔离和仇恨的诅咒中永远解救出来。但是他很快就意识到这个计划行不通,他的分内工作也在之后的几年里分散了他对这个核心问题的注意力,尽管他早已把解决这个问题视为此生注定的责任。然而,当他看到德雷福斯被贬黜的那一刻,这种对他民族的永恒排斥就像一把匕首刺进了他的心。他不禁想道,如果种族隔离不可避免,为什么不让它变得更彻底呢?

如果被羞辱永远是我们的命运，那就让我们骄傲地面对它吧！如果我们无家可归，那就让我们自己建造一个新的家园吧！因此，他出版了一本小册子《犹太国》，并在书中宣称，对犹太人来说，通过自我同化来适应其他人，寄希望于他人的完全宽容的这类办法不可能有用，犹太人必须在他们的故土巴勒斯坦为自己建立一个新家。

这本小册子虽短，却有着钢铁般的力量。它刚出版时我还在学校读书，但我记得它在维也纳的资产阶级犹太人圈子里引起了普遍的震惊和不满。他们气愤地议论："一向聪明、机智、有涵养的作家赫茨尔，脑子里究竟在想什么？他在说什么蠢话，又在干什么蠢事？我们为什么要去巴勒斯坦？我们讲的是德语，不是希伯来语，我们的家在美丽的奥地利。在仁慈的弗朗茨·约瑟夫皇帝的统治下，我们不是过得很好吗？我们不是过着体面的生活，享受着安全的地位吗？难道我们没有平等的权利吗？难道我们不是在我们所钟爱的维也纳土生土长的忠实公民吗？难道我们不是生活在一个将在几十年内消除所有的宗教偏见的进步时代吗？如果他是一个想帮助我们的犹太人，为什么他要为我们最大的敌人送去舆论的弹药，在我们与德语世界日益紧密相连的时候，又试图把我们从中分离出来？"拉比们在讲坛上义愤填膺地埋怨他，《新自由报》的总监禁止他在这份所谓的进步报纸上提及"锡安主义"（犹太复国主义）一词。当时维也纳文学界的色西提斯，最尖刻辛辣的讽刺大师卡尔·克劳斯，还写了一本名为《锡安的王冠》的小册子。于是，当西奥多·赫茨尔走进剧院时，观众中就会响起讽刺的低语："国王驾到！"

起初，赫茨尔完全有理由感到他被误解了——在他享受了多年的爱戴之后，维也纳——这个他感到最安全的地方——却抛弃了他，甚至嘲笑他。但随后,他得到了雷鸣般的回应和极大的赞同。他几乎惊诧地发现,这短短的几十页纸,竟然引发了一场他本人始料未及的轩然大波。这些回应和反响并非来自生活舒适优越的西方中产阶级犹太人,而是来自东部的广大犹太民众,即生活在加利西亚、波兰和俄国的无产阶级。圣书中关于重返应许之地的两千年前的弥赛亚之梦,在外国统治下早已灰飞烟灭。但在不知不觉间,犹太人的心中之火却再次被赫茨尔的小册子点燃烧旺了。这是一种希望,同时也是一种极富宗教意义的信念,让千百万民众在受到蹂躏和压迫时还能找到生命的意义。每当有人——不管他是先知还是骗子——在这数千年的流放中拨动那根心弦时,人们的灵魂都会共情地颤动起来。不过,还没有哪一次像他这样有力地激起地动山摇般的回响。一个人,用几十页纸,把一个分散离间的群体团结成了一个整体。

在赫茨尔短暂的一生中,那是他最幸福的时刻,因为他的想法还处在美梦般的雏形阶段。然而,一旦他开始定义运动的实际目标,试图结合各种力量时,他才发现,他的犹太民族是多么分化!他们各自融入了不同的民族,拥有了不同的历史,有的人十分虔诚严谨,有的人又非常自由开放,有的人加入了社会主义阵营,有的人又是资本主义的拥趸。他们用各自不同的语言针锋相对,没有人愿意服从一个统一的权威。在一九〇一年我第一次见到他的时候,他正处在这一复杂的旋涡之中,也许他自己也心乱如麻,不知何去何从。他对最终成功的信念还不足以让他放弃当时那个让他养家糊口的职位,但是在他真正的人生使命和次要的新闻工作之间他又分身乏术,无暇兼顾。我们见面的那一天,西奥多·赫茨尔以文艺专栏主编的身份接待了我。

当时他站起来迎接了我,我本能地感到关于锡安国王的恶意玩笑确实有几分真实——他有着高高的额头，轮廓分明的五官，长长的深黑色胡子，和一双深蓝色的忧郁眼睛，看上去真的很有王者风范。他的动作虽然幅度很大，也很夸张，但看起来并不做作，而是出于一种天生的气度，毕竟他也不需要特地在这个见面的场合彰显他的威严。即使是在只有一扇窗户的狭小办公室里，站在那张堆满了文件的破旧桌子前，他也像一个贝都因沙漠酋长；穿着一件剪裁得体、一看就是巴黎风格的黑色晨礼服，但是如果把它换成酋长穿的那种阿拉伯式的蓬松白色呢斗篷，也会同样自然而不违和。他先是故意停顿了一会儿——我后来常常注意到他喜欢创造这样的小效果，很可能是从城堡剧院那里学来的——之后，他屈尊地、但又带着善意地向我伸出了手。他指了指旁边的椅子，问道："我想我以前在什么地方听说过或者读到过您的名字。您是诗人，对吗？"我说是的。"好吧，"他靠在椅背上说，"那么您今天带了什么过来呢？"

我告诉他我很想让他看看我写的一篇小散文，并把手稿交给了他。他看了看扉页，翻到末尾估计了一下长度，然后往椅背上靠了靠。出乎我意料的是，他已经开始看手稿了。他读得非常缓慢，头也不抬地翻动书页。看完最后一页后，他小心地把手稿折好，然后仍然全程不看我一眼，一本正经地把它装进一个信封，又用铅笔在信封上写了些什么。这种神秘的行为让我提心吊胆了好一阵儿，然后，他抬起深邃有力的眼睛看向我，故意从容而郑重地说："我很高兴地告诉您，您的这篇精美散文被《新自由报》的文艺专栏接受了。"当时的场景，就像拿破仑在战场上授予一位年轻的中士一枚荣誉军团十字勋章一样。

这本身看起来可能是一个无关紧要的小插曲，只有维也纳人，而且是我这一代维也纳人,才能理解这种鼓励意味着什么。十九岁的我一夜之间成了一颗冉冉升起的新星。西奥多·赫茨尔从我们见面的第一刻就表达了他的友善,在他接下来的某篇文章里,他用我们的会面作为例证,告诉大家不应该认为维也纳的艺术已经日薄西山了。他写道:相反,现在周围有很多像霍夫斯曼塔尔一样有天赋的年轻作家,他们很可能会取得一些伟大的成就。然后他率先提到了我的名字。我一直觉得,像西奥多·赫茨尔这样声名显赫、举足轻重的人物,第一个站出来对我表示支持,这是一种非常特殊的荣耀。

所以后来,在我怀着显然是不知感恩的态度告诉他说,自己不能如他所愿,不能加入甚至共同领导他发起的犹太复国主义运动时,我的内心备受煎熬。然而,我永远也不可能真正与他们建立联系,因为他的那些真正的同道中人对赫茨尔本人表现出极大的不尊重——其程度在今天都是难以想象的——这尤其令我感到疏远。东部犹太人抱怨他对犹太人的生活方式一无所知,甚至不熟悉犹太人的习俗;而犹太人中的经济学者们又认为他仅仅是一个记者和专栏作家。每个人都有自己的反对意见,而且往往会毫不客气地表达出来。那些真正认同赫茨尔的想法的人们,尤其是年轻人,在他最需要的时刻,本可以而且本应该站出来表达他们的善意,但是他们亏欠了他!正是在犹太复国主义圈子里的那些争吵不休、固执己见的不断反对,和不够诚实和真诚的接纳,让我疏远了这一运动。而我原本是愿意为了赫茨尔,怀着一颗好奇的心走近它的。有一次,在我们讨论这个问题的时候,我公开坦白了对他队伍里目无纪律的厌恶。他苦笑着说:"别忘了,我们已经在如何处理这一问题上争论了几个世纪了。毕竟,从历史的角度来说,我们犹太人已经存在了两千年,而在这期间却没有任何在世界上建立真正意义上的家园的成功实践。我们必须要无条件地身体力行，而我自己都还没有做到这一点。我仍然还时不时地为《新自由报》写文章，仍然是《新自由报》的专栏主编，但我的使命应该只是向世界传递这一种思想，除此之外不再表达任何其他的东西。不过我正在尝试纠正这一点，我必须先做到无条件地付出，然后他们才可能会向我看齐。"我至今还记得这些话给我留下的深刻印象，因为我们谁也不明白为什么赫茨尔要犹豫这么久才放弃在《新自由报》的职位——我们起初以为这是出于养家的考虑。但直到很久以后，世人才知道事实并非如此，因为他甚至为了这项事业奉献了自己的全部家当。这次谈话让我了解到，赫茨尔本人在这种困境中承受了多么大的痛苦，他日记中的许多记述也都证实了这一点。

我见过他很多次，但在我们所有的会面中，对我来说只有一次值得我永远铭记在心，它本身也确实令人难忘，因为那是我们最后一次见面。我在国外待了一段时间，其间只通过书信与维也纳这边保持联系。有一天我在城市公园里见到了他。他显然刚从编辑部出来，走得很慢，不再像以前那样气宇轩昂，而是微微弓着身子。我礼貌地跟他打招呼，随即打算走开，但他快步向我走来，直起身子，向我伸出手说："你现在为什么躲着我了？没必要这样。"他很赞成我经常出国旅行。"这是我们唯一的办法，"他说，"我的一切知识都是在国外学到的。只有这样，你才会习惯从更广阔的角度思考问题。我确信我永远不会有勇气在这里提出最初那个设想，它肯定会被扼杀在萌芽状态。但是谢天谢地，当我的想法产生时，它自己已经全副武装准备好了，而他们除了试着把我绊倒之外也无计可施了。"然后，他非常痛苦地谈到了维也纳，他说，在这里他遭到了激烈反对，如果没有来自外部，尤其是来自东方，还有现在来自美国的新运动的助力，他将会非常累。"此外，"他说，"我的错误是开始得太晚了。维克多·阿德勒在三十岁时就出任了社会民主党的领袖，在他最适合进行斗争的年纪开启了他的事业，更不用说历史上的其他伟大人物们了。一想到我失去的岁月，我就痛苦不已，后悔没有早点找到我的方向！如果我的健康像我的意志一样坚强，那么一切还会好起来，但是失去的时间买不回来了。"我陪着他回到了家。到门口之后，他停下来握着我的手说："你为什么总是不来看我呢？你还从没来过我家。下次提前打个电话，我一定为你腾出时间。"我答应了他，但是下定决心不遵守那个诺言，因为我越敬爱一个人，就越尊重他的时间。

但我还是在几个月后拜访了他。上一次见面时，他的病还只是让他的背驼了一些而已，而现在他突然倒下了，我只能陪他走过通往墓地的那一段路了。那是七月里特殊的一天，在场的亲历者们都不会忘记它。突然之间，一列又一列火车从四面八方不分昼夜地驶向维也纳火车站；来自西方、东方、俄国和土耳其的犹太人们——他们从不同省城和小镇涌了进来，带着不敢相信的震惊神色。人们从来不会像现在这样清楚地感受到一个伟大运动的领袖正被抬进坟墓，永远地离他们而去，而此前他们却被那些无休止的争论蒙蔽了双眼。送行的队伍长得一眼望不到头。整个维也纳突然意识到了：它失去的不仅是一位小有名气的作家，而且是一位罕见的、在国家和民族中傲然挺立的思想家。葬礼上一片混乱：太多的哀悼者像汹涌的潮水一样挤向他的棺材，在绝望的疯狂中爆发出一阵阵哭泣和号叫。场面一度出现了骚乱，失去了控制：在一种发自肺腑的极度悲伤面前，一切秩序都崩溃了。我从来没有在任何葬礼上经历过这样的场景。成千上万的人从内心深处突然迸发出来的这种痛苦，让我第一次感受到，这个孤独的英雄用他思想的力量给这个世界带来了多少激情和希望。

对我来说，正式成为《新自由报》文艺专栏的撰稿作家，给我带来的真正价值存在于我的私人生活里，它带给了我意想不到的来自家庭的认可。我的父母对文学没什么兴趣，也不擅长对文学做出鉴赏；对他们以及整个维也纳资产阶级来说，在《新自由报》上获得赞扬的作品才值得关注，而其余那些被忽视或被批评的作品则无关紧要。在他们看来，在文艺专栏上发表文章，便意味着获得了最高权威的认可，而一个在那里发表过文艺评论的作家，仅仅因为这件事本身就值得尊敬了。现在，想象一个这样的家庭：他们每天怀着敬畏的心情翻阅着报纸的头版，在某天早上难以置信地在报纸上看到了坐在餐桌前的那个不修边幅的十九岁儿子的名字。他在上学时从未表现出任何远大的抱负，一直以来他们对他的写作采取宽容和忍让的态度，把它当作一种无害的消遣（总归好过打牌或者与轻佻的女孩调情），从未在家里重视过他的看法，而现在，他的评论却在那个由大名鼎鼎的人物负责主编的专栏上发表了。如果我写出了像济慈、霍尔德林或雪莱那类最优秀的诗歌，周围人的态度也许就不会发生如此彻底的改变了。当我走进剧院时，他们会对我指指点点，认为我是个莫名其妙地闯入了庄严神圣的长老领地的小伙子。由于我几乎定期在文艺专栏上发表文章，我很快就面临着一种被本地人高度尊重的危险。但幸运的是，我及时避免了这种麻烦。一天早上，我告诉父母，我想在下学期去柏林学习，这让他们大吃一惊。但是他们尊重了我的决定，或者更确切地说，我当时身上散发的来自《新自由报》的金色光环过于耀眼，以至于他们无法拒绝我的要求。

当然，我并没有在柏林"学习"的意图，就像我在维也纳上学时一样，我去了柏林的某所大学后，一个学期就只出现了两次——一次是为了报名听课，第二次是为了证明我所谓的出席。我去柏林并不是为了某个大学或教授，我只是想要一种更大、更完整的自由氛围。在维也纳，我仍然感到被周围的环境束缚着。和我交往的文学同好们几乎都和我一样来自犹太中产阶级。在一个人人相互认识的小城市里，我摆脱不了出身"名门"的身份，而我已经厌倦了所谓的"上流"社会。我甚至喜欢绝对恶劣的社会，因为那里没有人时不时地监督我，我可以无拘无束地生活。到了柏林之后，我甚至懒得在大学登记表上查看讲授哲学的是哪位教授。对我来说，知道柏林的现代文学比维也纳发展得更加积极和急切，知道可以和德默尔以及其他年轻一代的作家在柏林会面，知道柏林有各种新设立的期刊和新开的歌舞厅和剧院，就足以让我动心前往了。简而言之，我想要的只是一个充满时代感的地方而已。

我到柏林时，确实正逢它历史上一个非常有趣的时刻。从一八七〇年起，它不再是普鲁士王国的那座简朴的小首都，而是德意志皇帝宫殿所在地。这座位于施普雷河畔的谦逊城市见证了自身的财富飙升到一个全新的高度。然而，当时的柏林还尚未在文化和艺术方面取得领导地位。聚集了大量画家和作家的慕尼黑，仍然被认为是真正的艺术中心；在音乐领域拥有绝对主导地位的还是德累斯顿歌剧院；那些小型的王室都城也吸引了一些著名的艺术家们。但截止到那时，最重要的中心还是在维也纳，它延续了几个世纪的传统，会聚了丰富的文化力量和非凡的天才人物，一直都享有超越其他城市的地位。然而，在过去几年里，随着德国经济的迅速崛起，这一切都开始改变。大工业公司和富人们搬到了柏林,新财富和大胆的冒险精神为柏林的建筑艺术和剧院文化带来了任何其他大城市无可比拟的机遇。在威廉皇帝的资助下,博物馆开始大量扩张,剧院挖来了优秀的导演奥托·勃拉姆。正是因为它几个世纪以来一直没有真正的文化传统,年轻艺术家们纷纷鼓起勇气来这里跃跃欲试。因为传统也总是意味着压抑。维也纳固守古老的生活方式,崇拜过去的荣耀,在面对年轻人的大胆尝试时表现出非常谨慎的观望态度。另一方面,柏林却在飞速地发展和塑造自我,追寻属于自己的形式,因此急需创新。于是自然而然地,年轻人从德意志各地,甚至从奥地利蜂拥来到柏林,他们当中也有许多天才在这里一举成名。例如,来自维也纳的马克斯·莱因哈特在柏林只花了两年时间就获得了如今的地位,如果是在他的家乡,他需要耐心地等上几十年。

我就是在这个时候来到了柏林,看着它从一个小小的首都变成了一个国际大都市。在维也纳领略了太多伟大先辈们留下的美景之后,柏林给我的第一印象相当令人失望。向西扩展的关键一步当时才刚刚开始,代替缔尔园的浮夸建筑新风格才刚刚成形。腓特烈大街和莱比锡大街上的建筑单调而乏味,看起来笨重又沉闷,但它们仍然是当时的市中心。像威尔默斯多夫、尼古拉湖和斯特格利茨这样的郊区,只能通过乘坐有轨电车辗转几道才能到达。在那个年代里,要想在勃兰登堡游览那些极其美丽的湖泊,不亚于进行一次精心准备的远征探险。除了菩提树老街,这里没有真正的中心,没有像在维也纳那里用作炫耀式游行的格拉本大街,普鲁士人根深蒂固的节俭性格也使这座城市在总体上看不到什么优雅迹象。去剧院看戏的女人穿着不够时髦的自制服饰。无论走到哪里,你都找不到那种维也纳和巴黎式的轻盈、巧妙和洒脱，在那两座城市里，任何一件廉价的东西都看起来迷人而奢侈。而在柏林，每一个细节都显示出腓特烈大帝时期的吝啬：咖啡淡而无味，因为每一粒咖啡豆都要精打细算地使用；食物也做得漫不经心，毫无风味。这里流行的规则是干净、严格和艰苦的秩序感，而不是维也纳的那种节奏韵律。对我来说，没有什么比维也纳女房东和柏林女房东之间更典型的对比了。在维也纳，租给我房子的那位女士性格开朗而健谈。她不会把每件家具都擦得发亮，而且总是漫不经心地把事情忘得一干二净，但她总是愿意为她的房客们提供任何帮助。而我在柏林的房东太太则永远把物品摆在正确的地方，无可挑剔。但我的首月账单上，我发现她用齐整的笔迹记录了为我服务的每个小细节——缝裤子纽扣三芬尼，擦掉桌面上溅上的墨迹二十芬尼，种种条目……直到最后，在一条强有力的分割线之下，是她所有劳动加起来的收费总额，我一共欠她六十七芬尼。刚开始我觉得非常好笑，但更能说明问题的是：几天后，我自己也染上了这种普鲁士人对严谨有序的热情，开始精确地记录自己的支出——这是我一生中第一次，也是最后一次。

我在维也纳的朋友们给了我一大堆介绍信，但我一封也没用。毕竟，我这次冒险的真正目的是要摆脱家里那种安稳的资产阶级气氛，完全靠自己的力量过一种无拘无束的生活。我唯一想见的人，是那些我通过自己的努力找到的文学引路人——我希望他们是一群尽可能有趣的人。毕竟，亨利·默格的《波希米亚人的生活》[①]这本小说可不是白读的，作为一个二十岁的年轻人，我必须也要尝试这种波希米亚式

[①]《波希米亚人的生活》，普契尼的歌剧《波希米亚人》就是以此为基础的。

的生活。

没过多久我就找到了一个鱼龙混杂的朋友圈。在离开维也纳之前，我曾为柏林现代主义的主要期刊撰稿，该期刊有一个讽刺意味的标题——《社会》，主编是路德维格·雅各布洛夫斯基。这位英年早逝的作家在去世前不久成立了一个名为"未来一代"的社团，不少年轻人都慕名而来。每周他们都会在诺伦多夫广场一家咖啡厅二楼见面。这是一个真正异质化的团体，成员形形色色，各式各样。它是仿照巴黎的"丁香园咖啡馆"创建的，里面聚集了一堆作家、建筑师、势利小人和新闻记者、喜欢被称作艺术家或雕刻家的年轻女性，还有来柏林提升德语的俄国大学生们和斯堪的纳维亚金发姑娘们。来自德国各地方省城的代表——体格强壮的威斯特伐利亚人、简单直接的巴伐利亚人、西里西亚犹太人——全都自由地混在一起，进行热烈的讨论。我们时不时在一起朗诵诗歌或者戏剧，但对所有人来说，我们的主要任务是互相结识。在这些故意摆出一副波希米亚派头的年轻人中，坐着一位酷似圣诞老人、留着灰白胡须的长者——彼得·希勒。我们都敬爱他，因为他是一位真正的作家，一个真正的波希米亚人。彼时的希勒已经七十岁了，他总是慈祥而诚恳地注视着他眼中的这群好奇的孩子们。他通常穿着灰色雨衣，里面是一套有些磨损的西装和脏兮兮的亚麻衬衣。他会从口袋里掏出皱巴巴的稿子，大声朗读他写的诗歌。这些诗极其出众，更像是一位天才诗人的即兴创作，只是形式太松散，有太多偶然的成分。无论是在有轨电车上还是在咖啡馆里，他用铅笔随时随地记录下来，然后就抛在脑后了。当他朗读那些诗歌时，自己都很难辨认出污迹斑斑的纸上的字迹。他从来都没有什么钱，但他并不在乎。他也没有住处，每晚在不同的朋友家里借宿。

他完全超脱了世俗，没有任何功利之心，只有一片真诚的赤子情怀。人们很难弄清楚这个善良的大自然之子是何时、又是如何来到柏林这座大城市的，也很难弄清楚他来这里想得到什么。然而，事实上他什么也不想要，甚至不想出名，由于他与生俱来的诗意梦幻的气息，他比我见过的任何人都更无忧无虑，自由自在。在他周围，雄心勃勃的争辩者在激烈的争论中互相大声叫嚷；而他就静静地听着，不与任何人争论，有时还友好地向别人举杯致意，但他从不参与这些谈话。即使在最疯狂的喧嚣之中，你也会感到，那些文字和诗句仿佛在他那蓬松、疲倦的脑袋里互相寻找着，却从没有找到过彼此，也没有真正打动过对方。

这个天真的诗人现在早已被人们忘记了——即使在德国也是如此，但是他周身散发出的孩子气的真实光环，在当时深深地吸引了我的目光，分散了我原本应该放在"未来一代"社团主席身上的注意力。这位社团主席的思想和言论对无数人的生活都产生了至关重要的影响。他就是鲁道夫·斯坦纳——人智学的创始人，是继西奥多·赫茨尔之后，我遇到的第一个注定要为数百万人指明道路的人。为了纪念斯坦纳，他的追随者们建造了最宏伟的学院，以期将他的思想付诸实践。他本人并不是像赫茨尔那样强硬的领导人，但他的态度更有说服力。他深邃的眼睛里有一种魅惑的力量，只有在目光不与他对视的时候，你才能独立批判地听他说话。因为他那苦行僧式的、充满对知识的激情的瘦削脸庞，本身就足以影响所有人了，无论男女。那时，鲁道夫·斯坦纳还没有确立自己的学说，尚处在探索和学习中。他有时会跟我们谈起歌德的色彩论，而在他的描述中，这位诗人的形象变得更加贴近浮士德和帕拉塞勒斯。听他演讲是一件令人兴奋的事，因为他学识渊博，尤其是与我们仅局限于文学的知识相比。每次听完他的讲座，或者与他进行了愉快的私人谈话之后，我总是带着满腔的热情和些许的沮丧回到家里。尽管如此，我不得不再一次羞愧地承认，我当时并没有预见到这个年轻人会对那么多人产生如此强烈的哲学和伦理影响。我原以为他会在科学探索上取得伟大的成就，如果我听说他凭直觉做出了一些伟大的生物学发现，我绝不会感到惊讶。但是多年以后，我在多纳赫看到了雄伟的"歌德楼"，这所由他的追随者们为他建立的柏拉图人智学学院——"智慧学校"时，我其实有些失望，因为他的影响力在那时已经走向了普通的、甚至有些平庸的道路。我不会冒昧地对人智学本身发表评论，因为直到今天我还尚未完全清楚它的目的和意义；我倾向于认为，从本质上讲，它的诱惑力不是来自某个理念，而是来自鲁道夫·斯坦纳本人的迷人魅力。但无论如何，在他尚还在友好地、不带教条主义地向年轻人传授思想的早期阶段遇见他，结识到这样一位富有吸引力的人物，对我有一种不可估量的好处。他惊人而又渊博的知识让我明白：真正的普适性是不可能通过肤浅的阅读和讨论来实现的，而是需要经年累月的激情燃烧。而我们这些傲慢无知的年轻学生们，还以为自己已经掌握了它。

在这个容易建立友谊、社会和政治差异尚未根深蒂固的阶段，年轻人还处在接受教育的时期，相比于从前辈们身上，他们更能从同道中人那里收获知识。我再一次感到——尽管这次是在比中学里水平更高，也更国际化的视角下——集体的热情会带来多么硕果累累的成效。我在维也纳的朋友们几乎都来自资产阶级，事实上十有八九都来自犹太资产阶级，所以我们只是在单纯地模仿和放大我们自己的爱好，而这个新世界里的年轻人来自各种不同的社会阶层，既有上层阶级,也有下层家庭。他们可能是普鲁士贵族,也可能是汉堡船主的儿子,或者是威斯特伐利亚的农民。突然间,我周围都是一些衣衫褴褛,穿着破烂鞋子的贫穷人士了,这是一个我在维也纳从未接近过的圈子。我和酗酒者、同性恋和瘾君子们同坐在一张桌子上,为和一个著名的骗子握手而感到自豪——他曾被判入狱,后来出版了他的回忆录,因此以作家的身份加入了我们这个群体。我曾在现实主义小说中读到的但几乎无法相信的所有事物,在我经常出入的小酒吧和咖啡馆里活灵活现地展现在我眼前。而且,越是声名狼藉的人,我就越想亲自认识他。这种对生活在危险边缘的人特别的钟爱和好奇,伴随了我一生。即使到了本该谨慎交友的年纪,我的朋友们还常常指出,我似乎很喜欢与不道德的、不可靠的人交往,哪怕他们在旁时可能会令我有失体面。也许是因为我来自一个安稳殷实的家庭,这种"安全感"的摩天大楼在某种程度上压倒了我,让我更着迷于那些几乎不顾一切地挥霍生活、时间、财富、健康和名声的人们——那些沉浸在漫无目的的生活里、为了存在而存在的热情偏执狂们——读者们可能会注意到我在创作小说时尤为偏好这种性格肆意鲜明的人物。此外,散发着异域风情的古怪魅力也萦绕在我周围:几乎每个人都为我的好奇心带来了一份来自陌生新世界的礼物。我第一次见到了一位真正的东部犹太人——画家E. M. 力林,一位来自德罗霍比茨的贫穷的东正教犹太车床工的儿子,他让我知道了犹太人性格中的另一面——力量和狂热。一位俄国青年为我翻译了《卡拉马佐夫兄弟》最精彩的几处片段,这本小说当时在德国还尚未为人所知;一个年轻的瑞典姑娘首次向我介绍了蒙克的画作;我参观了画家们的画室,观摩了他们的技巧(不得不承认他们中有些人并不是很擅长绘画);一个信奉招魂说的人还带我去看了通灵的场景——我感受到了成百上千种丰富多彩的生命形式，并对此感到津津有味。在学校里，我的强烈兴趣只针对文学作品，针对押韵、诗句和文字，而现在开始转到了人的身上。在柏林，我和各种新朋友整日整夜地厮混在一起，被他们吸引，因他们失望，有时甚至被他们欺骗。我想，换个地方，哪怕过了十年，我也体会不到在柏林的那个短暂学期里享受到的如此丰富的精神陪伴，那是我第一次完全自由的体验。

我的创造冲动似乎应该自然而然地由此被激发到一个新的高度，但是恰恰相反的情况发生了——我的自信，起初因学生时代对知识的热情而大大增强，现在却逐渐消失了。那本不太成熟的诗集问世仅仅四个月之后，我便开始想不通自己当时是如何鼓足勇气出版它的了。虽然我仍然认为这些诗本身很好，很有技巧，其中一些甚至相当出色，是我玩弄形式的神来之笔，充分体现了我的雄心壮志，但是诗里的伤春悲秋总归带着一些虚假的痕迹。同样地，真正接触现实之后，我觉得我早期那些中篇小说也散发着一股芬芳的信纸气息。它们是在我完全不了解现实生活的背景下创作而来的，使用的是从别人那里得来的二手技巧。我带着一本只剩最后一章还未完成的小说来到柏林，但它很快就被我扔进炉子里烧掉了，因为我在维也纳同学之间建立起来的自信心，在第一次目睹现实生活之后遭受了严重的挫折。我觉得自己仿佛又回到了中学时代，要往下连降两级才能跟上学习进度。在第一卷诗集出版之后，隔了六年我才出版了第二卷，又过了三四年之后，我才出版了我的第一篇散文。按照德默尔的建议（我现在还十分感激他），我把时间都用在了翻译上，直到现在我仍然认为这是年轻作家们更深刻地理解母语的精髓并创造性地运用它的最好方式。我翻译了波德莱尔的作品，魏尔伦、济慈、威廉·莫里斯的几首诗，查尔斯·范·勒伯格的一部短剧，还有卡米尔·莱蒙尼尔①的一部小说。起初，这些外语中的诸多个性化用法给我的翻译带来了许多困难——这本身就是一个挑战，因为一个年轻作家的表达权利是不会在发挥作用之前被认可的。对我而言，坚持不懈地从一种外语中提炼出精华部分，再创作出同样富有表现力的译文，是一种特殊的艺术乐趣。因为这种安静而尚未得到欣赏的工作需要耐心和毅力，而这些美德是我在中学时代因为轻率和莽撞所忽视的东西，所以这对我来说尤为珍贵。因为在这种翻译杰出作品的谦逊行为中，我第一次确信，我正在做一件真正有意义的事情，让我觉得不枉此生。

我的脑子里已经计划好了今后几年要走的路。我要去更多地观察和学习，只有这样我才能真正地开始。我不打算贸然地用一些还未成熟的作品，让自己过早地出现在公众的视野中——在此之前，我自己要先知道世界到底是什么样的！柏林的内敛风格更增加了我对这类知识的渴望，我开始盘算在那年暑假去哪个国家。我选择了比利时，因为它在世纪之交见证了伟大的艺术复兴，在某些方面甚至让法国也黯然失色。

这个国家于十九世纪和二十世纪相交之际在艺术上有了不同寻常的飞跃，甚至在某种意义上可以说超过了法国。绘画领域的赫诺普夫和罗普斯，雕塑界的康斯坦丁·莫尼尔和明尼，工艺美术大师范·德·维尔德，以及文学界的梅特林克、伊库德和莱蒙尼尔，他们

---

① 查尔斯·范·勒伯格（1861—1907），比利时象征主义诗人。卡米尔·莱蒙尼尔（1844—1913），比利时诗人、小说家。

都为现代欧洲艺术树立了新的标杆。埃米尔·维尔哈伦尤其让我着迷，因为他在诗歌领域展示了一条全新的道路。他当时在德国还不为人知（有很长一段时间，德国那些著名的批评家们把他和魏尔伦混为一谈，就像他们把罗兰和罗斯丹两个人名给弄混了一样），可以说是我亲自发现他的。用这种方式爱上的人，总是会让你用情至深。

也许我应该在这里插入一些题外话。现在的人们经历了太多，而且事情总是发生得太快，以至于不能很好地把它们留在记忆中，我不知道埃米尔·维哈尔伦这个名字在今天是否还有意义。他是欧洲第一个像美国诗人惠特曼那样的法语诗人，试图把他对现在和未来的信念传递给世界。他开启了对现代世界的热爱，并且想用文学征服它。当其他作家认为机器是邪恶的、城市是丑陋的、现代是没有诗意的时候，他却对每一个新的发现和技术成就都充满热情，正是这种热情激励着他前进。他对科学产生了浓厚的兴趣，因而他能更强烈地感受到这种热情。他早期作品中的小诗逐渐发展成了伟大流畅的赞美诗，向欧洲各地传达了"Admirez-vous les uns les autres（让我们互相钦佩吧）"的愿望。那种今天的人们难以理解的、我们在经历那个可怕的历史倒退时所展现出的乐观主义，在他身上第一次得到了诗意的表达，他的某些绝佳之作将永远地流传下来，见证那个时代的欧洲和我们当年所梦想的人性之光。

我特地为了结识维尔哈伦才来到布鲁塞尔。但卡米尔·莱蒙尼尔——这位现在被不公正地遗忘的《男人》的作者，我也曾翻译过他的作品的优秀作家——十分遗憾地告诉我，维尔哈伦很少离开他居住的小村庄到布鲁塞尔来，现在也不在这里。为了减轻我的失望，他很讲义气地把我引荐给了其他比利时艺术家们。于是我见到了大师康斯坦丁·莫尼尔,他是当时最伟大的雕刻家,用作品生动地描绘了劳动人民和英雄工人们。在他之后我又有幸认识了范·德·施塔宾[①],他的名字现在几乎已经被艺术史遗忘了。但是,这个脸颊胖乎乎的小个子佛兰德人是多么友好呀!他和他那位身材高大丰满、神情欢快的荷兰妻子又是多么热情地招待了我这位年轻来访者!在那个阳光明媚的早晨,他给我看了他的作品,我们不知疲倦地畅谈艺术和文学。这对夫妇的友善很快消除了我最初的尴尬。我坦率地告诉他们,来到布鲁塞尔之后我很失望,因为没有见到我真正为了他而来的人——埃米尔·维尔哈伦。

是我说得太多了吗?还是我说了什么傻话?我注意到范·德·施塔宾和他的妻子都微微一笑,还偷偷互相瞥了一眼。我觉察出我的话引起了他们之间某种秘密的默契。因为感到有些尴尬——我提出了告辞,但他们不听,还坚持要我留下来吃午饭。他们的眼里又闪过了那个奇怪的微笑。我觉得,如果说这里有什么秘密的话,那也会是个善意的秘密,于是我欣然放弃了原本去滑铁卢的计划。

很快就到了午餐时间,我们一起坐在了餐室里——就像所有的比利时住宅一样,餐室设在一楼,因此人们可以透过彩色玻璃窗看到外面的街道。这时,突然一个轮廓分明的身影停在了窗户的另一边,他的指关节在彩色玻璃上敲了几下,随后门铃便响了起来。"瞧,他来了!"施塔宾太太一边说着,一边站了起来,那位客人噔噔噔地迎面而来,原来是维尔哈伦自己开门进来了。我第一眼就认出了这张早已通过画像而熟悉的面孔。原来,维尔哈伦是他们今天午餐的客

[①] 查尔斯·范·德·斯塔宾(1843—1910),比利时雕塑家。

人，他也经常来这里做客。当这对夫妇听说我一直想见他而无果时，他们迅速交换了一下眼色，心领神会地打算瞒着我，让我在他到来时大吃一惊。现在，他站在我面前，在听到他们的恶作剧成功了时，他微微地笑了。我第一次感受到他结实有力的双手紧紧地握着我，第一次看到了他清澈和善的目光。他和往常一样——精力充沛、情绪高涨地来到了这对夫妇家里。他一边尽情地吃着午餐，一边不停地说着话。他告诉我们，他去看望了朋友们，并且一起去了家画廊，他对刚刚的参观充满了灵感。每次来的时候他都是如此：他的心境由于四处偶然的经历而变得更加强烈炽热，这种热情已经成了他的习惯，像火焰一样，从他的嘴唇上一次又一次地喷薄而出，他同时还会用生动的手势来配合和凸显他的语言。在打了一声招呼之后，他就靠近了你的心，因为他是完全开放的，对每个新结识的朋友都平易近人，来者不拒地拥抱所有人。可以说，他在每一次和朋友会面时都毫无保留地付出真心，在第一次和他见面之后，我又多次见到了他给其他人留下的这种像暴风雨般无法抗拒的印象。他对我一无所知，但他已经信任我了，只因他听说我仰慕他的作品。午饭后，第二个令人愉快的惊喜出现了。范·德·施塔宾打算实现他自己和维尔哈伦一直以来的夙愿。他已经为这位诗人的半身像工作了好几天了，今天将是他最后一次临摹。我的出现，范·德·斯塔宾说道："是一个非常幸运的机会，因为他确实需要有人来和维尔哈伦交谈——作为雕刻家的模特坐在那里的时候，他实在太容易坐不住了——这样他的脸会在说话和倾听时更富有生气。"所以我仔细地盯着他的脸看了两个小时：他额头十分饱满，一道道皱纹镌刻出曾经的苦难岁月，锈黄色的头发在额间随意散开，饱经风霜的深褐色皮肤体现出他坚毅顽强的性格，他的下巴向前突出，棱角分明，在窄薄的嘴唇之上，留着那种韦辛格托里克斯式宽大而浓密的下垂型八字胡须。他把所有的紧张不安都攥在手里——那双手精瘦而结实，纤细而有力，可以看到薄薄的皮肤下血管在强劲地跳动着。那个聪明的、瘦骨嶙峋的脑袋似乎不太能装得下他的全部意志力，因此转而在他宽阔而粗犷的肩膀上找到了表达的渠道。只有在他动态的时候，你才能感觉到他的力量。当我现在再看那座半身像时——范·德·施塔宾之后再也没有超越过他那天的作品——我才知道这座雕像是多么贴近生活，多么充分地捕捉到了他的本质。它是文学巅峰的证明，是一座永恒力量的丰碑。

在那两三个小时里，我深深爱上了他，这种喜爱之情在我之后的人生中再也没有变过。他身上有一种自信，但是没有一刻表现出自满。他不在乎财富，宁愿住在乡下，也不愿在特定的某个时刻迫于生计写下什么文字。他也不在乎成功，不愿通过迁就别人，曲意逢迎或者熟人关系来增加他的名气——有一群志同道合的朋友对他来说就足够了。当他终于站到了人生巅峰，收获了不小的名气时，他也没有受到哪怕一丝出名的危险诱惑。他是一个无拘无束的人，没有任何顾忌和虚荣心，拥有真正的自由快乐和随时倾泻而出的热情。和他在一起的时候，我自己的生活意愿也会连带着受到鼓舞。

就这样，我苦苦寻觅的这位诗人，正如我梦寐以求的那样，生动真实地出现在年轻的我面前。在我们相识的最初一个小时里，我就做出了决定，我愿全身心地为他和他的作品服务。这是一个大胆的决定，因为那个时候，这位赞美派诗人在欧洲并不出名，而且我事先已经预料到翻译他的众多诗歌和三节式戏剧会让我在之后的两三年里都无暇创作自己的作品。但当我决定把我所有的力量、时间和激情都奉献给别人的工作时，我也让自己获得了所能想到的最好回报——一种高尚的使命感。我多年以来的寻觅和尝试，现在终于有了意义。如果今天有人请我给一位还没有决定走哪条路的年轻作家提些忠告，我会劝他首先献身于为更伟大的人而工作，去翻译这些伟大作家的作品。作为一个新人，这种自我牺牲比自身的创造力更能带来安全感，因为一个怀着献身精神的人所做的任何事，都不会徒劳无功。

在接下来的两年时间里，我几乎全身心地投入翻译维尔哈伦的诗歌和准备他的传记上，此外，我也不间断地旅行过很多次，有时是去做公开演讲。我这种不求感恩的献身工作意外地收获了一些意料之外的回报。他在国外的朋友们注意到了我，也很快成了我的朋友。有一天，爱伦·凯愉快地来拜访了我——这位瑞典女性以非凡的勇气在那些盲目落后的时期奋力争取着妇女解放，并在弗洛伊德之前就在她的著作《儿童的世纪》中提醒人们注意年轻人的心理脆弱性。通过她的引荐，我结识了意大利诗坛的乔瓦尼·塞纳，并收获了一位重要的朋友——来自挪威的约翰·博耶尔。国际文学史大师格奥尔格·布兰德斯也对我表现出极大的兴趣。因为我的大力推广，维尔哈伦的名字在德国比在他的祖国更为人知晓。伟大的演员坎兹和莫伊西在台上朗诵了我翻译的他的诗歌作品，马克斯·莱因哈特在德国舞台上演出了维尔哈伦的《修道士》，这一切都让我由衷地高兴。

然后，是时候该想想我自己了，除了为维尔哈伦服务的职责之外，我还有其他的任务。我不得不尽全力给我的大学生涯画上圆满的句号，带上哲学博士学位回归故乡。现在的问题是，我如何在几个月内赶上所有的功课——毕竟更多认真的学生们已经为此努力了将近四年。我和我年轻时的文学朋友埃尔温·基多·科尔本海耶——如今我有些不大愿意提起他了,因为他成了希特勒掌权时德国的官方作家和学者——一起通宵达旦,日日苦读。但是考试对我来说并不难。在一次私人的考前谈话中,那位和蔼的教授,因为知道了太多我在文学方面的公共活动,而不愿意在琐事上困扰我,笑着对我说:"我宁愿你不用参加精确逻辑的测试。"然后他友善地只问了一些他确信我肯定了解的问题。这是我第一次参加考试,我也希望是最后一次,最后我取得了荣誉学位。从那一刻开始,我便拥有了外在的自由,而我在日后也一直努力着保持同样的内在自由。然而在我们这个时代,这种努力正变得日益艰难。

巴黎,永恒的青春之城

在获得自由后的第一年,我许诺了自己一份礼物——去巴黎住一段时间。我曾经短暂地访问过巴黎两次,虽然我对这座永远欢乐快活的城市只有些肤浅的了解,但我敢说,只要在那里待上一年,你将体会到无与伦比的幸福,令人余生回味无穷。只有在巴黎,你才能够将全身的感官调动起来,强烈地感受到自己的青春和周围的气氛融为一体。这座城市将自己奉献给了每一个人,尽管从未有人完全了解它。

当然,我知道,我年轻时那个充满生机、朝气蓬勃的巴黎已不复存在;也许这座城市再也不会完全恢复到那种美妙的自然状态了,因为它已经感受到了世界上最坚硬的手在它身上强行烙下的铁印。在我写下这几行字的时候,德国的军队和坦克正像一群灰色的蚂蚁一样滚滚而来,即将彻底地摧毁它和谐的结构上的神圣色彩、幸福轻松的光泽和永不凋零的花朵。现在他们已经急不可耐了——纳粹党的十字标记升起在埃菲尔铁塔之上,身穿黑衣的突击部队在拿破仑的香榭丽舍大街上趾高气扬地行进着,哪怕身在千里之外,我也能感同身受,巴黎的市民们在家里如何绝望地等待着。那些被压迫的人们,曾经过着那么愉快的生活,现在却不得不眼睁睁地看着侵略者们踩着长靴,在那些宜人的小酒馆和咖啡馆之间无情地践踏而过。在我经历的所有不幸之中，很少有什么比巴黎遭受的凌辱更让我沮丧和绝望的了，这座城市曾经是那样幸运地受到了上帝的祝福，让所有来到这里的人都倍感快乐。它睿智地教导人们如何保持自由和创造力，向所有人敞开了心扉，在这种令人愉快的慷慨付出中却变得越发富有——以后，它还能像曾经给予我们的那样，为子孙后代树立美好的榜样吗？

我知道，我还知道，巴黎并不是当今唯一遭受苦难的城市。其他欧洲国家都是如此，在几十年之内都无法恢复到第一次世界大战前的状态了。从"一战"以后，在曾经明亮的欧洲大陆地平线之上，阴影就再也没有消散过了。国与国之间，人与人之间，痛苦和怀疑在欧洲残缺不全的躯体里潜伏着，像毒药一样腐蚀着它。在两次世界大战之间的二十五年里，无论社会和科技取得了多大进步，如果在我们这个小小的西方世界里仔细地看一看，人们会发现，与过去悠然自得的生活乐趣相比，没有哪个国家的情形不是每况愈下的。在过去，意大利人的那种天真的信任和快乐是几天几夜也说不完的，即使是在他们最困顿的时候，他们也会在小饭馆里大声地歌唱，欢乐地取笑他们糟糕的政府。而现在他们被编成列队，怀着沉重的心情，忧郁木然地行进着。又有谁能想象，如今的奥地利人，在过去曾是那样自由自在，善良地信任他们的帝国统治者们，虔诚地信奉带给他们舒适生活的上帝呢？还有俄国人、德国人、西班牙人，谁也想象不到，这个贪婪无情的"帝国怪物"从他们的灵魂中吸取了多少自由和快乐。所有人只感到一种陌生的、无边无际的沉重阴影笼罩着他们的生活。但是，我们这些见识过个人自由时代的人们可以作证，欧洲也曾有过像万花筒一样色彩斑斓的、无忧无虑的快活时光。而现在，我们只能战栗地看着这个世界，在自杀式的愤怒中变得日益黑暗和阴沉，充满了压抑和束缚。

没有任何地方能比巴黎更能让你享受到那种质朴而又充满智慧的轻松生活了。它以优雅的风格、温和的气候以及它的富有和传统而闻名遐迩。我们每个年轻人都吸收了它的一份轻松自在，同时也在其中加入了我们自己的一份特色。不管是中国人、斯堪的纳维亚人，还是西班牙人、希腊人，或者是巴西人和加拿大人，我们都在塞纳河畔感到宾至如归。人们在这里感受不到任何强迫，可以随心所欲地说话、思考、大笑和批评；也可以随心所欲地生活——同居也好，单身也罢；节俭也好，浪费也罢；高贵奢靡也好，放浪形骸也罢——所有的喜好和品位都能得到满足。这里有一流的餐厅向人们施展烹饪的魔法，有动辄两三百法郎的葡萄酒，以及马伦戈和滑铁卢时代极其昂贵的干邑酒任君品尝。但是，你也可以选择在任何一个街角小酒馆里，享受同样地道的美酒佳肴。在拉丁区拥挤的学生餐厅里，你可以吃上鲜美多汁的牛排，花上几个苏就能买到最美味的餐前餐后小点心，再配上红葡萄酒或白葡萄酒和美味的长棍白面包。人们可以随心所欲地穿成任何风格；学生们戴着别致的贝雷帽在圣米歇尔大道上漫步，而画家们则戴着像大蘑菇一样的宽边帽，穿着文艺的黑天鹅绒外套。与此同时，工人们穿着蓝色衬衫或者卷起袖子，兴高采烈地在最时髦的林荫大道上来来往往，路上还有戴着有精致褶边的布列塔尼帽的保姆们和系着蓝色围裙的酒吧侍者们。年轻的情侣随时都可以在街上跳舞，而不仅仅是在七月十四日①，警察还会对他们微笑——因为大街

---

① 7月14日为法国国庆日，也称"巴士底日"，以纪念在1789年7月14日巴黎群众攻克了象征封建统治的巴士底狱。

属于每一个人！没有人会在别人面前感到不自在；最漂亮的姑娘也不会介意和一个黑人到附近的小旅馆里去——巴黎的市民们谁能想到，日后会出现诸如种族、阶级和出身这些如此荒谬的问题呢？那时的人们可以随心所欲地与他人散步、聊天、同居，而不用管别人怎么想。要理解巴黎的可爱之处，你需要先知道柏林，先体验一下德意志式的自然奴性和严格的阶级差异，在那里，官员夫人们不会和教师太太讲话；教师的太太反过来也不会和商人的妻子说话；商人的妻子也不会和工人的老婆聚在一起。然而，在巴黎，法国大革命的遗产仍然鲜活地存在着，并且在人民的血管中流淌；无产阶级工人认为自己和雇主一样是自由公民，享有平等权利；咖啡馆的侍者会和穿着镶金边制服的将军像战友一样地握手；下层中产阶级的妻子们勤劳、体面、整洁、干净，不会看不起碰巧住在同一层楼的妓女们，而是在楼梯间与她们聚在一起消磨时光，她们的孩子们还会给姑娘们送花。有一次，我看到一群富裕的诺曼农民参加受洗礼后走进了一家精致的餐厅——拉鲁餐厅，就在玛德琳教堂附近——他们穿着村里的传统服饰，沉重的鞋子像马蹄一样踩在铺路石上，头发上抹了厚厚的发油，那气味在后厨里都能闻到。他们扯着嗓门说话，喝得越来越多，也越来越喧闹，肆无忌惮地搂着他们体格健壮的妻子。身为农民的他们在餐厅里坐在一群衣冠楚楚的上流人士中间，却毫不畏首畏尾，而胡须剃得光滑整洁的服务员们也没有看不起这些质朴的客人——不像他们在德国和英国的同行们。他们尽可能礼貌地、一丝不苟地为他们服务，与为达官显贵们服务时并无二致。酒店经理们甚至似乎格外享受这一乐趣，愿意热情地接待这些吵吵闹闹的客人们。巴黎平等地接纳了每一个人，没有什么上流下层之分，豪华的街道和肮脏的小巷之间也没有明显的分界线；在这里，处处皆是欢乐和生气。街头音乐家在郊区的院子里练习演奏，从房间的窗口你能听到年轻的裁缝女工一边工作一边唱着歌；空气中总有什么地方传来笑声和友好的叫喊声。如果几个马车夫为了什么吵了起来，也会在事后握手言和，然后一起喝上一杯酒，对着便宜的牡蛎大快朵颐。这里没有什么死板的规矩。搭上姑娘很容易，和她们分手也很容易；总有合适的人在那里等着你，每个年轻人都能找到一个快乐而不忸怩的女朋友。那是多么无忧无虑的生活啊！尤其是在你年轻的时候，巴黎简直就是天堂！甚至在城市里闲逛也是一种乐趣，而且极富教育意义，因为一切都对每个人开放——你可以走进一家书店，随意浏览上一刻钟，而不会听到书店老板任何郁闷的抱怨。你可以在闲暇时参观小画廊，逛一逛古董店，去杜洛奥酒店的拍卖会上凑热闹，和公园里的女家庭教师聊聊天。一旦你真正开始了散步，要停下来就不容易了，因为这条引人入胜的街道会一直带着你向前走，不停地展示一些新的花样吸引着你，像万花筒一样层出不穷。如果你觉得累了，你可以坐在随处可见的某间咖啡馆外，一边用着免费提供的信纸写封信，一边听着街头商贩们兜售华而不实的小物件。人们在家里完全待不住，也很难在闲逛时踏上回家的路，特别是春天来临时，银色的日光柔和地照耀着塞纳河，林荫大道旁的树木开始长出绿叶，迎面而来的每位年轻的姑娘都戴着花一个苏买来的紫罗兰。不过，在巴黎，你并不会只在春天才感到快乐。

　　我第一次踏足这座城市时，它还没有像今天这样因为地铁和汽车而完全融合成一个整体。街上最常见的还是由喘着热气的马儿们拉着的笨重的公共马车。要想游览巴黎，最舒适的方式就是坐在那些宽大的双层公共马车的顶层，或者坐在一辆同样悠闲地缓步向前的敞篷马车里。当时，从蒙马特到蒙帕纳斯还是一段相当长的旅程，考虑到巴黎小资产阶级的勤俭风格，我认为这一传言是很可信的——住在右岸的巴黎人从未踏上过左岸，在卢森堡公园玩耍的孩子们也从未去过杜伊勒里宫或者蒙索公园。巴黎的市民们都喜欢待在自己的那一方小天地里，在这个大都会里打造自己的小巴黎。每个区都有自己独特的、甚至是狭隘的特点。所以对一个外乡人来说，选择一个暂住的地方事关重大。拉丁区已经不再吸引我了，在我20岁的一次短暂的访问时，我曾经在火车站下车后直奔那里。在我到达的第一天晚上，我坐在瓦谢特咖啡馆里，充满敬畏地听他们向我介绍魏尔伦经常坐过的位置和那张大理石桌面——他喝得微醺之时常常激动地用沉重的手杖敲打它，让别人静下来听他讲话。我那时还是一个喝酒的新手，对酒精还没有适应，但是我还是点了一杯他常喝的苦艾酒，并不是因为我喜欢这种淡绿色啤酒的味道，而是从某种意义上说，我觉得自己作为这位法国伟大抒情诗人的年轻崇拜者，应该在拉丁区体验一次对他的朝圣之旅。正是由于这一想法，我在当时选择了住在索邦大学附近的一间六楼的阁楼里，以便真实地体验我从书本上了解到的拉丁区里"地道"的氛围。然而到了二十五岁，我就不再那么天真烂漫了。学生区在我看来太国际化、太不像巴黎了。最重要的是，我不再因为文学的追忆情怀来选择我的居住地，而是想要找一处地方尽可能地进行自己的工作。于是，我立刻开始四处寻找。优雅的巴黎香榭丽舍大街一点也不适合，和平咖啡馆附近的区域更不适合，那里聚集的都是来自巴尔干半岛的有钱游客，除了侍者之外没有人会说法语。更吸引我的是宁静的圣苏尔皮斯区，周围都是教堂和修道院，里尔克和苏亚雷斯也喜欢住在那里。我最希望的是能在圣路易河心岛住上一段时日，这样我就能感觉到把巴黎的左岸和右岸都联系起来了。不过在我到达后的第一周，我在对这座城市的探索中就发现了一个更好的去处。当我徘徊在皇家宫殿的画廊里时，我发现在奥尔良公爵（别名：平等的菲利普）建造的那个巨大广场上，在一群样式相同的十八世纪建筑群之中，有一座已经不复荣耀的大府邸，现在被改造成了一家相当朴素的小旅馆。我参观了这家旅馆，发现在某一间房间里可以从窗口看到皇家宫殿的花园，而那里通常天黑后就不允许游客进入了，这让我十分着迷。在房间里，你只能远远地听到城市里微弱的嘈杂声，模糊而富有节奏，像是浪花在遥远的海岸边拍打着。夜深人静时，可以看到一座座雕像在月光下闪闪发亮，而破晓时分的晨风又会携带着附近菜场里的果蔬芳香向你袭来。十八世纪和十九世纪的作家和政治家们都住在这个历史悠久的皇家宫殿区。在对面的那幢建筑里曾住着我深爱的诗人马塞琳·德斯波德-瓦尔摩[①]，巴尔扎克和维克多·雨果曾经常常爬上数百级台阶，登上阁楼去拜访她。这里也是卡米尔·德穆兰号召人民攻占巴士底狱的地方，现在还竖立着一座大理石纪念碑；在一条曾经铺着地毯的人行道上，年轻困顿的波拿巴中尉曾在这里游荡，试图从街边漫步的轻佻贵妇们中找到一位能提携自己的赞助人。这里的每一块石头都诉说着法国的历史。而且，我计划每天上午要去的国家图书馆离这里只有一街之遥，卢浮宫博物馆的画作和熙熙攘攘的参观人群离我们也很近。我终于找到了我梦寐以求的地方——几个世纪以来法国温暖的心脏一直在这里稳定地跳动着，就在巴黎市中心这里。

[①] 马塞琳·德斯波德-瓦尔摩（1786—1859），浪漫主义时期的法国女诗人，同时也是一名歌手和演员。

我记得安德烈·纪德有一次来拜访我,他对闹市中心如此的寂静感到惊讶,说道:"看来还是得让外国人来带我们参观城市里最美丽的地方。"我确信,再也找不到比我的这个位于最有活力的世界之城的魔力圈中心的文艺小屋更像巴黎同时又更僻静的地方了。

我在街上四处漫游,急不可耐地欣赏一切,发现一切!因为一九○四年的巴黎并不是我唯一想要了解的;我的感官和心灵也在寻找亨利四世和路易十四时期的巴黎,拿破仑时期和大革命时期的巴黎,还有雷蒂夫·德·拉·布雷顿、巴尔扎克、左拉和查尔斯·路易·菲力浦笔下的巴黎,以及他们提到的所有街道、人物和发生的事件。在这里,我感受到了法国一如既往的那种以诚实为宗旨的伟大文学传统,它给人们带来了旺盛的力量,赋予了他们不朽的生命力。事实上,在我身临其境之前,我就已经通过诗人和小说家的艺术表现,以及政治和社会史学家的描述记录,在精神上熟悉了巴黎的一切。所以,当我到了巴黎后,它便从我的记忆里苏醒了过来。当我真实地看到这座城市时,这不过是一场希腊戏剧式的久别重逢,是一种被亚里士多德誉为最伟大、最神秘的艺术乐趣。但我不得不承认的是,人们永远不可能通过书籍,或者是通过马不停蹄地游览它的各处景点,来了解一个国家或一座城市的所有隐秘细节,最好的方式其实是通过生活在那里的最出色的人们——与他们建立精神上的友谊,洞察到他们与土地之间的真正联系,而来自外界的观察往往会给人误导,留下过于草率的印象。

我很荣幸地收获了这样的友谊,其中,我最好的朋友是利昂·巴扎尔杰特。由于我与维尔哈伦的紧密联系,我一周要去两次圣克劳德与他见面,因此我得以提前避开了一种怪圈——像大多数外国人那样，结交一群异国画家和文人们，一起在圆顶咖啡馆里闲谈——这样一来就和在慕尼黑、罗马和柏林时没什么两样了。在维尔哈伦的帮助下，我认识了一些艺术家和作家，他们置身于这个充满活力、灯红酒绿的城市中，安然地创作着自己的作品，就像生活在荒岛上一样。我参观了雷诺阿的画室，见到了他最优秀的学生。这些印象派画家们虽然创作了如今看来价值连城的作品，但是在当时，他们就像一个小市民一样生活着，住在一个带工作室的小房子里，收入微薄；没有人住在伦巴赫①和其他慕尼黑的名人们所钟爱的那种仿庞培风格的华丽大别墅里。我很快与一些作家建立了私交，他们也过着像这些艺术家们一样简朴的生活，大多数人有份不太重要的公职，不需要太费力地工作。在法国，从底层到上流阶层的人们都极其尊重学术成就，所以早早地就设计了这种巧妙的方式，让挣不了大钱的诗人和作家们有一份安稳的闲差事。例如，他们可能在海军或参议院担任图书管理员，这样的工作薪水不高，但是也很清闲，因为参议员不会经常去借书，所以这些领着固定薪水的幸运儿们可以舒服地坐在古老优雅的议会大楼里，眺望窗外的卢森堡公园，在工作时间里写诗消遣，无须担忧能不能得到稿酬。对这样的作家来说，这种适度的安稳已经足够了。也有人像日后的杜哈默尔和德尔坦一样去当医生，像查尔斯·维尔德拉克那样经营一个小画廊，像罗曼斯和让-理查德·布洛赫那样在文法学校教书，抑或像在哈瓦斯通讯社上班的保罗·瓦莱里那样去新闻机构工作，或是在出版社担任助理编辑。不过，在他们当中，没有一位会自命不凡到把自己的生活完全建立在追求个人的艺术爱好上，不像

---

① 弗兰兹·冯·伦巴赫（1836—1904），德国画家。

那些追随他们的后辈诗人们,因为作品被改编成电影或者被大量印刷就变得膨胀起来。这些作家想从他们不起眼的职位中得到的,并不是什么职业抱负,只是日常生活中的一点安全感,保证他们在进行自己真正的创作时可以独立自主。拥有了这份安稳之后,他们便可以忽略巴黎各类报刊的腐败,不计报酬地写文章,以牺牲自我为代价地撰写一些小评论,坦然地接受自己的作品只会在小型艺术剧院里上演的命运,以及自己在一开始不会一鸣惊人的处境。几十年来,只有少数文学精英们听说过克劳德尔、皮盖、罗兰、苏亚雷斯和瓦莱里。在这个快节奏的繁忙都市里,这些作家们似乎一点儿也不着急。对他们来说,平静地生活和工作,过一种没有公众打扰的生活,比争名逐利更为重要。他们并不羞于过着简朴的生活,因为这样他们就可以在艺术创作中自由大胆地思考。他们的妻子负责做饭和管理家务,一切都是那么朴素,连朋友们的晚间聚会也显得格外温馨:一群人围着桌子坐在廉价的柳条椅子上,桌子上铺着一块普通的格子布——与住在同一层楼里的朴素工人家庭没什么区别,但他们非常自由自在。他们没有电话,没有打字机,没有秘书,回避了一切技术设备,就像回避精神上的宣传机器一样。他们像中世纪的作家那样用手写书,甚至在法国水星出版社这样的大出版社里也没有口授打字,没有复杂的机器。他们不会把钱浪费在外表和排场上。所有这些年轻的法国作家,就像整个法国民族一样,生活在生命本身的乐趣中,不过他们的乐趣是最崇高的形式,是创造性的工作所带来的乐趣。我的这些新朋友们,以他们直率的人性,改变了我对法国作家的看法:他们的生活方式与当时布尔热和其他小说家所描绘的截然不同,并不像他们所说的那样"沙龙就是他们的整个世界"!这些作家的妻子们也教会了我很多,改变了我读书时得到的那个令人震惊的错误印象——法国女人都是喜欢冒险、奢侈和在镜子里顾影自怜的交际花。事实上，我从未见过比她们更安静的家庭主妇了——即使在最困难的条件下也保持节俭、谦虚和快乐，在小火炉上变出美味的菜肴，照顾孩子，同时支持丈夫们的精神爱好。只有在这样的圈子里以好友和至交的身份生活过的人们，才知道真正的法国是什么样子。

我最好的朋友利昂·巴扎尔杰特——在现代法国文学史上他的名字被不公正地遗忘了——之所以能成为那个文学时代的杰出人物，是因为他愿意把自己的创造力完全投入翻译外国作品中，他把所有的激情都倾注在了他钟爱的作家之上。在他身上，我看到了一个天生的志同道合的朋友，一个具有自我牺牲精神的形象。他真诚地投身于自己的使命，全身心地去帮助与他同期的重要人物们得到正确的赏识，而不是沉浸在作为慧眼识珠的伯乐应得的骄傲里。他的积极热情仅仅是自身高尚的道德下的自发行为。虽然他是一个狂热的反军国主义者，他的外表却十分像一个军人，一言一行都表现出战友般的热诚。他总是乐于提供帮助和建议，忠诚而正直，像时钟一样准时赴约，关心发生在别人身上的每一件事，但从不是为了谋求一己私利。在关乎朋友利益时，他毫不吝啬时间和金钱，因此，他的朋友遍布世界各地，人数虽少，但都是万里挑一的知己。他花了十年时间翻译惠特曼的诗歌，并为他写了一部不朽的传记，让法国人熟悉了这个名字。热爱世界的自由诗人惠特曼在他之前为他树立了榜样，让他一生都致力于把法国人聚焦在本土文化的视野引向国境之外，让他的同胞们更加坦率和友好。他是法国人中最优秀的那一类知识分子，同时也是一位激烈的民族主义反对派。

我们很快就成了亲如兄弟的朋友，因为我们都觉得不应该只关注自己的祖国，我们也都喜欢投身于服务他人的作品，不带有任何获利的意图，我们都把精神独立视为人生的终极目标。通过他，我第一次了解了法国的"地下文化"。后来当我在罗曼·罗兰①的作品里读到奥利维尔如何遇见德国人约翰-克利斯朵夫时，我觉得它几乎是在讲述我和他的亲身经历。对我来说，我们的友谊里最难忘、最美好的部分是，尽管我们之前长期存在着一个微妙的问题，在通常情况下肯定会阻碍两位作家之间真诚的亲密关系，但我们依然保持着良好的情谊。这个棘手的问题就是，巴扎尔杰特是一个非常诚实的人，他非常不喜欢我当时创作的所有作品。他喜欢我这个人，并对我为维尔哈伦的作品所付出的努力感到尊敬和感激。无论我什么时候来巴黎，他一定会在站台迎接我。他尽他所能帮助我，在所有重要问题上，我们比亲兄弟更能达成一致。但他一点也不喜欢我当时的作品。他读过由亨利·吉尔布斯（他作为列宁的朋友在第一次世界大战中扮演了重要角色）翻译的我的诗歌和散文，坦白直率地表达了他的反对意见。他不留情面地告诉我，它们与现实毫无关系，他也十分憎恶这种晦涩难懂的文学形式。在所有这类作家当中，他最为恼火的是发现我也是其中之一。他是绝对诚实的，因此在这一点上，即使是为了礼貌起见，他也没有让步。例如，他在编辑一本杂志时，会向我寻求帮助——不过，是要我帮他寻找能写出好文章的德语撰稿人，也就是那些文章写得比我更好的人。他坚持自己的立场，既不会向我约稿，也不会出版

---

① 罗曼·罗兰（1865—1944），法国小说家，其最著名的作品是以此处提到的约翰·克利斯朵夫为主人公的十部系列小说。他同时也是一位音乐家和杰出的和平主义者。他和茨威格后来成了亲密的朋友。

我——他最亲密的朋友——所写的哪怕一行诗。而与此同时，纯粹出于真正的友谊，他也做出了自我牺牲，不计报酬地为一家出版商修改我的一本书的法文译本。这一奇怪的问题十年来从未对我们兄弟般的感情产生任何影响，这也使得我们的友谊弥足珍贵。当我在第一次世界大战期间，终于成功地找到了一种全新的写作方式，并且摧毁了之前所建立的一切时，没有什么比得到了他的嘉许更让我感到开心了。因为我知道，他对我新的文学手法的赞同，和过去十年来对我之前风格的坚决拒绝，都同样真诚。

在回忆巴黎的这一章里，我还打算写一写里尔克这位德语诗人，因为我在巴黎的大部分时光都是和他一起度过的。在我的脑海里，我总能看到一幅画面：他的脸以一种最佳的角度映衬在这座他最爱的城市的背景上。现在，每当我想起他，想起那些文学大师们精心锻造的、金光闪闪的词句时，当我想起那些令人尊敬的名字，像遥远的星辰般照耀过我的青春时，一个伤感的问题便会在我的脑海里挥之不去：在我们眼下这个满目疮痍的动荡时代，还会出现这样纯粹的、只致力于抒情形式的诗人吗？我满怀深情地哀悼那个逝去的一代，他们在我们这一代尚未找到传承之人，而命运的飓风却已将一切席卷一空。这些诗人们不需要任何外在的炫耀，不需要公众的兴趣，不需要荣誉、头衔和利益，他们唯一的愿望只是在平静而热情的努力中，把一节一节的诗句完美地连接起来，让每一行都流泻出音乐，闪烁着光芒，渲染出意象。在喧闹的生活中他们形成了一个"行会"，有着一种近乎修道士的秩序：刻意远离日常事务，认为世界上没有什么比微妙的韵律更重要——我虽然用了"微妙"一词，但是实际上它足以盖过我们整个时代的轰鸣之声——每当一个韵脚和另一个韵脚之间产生合拍的时候，一种难以言喻的节奏便开始了，它比树叶在风中飘落的声音还要轻柔，却能震撼到最遥远的灵魂深处。对我们这些年轻人来说，能遇到这些语言的忠诚守护者们，是多么鼓舞人心啊！他们令人钦佩地忠于自我，只爱那些能引起共鸣的词句。他们不为了当下潮流和报纸的要求而写，而是为了永远的传颂而作。看到他们，你甚至会感到惭愧，因为他们过着这样安静的生活，仿佛无足轻重的隐形人一样——有的人过着简朴的乡村生活，有的人从事着某个卑微的职业，还有的人像"热情的朝圣者"一样周游世界。他们只被一小部分人所知，但却被这小部分人深深地热爱着。有的人住在德国，有的人住在法国或者意大利，但他们又都住在同一个家园里，因为他们真正地生活在诗歌之中。在创造艺术作品时，他们严苛地放弃了一切昙花一现的东西，把自己的生活也过成了一件艺术品。每当我想到在我们年轻的时候，身边有这样一群完美无瑕的诗人，我总是暗自惊叹不已。但是，正因为如此，我也一直有一种隐秘而焦虑的好奇：在我们这种新的生活方式下，人们像逃离森林大火的动物一样被赶出平静的精神家园，这样完全忠实于艺术的诗人们还会存在吗？我知道，诗人确实会奇迹般地出现在一代又一代人中间，正如歌德在为拜伦勋爵所作的挽歌中，那句抚慰人心的动人的至理名言："大地会像从前一样孕育出新的诗人。"诗人会像神迹般一次次降临，即使在最不值得的时代，这一不朽的真理也兑现了它宝贵的承诺。我们不就正处在这样的时代吗？在这个时代，最纯粹、最私密的思想也得不到片刻的安宁，没有一个地方能容得下等待和酝酿，容得下思考和沉淀，诗人们再也享受不到那个欧洲战前世界里曾经的友好和沉静。我不知道这些诗人——瓦莱里、维尔哈伦、里尔克、帕斯克利、弗朗西斯·詹姆斯在今天是否还拥有崇高的地位？现代的年轻人，多年来耳朵里听不到轻柔的音乐声，饱受宣传洗脑的聒噪和两次战争枪炮的轰鸣，对他们而言这些诗人还有什么存在的意义吗？我只知道，我自己有责任在此心怀感激，这些诗人教会了我们太多知识，带给了我们太多快乐。在一个迈向机械化的世界里，这些艺术家们还在真诚地效忠于这项追求完美的神圣事业。回顾我的一生，我最重要的财富就是有幸与他们中的许多人保持了亲密关系，有幸将我早年的仰慕转变成恒久的友谊。

  在所有这些诗人中，也许没有哪个人过着比里尔克更安静、更神秘、更低调隐蔽的生活。但他并不是刻意追求孤独，也不是像德国作家斯蒂芬·乔治①那样披着修道士般神秘的外衣。可以说，他身在何处，寂静就在何处围绕着他。因为他避免了所有排场，甚至回避了自己的名气——正如他自己曾经恰当地形容的那样，"名气就是围绕名字的一切误会之和"——因此，那些汹涌的好奇浪潮从来只是徒劳地沾湿了他的名字，却触及不到他的内在。要想与里尔克取得联系是件十分困难的事，因为他没有房子，没有可以访问的地址，没有家，不在任何地方永久居住，也没有任何职务。他总是在周游世界，没有人事先知道他接下来要去哪里，包括里尔克自己。对他那极其敏感和易受影响的头脑来说，任何坚定的决定、计划或事先的宣告都是太过沉重的负担，想见到他只能碰运气。你可能正站在意大利的一间画廊里，然后毫无征兆地，一个安静友好的微笑向你走来。你随即认出了

---

① 斯蒂芬·乔治（1868—1933），著名德国诗人，提倡神秘主义和救世主的思想。他也影响了勋伯格和魏伯恩的音乐。茨威格在前文提到的《艺术之叶》是其所在的作家圈子主办的杂志。尽管乔治是位有趣的诗人，但是人们更多地认同茨威格的观点，即里尔克是比他更伟大的诗人。

他那双蓝色的眼睛,在注视你的时候散发出一种由内而外的神采奕奕。他的外表本身并不引人注目,事实上,这或许造就了他天性中最神秘的部分。成千上万的人从这个年轻人身边路过,但并不会注意到他那略带忧郁地耷拉着的漂亮小胡子,和那张平平无奇的、有点斯拉夫风格的脸,他们不会把他与一位诗人——一位本世纪最伟大的诗人联系起来。只有当你更深入地了解他时,他那种与众不同的克制才会变得明显。他会以一种难以形容的安静走近你,和你交谈。朋友聚会时,他总是悄悄地步入房间,不会引人注意。然后,他会坐在那里静静地听着,当他听进去了什么想法时,会本能地抬起头来。而当他自己开口说话时,他从不会矫揉造作,也不会夸张地强调。他的表达自然而直接,像一位给孩子讲童话的母亲一样温柔;听他绘声绘色地、中肯地讨论哪怕是最微不足道的话题,都是一件美妙的事。然而,一旦他觉得自己成了众人的焦点,不论在场的同伴有多少人,他都会停下来,再次回到专心倾听的沉默里。他的每一个动作和姿势都很温柔,即使在笑的时候也只表现出几分含蓄的笑意。对他来说,轻声细语是一种必需品,所以没有什么比噪音和感情上的强烈波动更让他不安的了。"像血流不止一样滔滔不绝的人会让我精疲力竭,"他曾经这样告诉我,"所以我只能和俄国人待一小会儿,就像我只能小口地抿酒一样。"对他来说,除了低调的行为之外,秩序、整洁和安静也是生活的必需品。如果不得不乘坐过于拥挤的有轨电车或者坐在嘈杂的酒吧里,他可能会因此连续几个小时都心神不宁。他对任何粗俗的东西都是不能容忍的,虽然生活拮据,但他的衣着总是极其讲究、干净,又有品位。他的搭配是深思熟虑的谨慎杰作,总有一些低调但非常个人化的风格,一些给他带来隐秘快乐的小装饰,比如手腕上细细的银手镯——他把完美和对称的美感延伸到了最内在的私人细节里。有一次，我看到他在离开前收拾行李箱——他直截了当地谢绝了我的好意帮忙，认为这与我无关——他的行李就像一幅马赛克嵌画一样，每一件东西都被仔细地放在给它留好的位置上，令人感到十分可爱。如果其他人想帮忙，不亚于是对那种像插花一样的精心摆放的亵渎。他把自己对美的本能运用到了无以复加的细节上，不但要用圆润的笔迹在最好的稿纸上书写，让每一行整齐得像比着尺子完成的一样，而且对无关紧要的信件，他也会选用上好的信纸，把干净饱满的字体整齐地铺写在纸上。即使是匆忙留下的便条，他也从不允许自己在上面划掉一个字。一旦他觉得有一句话或者某个表述不太完美，他就会极其耐心地把整封信重写一遍。里尔克从不会让他经手的东西出现任何瑕疵。他这种柔和而又专注的气质，对每一个熟悉他的朋友都产生了一种不可抗拒的影响。你很难想象里尔克会做出任何暴力的行为，也很难想象他身边的人会如此。他的安静所引起的强烈共鸣，打消了任何人想要发出响亮、武断声音的念头。他的克制表现出一种教育性的道德力量，神秘地发挥着持续不断的影响。哪怕只是和他交谈一小会儿，都会让你在接下来的几个小时，甚至几天里无法粗俗地行事。另一方面，他这种抑制本性，不愿完全袒露的想法，也从一开始就限定了他表达的温度。我想很少有人能夸耀自己能称得上是里尔克的"朋友"。在他出版的六卷书信中，几乎没有人被他称为朋友，而在他的学生时代结束后，他几乎就不再对人使用表达熟悉亲密的代词——你。由于他异乎寻常的敏感，他不能容忍任何人或任何事物太靠近他。强烈的男性特征尤其会引起他生理性的不适，和女人交谈则会相对容易一些。他给女性友人写了很多信，而且喜欢给她们写信，在她们面前他不会那么拘束——也许是因为女性在说话时不会有那种摩擦刺耳的喉音——粗糙的声音会使他非常难受。我犹记得里尔克在我面前与一位贵族交谈的场景，他弓着背，肩膀紧张地缩了起来，眼帘一直下垂着，以免流露出来对方的假声是多么令他讨厌。但是，当他对某人怀有好感的时候，和他的相处氛围则会非常融洽，你会感受到他内心的善良——尽管他很少用语言和手势来表达——就像一种温暖的、治愈的魅力直击你的灵魂深处。

在巴黎这座热情的城市里，腼腆内敛的里尔克则显得开朗得多，部分原因可能是他的作品和名字在那里还不为人所知，默默无闻总是让他感到更快乐、更无拘无束。他在巴黎有两处租来的住所，我都去拜访过。它们本身平淡无味，但在他自身美感的支配下，却立刻被赋予了宁静的时尚感。他从来不会选择在邻居们吵吵闹闹的大公寓里租一个房间，宁愿住在一幢不太宜居的旧房子里，因为这样他才可以像在家里一样自在。无论他走到哪里，身上的秩序感都会立刻使他周围的环境变得和谐，这与他的天性也是一致的。他在生活里不会添置很多物品，但花瓶里总会插着花，也许是来自某个女人的礼物，或是他自己出于一种可爱的习惯带回来的。墙上的书架上总是摆着装订得很漂亮的，或是精心包上书皮的书，书对他而言就像是不会说话的宠物。铅笔和钢笔完美地排列在桌面上，空白纸张整齐地摆成一个长方形。此外，一个俄国风格的圣像和一个天主教的十字架——我认为这两样东西很有可能陪着他去过每一个地方——给他的写字台增添了几分宗教色彩，但他的宗教意识和任何特定的教条并无关联。这里的每一个细节都经过了精挑细选，并且得到了小心呵护。如果你借给他一本他尚未读过的书，他会在还书时用光滑的纸张平整地包好，然后系上一条彩色缎带,就像包礼物一样;我仍然记得他就像这样把他的《爱与死亡之歌》的手稿带到了我的住处,那是一份十分珍贵的礼物,直到今天我还留着当时绑在上面的缎带。不过,最愉快的回忆还是和里尔克漫步在巴黎街头,因为这意味着我们会欣赏到琐碎小事的重要之处,仿佛是在用一双全新的眼睛观察世界。他会注意到每一个细节,如果他觉得商铺的黄色铜牌上的店名是有韵律的,他就会大声地念出来。他充满激情地想要了解巴黎城里的每一个角落。有一次,我们在一位共同的朋友那里相遇了,我告诉他,昨天我偶然路过了曾经的栅栏区,在那里的比克布斯公墓埋葬了最后几位断头台上的牺牲者,安德烈·舍尼尔①也在其中。我描述了那片令人感慨万千的凄凉草地,上面零星散落着几块墓碑,现在似乎已经人迹罕至了。我还提到了在回来的路上,我透过敞开着的门,看到了修道院里一些比根尼们②默默地转动着手里的念珠,一言不发地围成一个圆圈走动着,好像在进行一场虔诚的遐想仪式。这位安静克制的诗人迫不及待地说道——这是我为数不多的几次看到他这样——他想亲自去看看安德烈·舍尼尔的墓碑和那所修道院,并问我能否带他过去。我们第二天就去了。他站在那里,望着那片孤寂的墓园,陷入了一种令人心醉的沉默里,并且称赞它为"巴黎最有诗意的墓地"。然而,在回去的路上,修道院的大门却被关上了。于是,我有幸在生活中观察到了他在作品里体现出的安静和耐心。"我们来碰碰运气。"他说着,微微低下了头,站在了门口,以便在门打开时能够立刻看到里面。我们就这

---

① 安德烈·舍尼尔(1762—1794),法国诗人,在法国大革命时期因为主张君主立宪制,于1794年7月25日被送上断头台。
② 比根尼——住在修道院中的世俗修女,有别于宣誓修女。

样等了大概二十分钟。这时，一位修女沿街走来，按响了门铃。"运气来了。"他平静又激动地喘着气。修女注意到他正静静地倾听——就像我之前描述的，你会从遥远的气息中感知到他的存在——便走到面前询问他是否在等着什么。他给了她一个标准的里尔克式的温柔微笑——那种善意会立刻使任何人相信他——然后坦率地说他很想参观修道院。修女抱歉地回答道，她不能让他进去。然而，她说，他可以去隔壁园丁的小屋，从楼上的窗户那里可以看得很清楚。因此，他的这个愿望，就像在其他许多事情上一样，也得到了满足。

后来我们又在其他地方相遇过几次，但每当我想起里尔克时，我脑海里浮现的都是他曾经住在巴黎的美好画面。他有幸避免了目睹这个城市最悲情的时刻。

对一个文学新人来说，遇到他这种罕见的天才是一个巨大的收获，但我还尚未收获到最为关键的一课。那次影响了我整个人生的一课，发生在一次机缘巧合之中。那天，在维尔哈伦家里，我们和一位艺术历史学家进行了一次讨论，这位历史学家哀叹道——用他的原话说——伟大雕塑家和画家的时代已经结束了。我强烈反对他的观点。罗丹不是还活着吗？他的创造力难道比过去那些伟大的名字逊色吗？我开始列举他的作品——人们往往会在反对一种相反的观点时一下子变得异常激动。维尔哈伦暗自笑了笑："一个如此热爱罗丹的人应该亲自去见见他。"在我讲完之后，他对我说："我明天要去他的工作室，如果你不介意的话我可以带你一起去。"

如果我不介意的话？我甚至会高兴得睡不着觉！但当我真正见到罗丹时，我的嗓子却干到一句话也说不出来。我站在一群石像中间，自己也像墩石像一样。奇怪的是，他似乎十分乐于见到我的尴尬，因为当我们离开时，这位老人又问我是否愿意去看看他在默顿真正的工作室，甚至还邀请我去那里吃午饭。这是我学到的第一课——伟人总是最善良的。

我学到的第二课是，他们几乎总是过着最简朴的生活。虽然罗丹名满天下，用完美精湛的线条传达出栩栩如生的音容笑貌，每件作品就像是我们最亲密的朋友一样，但是在他家里，餐桌上摆放的食物却像小康农民一样的简单——上好的肉块，几粒橄榄，大量的水果，以及浓烈的本地葡萄酒。这给了我更多的勇气，吃到最后我便不再拘谨，开始畅所欲言了——就好像我和这对年迈的夫妇已相知多年一样。

午饭后，我们去了他的工作室。那是一个巨大的房间，里面摆满了他最重要作品的复制品，里面有成百上千个十分精美的小杰作——一只手、一只胳膊、一个马鬃、一个女人的耳朵，它们大部分都是用石膏制作的样本。直到今天，这些他只是用来练习的素描图画仍然历历在目。在那个工作室里的一小时经历可以让我谈上好几个小时。这位大师一路把我带到一个基座前，这是他的最新作品——一尊藏在湿布之下的女性塑像。他用他那粗壮的、满是皱纹的农民式的手把它揭开，向后退了几步。我本能地屏住了呼吸，喊道："真是妙极了！"然后又马上为自己说了这么俗气老套的话而感到羞愧。他在一旁冷静而客观，不带一丝虚荣心地看着自己的作品，喃喃地表示赞同："是吗？"然后他犹豫了一下。"啊，除了那个肩膀……等一下！"他脱下夹克，换上白色工作服，拿起一把抹刀，用他大师式的精准刮了一下肩膀上柔软的、像是有呼吸一样的皮肤。他又后退了几步："这儿也要调整一下。"他自言自语地说。再一次，一个微小的改变提升了整体的效果。然后他便不再说话了。他时而向前,时而退回,从镜子里观察雕像,低声嘟哝着,发出模糊的声音,不断地进行着微调。午餐时,他的眼睛里充满了友好而又心不在焉的神情,而现在却闪烁着一种奇异的光芒。他挺直了身板,似乎变得更年轻了。他不知疲倦地工作着,使出强健体魄里的全部热情和力量。每当他有力地向前或者后退时,地板就会吱吱作响,但是他就像听不见一样。他没有注意到一个年轻人还站在他身后,没有出声但是心却提到嗓子眼儿,为能亲眼观摩这样一位杰出大师的工作而激动不已。他仿佛已经完全把我忘了,对他来说,我根本不存在,只剩下他的创意和作品,以及一种旁人看不见的绝对完美,为他而存在。

他就这样持续了一刻钟,半小时,我甚至不记得有多长了,伟大的时刻总是无法用时间来衡量的。罗丹如此专注地工作着,即使是一阵雷声也不能让他分心。他的动作越来越果断,几乎有些不可遏制;一种疯狂或者是迷醉的感觉侵袭了他的全身,让他的动作越来越快。直到某一刻,他的双手慢了下来,它们似乎已经明白,再没有别的事可做了。他退后了一次,两次,三次,不断地观摩,但是没有做任何改变。然后,他的胡子轻轻动了动,小声说了几句,便深情地把她的衣服重新裹了上去,仿佛在给心爱的女人披上围巾。他深吸了一口气,从高度集中的紧张中解脱了出来。他的身躯似乎又变得沉重起来,内心的火焰也熄灭了。然后,我收获了我几乎无法理解的重要一课:他脱下白色工作服,又穿上短夹克,转身便要出去。在那一小时的极度专注中,他完全把我忘掉了!他不知道,是他亲自把这位年轻人带到了画室,指给他看自己工作的地方。这个年轻人就在他身后屏息凝神地站着,像他自己的塑像一样一动不动地着迷于他的创作。

他向门口走去，正要打开门时，他看见了我，然后露出了愠怒的神色。这个偷偷溜进工作室的陌生人是谁？但过了一会儿他记起来了，朝我走来，好像很惭愧地说道："对不起，先生。"但是，我并不想让他再说下去，只是感激地握住了他的手，我甚至高兴得想亲吻他。在那一刻，我发现了一切伟大艺术，或者说是世间一切成就的永恒秘密——你需要像艺术家那样专注地将个人的一切力量和感觉统一在一起，达到忘我、出世的状态。这是我终生难忘的一课。

我原本打算在五月底离开巴黎前往伦敦，然而，因为一些意想不到的情况，我那个可爱的住处变得不再舒适，因此我不得不提前两周离开。这是一件有趣的事，我在感到好笑的同时也有所收获，并且对法国社会不同阶层的思想有了更深刻的见解。

在圣灵降临节的两天假期里，我离开了巴黎，和朋友们一起去参观了我从未见过的美丽的沙特尔大教堂。星期二早晨，当我回到房间打算换衣服时，发现我那个在墙角里静静地待了好几个月的箱子不见了。我立刻下楼去找小旅馆的老板——他和他的妻子每天轮班坐在小门房里。他是个矮小结实的、脸颊红红的马赛人，我经常和他开玩笑，有时我们会去街对面的咖啡馆一起玩他最喜欢的西洋双陆棋。他听到后立刻变得心烦意乱，一边用拳头捶着桌子，一边痛苦地说出了那句神秘的话："原来如此！"他一边快速地穿上外衣——他原本像往常一样只穿着衬衫坐在那里——脱掉了舒适的拖鞋，穿上鞋子，一边向我解释发生了什么。为了使我的读者们更好地理解接下来发生的事，也许我应该先描述一下巴黎建筑的一个特点。巴黎的小旅馆和大多数私人住宅都没有前门钥匙，所以只要有人在街上的前门按响门铃，礼宾部，也就是看门人，就会从门房那里按下自动开门器。小旅馆的看门人或者房子的主人不会在门房里过夜，但可以在他们的床头——通常是睡眼惺忪地——按下按钮开门。任何想要离开大楼的人都必须叫一声"请开门"，任何想要从外面进来的人也必须自报家门，这样一来，理论上就不会有陌生人在夜里溜进楼里。那天凌晨两点，我所住的这家旅馆外面的门铃响了。进来的那个人报出了一个名字，听起来像旅馆里一位房客，然后他还拿走了挂在门房里的房间钥匙。这位看门人的确有责任透过小屋的玻璃窗检查这位深夜来客的身份，但显然他太困了。然而，一个小时后，当楼里又传来"请开门"的喊声时，已经打开过一次前门的旅馆老板突然一惊：凌晨两点以后，怎么还会有人要出去呢？于是他站起身来，朝街上望去，看见有人拎着一只箱子离开了旅馆，他立刻穿着晨衣和拖鞋，向那个可疑的人追过去。不过，当他看见那人消失在小香蒲街的一家小旅馆时，他很自然地断定了他不是小偷或者窃贼，然后便平静地回到床上睡觉去了。

他对自己的错误感到非常懊恼，和我一起匆匆向最近的警察局走去。警察立即到小香蒲街的旅馆里去查问，发现我的箱子确实还在那儿，但那个小偷却不在了，他显然是到附近的某个小店去喝晨间咖啡了。两个警探便在那间旅馆的门房里蹲守着，半小时后，他毫无预感地回来了，警察随即逮捕了他。

现在，旅馆老板和我不得不回到警察局进行正式的诉讼程序。我们被带进了警长的办公室，他是一位非常矮胖的、留着小胡子的绅士，面目可亲。他敞开外衣，坐在一张非常凌乱的桌子前，桌上堆满了文件。整个办公室都弥漫着烟草味，桌上还放着一大瓶酒，这一切都表明了这个人绝不是神圣维和警队里那类残酷严苛的治安官。首先，他叫人把行李箱提了进来，让我打开看看是否有什么重要的东西丢失了。里面最引人注目的就是我那张价值两千法郎的信用票据了，不过我在巴黎的这几个月里已经花掉了大部分，所以即使其他人把它拿走也没什么好处，它果然还待在箱底。后来警察做了一份笔录，大意是说我认出了这是我的箱子，里面什么也没丢。警长又命人把这个小偷带进来，我便好奇地打量了他一眼。

他确实值得一看：一个可怜的家伙，衣衫褴褛，连领带也没有，站在两个威武的警察中间，显得他瘦枯的身躯更加弱小。他长着一张忧郁的、面黄肌瘦的尖脸，还有一撮下垂的小胡子——显然算不上是个职业小偷，因为他判断错误，没有一大早就把箱子处理掉。他低垂着眼睛站在那里，微微发抖，仿佛在法律的力量下被冻僵了似的。我不得不羞愧地说，他不仅引起了我的怜悯，甚至让我动了恻隐之心。当警察严肃地把在他身上搜到的所有物品陈列在一块大木板上时，我在同情之余更添了几分兴趣。很难料到这位陌生人的收藏是这样的——一块破烂的脏手帕，一打形状各异、大小不一的仿配钥匙和撬锁钩，相互碰击着发出悦耳的叮当声，还有一个破旧的钱包。但幸运的是没有武器，这至少表明这个小偷并不是以暴力的方式，而是相当专业地用技能在谋生。

首先在我们眼皮底下被检查的是他的钱包，结果令人大跌眼镜：里面并没有上千或者上百法郎的钞票，或者其他任何面值的钞票，只有二十七张舞女和演员穿着低胸礼服的照片，以及三四张裸体照片，没有任何犯罪的证据，只是证明了这个单薄忧郁的小伙子充满激情地爱慕着这些美丽女性。巴黎剧院里的这些明星对他而言是可望而不可即的，但他至少要把她们的画像放在靠近心脏的地方。尽管警长带着严肃的表情审视着这些淫秽色情的照片,但我感觉到,像这位小偷这样的一个有罪之人,收藏着这种奇怪的物件,让他也和我一样觉得十分好笑。我对这位可怜的不法分子的同情,又因为他对美丽事物的爱慕而进一步大增,所以当警长庄严地提笔,问我是否希望起诉小偷时,我快速否定了,仿佛否定才是理所当然的回答。

在这里我想再插入一句,以便读者们更好地理解当时的情形。在奥地利和许多其他国家,犯罪行为都是公诉案件,也就是说,国家专横地将正义掌握在自己手中。但在法国,受害方可以自己选择是否提出指控。我个人认为这种正义的概念比严肃死板的法律要更加公平,因为它会给你一次机会去原谅伤害过你的人。而在德国,举个例子,如果一个女人因为妒火中烧,向她的爱人开了一枪,致使他受伤,那么无论他如何恳求也无法将她从严酷的法律中解救出来。国家会强行介入,把这位冲动伤人的姑娘从她的爱人身边带走关进监狱里,全然不顾她的爱人可能由于她的激情反而爱她更深了。但是,在法国,一旦这位男人已经原谅了她,两个人便可以手挽着手回家了——换言之,这件事在他们之间自行解决了。

我刚刚回答完"不",就引发了三种不同的反应。站在两个警察中间的那个瘦瘦的男人突然直起身来,以一种异乎寻常的感激望了我一眼,那目光我永远也不会忘记。警长满意地放下了他手中的笔,他显然也很高兴,因为我决定不起诉那个小偷,又省下了他的文书工作。可是我的房东却完全不这样看。他的脸涨得通红,开始生气地对我大喊大叫,说我不能那样做,这样的小浑蛋必须被消灭。他告诉我,我完全不知道那种人会造成什么伤害,一个正派的人必须日日夜夜警惕这样的流氓,如果放掉了一个,只会鼓励更多的人加入他们。

这是一个自家生意受到妨碍的小资产阶级市民袒露出来的诚实心声和正直原则,但同时也表现出了他的狭隘。因为这件事也给他带来了麻烦,他粗暴地,甚至是威胁地说,他坚持要我撤回不起诉的决定。但我不为所动,因为我已经拿回箱子了。我坚定地告诉他,我不能抱怨受到了什么损失,就我而言事情已经解决了。我又补充说,我这辈子从未对别人提起过法律诉讼,如果我知道没有人会因为我而不得不在监狱里吃牢饭,那么在今天吃午餐的时候我一定会倍感轻松。我的房东又以一种比以往任何时候都更激动的语气反驳了我。然后执法警官解释说,这事儿取决于我而不是他,一旦我选择不起诉,那么这个案子就结了。听到这里,他突然拔腿就走,愤怒地离开了房间,"砰"的一声把门关上了。警长站了起来,微笑着目送他气冲冲地夺门而去,然后默许般地同我握了握手。这件事情就算正式结束了,我伸手去拎我的箱子,打算把它搬回去。但是奇怪的事情发生了,这位小偷羞愧地走近我,说道:"先生请等一下,我来帮您拿回去。"于是,那个心怀感激的小偷拎着我的箱子跟着我走了四条街,送我回到了旅馆。

因此,一件开头很糟糕的事情,似乎以最好的、最愉快的方式结束了。但紧接着的两个余波,对我进一步理解法国人的思维又带来了一些启示。第二天,当我去拜访维尔哈伦时,他带着调皮的微笑迎接了我。"你在巴黎还真是体验了不少奇遇,"他快活地说,"我从来都不知道你原来这么有钱!"起初我完全不知道他在说什么,直到他把报纸递给我——上面刊登了一篇关于昨天这件小事的长篇报道,只是在这个浪漫化的版本中,我几乎认不出事实的真相了。记者们以夸张的新闻技巧描述了一位住在市中心酒店的尊贵外宾——把我描绘成"尊贵的"会听起来更吸引人——被小偷偷走了箱子,丢失了包括两万法郎信用票据在内的许多昂贵物品——一夜之间两千法郎就翻了十倍——还有其他一些不可替代的物品(事实上里面只有几件衬衫和几条领带)。新闻上说,一开始似乎找不到任何线索,因为小偷作案十分灵活,而且显然对周边非常熟悉。但是,本区的某某警长先生以他那"众所周知的敬业精神"和"非凡的洞察力",雷厉风行地采取了一切合理的措施。根据他的电话指示,警察们在一小时之内彻底搜查了巴黎所有的旅馆和公寓,以一如既往的细致和准确方式进行了调查,很快就把那恶棍抓了起来。警察局长立刻对警长的杰出功绩大加赞赏,表扬他的积极态度和远见卓识再一次为巴黎警察界树立了光辉榜样。

这份新闻报道没有一句是真的:那位优秀的警长甚至一分钟也不用离开他的桌子,我们自己就把小偷和箱子交给了他。不过,他还是抓住了这个大好机会在报纸上出尽了风头。

小偷和警长在这个事件里都有了美满的结局,但我却没有。从那时起,我那位曾经快活的房东就开始千方百计地让我在他旅馆里住不下去。当我走下楼,礼貌地问候坐在门房里的老板娘时,她会默不作声地转过头去,一脸受伤的表情——一副"我是好公民"的样子。仆人不再把我的房间打扫得干干净净,寄给我的信件也会神秘地丢失。即使在附近的商店和烟草店里,我也开始遭受冷遇,而在以前,由于我经常在那里大量消费,老板们都把我当成真正的朋友一样热情地招待。不仅是我的房东一家,整条街甚至整个区里受到刺激的小资产阶级们,都同仇敌忾地反对我,因为我"帮助"了那个小偷。最后,我只好带着我失而复得的箱子搬出去,在一片乌云的笼罩下离开这个舒适的旅馆,仿佛我自己才是那个小偷一样。

  我在离开巴黎后动身前往伦敦,那感觉就像是在一个炎热的天气里突然走到阴凉地,在刚到时你会本能地一激灵,但眼睛和其他感官很快就适应了这种变化。出于某种使命感,我计划在英国待上两三个月——因为如果我不了解这个让世界在它的轨道上运转了几个世纪的国家,我又怎么能理解和评价我们这个世界呢?我还希望通过积极努力地交些朋友来提高我一直磕磕巴巴的蹩脚英语。我并没有如愿以偿:就像其他所有欧洲大陆人一样,我在英吉利海峡的另一边几乎没有什么文学上的联系。在我那间小小的寄宿家庭里,早餐时的谈话和闲聊都是关于宫廷、赛马和派对的,这让我感到极度地不适。在人们谈论政治时,我也完全跟不上他们:当他们提到乔的时候,我完全不知道其实指的是约瑟夫·张伯伦。同样地,在他们提到那些带爵位的大人物们时,用的是尊敬的"先生"加上名字并省去姓氏的方式,这也让我云里雾里。在很长一段时间里,我的耳朵就像被耳垢堵住了一样,完全听不懂马车夫们的伦敦腔。所以我的英语没有像我希望的那样迅速提高。我确实试着通过听教堂里的牧师布道学习文雅的措辞,还去观看了两三次庭审,也到剧院里欣赏了发音清晰的对白,但我总是很难找到同伴,以及志同道合的友谊和欢乐,而这些是我在旅居巴黎时处处都能遇到的。我找不到人来讨论那些对我而言最重要的事情,反过来,在那些用词考究的英国人眼中,我可能也看起来相当笨拙、单调和乏味,因为我对体育、赌博、政治和其他所有他们感兴趣的话题都抱着完全无所谓的态度。我无法与任何团体或圈子建立密切的联系,所以在伦敦的大部分时间里,我都是在自己的房间里或者在大英博物馆里写作度过的。

起初，我确实尝试过街头漫步。在我到达的第一周，我走遍了伦敦，走得脚都酸了。出于学生式的习惯，我看了《柏德克旅游指南》上列出的所有景点，从杜莎夫人蜡像馆逛到议会大厦。我学会了喝麦芽酒，抽英式烟斗而不是法式香烟，试着在上百种小细节上做到入乡随俗，但我从来没有真正地接触到英国的社交和文学。那些只从外观上了解英国的人会错过它内部的重要部分，就像路过城市里一家赫赫有名的公司时，只看到了露在外面擦得闪闪发亮的黄铜铭牌一样。当我被带到一个俱乐部时，我会感到手足无措，仅仅是看到那些深矮的皮制扶手椅，就会让我产生一种精神上的困倦，那是一种昏昏欲睡的气氛，而我不配享受这种放松，因为我并没有像在场的其他人那样进行了高强度的活动或者运动。一个无所事事的人，一个纯粹的旁观者，除非他有百万财产，并且懂得如何把这种百无聊赖升华到一种高级交际的艺术，否则这个城市就会把他当作异己来排斥，而巴黎却可以高兴地张开怀抱接纳他参与各种愉快的活动。在伦敦的那两个月里，我本应该找份工作，比如在一家企业实习或者去一家报社做秘书，那样至少我可以浅浅地尝到一口地道的英式生活的滋味，但当我意识到这一点时已经为时已晚，作为一个外乡人，我什么也没有学到，直到多年以后在战争期间，我才对真正的英国有所了解。

在用英语写作的诗人中，我只拜访过亚瑟·西蒙斯，从他那里我又得到了拜访叶芝的机会。我十分喜爱叶芝的诗歌，纯粹出于欣赏地翻译过他的优美诗剧《湖畔阴影》。我不知道那天的安排是一场读书之夜，我们这些经过了精挑细选才收到邀请的幸运儿们，挤在一个相当狭小的房间里，有些人甚至坐在小凳上和地板上。终于，叶芝开始了。他首先点燃了两支又粗又大的祭坛蜡烛，它们立在一个黑色的或者说盖着黑布的讲台旁。房间里所有的灯都熄灭了,他那一头黑发、精力充沛的脑袋从一片烛光里浮露出来,就像一尊雕塑。他诵读得很慢,声音深沉而悦耳,一点儿也不慷慨激昂,但却让每一行都听起来充满了金属般的穿透力,那是一种真正的庄严之美。唯一扰乱我兴致的是舞台布景,那件修士般的黑色长袍让叶芝看起来像一个祭司,燃烧的油蜡在我的记忆里有一种淡淡的芳香。这场文学活动与其说是在即兴朗诵,不如说是一场诗歌的庆典仪式——这一切都给我带来了一种新的体验。我忍不住去比较这一次和我记忆中维尔哈伦读诗的那一次,当时他只穿着衬衣,以便他有力的手臂更好地配合节拍和韵律,而且并没有任何浮夸的舞台布景。我还想起了和里尔克时不时地一起背诵某首诗的那些时候,我们只是简单安静地为语言本身而服务。这是我第一次参加"舞台式"的读书会,尽管我热爱叶芝的作品,但我还是对这种崇拜式的演绎有些半信半疑。不过,作为受邀在场的客人,我对他还是十分感激的。

事实上,我在伦敦发现的真正诗意,不是来自哪位在世的艺术家,而是一个几乎被遗忘的诗人——威廉·布莱克,那位孤独而又难以相处的天才,他的稚拙与完美的结合至今仍让我着迷。一位朋友建议我去在当时由劳伦斯·比尼恩负责的大英博物馆印刷室,请他们给我看看有彩色插图的布莱克的《欧洲》《美洲》和《约伯记》——当时这些作品在二手书店里已成为稀世珍品。在那里,我被深深地迷住了:有生以来,我第一次看到了一种天生的魔法般的才华——尚未找到明确的未来之路,乘着天使的翅膀穿行在每一片想象的荒野之中。我花了几天甚至几周的时间,试图深入了解布莱克天真又有些邪气的思维迷宫,并把他的一些诗翻译成了德语。我急切地想要得到一张出自他之手的稿纸，但这似乎是一个只有在梦里才能实现的愿望。后来有一天，我的朋友阿奇博尔德·G. B. 拉塞尔——当时研究布莱克的首席专家——告诉我，他策划了一场布莱克画展，其中有一幅"梦幻画像"要出售。在我俩看来，这是布莱克大师最出色的铅笔画——《国王约翰》。"你永远不会看腻它的。"他向我保证。他确实是对的，在我所有的书画中，这幅作品陪伴了我三十年，疯国王的那张神奇而富有灵感的脸一直在墙上注视着我。在日后的流浪途中，我丢失了也舍弃了许多财物，但没有哪一件像这幅画那样令我深深地怀念。我曾经遍访英国的街头巷尾去寻找天才，却徒劳无功，直到突然间，我遇见了像星辰般耀眼的诗人布莱克。于是，在我众多所爱之物中，从此又添了一件世间珍宝。

曲折的自我追寻之路

这段时间以来，巴黎、英国、意大利、西班牙、比利时，还有荷兰都留下了我的足迹——这种吉卜赛式的漂泊生活本身就是一种享受，既满足了我的好奇心，又在很多方面令我收获颇丰。但是，一个人总归需要一个固定的落脚点，一个可以一次次地出发和返回的地方。没有人比现在的我更清楚这一点，因为我再也无法从一个国家自由地漫游到另一个国家。离开大学后的这几年里，我的藏书、藏画和其他纪念品不断增加，手稿也逐渐多得可以成捆地堆放了。虽然我喜欢这些东西，但我不能一直把它们装在箱子里随着我周游世界。于是，我在维也纳租了一套小公寓，并不是说要把它当作永久住所，而是一个——就像法语生动地描述的那样——歇脚点。事实上，在第一次世界大战之前，我的生活一直都被一种奇怪的观念支配着，并且认为一切都只是暂时。我告诉自己，我所做的一切都不能真正作数——我当时的工作不是我真正想做的事情，而只是在尝试寻找我真正的爱好；和我相处融洽的那位女性也不是我真正的人生伴侣。就像这样，年轻的我觉得自己还没有完全投入任何事情中，仍然还享受着去品味和尝试一切，享受着这一切带给我的无忧无虑的快乐。在其他男人已经成家立业、身负重担、必须竭尽全力之际,我仍然把自己看作一个初出茅庐的年轻人,未来还拥有无尽的可能性,所以我在任何需要做出明确承诺的事情上都十分犹豫。就像我把当时的作品只当作未来要写的真正作品的一曲前奏,我的公寓在我眼中只不过是一个临时的地址,可以让我写在名片上而已。我特意选择了郊区的一个小房子,这样一来房租就不会占据太多花钱的自由。我没有买特别好的家具,以防我觉得必须得"小心呵护"——就像我父母在他们自己的公寓里那样,在每一把椅子上都铺上盖布,只有会客时才会掀开它。我想要避免在维也纳永久定居的这种感觉,避免与某个特定的地方建立情感联系。多年来,我一直以为这种故意训练自己"觉得一切都只是暂时"的行为是我的一个缺陷,但是后来,当我被迫一次次地与我建立起来的家园分别,眼睁睁地看着周围的一切都分崩离析时,我发现这种终身居无定所的神秘感觉是很有帮助的。在年轻时学会的这一课,让我在面对失去和告别时轻松了许多。

当然,并不是说我要在这套公寓里收藏很多宝贝,但我在伦敦买来的布莱克的那幅画需要挂在墙上,还有歌德用他大胆、自由的笔迹写就的最优美的一首诗的手稿——这是当时我收藏的亲笔物品中最珍贵的一件——需要存放起来。我还在学校的时候就开始了这项收藏活动。在当时,我们整个文学小团体的从众本能让我们不厌其烦地去收集各种作家、演员和歌手的签名。离开学校后,那个小团体里的大多数人都放弃了写作和收集签名的爱好,但我却对这些天才投射在尘世里的影子产生了与日俱增的热情。不过,我对纯粹的签名不感兴趣,对某个名人的国际声望或者作品的价值也并不在意。我真正想要的是文字作品或音乐作品的原始手稿或草稿,因为创作这些作品的艺术家们的生平和创作心理更吸引我。我们还能在哪里找到这个神秘的过渡时刻呢？当一位天才的想象和直觉将一节诗或一段无形的旋律带入世俗领域——或是通过自己的反复斟酌，或是有如神助般地灵光乍现——赋予它具体的形式时，除了在艺术家们创造性的初稿上，我们还能在哪里观察到它呢？如果我面前只有一个艺术家的成品，那么我将无法了解他。我十分赞同歌德的观点：要充分理解伟大的作品，不能只看其最终的形式，还要追溯创作的过程。在我看到一份贝多芬的初稿时，他那狂野、急躁的笔触，在下笔后又被划去的混乱而无序的主题，还有被浓缩在几行铅笔线条里的恶魔般的狂怒创造力，仅仅是在视觉上就对我产生了极大的冲击，让我兴奋不已。这种天书一样的手稿总是让我深深地着迷，久久地凝视，正如其他人欣赏一件完美的成品时一样。在一张巴尔扎克修改过的手稿上，几乎每个句子都布满了痕迹，每一行都做满了记号，四周的白边布满了黑色的线条，而对我来说，这些记号和文字带给我的震撼不亚于维苏威火山的喷发。当我终于看到一首我钟爱了几十年的诗的初稿时，它化身于世俗的这一最初形式令我产生了神明般的敬畏，让我几乎不敢碰它。我为拥有几份这样的初稿而感到自豪，在拍卖会上或商品目录中捕获到它们会让我产生一种近乎体育竞技般的快乐。这种追求让我兴奋不已，而且常常充满各种巧合。我可能迟了一天就错失了某样东西，或者一件我非常想要的物品被证明是赝品，或者某一次奇迹突然降临——我发现自己成了莫扎特某张手稿的主人，然而，其中一行残缺的线谱又立刻切断了我无边无际的快乐。然后，那张可能是五十年或一百年前某个醉心于它的破坏者撕去的半行线谱手稿，又突然出现在斯德哥尔摩的拍卖会上——于是，整首咏叹调就可以像莫扎特在一百五十年前留下时那样完美地再现了。当时,我的文学出版收入尚不足以让我大手大脚地购买,不过,每个收藏家都知道,如果为了获得一件藏品而不得不放弃另一种乐趣,那么拥有它时的快乐就会成倍地增加。我还号召我所有的作家朋友向我捐赠。于是,罗兰给了我一卷他的《约翰-克利斯朵夫》系列的手稿,里尔克把他最受欢迎的作品《爱与死亡之歌》的手稿送给了我,克劳德尔给了我《给玛丽报信》的手稿,高尔基也向我捐赠了一些手稿片段,弗洛伊德则给了我一篇他的论文手稿。他们都知道,没有哪个博物馆会比我更悉心地照料他们的手稿。这些珍贵的手稿,连同其他较为次要的一些手稿,曾带给我无与伦比的收藏乐趣,而现在都散落在了天涯海角!

不过后来我才机缘巧合地发现,一件最特别、最珍贵的藏品,虽然不在我的收藏柜里,却藏身于我这套公寓的同一幢房子里。在我楼上住着一位白发苍苍的单身女士,她是一位钢琴教师,有一天我们在楼梯上相遇了,她友好地对我表示歉意:她并非有意在我工作时让我被迫成为她钢琴课的听众,希望她的女学生们不完美的琴声没有过于打扰我。我们就这样聊着,她提到了她的母亲,一位几近失明、几乎从未离开过房间的老太太也和她住在一起。这位八十岁的夫人是歌德的私人医生沃格尔博士的女儿。一八三〇年,她的教母奥蒂莉·冯·歌德亲自抱着她进行了受洗,而歌德本人也出席了这一仪式。想不到在一九一〇年,歌德神圣的目光曾眷顾过的人竟然还在人世,这令我兴奋得几乎有些眩晕。我一向对每一种天才在凡尘的化身都怀有崇敬之情,除了这些手稿之外,我还一直在收集我能弄到手的各类遗物。在我日后所谓的"第二段人生"中,我家里有一整间房间都献给了我所热爱的对象。里面有贝多芬的书桌,还有一只小钱箱,在他弥留之际，他曾躺在床上用那双已被死神摸过的手颤抖着从里面拿出一小笔钱给他的女仆。我还收藏了他的家庭账本中的一页，以及他的一绺过早变白的头发。一支曾属于歌德的羽毛笔，多年来也一直被我放在一个玻璃柜里——以防我忍不住诱惑，用自己那双不值钱的手去碰它。但这些东西毕竟毫无生气，不能与活生生的、有呼吸的人相比。这位虚弱的老太太在婴儿时期曾有幸被歌德那双深邃的圆眼睛慈祥地注视过，而现在，她已成为世间最后一根随时可能断裂的细线，连接着魏玛的那座"奥林匹斯圣山"和位于维也纳城郊的考赫街8号——这栋我们两人碰巧居住其中的大楼。我请求这位钢琴教师允许我去拜访她母亲德米利乌斯夫人。老太太见到我也非常高兴，亲切地与我谈了许久。我在她的房间里发现了几件那位不朽诗人的家庭物品——曾摆在歌德家的桌面上的一对烛台和其他一些来自魏玛弗拉恩普兰大街的房子里的物品——是歌德的孙女，她儿时的玩伴送给她的。不过，真正令人惊奇的当然是这位老妇人的存在，她坐在那里，稀疏的白发上戴着一顶整洁的小帽，唇边满是皱纹，愉快地向我讲述在弗拉恩普大街的家里度过的人生最初的十五年。当时，那里还不像现在这样已经被改造成博物馆，但是，在这位最伟大的德国诗人永远离开了自己的家和这个世界之后，里面的东西就被原封不动地保存了下来。像所有的老人一样，她对自己年轻的岁月记忆犹新。当她听说了歌德协会有失检点地出版了她孩提时代的玩伴奥蒂莉·冯·歌德①的情书时，她感到十分愤怒——"他们现在就等不及了"——她忘记

---

① 奥蒂莉·冯·歌德是歌德的儿媳，前文提到她是老太太的教母。因此，此处所说的老太太儿时的玩伴应该是奥蒂莉的女儿，歌德的孙女，也就是前文提到的送她烛台的玩伴阿尔玛·冯·歌德。

了奥蒂莉①已经去世半个世纪了！这令我十分动容。在她看来，歌德挚爱的孙女还活着，并且永远年轻。在我们看来早已是传说的往事，却是她眼中真实发生的事情，这让我觉得她的存在像幽灵一般。我住在这座石头建筑里，平日里过着现代的生活：通过电话交谈，使用电灯，用打字机打出字母——但是只要爬上二十二级台阶到了楼上，我就仿佛回到了另一个世纪，置身于歌德曾生活的那个世界的神圣阴影之下。

在后来的几个场合中，我又遇到了一些身份类似的女士，她们无不白发苍苍，曾在年少时接触过那个英雄的奥林匹斯世界——李斯特的女儿柯西玛·瓦格纳，性格强硬严苛，但在感情方面却洒脱不羁；尼采的妹妹伊丽莎白·福斯特，娇小柔弱，喜爱调情；亚历山大·赫尔岑的女儿奥尔加·莫诺德，小时候经常坐在托尔斯泰的膝盖上。我也听过晚年的格奥尔格·布兰德斯谈到他如何与沃尔特·惠特曼、福楼拜和狄更斯相遇，也听过理查德·施特劳斯描述他第一次见到理查德·瓦格纳的情形。但是没有什么比那位老太太的脸更能打动我了，她是歌德的目光注视过的最后一位尚在人世的人。也许今天也轮到我了，我是最后一个可以这么说的人："我认识一位老太太，在她小时候歌德的手曾慈爱地抚摸过她的额头。"

由此，我暂时为自己找到了一个可以在旅行间隙歇脚的地方。不过更重要的是，我同时找到了另一个家——在日后的三十年里培育了我的创作，帮助我推广作品的出版社。选择出版社是一个作家一生中的重要决定，而我的选择是一个再好不过的决定了。几年前，一位

---

① 同样地，此处的奥蒂莉应该是指歌德的孙女阿尔玛。

很有修养的文学爱好者决定把他的个人财产花在一些精神层面的活动上，而不是在赛马场上。他就是阿尔弗雷德·沃尔特·海默尔，他本人并不是一个著名作家，但是决定在德国成立一家自己的出版公司。在德国，和其他地方一样，出版社往往是以盈利为导向。然而，尽管他的出版社预计会出现长期亏损，他并没有把目光放在物质利润上，而是把一部作品的真正价值，而不是销量，作为选取作品的主要依据。通俗文学，无论多么有利可图，都不会在这家出版社的名下出现；相反，它为微妙和实验性的书籍提供了一片沃土。这个独一无二的出版社的座右铭骄傲地宣称了它的与众不同：它将自己命名为"岛屿"，后来又被称为"岛屿出版社"。成立伊始，它完全只能依靠那些真正欣赏文学的小众圈子，而且它也只发行那些形式和艺术意图最为纯粹的作品。它不会设立印刷的标准格式，而是为每一本书都进行独立设计，从而反映其思想内核。所以每本书的封面布局、印制位置、字体和纸张都经过了精心挑选；对设计充满激情的兴趣和关注甚至体现在这家雄心勃勃的出版社的目录和信笺上。所以，三十年来，我从未在我的哪本书中发现过一个排印错误，甚至从未在公司的来信里发现过一行改正过的字。对于每件事，哪怕是最细枝末节之处，它都力求完美。霍夫曼斯塔尔和里尔克的诗歌都是由岛屿出版社发行的，他们的出现使得这家出版社在一开始就只接受符合最高标准的作品。想象一下，在二十六岁的时候，我就被尊为一位与著名的岛屿出版社合作的作家，我是多么骄傲和喜悦！就外界而言，在岛屿出版社出版作品意味着文学地位的提升，而对作家本人来说，它进一步强化了自身的文学承诺。进入这个圈子之后，就必须保持自律和克制，不能让自己在文学上有任何疏忽，也不能让自己沉迷于新闻稿那种速成品当中——因为对于在当时还只有几千数量,在之后增加到数十万人数的读者群来说,岛屿出版社这个标题就保证了最高标准的文学质量和最完美的图书制作。

对于一位冉冉升起的文学新星来说,最幸运的事莫过于遇到一家年轻的出版社,并且随着它一起成长,一起收获名气;只有这种并行而生的成长,才能在作家、作品和整个世界之间建立起至关重要的有机联系。我很快就和岛屿出版社的总监基彭伯格教授成了好朋友,在了解了彼此对收藏的热爱后,我们的友谊变得更加深厚。在我们交往的这三十年里,基彭伯格有关歌德的收藏品在不断地壮大,与此同时,我也在持续地添置亲笔手稿的收藏,最终达到了私人收藏家所能达到的最大规模。他给了我宝贵的建议,也向我提出了同样宝贵的警告,作为回报,我在外国文学方面的专业知识也能带给他一些有益的想法。因此,在我的提议下,岛屿系列丛书应运而生。这套系列卖出了数百万册,使这家出版社逐渐成长为一座围绕最初的"象牙塔"建立起来的大都会,一跃成为德国最受推崇的出版社。这三十年里我们都发生了巨大的变化,这家最初的小公司成了最有影响力的出版社之一,而我这位在最初只吸引了一小部分文学爱好者的作家,现在也成了德语国家中最受欢迎的作家之一。然而,那场世界性的灾难和最残酷的法律打破了我们之间自然而幸福的联系。我必须承认,比离开我的家园和我的祖国更为艰难的是,在我的书中再也见不到那个熟悉的出版社徽标。

从此,我的文学之路就畅通无阻了。虽然我在很年轻的时候就过早地开始出版作品,但私下里,我认为二十六岁的我还没有写出任何真正的文学作品。与当时最具创造力的艺术家们成为朋友,是我年轻时的一大成就。但奇怪的是，这也妨碍了我自身的创造力。我对真正价值的理解太过于深刻，以至于我在创作时变得犹豫起来。由于这种胆怯，到目前为止，除了翻译作品之外，我所有发表的作品都谨慎地仅限于一些小规模的中篇小说和诗歌。过了很长时间（实际上过了三十年），我才鼓起勇气开始写长篇小说。戏剧创作是我涉足的第一种长篇风格，而且我的首次尝试带来了许多好兆头，让我受到诱惑，继续在这条路上走了下去。在一九〇五年或一九〇六年的夏天，我创作了一个剧本——按照当时流行的风格，它当然是一部古典主义诗剧。它的名字叫《色西提斯》，和我三十三岁之前几乎所有其他的作品一样，我从来没有重印过这本作品，所以我对这部剧的看法就不用在此赘述了——整部作品只有形式还不错。不过，这出戏确实表明了我的一种个人倾向，即在我的作品中，我从不站在所谓的"英雄"一边，而是去探讨失败者的悲剧。在我的中篇小说中，最吸引我的总是那些被命运击倒的人物，而在我的传记作品中，我着重研究的也是那些在道义上正确，但从未取得实际成功的人——是伊拉斯谟，而不是路德[①]；是玛丽·斯图尔特，而不是伊丽莎白一世[②]；是卡斯特利奥[③]，而不是加尔文。因此，即使是在早期创作生涯里，我也没有把阿喀琉斯，而是把他对手中最微不足道的色西提斯当作我的英雄人

[①] 伊拉斯谟，史学界俗称鹿特丹的伊拉斯谟。他对宗教改革领袖马丁·路德的思想有巨大的影响。路德钦佩并渴望结交伊拉斯谟，可是后来两人交恶，马丁·路德发表了《论意志的捆绑》来反驳他。
[②] 二人为表姐妹关系，但因为继承权问题而互相进行多年政治斗争，玛丽后被伊丽莎白一世杀死。
[③] 塞巴斯蒂安·卡斯特利奥（1515—1563），法国新教神学家，因加尔文野蛮迫害异教徒而与他发生过冲突。

物——他是一位受苦的人，而不是因为自身的力量和确切的目标而给别人招来痛苦的人。这出戏写完后我没有把它拿给任何演员看，甚至连我的朋友也没有看过。我对这个世界很了解：这种以无韵诗和古希腊服装的形式表演的戏剧，即便是出自索福克勒斯或莎士比亚之手的作品，也不能在票房上大获全胜。我只是走了个形式，把几份样稿寄给了几家大剧院，然后就把整件事抛在脑后了。

大约三个月后，我收到了一封来自"柏林皇家剧院"的信，可以想象我当时有多么惊讶！这座普鲁士国家剧院究竟是为什么要给我写信呢？打开信后让我更惊讶的是，导演路德维希·巴奈——曾是我们那个时代最伟大的演员之一——写信给我说：我的剧本给他留下了深刻的印象，他一直在寻觅符合演员阿达伯特·马特科夫斯基的角色形象，而在阿喀琉斯身上，他终于找到了，这令他格外地喜爱这部剧。他说，如果我可以授权柏林皇家剧院首演这部戏剧，他会非常高兴。

我兴奋得都不敢相信。德语国家当时有两位伟大的演员，阿达伯特·马特科夫斯基和约瑟夫·坎兹。前者是德国北部人，他天然的旺盛精力是无与伦比的，所散发出的激情常常使观众欣喜若狂；后者，我们维也纳的约瑟夫·坎兹，也用他的聪明才智、完美的对白、激昂的雄辩和铿锵有力的语调让观众激动不已。现在，马特科夫斯基会给我的这个角色赋予生命，念出我所写的对白，而德意志首都中最受重视的剧院将成为我的剧本赞助人——作为一个剧作家的美好职业前景似乎展现在我的眼前，虽然我以前从未想过这样的事。

然而，经历了这件事以后，我明白了一个道理——在真正的帷幕拉起之前，永远不要过分抱以期待。一场接一场的排演确实在不断进行，朋友们也向我保证，马特科夫斯基在排练我的诗时，比以往任何时候都更出色,更有男子气概,我连去柏林的卧铺火车票都订好了。但就在最后一刻,我收到了一份电报——马特科夫斯基突然生病,所以首演将被推迟。我以为这只是个借口,是剧院的合约或承诺无法兑现时惯用的托词。但一周后,报纸登出了马特科夫斯基的讣告。我的诗句是从他美妙雄辩的唇间吐露的最后之歌。

我对自己说,那就到此为止吧,一切都结束了。虽然德累斯顿和卡塞尔的另外两家著名的宫廷剧院也想要这出戏,但我自己已经意兴阑珊了。我无法想象除了马特科夫斯基还有谁能扮演阿喀琉斯。然而,一个更惊人的消息来了:一天早上,一个朋友叫醒我,说他是替约瑟夫·坎兹来的,坎兹碰巧在剧本中看到了一个属于他自己的角色——不是马特科夫斯基原本要扮演的角色阿喀琉斯,而是另一个悲剧角色,他的对手色西提斯。他说,坎兹马上就会和城堡剧院联系此事。时任院长的施伦瑟先生来自柏林,是一位当代现实主义的先驱者,不过他这种管理剧院的方式令当时的维也纳人相当恼火。院长随后给我写了信,说他能看出我的剧本富有吸引力,但不幸的是不太可能在首演之后获得持续的成功。

我暗自想道,那就这样吧!然后又恢复了对自己和自己的文学作品一如既往的怀疑态度。然而,坎兹对此感到十分苦闷。他立刻邀请我去拜访他,就这样,我终于亲眼见到了我年轻时的偶像。如果是在当年,我们这群学生们一定会高兴地亲吻他的手和脚。虽然已经年过五旬,但他的身姿十分轻盈,一双美丽的深色眼睛显得他睿智的脸庞非常生动活泼。听他讲话是一种享受,即使在私下谈话中,他也能清晰地发出每一个音节,每一个辅音都被打磨得很尖脆,每一个元音都饱满而清晰;有许多诗,但凡我听过他朗诵的版本,在日后读到时就会不由自主地想起他那富有魔力的声音、完美的节奏和雄浑宽广的音域。我从未对德语的发音如此感兴趣。而现在,这位我像崇拜上帝一样顶礼膜拜的人物,竟然在向我这位年轻的后辈道歉——因为他没能说服剧院上演我的戏。不过,他向我保证,从此我们将不会失去与对方的联系了。事实上,他要我帮个忙——一想到坎兹要我帮个忙,我几乎要开心地笑出声!他说,事情是这样的,他最近接了很多客座演出,为此他已经准备了两出独幕剧。但他还想再做一出最好是以诗歌形式表演的短剧,如果可能的话,最好剧本里有像瀑布一样流泻而出的磅礴词句,可以让他——德语戏剧界绝无仅有的他——用他恢宏的诵读和呼吸控制,为屏气凝神的听众提供像水晶瀑布般的声色表演。"您可以为我写一出这样的独角戏吗?"他问道。

我答应先试试看。正如歌德所说,诗歌创作有时全靠意志的支配——我草拟了一出独幕剧,名为《演员的转变》——这是一部轻松的洛可可式作品,里面有两段抒情式的戏剧性独白。我以自己本能的方式去探究他的思想,甚至他说话断句的风格,用我最大的激情去实现坎兹的心愿。这种偶得的佳作只能通过天然的热情才可以创造出来,仅凭灵活的技巧是不够的。三个星期后,我给坎兹展示完成了一半的作品,其中包含了一段类似咏叹调的独白。他表现出发自肺腑的热情,立刻把手稿里那段像瀑布一样倾泻而下的独白诵读了两遍,在第二遍就达到了令人难忘的完美程度。他显然有些等不及了,问我还需要多久。我说一个月。他回答道,那太好了!时间正合适!现在他正好要动身去德国巡演几个星期,等他回来后就立即着手排演这出戏,然后在城堡剧院进行首演。同时,他向我承诺,无论他到哪里去巡演,他都要把这部戏放在他的演出剧目里,因为它就像手套一样合身。"就像我的手套一样!"他重复着这句话,热情地和我握了三次手。

显然他在出发之前就把自己的意愿传达给了城堡剧院,因为导演亲自打电话上门,要求看一眼这部独幕剧——尽管它仍处于草稿阶段,看完之后他立刻接受了,配角部分的台词也被送到剧院的演员们那里开始进行排练。我似乎再一次地毫不费力就获得了最高荣誉——我的一部作品将在城堡剧院上演,它可是我们这座城市的骄傲!更重要的是,那位和爱莉诺拉·杜丝享有同样声誉的当代最伟大的男演员,将在这家剧院出演我的这部戏。这对一位文学新人来说几乎是天大的惊喜。现在,我只剩下一个顾虑了——如果坎兹在这出戏写完后改变主意了怎么办?但这不太可能!现在我这边开始急不可耐了。终于,我在报纸上看到约瑟夫·坎兹巡演回来了的报道。我出于礼貌地先等了两天,以免在他刚回来时就去打扰他。到了第三天,我鼓足了勇气,来到坎兹居住的萨赫大饭店,把我的名片交给那位我很熟悉的老接待员。"请帮我呈给城堡剧院的演员坎兹先生!"我向他说道。老人从他的夹鼻上方惊奇地看着我。"啊,博士先生,您不知道吗?"我什么也不知道。"他们今天早上把他送到了疗养院。"于是我这才听说这件事——坎兹从德国巡演回来后就病得很重。在那里,他像英雄一样地克服了可怕的痛苦,站在毫不知情的观众面前,最后一次演绎了那些伟大的角色。第二天,他接受了癌症手术。看了报纸上的公告后,我们仍然殷切地希望他能够康复。我去看望了他,他躺在那里,看上去疲惫而憔悴,瘦削的脸上那双深邃的眼睛显得比平时更大了,这让我吓坏了。一撮灰色的小胡子第一次像被冻住了一样僵硬地贴在他那曾经永远年轻的、雄辩的嘴唇之上。在我眼前的已经是一位处在弥留之际的病人。他对我忧郁地笑了笑:"仁慈的上帝还能允许我表演这出戏吗?那样或许还可以治愈我。"但几个星期后,我们只能扶着棺木为他送行了。

至此,我相信读者们完全可以理解我对坚持戏剧创作的不安,还有当我把新完成的剧本交给一家剧院时所感到的焦虑。我可以毫不羞愧地承认,德语国家两位最伟大的演员之死,以及他们在生命的最后是在排练我写的剧本这件事情,让我开始变得迷信起来。几年后我才恢复尝试另一部戏剧作品。当城堡剧院的新艺术总监阿尔弗雷德·贝格尔男爵——一位杰出的戏剧行家、雄辩的演讲大师——爽快地接受了我的剧本时,我立刻焦虑不安地看了看他选择的演员表,内心充满矛盾地松了一口气:"感谢上帝,他们中间没有著名演员!"这意味着没有人会成为不幸的受害者。然而,不可思议的事情还是发生了;当不幸被关在一扇门外时,它还会从另一扇门溜进来。我一直只想到演员,却忽略了导演。贝格尔计划亲自导演我的悲剧作品《海边的房子》,并且已经开始了提词本的制作。然而,在第一次排练的十四天前,他去世了。看来我的戏剧作品所受的诅咒似乎还在生效。即使是在十多年后,第一次世界大战已经结束,当我的《耶利米》和《狐坡尼》以多种不同语言上演时,我仍然感到十分不安。一九三一年,当我完成一部新剧《穷人的羊羔》时,我甚至刻意违背了自己的利益。我把它发给了我的朋友亚历山大·莫伊西,然后他发来电报,请求我为他保留首演的主角位置。莫伊西从他的祖国意大利为观众带来了一种在德语舞台上闻所未闻的悦耳动听的语言,是约瑟夫·坎兹王冠在当代的唯一继承者。他外表迷人,聪明活泼,而且和蔼可亲,给人以灵感,他在每一出戏中都浸入了他个人的魔法;我想不出有比他更适合这个角色的演员。尽管如此,当他向我提出这一请求时,我想起了马特科夫斯基和坎兹的前车之鉴,于是我找了个借口拒绝了他,但是没有告诉他真正的理由。我知道他从坎兹那里继承了一枚伊夫兰①的戒指——这枚戒指素来由每个时代最伟大的德语演员传给他最杰出的继任者,他也会继承坎兹的命运吗?我绝不愿把灾难带给我们这一时代的第三位伟大演员。因此,出于迷信和友谊,我牺牲了几乎可以肯定是这部戏的最佳表演效果。然而,尽管我拒绝了他的提议,尽管从那以后我也再没有写过剧本了,我的牺牲终究未能保护他。虽然不是由于我自身的过错,但我还是再一次地给别人带来了不幸。写到这里,我意识到很多读者会以为我是在讲鬼故事。马特科夫斯基和坎兹可以解释为仅仅是巧合,可是在他们之后的莫伊西该怎么解释呢?我已经没有让他出演他想演的角色了,我也没有再写剧本了。悲剧是这样发生的:多年以后——我得在这里打破这本书的时间顺序了——在一九三五年的夏天,我去了苏黎世,全然不知厄运即将降临。有一天,突然我收到了亚历山大·莫伊西发自米兰的电报。他说他那天晚上想特地到苏黎世来看我,并要我务必到火车站去接他。我不禁满腹狐疑,什么事情会这么紧急?我手头并没有新剧本,这些年来对戏剧也没有多大兴趣。当然,我最后欣然地赴约了,我像爱自己的兄弟一样爱着这位热情的朋友。他下了车厢之后便向我大步奔来。我们先来了个意大利式的拥抱,然后在离开车站的马车上,他便开始用他一贯美妙的热情,滔滔不绝地告诉我想让我为他做件事。他说,他想请我

---

① 奥古斯特·威廉·伊夫兰(1759—1814),在世时为著名的德语演员,这枚戒指上有他的照片。

帮个大忙,皮兰德罗把他的新剧《无人知晓》[①]的首演权给了他,作为对他的致敬。而且他们计划不在意大利进行首演,而是要办一场世界级的首演——在维也纳用德语上演。莫伊西说,这样一位意大利大师还是第一次把自己作品的首演安排在国外。此前,皮兰德罗从未让自己的作品在意大利以外的地方进行首演——哪怕巴黎也无此殊荣,因为他担心诗文里的音乐性和微妙之处会在翻译中丢失。对于此次德文版本的剧本,他发自内心地认为不能随便找一个翻译来做,出于对我的语言技巧长久以来的仰慕,他非常希望我来担任翻译。当然,皮兰德罗对把我的时间浪费在翻译这件事上很有顾虑。所以,莫伊西自告奋勇地替这位剧作家向我发出了邀请。确实,在那个时候我已经多年没有涉足翻译了。但我非常尊敬皮兰德罗,我曾与他有过多次愉快的会面,所以我不想令他失望。最重要的是,我很高兴能用这一机会,向莫伊西这样一位亲密的朋友证明我对他的同道情谊。于是,我把手头的创作放了一两个星期,开始着手这项翻译工作。几周后,皮兰德罗的剧本在维也纳举行了国际首演。由于当时的政治背景,这场演出注定将以格外盛大的形式呈现。皮兰德罗会亲自莅临现场,而且由于墨索里尼在当时还宣称自己是奥地利的朋友,所以,以总理为首的许多官方圈子成员也都表态会出席这一场合,晚会逐渐演变为奥意友谊的政治象征(实际上,它标志着奥地利沦为了意大利的保护国)。

  第一次排演开始时,我碰巧也在维也纳。我期待着再次见到皮兰德罗,也很好奇莫伊西会如何富有音乐性说出我翻译的台词。但令人毛骨悚然的是,二十五年前的巧合再次重现了。在早上起床后,我像

[①] 茨威格指的是皮兰德罗创作于1934年的剧本《无人知晓》。

往常一样首先打开了报纸,然后我读到莫伊西从瑞士抵达了维也纳,但是得了严重的流感。我想,流感,应该不会太严重的。我打算去看望这位生病的朋友,在我到达他下榻的酒店时,我的心怦怦直跳——谢天谢地,这里不是萨赫大饭店,而是格兰德大饭店。然而,那次去探望坎兹而无果的记忆重现在了我的眼前,一阵战栗顺着我的脊背滑了下来。二十五年前的悲剧又一次地在这个时代最伟大的演员身上上演了。医生不允许我探望莫伊西,因为他已经陷入了狂热的谵妄状态。两天后,我没有如愿去观看彩排,而是悲痛地站在他的棺木旁边,就像我当年站在坎兹的棺木旁一样。

我提前回忆了我的戏剧冒险之旅的最后一次神秘诅咒。当然,这一连串的事件只是巧合罢了。但毫无疑问,马特科夫斯基和坎兹的相继去世,影响了我当时的人生方向。如果二十六岁的我创作的这部剧由柏林的马特科夫斯基和维也纳的坎兹分别出演过的话,那么我相信在他们的精湛演绎下,哪怕是最拙劣的一部剧本也能大获成功,而我也会很快地受到广泛的公众关注,也许会更快地名声大噪。不过那样的结果也许并不是一件好事,因为我会因此在日后错过对世界缓慢而细致的学习和了解。然而,当时的我深深觉得自己就像是命运的牺牲品——我想人们可以理解这一点,因为在我职业生涯初期,戏剧给了我做梦也不敢妄想的机会,诱惑我坚持下去,然后又一次次地在最后一刻残忍地把机会夺走。但是,只有年轻人才会把巧合归咎为命运。等到我们历经沧桑就会明白,真正的人生轨迹是由我们的内心决定的。或许我们的道路在最初与心之所向背道而驰,乍看之下令人困惑而且毫无意义,但是,这条路终究会把每个人都带到属于他自己的那个看不见的尽头。

走出欧洲

是否是因为我的前段人生里充斥了太多即将彻底改变未来几个世纪的事件,所以使时间的流逝要比现在更快?还是说,是因为在第一次欧洲战争之前,我在青年时代的最后几年里只是在安稳地工作,所以使我对它的记忆变得模糊了?我不断地写作,不断地出版,我的名字在德国和奥地利,甚至更远的地方都逐渐被人知晓。我的作品有人喜欢也有人讨厌——这更能说明我的独创性。我可以为德意志的任何主要报纸撰稿,不需要再主动把稿件寄给他们,而是被人约稿。然而,在内心深处,我无法欺骗自己:我在那些年所做的事情、所写的作品在今天看来都毫无意义。在现在看来,我们当时的野心、焦虑、所受的挫折和产生怨恨的原因,简直就是小人国里的鸡毛蒜皮。我们当年的观点也已不可避免地被世界现在的格局改变了。如果我在早几年开始写这本回忆录,我会提到与格哈特·豪普特曼、阿图尔·施尼茨勒、贝尔-霍夫曼、德默尔、皮兰德罗、瓦瑟曼、沙洛姆·阿希和阿纳托勒·法朗斯之间发生过的趣闻轶事。(尤其是我与最后一位的对话,原本可以写成一个有趣的故事,因为这位老先生曾经花了整个下午,带着优雅和庄重,一本正经地向我们讲述了许多风流韵事。)我本可以记录一些伟大的首演——古斯塔夫·马勒的《第10交响乐》[①]在慕尼黑的首演,《玫瑰骑士》在德累斯顿的首演,以及卡萨维纳和尼金斯基的芭蕾舞首演。作为一个爱好旅行且充满好奇心的人,我在场亲历了许多现在被认为具有历史意义的艺术活动。但是,在如今更为严格的标准之下,任何与现状无关的事情都显得那么微不足道。事到如今,那些曾在我年轻时把我的注意力引向文学的人,对我来说似乎远不如那些把我的注意力转向现实的人重要。

在这些人当中,我想最先提到的是一位在历史上最悲剧性的时代里与德意志帝国的命运息息相关的人,他在希特勒掌权的十一年前就遭受了纳粹主义者的第一次血腥屠杀。他就是瓦尔特·拉特瑙。我们的友谊虽以一种奇怪的方式开始,但十分温暖而持久。对十九岁的我来说,马克西米利安·哈尔登是最早在文学上鼓励我的人之一,他主办的期刊《未来》在威廉二世统治下的最后几十年里产生了巨大的影响。哈尔登是被俾斯麦亲自引荐步入政界的,俾斯麦喜欢利用他作为自己的传声筒和避雷针。他是大臣倒台的幕后推手,并且将尤伦堡事件[②]推向了爆炸性的高潮,让皇室在每周不断放出的猛料和舆论攻击下瑟瑟发抖。尽管如此,哈尔登私下里却喜欢戏剧和文学。有一次,我在《未来》上看到了一系列格言警句,所用的笔名我现在已经不记得了,但作者聪明的头脑和精练的措辞给我留下了深刻的印象。作为一位定期投稿的期刊作家,我写信向他问道:"这个新作家是谁?我已经很多年没见过这样洗练的格言了。"

[①] 作者指的是马勒的第八交响曲《千人交响曲》,1910年在慕尼黑首演。这位作曲家去世时第十交响曲尚未完成。
[②] 有关皇室高层同性恋指控的丑闻。

给我回信的不是哈尔登,而是来自一个署名为瓦尔特·拉特瑙的人,根据他的来信以及其他消息来源,我得知了他是叱咤风云的柏林电力公司董事长之子,本人也是一位大商人和实业家,担任许多公司的董事——用让·保罗的话说,他是"知道世界如何运转"的新一代德国商人。他热情地给我写信,感谢我,因为我的来信是他文学冒险中收到的第一份积极评价。尽管比我年长十岁,但他非常坦率地向我承认,他十分纠结自己是否应该尝试把他的人生思考和格言整理成一本书出版发行。毕竟他只是个外行,到目前为止只活跃在经济领域里。我给了他诚挚的鼓励,之后我们就一直通过书信保持联系。我再次访问柏林时给他打了电话,一个犹豫的声音从电话那头传来:"啊,是您来了。真是遗憾,明早六点钟我就要动身去南非了……"我打断了他:"那我们改天再见吧。"但那声音继续自顾自地缓缓说道:"不,等一等……今天下午我还有很多会议……今晚我要去部里,然后还有一场俱乐部晚宴……您可以在夜里十一点一刻来找我吗?"我同意了,那晚我们一直聊到了凌晨两点。他确实在六点动身去了非洲西南地区——我后来才知道,这是德国皇帝派给他的任务。

我之所以提到这个细节,是因为这是拉特瑙的一个典型特点。尽管他非常繁忙,他总能找到时间和朋友相聚。我在最绝望的战争期间见过他——就在热那亚会议之前,在他被暗杀的几天前,我还和他一起坐着他遇害时坐的同一辆车,驶过了他遇害那天的同一条街道。他总是把每天的日程安排精确到每一分钟,而且可以毫不费力地从一个话题转换到另一个话题,因为他的思维异常敏捷,有一种我从未在他人身上见到过的精准和速度。他的发言总是很流利,就像是从一张无形的纸上大声朗读一样,而且每句话都表达得清楚生动,如果有人用速记法记下他的谈话,那么这些内容就能直接拿去印刷出来了。他会说法语、英语、意大利语和他的母语德语,他的记忆力从来不会让他失望,所以他对任何话题都不需要特别准备。当你和他交谈时,面对他在评论分析主题时所表现出的清晰、冷静和客观,你会相形见绌地觉得自己既愚蠢又没文化,对事情没有把握,而且认知混乱。但是,他那闪烁着耀眼的智慧光芒的清晰头脑总是给人一种不人自在的感觉——就像他的住宅一样,即使里面摆放了最精美的家具和画作,也让人觉得不够自如舒适。他的头脑就像一个构造精巧的机械装置,而他的宅院就像一个博物馆,在他那座勃兰登堡的路易丝王后①时代的封建府邸里,你永远不会感到真正的自在。他的思想仿佛水晶般晶莹剔透,因而也显得有些虚无缥缈。我很少像在他身上那样无比强烈地感受到犹太身份的悲剧。尽管他才华出众,却充满了深深的不安感和不确定性。我的其他朋友,例如维尔哈伦、爱伦·凯和巴扎尔杰特,虽然不及他十分之一的聪明,也不及他百分之一的学识经验,但他们都对自己很确信。而在拉特瑙身上,我总觉得,尽管他头脑异常聪明,却一直没有扎根在坚实的土地上。他的一生都充满了矛盾。他从父亲那里继承了巨大的权力,但他并不想接管家族的商业帝国;他是个商人,却想让自己具备艺术家的行事作风;他身价数百万,却沉迷于社会主义思想;他认同自己的犹太身份,但又对基督教着迷不已。他的思想是国际性的,但他又崇拜普鲁士精神;他梦想着实现人民民主,但在受到德皇威廉二世的接见和问询时又总是深感荣幸;他清楚地看到了威廉二世的弱点和虚荣,却无法克服自己身上的虚荣。因此,他

---

① 普鲁士的路易丝王后(1776—1810),国王弗里德里希·威廉三世的妻子。

日常的忙碌可能只是一种精神鸦片，用来麻痹他独处时的紧张感，驱散他真实本性里的孤独。只有在一九一九年他所承担的历史重任到来的那一刻（德军溃败后，他被委以了一项艰巨的任务：重建这个破碎动荡的国家，恢复以往的安居乐业），他身上的巨大潜力才突然汇集了起来，而且他把自己的生命奉献给了心中唯一的理念：拯救水深火热的欧洲。只有在那个时刻，他身上那无与伦比的天赋才发挥出作用，让他最终崛起为一代伟人。

我俩之间还有许多令人兴奋的谈话，也许只有我和霍夫曼斯塔尔、瓦莱里和凯萨林伯爵之间的交流能与之相提并论。此外，他让我的视野从纯粹的文学扩展到了我身在的这个时代。拉特瑙还建议我把目光投向欧洲之外，他对我说："当你只知道不列颠岛本身的时候，你是无法理解大不列颠的。所以要想真正了解欧洲大陆，你至少得去过一次欧洲以外的地方。你是个自由的人，好好利用你的自由吧！文学是一个极好的职业，因为它永远不会催促你，一本真正的好书是早一年还是晚一年完成并不重要。你为什么不去印度和美国看看呢？"这句随意的话给我留下了深刻的印象，我决定立即采纳他的建议。

印度给我的印象比我预想的还要奇怪和压抑。我看到了遍地羸弱的穷人，他们的眼神阴郁沉闷，当地的风貌在单调中带着几分残酷，这一切都使我感到震惊不已。不过，我最为惊骇的还是阶级和种族之间的严格差别，在去往印度的航行途中，我就已经见识过一个例子了。当时船上有两个可爱的姑娘，她们都有双黑色眼睛，身材苗条，受过良好的教育，举止也十分文雅端庄。在第一天，我注意到了她们与我们其余的人保持着距离，或者说我们可能是被某种无形的障碍隔开了。她们没有在船上的舞会上露面，也不参与人们的谈话，只是坐在那里读法文和英文书籍。到了第二天或第三天,我才发现她们并不是有意避开那些英国旅客,相反,是那些人对她们敬而远之,因为她们是"混血儿"——尽管这两位可爱的姑娘是一位帕西富商和一个法国女人的女儿。她们两人在过去的两三年里一直生活在洛桑的寄宿学校,然后又去了英国的女子精修学校。在这期间,她们一直以绝对平等的方式与他人相处,然而,一旦她们踏上了回归印度的旅程,一种残酷的、无形的社会排斥就开始了。这是我第一次感受到种族纯性这种荒谬想法的威胁,而日后这种思想瘟疫对我们世界的影响比几个世纪前那种真正的瘟疫更具有灾难性。

在船上的这次经历让我从旅行之初就开始格外留意。我一边享受着别人的敬畏目光,一边又觉得受之有愧——不过由于我们自己的过错,这种敬畏在如今已经不复存在了——欧洲白种人在出游时就像是上帝巡视一样,排场十足(比如我去锡兰亚当峰那次),免不了要有十几个仆人随身跟着,否则就有失他们的尊严了。我无法摆脱一种不安的感觉:这种荒谬的事态注定要在未来几十年或者几百年内发生彻底的改变或逆转,但是,在我们舒适的、显然还十分安全的欧洲,当时我们都不敢想象这种转变。基于这些观察,我并不认同皮埃尔·洛蒂这类作家的观点——印度非常美好和浪漫。相反,我把这次经历当作一个警告。在旅途中我最大的收获不是那些美丽的寺宇、饱经风霜的旧宫殿,或者喜马拉雅的山川风貌,而是我所遇到的来自另一个世界截然不同的人群,只把目光投向欧洲内部的作家们并不能看见他们。在那个时代,旅游需要考虑昂贵的花销,库克旅行社在那会儿还没有发展起来,所以任何一个决定去往欧洲以外的人,都有一定缘由或者有特殊身份。他绝对不会是一个视野狭窄的小店主,而是一个大商人；不会是一个普通学者，而是真正的科学研究者；或是想效仿过去慷慨、莽撞、富有冒险精神的征服者，想闯出一番事业的企业家们——即使是作家，也一定是有高度求知欲的那一类。在我漫长的旅途中，我从这些人身上了解到的推动我们这个世界的能量和张力，比从上百本书中了解到的还要多。随着我的旅程离故乡越来越远，我的理念也越来越偏离从前。在我回来之后，那些过去常常占据我心灵的事情开始让我觉得无足轻重，对我说，欧洲再也不是世界永恒的中心了。

在这趟印度之旅中，我遇到了一位对我们这个时代产生了不可估量的、潜移默化的影响的人物。在我沿着伊洛瓦底河乘船从加尔各答到印度支那的途中，我每天都会和卡尔·豪斯霍费尔一起待几个小时。当时他正要和太太一同前往日本，赴任德国武官一职。他的身材挺拔瘦削，颧骨突出，长着尖尖的鹰钩鼻，我在他身上第一次见识到德国总参谋部军官的非凡品质和自律精神。当然，我在维也纳时也和军人有过交往，他们都是些讨人喜欢、甚至非常有趣的年轻人，但是通常家境不太富裕，只是为了尽最大的努力过上更舒适的生活而加入军队。豪斯霍费尔则不同，短暂的接触就立刻让我感觉到他来自一个有教养的中上层家庭——他的父亲曾发表过许多诗歌，据我了解是一名大学教授——而且他的学识在军事范畴之外也非常渊博。在收到要去实地研究日俄战争的任务之后，他们夫妇二人在动身之前深入学习了日本语言，甚至还有日本文学。在我看来，他是一个绝好的例子，证明了如果要从广义上理解任何一门知识，包括军事知识，必须要跳出本专业的狭隘范围，接触所有其他领域。他在船上从早到晚地工作，或是用望远镜跟踪航行的每一个细节，或是记录日记或者报告，又或是研究百科全书。我很少见到他手里没有拿着书的时候。他观察力很好，善于描述一切所见所闻。在与他的交谈中，我了解到了很多有关神秘东方的知识。回到家后，我一直和豪斯霍费尔一家保持着友好的联系。我们互相写信，在萨尔茨堡和慕尼黑互相拜访。在得了严重的肺部疾病之后，他不得不在达沃斯和阿罗萨疗养了一年。不在军队服役的时候，他就全身心地投入科学事业。在第一次世界大战期间，他接管了军队指挥的职务。德国战败后，我常常怀着极大的同情挂念着他。我只能想象他会多么痛苦：在他花费了数年时间建立起德国的权力地位，以谨慎的方式发动了这场战争之后，却在如今眼睁睁地看着日本——他曾在那里结交了众多好友——站在胜利的敌人一方。

  人们很快就意识到了，他是首批系统而宏观地思考如何重建德国力量的人物之一。当时他正在编一本地缘政治刊物，一开始我并不理解（我素来如此）这场新运动的真正含义。我真心地相信他只是在研究国际力量的相互作用。甚至"生存空间[①]"这个词（我认为这个词是他创造的），例如"国家的生存空间"，我也只在斯宾格勒[②]那一层面上领会了它的含义，以为它指的是在一定的时间周期内，每个国家所释放的相对能量，这种能量会随着时代发展不断更迭。在我看来，豪斯霍费尔想要更深入地研究各民族特有的性质，建立科学性的长期教育机构，似乎毫无不妥。我以为这些调研只是为了让不同民族能够

[①] "生存空间"是一个臭名昭著的纳粹专用词，指的是希特勒计划并入德国的领土。
[②] 奥斯瓦尔德·斯宾格勒（1880—1936），他最著名的代表作是《西方的衰落》。在这本书中，他提出了国家和整个大陆的成长、成熟和衰退是一个自然循环的理论。

走到一起，也许——我不能断言——豪斯霍费尔的初衷并不是出于政治目的。至少他的书读起来十分有趣（他有一次还碰巧引用过我的话），我并没有怀疑其中有什么不妥。我听到过许多正人君子都称赞他的演讲非常有指导性。当他把自己的思想运用在新的强权和侵略政策上，从而为大德意志旧日的诉求提供一种合理的新意识形态时，并没有人责怪过他。然而突然之间，在我有次偶然提到他的名字时，有人说："啊，他是希特勒的朋友！"那语气好像人人都知道这件事，这令我非常惊讶。首先，豪斯霍费尔的妻子肯定不是"纯种人"，所以这对夫妇才华横溢、讨人喜欢的儿子们也无法满足纽伦堡法律中对非犹太人的定义。而且，我完全看不出一个思想广博、有高度修养的学者与一个痴迷于最狭隘、最野蛮的德国民族主义的残忍煽动者之间有任何直接的精神联系。但豪斯霍费尔曾教过一位名叫鲁道夫·赫斯的学生，而他与希特勒建立了这种联系。希特勒素来不愿接纳别人的想法，他本能地只想攫取一切对他个人目标有用的东西。因此，对他来说，最重要的就是在地缘政治里推进他的纳粹政策，而他会竭尽所能利用豪斯霍费尔的研究来达到自己的目的。纳粹主义总是用意识形态和伪道德理由来支撑其明显想要攫取私权的本质，最终，他们用"生存空间"的概念为其赤裸裸的侵略意志找到了哲学上的掩护。这个口号的定义非常模糊，表面上没有什么危害，但是，它的出现意味着：任何形式的吞并，即使是最为专制的吞并，都可以用伦理和民族需求作为借口。因此，我那位旧时的旅伴——我不知道他是否是自愿刻意为之——应当为希特勒的目标所发生的根本性转变而负责，他以前的目的仅限于国家和种族的纯粹，而现在即将扰乱整个世界。"生存空间"这一理论沦为纳粹的口号，"今天的我们统治德国，明天的我们将占领世界"——这是一个典型例证：一句单一、简洁的短语足以把文字的内在力量转变为招致灾难的行为。如果说百科全书派的学者们认为理性高于一切，那么这些不亚于恐怖主义的大规模煽动性行为，则认为理性的对立面凌驾于一切之上。但是，据我所知，豪斯霍费尔本人从未在纳粹党内担任过重要职务，甚至可能连党员都不是。我无论如何都不认为他会像今天那些精明的新闻记者那样，在幕后策划各种危险的魔鬼计划，或者在元首耳边窃窃私语。但毫无疑问，是豪斯霍费尔，而不是希特勒那些最狂热的幕僚们，构想出了这种理论，并最终导致了纳粹主义的侵略性政策。是他的理论，不管是有意还是无意地，让这一政策从严格意义上的国家范围延伸到更普遍的范围。然而，只有在后世掌握了比我们当今更详细的文献资料时，人们才能从正确的历史角度来评说他的功过。

在第一次海外旅行之后，没过多久我便动身去了美国。我的想法很单纯，就是为了看看外面的世界，最好还能窥到一点未来的影子。我相信，我是当时为数不多的几个去美国旅行过的作家之一，而且，我的目的不是为了赚钱或者收获新闻素材，而是为了在现实中印证我对新大陆的模糊认知。

我并不羞于承认，那个模糊的概念是非常浪漫的。对我来说，美国意味着诗人惠特曼，意味着充满新节奏的土地，意味着即将遇到的四海之内皆兄弟的情谊。在横渡大西洋之前，我重新读了一遍惠特曼那首关于卡梅拉多河[①]奔流而来的狂野诗篇。于是，带着一种豁达的博

[①] 此处指的是《卡梅拉多，当我枕在你的大腿上时》这首诗，由沃尔特·惠特曼创作于1867年。

爱意识，而不是欧洲人一贯的傲慢自大，我抵达了曼哈顿。我记得我做的第一件事就是询问酒店接待员沃尔特·惠特曼的墓碑在哪里，因为我想去悼念他。这个可怜的意大利人被我的问题难倒了，因为他甚至从未听说过这位诗人的名字。

虽然那时的纽约还没有现在这样美丽迷人的夜景，但给我的第一印象仍然非常深刻。在当时，时代广场上还没有瀑布般的灯光，也没有那些人造的、数不尽的点点星光照耀着这座真实而又如梦似幻的夜空。城市的总体布局和交通不像今天这样规模庞大，新式建筑尚处在萌芽阶段，摩天大楼仅显现出雏形，橱窗里高调奢华的陈列也只是初现端倪。但是，仅仅只是站在微微晃动着的布鲁克林大桥上，眺望欣赏港口的景色，或是漫步在林荫大道旁的鹅卵石人行道上，就足以满足我的好奇，让我兴奋不已了。不过，不得不承认的是，两三天以后，这种心态就让位给了另一种更强烈的感觉——一种巨大的孤独感。我在那里完全无事可做。在那个年代，一个无所事事的人在纽约会比在任何其他地方都更加格格不入。这个城市还没有可以让你消遣一小时的电影院，也没有舒适的小餐厅；那时还没有像今天这么多的美术馆、图书馆和博物馆，纽约在文化上也远远落后于欧洲。在我花了两三天时间认真地参观了博物馆和主要景点之后，就开始像一艘没有舵的小船在寒风凛冽的街道上茫然地漂流。最后，这种在街上毫无意义地闲逛的感觉变得如此强烈，以至于我只能自我欺骗，在想象中让它变得更有趣，才能克服这种感觉。我发明了一个游戏——假设我孤身在这里游荡，是无数无业移民者中的一个，口袋里只有七美元。我告诉自己："你是在自愿体验一些他们不得不做的事，假设你最迟必须要在三天后挣到一份面包钱。所以，开始环顾四周吧，看看你如何以一个陌生人的身份开始新的生活，没有关系或朋友，而且要尽快找到一份工作。"我开始从一个职业介绍所转悠到另一个职业介绍所，研究钉在门上的招聘便签。有人需要一个面包师，有人需要一个懂法语和意大利语的助理店员，还有人需要一个书店助理。最后这份招聘需求对我给自己设定的新角色而言是一次合适的机会。于是，我爬了三层铁质旋梯，去问了问待遇，并与报纸上一间位于布朗克斯的房间的租金做了比较。经过两天的求职，从理论上讲，我已经找到了五个可以谋生的岗位，因此，比起在这个年轻的国家随便瞎逛，这种亲身的体验让我更好地感受到了它能为每个愿意工作的人提供多大的生活空间和多少机遇。这让我印象十分深刻。在我从一家公司到另一家公司的漫游中，通过想象自己在各种各样的公司工作，我对这个国家美妙的自由有了更深刻的认识。没有人问我的国籍、宗教信仰和出身，更令人惊奇的是，在这个充斥着指纹、签证和警察许可的现代世界里，我旅行时连护照都没带。因为时间不等人，还有很多工作亟待完成，这才最为重要。一份合同可以立即达成，而不需要如今这种政府手续和工会里充满压制的干预，这在现在看来是多么不可思议。我的这趟求职经历，让我在旅行之初所了解到的美国的风土人情，远胜过我在之后几个星期里，以游客身份舒适地游览费城、波士顿、巴尔的摩和芝加哥时的收获。在之后几个星期里，我除了在波士顿与曾为我的一些诗歌谱曲的查尔斯·吕弗勒一起度过了几个小时之外，一直都是孤身一人。只有一次，一件意外的事打断了我默默无闻的存在。我清楚地记得那一刻：我漫步在费城一条宽阔的大街上，在一家大书店外停住了脚步，因为我突然从作者的名字中觉察出一种熟悉的感觉——书店的橱窗左边陈列着六七本德语书，其中一本的名字一下子吸引了我的目光，我像被迷住了似的看得出了神。我身上的某个部分，毫无觉察地从我身上飘走，漫无目的地穿越了陌生的街道，比我更早地到达了这里，没有让任何人知道，也没有引起任何注意。一定是某位书商把我的名字写在了某张订单上，所以那本书才在大洋上漂流了十天到达了这里。有那么一刻，我的孤独感消失了。所以在我两年前再次造访费城时，我一直在有意无意地寻找那家书店。

我并没有足够的勇气去旧金山，因为那时好莱坞还没有诞生。但是，至少还有另一个地方能让我看到向往已久的太平洋。在我的孩提时代，我读到过一篇关于人类首次环游世界的报道，从那时起我就对这片海洋着迷不已。那个能看到它的地方就是当时正在修建的巴拿马运河上的最后一抔土地，如今已不复存在，凡人的眼睛再也见不到它了。我乘小船经过百慕大和海地到达了那里。我们这一代作家们都受到了维尔哈伦的熏陶，像我们的祖先崇拜罗马时期的古建筑一样热情崇拜着我们这个时代的技术奇迹。不过，巴拿马本身就是一个令人难忘的景象，工人们用人力挖出的河床，在烈日的照耀下闪烁着赭黄色的光芒。即使透过墨镜，双眼也能感觉到灼烧，空气中充斥着像地狱之火一样的成千上万的蚊子。遇难的工人们整齐地排列在墓地里。有多少人成了这个由欧洲开始、由美国完成的工程的牺牲品？在经历了三十年的灾难和失望之后，直到现在它才真正成形。在几个月后，水闸的最后工作将彻底完成，然后只需一个手指按下电钮，这两个海洋便会在相隔几千年后再次永远地交汇。在它们彼此流入对方之前，我是最后一批见到它们的人之一，我也完全意识到了这是一个历史性的时刻。能亲眼见证这一伟大的旷世杰作，也是我告别美国的最好方式。

欧洲上空的阳光与阴云

现在,我已经度过了新世纪的头十年,已经游历了印度,还有美洲的部分地区,这使我在全新的视角下,带着更博学的愉悦心情来看待欧洲。第一次世界大战前的最后几年里,我对那个旧世界充满了前所未有的热爱。我从未如此地期待一个统一的欧洲,从未如此地相信它的未来。我们都认为新的黎明就在眼前,却不曾料到,那团天边的红晕实际上是即将到来的滔天火海里的火光而已。

今天的这代人是在灾难、危机和失败的体制中成长起来的。战争对年轻人来说如同家常便饭般频繁,很难让他们理解我们这代年轻人在世纪之交时对这个世界的乐观信念。四十年来的和平巩固了各国的经济,科技发展加快了生活的步伐,并且带来了许多令我们这一代人为之骄傲的新发现。在所有欧洲国家里,几乎每个人都能感受到从那时开始的经济腾飞。城市的吸引力和人口密度逐年提高:一九〇五年的柏林,与我所熟悉的一九〇一的柏林相比,就大不一样了,俨然从一个君主国家的首都变成了一个国际大都市,然而过不了几年,一九一〇年的柏林就又变得黯然失色。维也纳、米兰、巴黎、伦敦、阿姆斯特丹——每当我再次回到那些地方时,都会感到惊讶和高兴。

街道更加宽阔美丽，公共建筑更加气派，商铺也变得更精致，一切都体现出财富的增长和更为广泛的资源分配。甚至我们这些作家也从发行的作品中注意到了这一点：在这十年里，重印的发行量先是翻了三倍，然后又翻了五倍，甚至十倍，到处都是新剧院、图书馆和博物馆。曾几何时，浴室和电话等家用设施只是少数人的特权，现在却走进了中产阶级小市民的家里。工作时间比以前缩短了，无产阶级也开始拥有一些属于自己的小小乐趣，开始享受生活。世界各地都取得了进展，那些敢想敢做的人都赚得盆满钵满。如果你买了一栋房子、一本罕见的书或是一幅画，你就会眼见着它的价值不断攀升。一家企业的想法越大胆、越雄心勃勃，它成功的把握就越大。全世界都笼罩着一层无忧无虑的美妙氛围——有什么会妨碍这种增长呢？又有什么会妨碍这种从自身的发展势头中不断焕发新生的活力呢？欧洲从未如此强大、富有和美丽，也从未如此热切地相信一个更美好的未来，除了少数干瘪的老人，没有谁会缅怀逝去的"美好往昔"。

不仅城市变得更美丽，由于体育活动、更好的营养、更短的工作时间和对大自然更紧密的接触，城市里的居民也变得更俊美、更健康了。在以前，冬季会令人抑郁，人们只能躲在酒馆里慵懒地玩牌，或者待在炉火烤得过旺的房间里无所事事；而现在，大家却在山上重新享受冬日暖阳，呼吸香甜的空气，舒心润肺。山川、湖泊和海洋似乎都不再遥远。自行车、汽车和有轨电车缩短了距离，为这个世界带来了一种新的空间感。每逢星期天，成千上万的人们会穿着色彩鲜艳的运动服去山坡上滑雪。到处都是新修的体育馆和游泳馆。在游泳馆的浴室里，人们尤其可以清晰地看到这种变化——在我的年轻时代，往往只能在众多脖子厚实、大腹便便、胸肌瘦弱的人们中间偶尔看到一两个身材结实的人,而现在,放眼望去都是灵活矫健的年轻人,他们在各种户外活动中晒成了健康的小麦肤色,互相愉快地追逐嬉戏,就像在古典时代一样。在礼拜日,几乎所有年轻人都会去散步、爬山或者参加各种运动比赛,只有最穷困的人才会待在家里。度假时,他们不会像我父母那个年代那样,在城市附近找个地方住,最远也不会超过盐矿区的旅游点。与此相反的是,他们对世界的好奇心被极大地激发了,想知道世界各地是一样美丽,还是说其他地方的美是一种别样的美。过去,只有少数享有特权的人才能出国旅游,而现在,银行小职员或小商人都可以去意大利或法国。出国旅行变得更便宜,也更舒适,但最重要的是,一种新的无畏精神和冒险态度使旅行者们愿意到更远的地方去,而不再那么节俭和焦虑——的确,在现在,焦虑会令人羞愧。这一代人决心要变得更年轻。与我父母那代年轻人相反,他们每个人都以青春为傲。突然间,大家都不再留胡子了,首先是年轻人,然后长辈们也开始模仿他们,以免被人觉得自己太老。比起体面和稳重,青春的朝气变得更令人青睐。妇女们从紧身胸衣的束缚中解脱出来,不再害怕新鲜空气和阳光,也不再使用遮阳伞和面纱。她们把裙子改短了,这样在打网球时就可以更自由地活动,而且她们也不羞于露出匀称的长腿。时装变得越来越自然,男人们可以穿马裤,女人们也敢于跨骑,两性再也不互相遮遮掩掩。世界上有了更多的自由,也有了更多的美丽。

我们的下一代更加健康和自信,因此在行为和道德方面也要求更多自由。你能看到年轻的女孩男孩们在前所未有的开放和自信的友谊中享受短途旅行和体育活动,家庭教师不再寸步不离。女孩们不再胆怯和拘谨,知道自己想要什么,不想要什么。她们摆脱了父母过于干涉的呵护，以秘书或职员的身份自食其力，开始掌控自己的人生。这种更健康的全新自由明显导致了妓女的减少，而在旧世界里，卖淫是唯一被允许的色情行当。任何一种拘礼在现在都显得过时了。游泳池里用来分隔男女泳池的木隔板被渐渐拆除，异性之间再也不羞于展示各自的身材了。在这十年里，我们拥有了比十九世纪更多的自由，不拘礼节，毫无束缚。

这是因为世界正以一种全新的节奏前进。在这个时代，一年的时间就足以发生斗转星移的变化！技术发明和科学发现一个接一个层出不穷，而且每一个都迅速地转化为一种惠及大众的好处。有史以来，所有国家都感受到了共同的利益。齐柏林飞艇①升空的那天，我正在去比利时的路上，碰巧路过斯特拉斯堡。我看到欢呼庆祝的人群注视着它盘旋在那座耸立了千年的明斯特大教堂上空，就像在向它鞠躬致意一样。那天晚上，在维尔哈伦家里，我们收到了飞艇在艾希特丁根坠毁的消息。维尔哈伦眼里含着泪水，非常难过。他虽然是个比利时人，但在这场属于德国的灾难发生时，他并没有无动于衷；作为一名欧洲人，作为我们这个时代的人，他感受着我们共同取得的胜利，也痛心于我们共同遭受的挫折。同样地，当布莱里奥②第一次驾驶飞机飞越英吉利海峡时，我们也在维也纳欢欣鼓舞，仿佛他是我们日耳曼

---

① 齐柏林飞艇是费迪南德·冯·齐柏林伯爵在19世纪末研发出的硬式飞艇，第一次飞行是在1900年。茨威格描述的这架飞艇（LZ 4）于1908年应德军的要求降落在斯图加特附近的艾希特丁根，当时德军正考虑购买它。但是由于引擎故障等原因，LZ 4坠毁，幸运的是当时机上并没有机组人员。

② 路易·布莱里奥（1872年7月1日—1936年8月2日），法国发明家、飞机工程师、飞行家，以在1909年成功完成人类首次驾驶重于空气的飞行器飞越英吉利海峡著称。

民族的英雄。我们对科学和技术上一个接一个的成功感到自豪，并且在欧洲逐渐萌生了共同体意识，欧洲人身份的概念也更加深入人心。人们暗自想道：如果任何一架飞机都能像闹着玩一样地跨越国界，那么边界将会变得多么没有意义！海关壁垒和边境的警卫又将会显得多么狭隘和虚伪，与我们的时代精神（希望建立更密切的联系和超越国界的友谊）又是多么背道而驰！这种积极向上的崇高情感所具有的意义，并不亚于飞机成功地飞上天空；我为那些在青年时代没有经历过这种欧洲式的信心的人们感到由衷的遗憾。因为在那时，我们周围并不是一片死气沉沉，相反，空气里充满了带有时代特征的节奏和振动，伴随着我们下意识的呼吸，进入我们的头脑和心灵里，与血液融为一体。也许，人类天生就是不知感恩的，当时的人们并没有意识到托起我们的海浪是多么牢固和安全。只有经历过那个充满信心的世界的人们才知道，此后的世界只剩衰退和黑暗了。

　　那个世界是一种奇妙的滋补品，它的强大功效从欧洲的每一片海岸传到了我们的心中。然而，我们万万没想到的是，这些让我们高兴的事情同时也伴随着危险。骄傲和自信的狂风席卷欧洲，带来了乌云。也许这种上升的运动来得太快了，各个国家和城市的发展速度也太快了，而一旦意识到自己拥有这种强大力量，每个国家都会想要去使用它，甚至滥用它，就像一朝得势的小人那样。法国已经非常富有了，但它想要更多，尽管它已经没有足够的人手来管控原有的殖民地，但它还想要一个新的殖民地，差一点儿为了摩洛哥而开战。意大利已经盯上了昔兰尼加①，奥地利吞并了波斯尼亚，塞尔维亚和保加利

---

① 昔兰尼加，现利比亚的一个地区，于1911年被意大利占领。

亚则把矛头对准了土耳其。德国虽然暂时不太活跃，但也在愤怒地张牙舞爪。所有国家都利欲熏心，被自大冲昏了头脑。与此同时，各国内部深入人心的团结理念，开始像传染病一样发展成为对外扩张的贪婪欲望。高收入的法国实业家对同样富有的德国同行们产生了强烈的不满，因为德国的克虏伯公司和法国的施耐德–克鲁索公司都希望能够尽可能地卖出自己生产的火炮。利润丰厚的德国汉堡航运业与总部位于英国南安普顿的航运公司针锋相对；匈牙利和保加利亚的农业也在互相竞争；有的公司开始互相抱团，从而压制其他所有的公司——经济的大好形势使他们变得贪得无厌，疯狂地想要得到更多。如果我们冷静地想一想，一九一四年的欧洲为什么发生了战争，我们会发现根本没有什么合适的理由，甚至找不到发动战争的任何真正的起因。这场战争并不涉及任何理念派别，也不是真的要画出精确的边界。我只能把它解释为是由于"过度的权力"，是由于那些在四十年的和平中积蓄起来的内在动力急需得到释放而引发的一场悲剧。每个国家都突然觉得自己很强大，却忘了其他国家也有同样的感觉；所有国家都想要得到更多，并且想要一些其他国家已经拥有的东西。最糟糕的是，诱惑我们上当的恰恰也是我们最喜欢的东西——我们共同的乐观主义信念。因为每一方都认为对方会在最后一分钟让步，所以外交官们开始了互相恐吓的游戏。例如阿加迪尔战争和巴尔干战争，在最开始还只是游戏性质，不是来真的。但渐渐地，联盟变得越来越紧密，也越来越好战。德国在和平时期就引入了战争税，法国则延长了服役期。最终，这些积累的势头开始按捺不住，蠢蠢欲动了——巴尔干半岛的风向标向人们表明，阴云正向欧洲的上空移动。

那时恐慌还没有出现，但是人们总有一种闷在心里的不安感。

巴尔干半岛传来枪声时，我们会感到轻微的不适。战争真的会降临到我们头上吗？哪怕我们根本也不知道究竟是为什么？反对战争的力量慢慢地——但正如我们现在所知道的那样，太过缓慢、太过犹豫不决地——联合到了一起。社会党各方面汇集了数百万人，而且设计了反对战争的纲领；在教皇的领导下，强大的天主教团体和几个国际公司集团也站了出来；几位理智的政客也公开宣称反对任何秘密交易。作家们也反对战争，不过像往常一样，我们总是以孤立的个人身份表达观点，而不是像一个组织一样团结起来，坚定有力地发声。不幸的是，大多数知识分子采取了冷漠和被动的姿态，他们身上的乐观主义精神蒙蔽了他们的视线，让他们暂时无法看到战争会带来的问题和引发的道德后果——在那时著名作家的主要作品里，你找不到任何一处有关原则的讨论，或是慷慨陈词的警告。我们以为，从整个欧洲的角度来思考，在国际上建立兄弟般的联系，在我们自己的影响范围内发声（这只能对时事产生间接的影响），以及表明我们支持超越语言和国界的和平理想和精神上的手足之情——这样就已经足够了。我们的下一代比任何人都更为强烈地依恋这种欧洲理想。在巴黎，我的朋友巴扎尔杰特身边就围着这样一群年轻人——与老一辈人不同的是他们摒弃了各种狭隘的民族主义和帝国主义侵略思想——朱尔斯·罗曼斯（他在日后战争期间写了一部关于欧洲的伟大作品）、乔治·杜哈默尔、查尔斯·维尔德拉克、杜兰、勒内·阿科斯、让·理查德·布洛赫。他们先是创立了"修道院"文学社，然后又组建了"争取自由"先驱社团，充满激情地投入统一欧洲的未来事业中。在接受战争的关键考验时，他们对任何形式的军国主义都深恶痛绝。这些年轻人具有在法兰西民族中不太常见的勇气、才能和道德决心。在德国，弗朗茨·韦费尔和他的诗集《世界之友》有力地促进了国际间的友爱情谊。而阿尔萨斯人勒内·希克利,也把他的全部热情奉献给了促成两个对立国家之间相互谅解的伟大事业。G. A. 博吉斯从意大利传来了友好的问候,斯堪的纳维亚和斯拉夫国家也向我们送来了鼓励。"来看看我们吧!"一位伟大的俄国作家曾写信给我说,"让那些怂恿我们去打仗的泛斯拉夫主义者们看看,奥地利人是反对战争的!"我们是多么热爱那个时代!它的翅膀托着我们向前飞翔!我们又是多么热爱欧洲!但是,这也是我们自己的过错——我们对未来过分地相信,竟然真的认为它会在最后一秒及时刹住疯狂的车速!确实,面对这些不祥之兆时我们确实不够小心谨慎,但是,正直的年轻人们难道不应该保持信任,而不是互相怀疑吗?我们信任乔雷斯和国际社会主义,认为铁路工人宁愿炸掉铁轨,也不会看着同志们被装上火车,送往前线成为炮灰;我们以为妇女们会拒绝把自己的孩子和丈夫的生命献祭给吃人的魔鬼摩洛克[①];我们还坚信,在最后的关键时刻,欧洲的精神和道德力量将胜利般地展现出来。然而,我们都被共同的理想主义和在不断进步中形成的乐观主义蒙蔽了双眼,因此,我们没有看到,也没有足够强烈地反对我们共同面临的危险。

此外,我们还缺少能有效地把我们潜在的力量聚集在一起的组织者。我们当中只有一位富有远见的先知看到了未来。奇怪的是,虽然命运早已将他指派为我们的领路人,我们却过了很久才知道,他其实一直生活在我们中间。我非常幸运能够及时找到他,因为要找到他

[①] 摩洛克,在古老的闪族文化中是一个与火焰密切相关的神祇,又因为在迦南及巴比伦信仰中它伴随着将孩童烧死献祭的习俗,故用其指代吃人的魔鬼。

其实很困难:他虽住在巴黎,却远离了喧嚣的《广场上的闹市》①。任何想要诚实地记录二十世纪法国文学史的人,都无法忽略一个反常现象——虽然各种各样的作家的名字都被当时巴黎的报纸捧上了天,但是其中有三位却一直被人们忽视或者误解了——从一九〇〇年到一九一四年,我从未看到过《费加罗报》或《晨报》上以诗人的身份提到保罗·瓦莱里;马塞尔·普鲁斯特被人们误以为只是一个经常光顾巴黎沙龙的花花公子;还有罗曼·罗兰,被人看作是一位知识渊博的音乐学者。等到他们都快五十岁时,名声所带来的第一缕微弱的光环才照耀到他们,在此之前,他们的伟大作品都埋没在这个世界上最富有好奇心的城市里,隐藏在它的昏暗角落之中。

我能及时发现罗曼·罗兰纯属偶然。一位住在佛罗伦萨的俄罗斯女雕刻家邀请我来喝茶,顺带欣赏她的作品,并试着给我画一幅素描。我在四点准时到达了,但是我忘记了她毕竟是俄罗斯人,所以时间和准时对她来说毫无意义。一位年长的巴布什卡人——据说是她母亲的护士——把我带进了她的工作室,让我先等等她。工作室里最引人注目的就是它的混乱,而且一共也只有四座小雕塑,我在两分钟内就看完了。为了打发时间,我拿起了手边的一本书,更确切地说,是几本棕色封面的刊物,标题是《半月谈》②,我隐约记得以前在巴黎听过这份期刊。但是,谁又能有精力追踪这个国度里如雨后春笋般涌现出来的每一份理想主义小刊物呢?毕竟它们很多都只是昙花一现。我翻了翻其中一本,有一篇署名为罗曼·罗兰的《黎明》,我便开始

---

①《广场上的闹市》,罗曼·罗兰《约翰-克利斯朵夫》系列十部小说中第一部的副标题。该部小说出版于1908年。
②是罗兰的《约翰-克利斯朵夫》系列小说首次连载出版的杂志。

读了起来。我越读越惊讶，也越来越感兴趣。这个对德国如此熟悉的法国人是谁？很快我就对这位俄国朋友的迟到行为反而感到感激了。等到她姗姗来迟之时，我第一句话就是问她："这位罗曼·罗兰是谁？"她不能给我任何明确的信息，等到我买到这份刊物的下一期（当时还在制作中）之后，我才知道，这部小说并不是写给某一个欧洲国家，而是献给欧洲所有国家和它们之间的友爱情谊。正是他，以作家的身份，把所有的道德力量都注入了文学之中。在他的文章里，字里行间都充满了深情的理解和不断求索的真诚愿望。他向我们展现出了基于经验的正义感，以及振奋人心的信念——认为艺术具有团结一切的力量。在其余人把时间浪费在小小的信仰宣言上时，他已经开始安静而耐心地工作，向各国展示彼此最吸引人的独特品质。这是当时第一部具有欧洲意识的小说，是第一部呼吁友爱的重要作品，它比维尔哈伦的赞美诗更能引起广泛的共鸣，也比所有的小册子和抗议活动更有说服力。我们所有人在潜意识里一直希望和渴求的东西，都被他安静地创作了出来。

回到巴黎后，我做的第一件事就是打听他的情况，脑海里一直徘徊着歌德的那句话："他已经学会了，所以可以来教我们了。"我向朋友们打听他的情况。维尔哈伦想起来在社会主义人民剧院上演过的一出由他创作的戏剧《狼》。巴扎尔杰特听说罗兰是个音乐学家，还写过一本关于贝多芬的书。在国家图书馆的目录里，我找到了十几部他写下的关于古典和现代音乐的作品，以及七八部戏剧，所有这些都是由一些小众出版社发行的，或是在《半月谈》上刊登的。最后，我寄给了他一本我自己的书，作为与他的第一次联系。不久，我收到了一封邀请我去拜访他的信。从此，我与罗兰的友谊便开始了。这段友谊，就像我和弗洛伊德还有维尔哈伦的关系一样，成为我一生中收获最多、也最重要的友谊之一。

在我们的人生中，那些值得记住的时刻总比寻常的日子更加流光溢彩。我现在还清楚地记得第一次拜访他的情形。在蒙帕纳斯大道一幢朴实无华的建筑里，我爬了五层狭窄蜿蜒的楼梯之后，终于站在了他的门前。在那一刻，我就已经感到一种特殊的寂静。楼下是一座古老的修道院，花园里树木间的风声似乎比街上遥远的喧闹声听起来更响。罗兰打开门，领我进入了他的小房间，里面的书一直堆到了天花板。在他那异常明亮的蓝眼睛里，我第一次看到了世界上最清澈、最善良的目光：在谈话时折射出他内心深处的情感色彩和火焰，在悲伤时被蒙上一层忧郁的阴影，在思考时则显得更加深沉而又激动——那是一双独一无二的眼睛，虽然由于阅读或者熬夜有些疲惫泛红，却依旧闪烁着惬意与快乐的光芒。我有点不安地观察着他的身影。他又高又瘦，走路时微微佝偻着身子，仿佛在办公桌前伏案了太久，使他的脖子有些前倾了；他的面色苍白瘦削，带着几分病容，说话声音也很轻，仿佛是为了不让身体的力气耗尽。他几乎从不出去散步，吃得也很少，不喝酒也不抽烟，但后来我才钦佩地意识到，这种苦行僧的外表下，掩盖着极大的毅力，而那副孱弱的身躯背后，蕴藏着极大的精神力量和工作强度。他常常在堆满文件的小书桌前伏案工作几个小时，或是躺在床上阅读好几个小时，而他那疲惫的身体每天得到的休息不会超过四五个小时。他唯一喜欢的消遣就是听音乐，他的钢琴弹得非常好，抚摸琴键时有一种我永远也不会忘记的细腻触感，似乎是要将音符引诱而出，而不是强迫武断地弹出它们。我曾听过马克斯·雷格、布索尼和布鲁诺·沃尔特在小型聚会上演奏，但没有任何一位艺术大师能在演奏时带给我这样一种与仰慕的作曲家们灵魂相通的感觉。

他的知识非常广博，使我们大多数人都自惭形秽。虽然他实际上终日生活在书本里，但是他精通文学、哲学、历史以及任何时代所有民族的问题。古典音乐他样样都懂，甚至对加鲁比和泰勒曼最不为人知的作品，和那些不入流的作曲家的音乐也很熟悉。同时，他对一切时局大事都很感兴趣。他那间修道院式的房间就像摄影家的暗室一样，反映出整个世界的样子。他熟识那个时代的许多伟人，曾拜在勒南的门下，被瓦格纳奉为座上宾，也是乔雷斯的朋友。托尔斯泰给他写过一封著名的信，代表了全人类对他文学作品的欣赏，足以被载入史册。在他这里，我总能感觉到一种人性和道德的崇高境界，一种不带有一丝骄傲的、在强大的思想中被视为理所当然的内在自由——这也总是令我十分欢欣。在与他初识之时（日后也证明我是对的），我便认为他会是危急时刻下欧洲的良心。在那次会面中，我们谈论了他的小说《约翰-克利斯朵夫》。罗兰告诉我，他试图让这部作品达到三重目的——致敬音乐，传达对欧洲统一事业的信念，以及呼吁各民族能停下来思考。"现在我们必须坚持自己的立场，在我们各自的国家，用我们各自的语言来竭尽所能，"他说，"现在是时候进一步提高警惕了。制造仇恨的势力，从其卑劣的本质上来看，比寻求和解的力量要更加残暴和好斗。因为仇恨势力的背后还有物质利益，所以在根本上比我们这一方的力量要肆无忌惮得多。"这种对世俗结构脆弱性的极度悲观态度，却出现在一位一生致力于赞颂艺术不朽的作家身上，这令我格外动容。"艺术可以给我们每个人带来安慰，"他对我说道，"但它无法对抗凛冽的现实。"

那是一九一三年。我和他的第一次交流，让我明白了在面对欧洲可能会发生的战争时，我们有义务不让自己陷入毫无准备的被动状态。在关键时刻最终到来时，他已经预先磨砺了自己的勇气，做好了面对它的准备，这也使罗兰比其他任何人都站在更高的道德境界之上。也许我们圈子里的其他人也做了些努力。我翻译过很多作品，为邻国的优秀作家做过宣传，一九一二年，我陪同维尔哈伦到德国各地巡回演讲，这次巡回演讲成了德法友谊的象征。在汉堡，维尔哈伦和德默尔这两位当时最伟大的法语诗人和德语诗人，在公众的注视下热情地拥抱在一起。我还勾起了莱因哈特对维尔哈伦新剧本的兴趣：我们两国的合作从未像现在这样温暖、热烈，而且无拘无束。在这些日日夜夜的热情之中，我们错误地以为我们已经向世界展示了自我救赎的方法。然而，世界却对这种文学表现形式不屑一顾，走向了自取灭亡的道路。像木头般脆弱的结构中逐渐出现了一道道电击的裂纹，在看不见的摩擦中迸发出点点火星——扎本事件[①]、阿尔巴尼亚危机，以及一些令人失望的新闻发布会。虽然都是一些零星的火花，但每一次都有可能把那些堆积如山的易燃爆物品点燃引爆。我们奥地利人尤其清楚，自己正处于动荡的中心。一九一〇年，弗朗茨·约瑟夫皇帝步入了人生的第八十个年头，这位被视为时代象征的老人将不久于人世。一种神秘的信仰开始在人群里广泛传播：在他过世后，将再也没有人能阻止千年君主制的瓦解了。国内各民族的对抗局势越来越紧张；而在国外，意大利、塞尔维亚、罗马尼亚，甚至德国都在等着瓜

[①] 也被称为萨维恩事件，发生在阿尔萨斯的萨维恩（德语Zabern）的这一事件揭露了普鲁士的军国主义，预示了第一次世界大战的爆发。

分奥地利帝国。在巴尔干战争中，克虏伯公司和施耐德-克鲁索公司就像后来的德国和意大利在西班牙内战中竞相试验两国的飞机一样，在"人肉材料"上比拼各自火炮的威力，把我们拉进了越来越深的旋涡之中。起初，我们被吓得心惊肉跳，但一遍又一遍深呼吸之后，我们又松一口气告诉自己："这次还没有来真的，让我们祈祷战争永远不会发生！"

众所周知，单纯地描述某一时期的历史事件，其难度要远小于重现当时的文化氛围。因为这种气氛并不会反映在官方记录中，而是更为明显地反映在我将要在这里插入的那种个人经历中。说实话，当时我并不相信战争会发生。但是，在经历了两次白日梦魇之后，我在回过神来时内心受到了极大的触动。第一次是关于"里德尔事件"，就像许多构成历史背景板的事件一样，知道这件事的人并不多。

我本人与这个复杂的间谍题材故事的主角里德尔上校只是点头之交。他在维也纳与我住在同一个区，只隔一条街。有一次在一家咖啡馆里，我的朋友公检官T把我引荐给了这位风度翩翩的绅士，当时他抽着雪茄，看上去十分懂得享受生活。此后，我们在碰面时都会相互致意。但直到后来我才发现，在日常生活中，有多少秘密围绕着我们，而我们对那些看似亲近的人又是多么一无所知！这位看上去普普通通的奥地利军官，得到了王位继承人的信任。他的重要职责是领导军队的情报部门，从而阻止敌军的活动。一九一二年巴尔干战争危机期间，俄奥两国展开对抗，奥地利军队手中最重要的秘密——"行军计划"被卖给了俄国。一旦战争打响，这无疑会造成灾难性的后果，因为俄国人已经预先知道奥地利军队的每一步进攻战术。这种背叛行为在军队总参谋部中引起了可怕的恐慌。这个叛徒肯定是出在高层成员中，因此逮捕这个叛徒必须由最高军事指挥官里德尔上校亲自进行。但是外交部并不完全相信军队当局的能力（这是一个各部门互相嫉妒的典型例子），在没有事先通知总参谋部他们会独立跟进此事的情况下，外交部也下令让警察采取各种调查措施，比如丝毫不顾个人隐私地打开从国外寄到邮政待领处的信件。

有一天，一家邮局收到一封来自俄国边境站波德沃洛奇斯卡的信，寄往一个代号为"歌剧院"的待领地址。打开一看，里面并没有信，而是六张还是八张崭新的一千元奥地利克朗钞票。这个可疑的发现立刻被报告给了警察局长，于是一个警探奉命驻守这个邮局柜台，以便当场逮捕来认领这封可疑信件的人。

接下来发生的事差一点就要让这场悲剧变成维也纳的闹剧了。一位先生中午来领取了这封写着"歌剧院"的信。柜台的办事员立即发出暗号，提醒警探。但是这名警探刚刚出去吃了些东西，当他回来的时候，谁也不知道那位不知名的先生坐上马车后到底是朝哪个方向走了。然而，这部维也纳喜剧的第二幕很快开始了。在那个出门乘坐马车的年代，出租马车一般都是一辆优雅时髦的双轮马车，但是车夫并不愿屈尊去亲手清洗车辆，因此，每一个出租车站都有专人喂马和洗车。幸运的是，这个人注意到了刚离开的那辆出租马车的牌号。一刻钟后，所有的警察局都接到了通知，马车也找到了。车夫描述了那个乘车到凯泽霍夫咖啡馆去的绅士（我常常在那儿遇见里德尔上校），而且万幸的是，那位不知名的乘客用来打开信封的小刀还留在马车里。警探们立即赶往凯泽霍夫咖啡馆。这时马车夫描述的那位先生已经走了，但侍者们解释说——就像这是件再自然不过的事一样——那位先生只可能是他们的老主顾里德尔上校，而他刚刚回克罗姆塞饭店了。

负责这个案子的警探目瞪口呆。谜底解开了：奥地利军队情报方面的最高领导人里德尔上校，是一名被俄国收买的间谍，他出卖了奥地利的秘密和军队的行军计划。于是人们很快就明白了为什么在过去的一年里派往俄国的奥地利特工经常会失手被捕、受审，并被判罚。接下来就是疯狂地打电话层层上报了，最终奥地利军队总参谋长弗朗茨·康拉德·冯·霍岑多夫接到了这个消息。现场的一位目击者告诉我，听了几句话之后他的脸色就惨白如纸。接着又有人给霍夫堡官打了电话，一个接一个的讨论如火如荼。下一步应该做什么？警察已经确定里德尔上校逃不掉了。当他离开克罗姆塞饭店，向门童指派活计的时候，一位警探蹑手蹑脚地走到他跟前，一边把那把小刀递给他，一边客气地问道："上校，您是不是把这把小刀忘在车上了？"那一刻，里德尔知道游戏结束了。他转过身来，看到了一直监视他的秘密警察熟悉的面孔。之后，两名警官跟着他回到他的房间，在他面前放下一把左轮手枪，因为霍夫堡官方面已经做出了决定——发生在奥地利军队里的这样如此可耻的事件最好能悄无声息地解决掉。这两名军官在里德尔的房间外守卫着，直到凌晨两点，他们才听到房间里传来一声枪响。

第二天，晚报上刊登了一篇关于德高望重的军官里德尔上校突然去世的讣告。但是，由于有太多的人卷入了追捕他的行动，秘密还是不胫而走了。此外，许多能用心理学解释的问题细节也逐渐显露了出来。他的上司和同事都不知道里德尔上校的同性恋倾向，多年来他一直是被人勒索的受害者，那些人最终迫使他采取这种绝望的手段来摆脱束缚。整个军队都打了个寒噤，每个人都知道，如果战争爆发，这个人可能会导致国家牺牲数十万人的生命，会把奥地利君主政体推向深渊的边缘。直到那时，我们奥地利人才意识到，在过去的一年里我们离世界大战仅有一步之遥。

那是我第一次感到恐惧扼住了我的喉咙。第二天，我碰巧遇见了贝莎·冯·苏特纳，她可谓我们那个年代的一位慷慨大方、气度不凡的预言女神。她来自这片土地上一个最古老的贵族家庭，年轻时曾在波西米亚的世袭城堡里目睹了一八六六年奥普战争带来的恐怖阴影。怀着像弗洛伦斯·南丁格尔一样的激情，她认为自己的人生只有一项使命——阻止第二次战争，或者说阻止任何形式的战争。她写了本名为《放下你的武器》的小说，在国际上获得巨大反响。此外，她还多次组织了和平主义者的会议。她一生中最大的胜利是唤起了炸药发明者阿尔弗雷德·诺贝尔的良知。为了弥补他的发明所造成的损害，他设立了诺贝尔和平奖以促进国际间的理解。她非常激动地来到我这儿，在街上远远地就开始嚷道："人们没有意识到发生了什么事！"（尽管她通常都用安静、和善、平静的语调说话。）她对我说："战争已迫在眉睫，他们却对我们隐瞒了一切，一如既往地向我们保密。你们年轻人为什么不做点什么呢？你们比别人更义不容辞！联合起来同仇敌忾吧！不要总是把一切都留给几个像我们这样的老太太，没有人会听我们的话！"

我告诉她我计划前往巴黎，也许我们可以在那里试着起草一份联合宣言。

"为什么是'也许'呢？"她催促我说，"情况看起来比以前更糟了，战争的车轮已经开始转动了。"因为我自己也十分不安，所以我很难让她平静下来。

但随后在法国发生的第二件个人经历提醒了我,那位在维也纳不怎么受到重视的老太太对未来是多么富有远见。这是一件小事,但却给我留下了深刻的印象。一九一四年春天,我和一位女性朋友打算从巴黎出发,到都兰住几天,顺道拜谒莱昂纳多·达·芬奇的墓地。在和煦的阳光下,我们沿着卢瓦尔河岸散步,到了日落时分我们感到既愉快又有些疲倦。因此,我们决定去安静的图尔小镇看场电影——我曾去那里瞻仰过巴尔扎克出生的那栋房子。

那是一个郊区的小电影院,一点也不像金碧辉煌的现代电影官殿。里面只有一个临时改装过的大厅,坐满了一群普通人,有工人、士兵和集市上的妇女,他们一边闲聊,一边无视"禁止吸烟"标志,抽着斯卡菲拉蒂牌和卡波拉尔牌香烟吞云吐雾。屏幕上首先出现的是新闻片——"世界新闻":先是播报了英国的一场划船比赛,人们有说有笑地看着;接着是法国阅兵式,观众再一次没怎么注意;但是第三段新闻的题目是:"威廉二世于维也纳拜访弗朗茨·约瑟夫皇帝"。我一下子就在屏幕上看到了那个熟悉的丑陋的维也纳西火车站的站台,以及几名等待火车进站的警察。得到信号之后,年迈的弗朗茨·约瑟夫皇帝从仪仗队面前走过,去迎接他的客人。他颤巍巍地、有些佝偻地走过了一排列队,图尔的观众们对屏幕上这位留着白胡须的老皇帝和蔼地微笑着。然后是一列火车进站的画面,第一节、第二节和第三节车厢依次出现。豪华车厢的车门被人打开,德皇威廉二世从车厢里走了出来,他的胡子尖尖地竖着,身上穿着某位奥地利将军的制服。

威廉二世出现在银幕上的那一刻,黑暗的大厅里突然自发地爆发出一阵呼喊声和跺脚声。每个人都在大喊大叫,吹着口哨,男女老少都发出了讥笑声,仿佛他们每个人都受到了侮辱。一刹那间,图尔镇上这些对世界的了解仅限于报纸新闻的善良居民们,似乎都疯了。我吓坏了,而且感到深深的恐惧。因为我意识到:在多年的仇恨宣传之后,对思想的毒害已经到了如此地步,以至于在地方小镇里朴实的公民和士兵们都对德皇和德国怀有极深的怨念,哪怕是银幕上短暂的一瞥都能引发如此剧烈的愤怒。不过愤怒也只出现了一秒钟,一旦出现了其他的画面,这一切就被遗忘了。观众们为接下来的喜剧开怀大笑,兴奋地拍着膝盖。然而,虽然愤怒确实只有一秒钟,但足以让我明白,在面临严重危机的时刻,无论我们多么努力地恢复互相的谅解,想要恶意煽动双方依然是那么容易。

整个晚上我都辗转反侧,根本无法入睡。如果这件事发生在巴黎,我也会同样感到不安,但不会那么震惊。然而,看到仇恨深深地侵蚀了这些生活在小城市里的善良而淳朴的人们,这让我感到不寒而栗。接下来的几天,我把这件事告诉了许多朋友。大多数人并没有把它当回事:"还记得我们法国人当初是如何嘲讽矮胖的老维多利亚女王的吗?两年后,我们就和英国结盟了。你不懂法国人,他们对政治的理解十分粗浅。"只有罗兰持有不同的看法:"人们的想法越简单,就越容易动摇他们的态度。自从庞加莱当选以来,情况开始越来越糟了。他的彼得堡之行不会有什么令人愉快的结果。"我们讨论了很久关于那年夏天定在维也纳召开的国际社会主义大会,但是再一次地,罗兰比大多数人都保持了更为怀疑的态度。"一旦军队动员的海报张贴起来,谁知道还有多少人能够坚定立场?我们已经进入了一个群情激奋、歇斯底里的时代,但人们并不知道,如果战争真的爆发,将会带来多少强大的破坏性力量。"

但是，正如我前面描述的那样，这些焦虑的时刻就像风中摇曳的蛛丝网一样飞快地消失了。我们确实偶尔会想到战争，但就像人们有时会想到死亡一样——这是一种可能性，不过还很遥远。那时的巴黎太美了，而我们自己又太年轻，生活得太快乐了，没有人会对它多加思索。我还记得由朱尔斯·罗曼斯设计的一出滑稽戏："诗人王子"被一位新加冕的"思想王子"所取代，这位新王心地善良却头脑简单，让他的学生们带着他一路走到了先贤祠里罗丹的那座思想者雕塑面前。那一晚，我们在模仿戏剧的聚会上像学生一样地狂欢作乐。周围的树木都开着花，空气中弥漫着香甜而宜人的气息——面对这么多的乐趣，谁还愿意去思考战争这样不可思议的事情呢？

我与这些朋友的情谊比以往任何时候都更加真挚，我也在这片"敌国"的土地上不断地结交新朋友。这座城市比以往任何时候都更加无忧无虑，我们乐在其中，也和它一样无忧无虑。在那最后的欢乐岁月里，我和维尔哈伦有一次同去了鲁昂，他要在那里举行朗诵会。那天晚上，我们站在教堂外面，看着教堂的塔尖在月光下闪着梦幻的银光——这样温和的奇迹难道应该只属于一个国家吗？难道它不应该属于我们所有人吗？我们在鲁昂车站道别（在同样的地方，他曾经写诗赞美过的火车在两年后无情地从他身上碾过[①]）。维尔哈伦拥抱了我："八月一日我们在凯佑奎比克见！"我答应了他。每年我都会去他那间乡下的住所，翻译他的新诗，与他密切合作，今年也是一样。我毫不在意地和其他朋友说了再见，和巴黎说了再见，漫不经心地就像是在与自己将要暂别几周的公寓告别一样。我已经想好了接下来几

[①] 1916年，埃米尔·维尔哈伦不幸被火车碾过，死于鲁昂车站。

个月的计划：先去奥地利，在乡下的僻静地方继续我有关陀思妥耶夫斯基的作品（事后证明这本书在五年后才得以出版），从而完成我的《三大师传》——我在那本书里通过伟大小说家的作品描绘了三个伟大的国度。然后我会去拜访维尔哈伦，也许还会在冬天开启我计划已久的俄国之旅，在那里组建一个致力于精神交流和理解的文化团体。在我三十二岁的时候，一切都清楚地展现在我眼前：在那个阳光灿烂的夏天，世界像盛放在我面前的一颗美味果实，我爱它现在的样子，也爱它在我想象中更美好的样子。

然而，一九一四年六月二十八日，在萨拉热窝传来了一声枪响，瞬间打破了这个安全的、富有创造力和理性的太平盛世。于是，我们生于斯长于斯的家园，像一只空空如也的陶罐，破裂成无数块碎片。

一九一四年战争之初

即使一九一四年的夏天没有给整个欧洲带来灾难，它也是令人难以忘怀的。我从未见过比它更美丽、更甜蜜的夏天——我甚至想用"更像夏天的夏天"来表达。在那个夏日的每一天，天空都如丝绸般湛蓝，空气柔和而温热，草地被日光晒得暖洋洋的，散发出清香，树木郁郁葱葱，到处长满了嫩绿的植物。即使在今天，当我说起"夏天"这个词时，我还是会本能地想起那一年我在维也纳附近的巴登度过的美好七月。我安静地住在那个浪漫的温泉小镇，那个贝多芬也钟爱的夏日度假胜地。我计划在那个月全身心地投入工作中去，然后再去我那位可敬的朋友维尔哈伦位于比利时乡间的小房子里度过余下的夏天。在巴登，人们足不出镇就能欣赏到风景如画的自然美景。小镇四周围绕着平缓起伏的山丘，美丽的树林悄无声息地扎根于低矮的比德迈风格的房屋之间，而这些房屋仍保留着贝多芬时代的质朴与魅力。当你去咖啡馆或餐厅时，你可以坐在户外，和那些在水疗馆里放松、在公园里漫步，又或是迷失在幽静的林地小径上的快乐游客随意攀谈。

那天是六月二十九日，在虔诚地信奉天主教的奥地利，人们会庆祝圣彼得和圣保罗节,因此许多游客都提前一天从维也纳来到这里。人们穿着浅色的夏装,在美妙的音乐声中,快乐而无忧无虑地绕着温泉公园散步。那天的天气很温和,透过枝繁叶茂的栗树枝丫,可以看到万里无云的湛蓝天空——的确是一个让人感到快乐的日子。在这个夏天的第一个节日里,假期也即将开始,人们盼望着享受整个愉快的夏季,期待着在郁葱的树荫下忘记所有平日的烦恼。那时,我正坐在离温泉公园的人群稍远的地方,饶有兴趣地读着一本书。我仍然记得那本书是梅列什科夫斯基的《托尔斯泰和陀思妥耶夫斯基》。然而,林间的夏风、从公园里送来的鸟鸣和音乐声不时地在我的脑海里回荡着。我可以清楚地听到音乐的旋律,而不会分散注意力,因为我的耳朵已经很好地适应了连续的噪声。对于街上车水马龙的轰鸣或者小溪的涓涓水声来说,我的潜意识会在几分钟内适应它的存在,而一旦适应了之后,就只有节奏中某个意想不到的停顿会分散我的注意力了。

所以,当音乐声突然停止时,我的思绪也不由自主地从阅读中脱离了出来。我并不知道温泉公园的乐队当时在演奏什么曲子,只是感到旋律突然中断了,因而下意识地从书本上抬起头来。林中漫步的人群似乎也发生了变化,他们原本就像是一条流动的浅色丝带一样,现在却停止了来回移动,一定是发生了什么事。我站了起来,看见演奏家们离开了乐队舞台。这也令我觉得奇怪,因为乐队通常要表演一个多小时,一定是出了什么状况才导致它突然停下来。走近一点,我看到躁动的人群正围着一张刚刚钉在舞台上的公报。几分钟后,我才看清楚那是一份电报,上面说皇位继承人弗朗茨·斐迪南殿下和他的王妃在前往波斯尼亚视察军事演习的途中,在萨拉热窝丧命于一场政治暗杀。

越来越多的人涌了上来，围住了这份公告。这个意外消息很快就传开了。但说实话，人群中并没有出现特别的震惊或沮丧，因为这位皇位继承人并不受大家欢迎。我还记得在我很小的时候，皇太子鲁道夫，当时奥地利皇帝的独子，在梅耶林被枪杀的那一天：整个城市经历了一场地动山摇般的悲痛，他的出殡现场人山人海，市民们纷纷前来吊唁，表达他们对皇帝的万分同情——他唯一的儿子，这位深受国家重视和人民爱戴的王储，哈布斯堡王朝的一位具有进步思想的王室成员，原本拥有远大前程，却在正值壮年之际死于非命。然而，弗朗茨·斐迪南却缺乏在奥地利真正受到欢迎的最重要特点——有吸引力的个性、自然的魅力和友好的态度。我常在剧院看到他，但是他只会坐在专属包厢里——他身材魁梧，目光冷漠而坚定，从不会友好地望向观众，也不会热烈地鼓掌以示鼓励。人们从来没有见过他微笑，他也没有一张照片是看起来心情放松的样子。他不懂音乐，也没有幽默感，而他的王妃看上去也同样难以接近。这对夫妇周身散发着一种阴冷的气质。人们都心知肚明，他们没有朋友，也不讨老皇帝喜欢，因为他急于登上王位，又不够足智多谋来掩饰这一野心。这个长着牛头狗式的脖子、总是冷冷地瞪着眼睛的男人会给我们带来某种不幸——这并不是我所特有的，而是在奥地利普遍存在的可怕预感，所以他被暗杀的消息并没有引起任何深切的同情。两个小时后，人群中也没有显现出任何真正悲伤的迹象。人们有说有笑，晚些时候音乐家们又开始了在咖啡馆的表演。那一天，许多奥地利人都暗自松了一口气，因为这样一来，年轻的卡尔大公将成为老皇帝的新继承人，而卡尔大公的人气比这位前继承人要高得多。

在接下来的几天里，报纸上自然是刊登了大量的讣告，适时地表达了对暗杀的愤怒谴责。但是,没有任何证据表明这一事件会被人用来大做文章,引发一场对塞尔维亚的政治行动。起初,皇位继承人的死亡让皇室陷入了一个与以往不同的困境,尤其棘手的是界定葬礼的性质。弗朗茨·斐迪南是皇位的第一顺位继承人,而且是在代表奥地利皇帝出访时被刺杀,从这一层面来说,他应当被安葬在皇室墓地,也就是历代哈布斯堡家族成员的埋葬地。然而,由于他与皇室家族进行了一场漫长而又痛苦的斗争,迎娶了一位肖克台女伯爵——这位女伯爵虽然确实也出身名门,但是根据哈布斯堡家族数百年的秘密传统,她并非门当户对的人选——所以其他女大公们在重大场合中都要求她们的权利要优先于这位王储的王妃,而且她的子女也没有皇位继承权。出于王室的傲慢,即使现在她已经死了,皇室也要与她划清界限。怎么能让一位肖克台女伯爵葬在哈布斯堡王朝的皇家墓地里呢?这是天理不容的!于是,一场巨大的钩心斗角开始了,女大公们开始武力反抗老皇帝。在正式下令举国哀悼的同时,霍夫堡宫里却充满了尖酸刻薄的争执。正如人们所料,这位已故王妃的结局不能更惨了。仪式官编造出一个说法,大意是弗朗茨·斐迪南生前希望被埋在奥地利的一个地方小镇阿斯泰顿。在假意尊重死者遗愿的借口下,一切涉及公共场合的葬礼、出殡等会招来位分之争的活动都被巧妙地省去了。

这两位被害者的棺木被悄悄运到阿斯泰顿进行安葬,而维也纳的市民们,由于没有机会展现他们对盛大典礼的永恒热爱,已经开始遗忘整个事件了。毕竟,在经历了伊丽莎白皇后和王储[1]的暴毙,以及许

---

[1] 伊丽莎白皇后于1898年被一名无政府主义者刺死;1889年,皇太子鲁道夫和他的情妇玛丽·维瑟拉一同自杀。

多王室成员的丑闻与缺点之后,维也纳已经习惯了这种想法:这位稳如泰山的奥地利老皇帝,会像被诅咒的阿特柔斯①一样,孤独地看着家族后代相继死去。而再过几个星期,弗朗茨·斐迪南的名字和他本人就会从历史上永远消失了。

然而,大约一个星期后,报纸上突然出现了大量的口诛笔伐,而且这种不约而同的呼声越来越高,实在不像是出于巧合。这些报道指控塞尔维亚政府参与了暗杀行动,并且含沙射影地暗示,在所谓的广受爱戴的王位继承人被谋杀后,奥地利绝不可能善罢甘休。人们不可能看不出来媒体在为国家的某种行动造势,但没有人想到会是战争。没有银行、企业或个人改变他们原定的计划,毕竟与塞尔维亚的冲突一直都在发生。大家都知道,起初是为了一些有关塞尔维亚猪肉出口的贸易协定,但这一争端与我们有什么关系呢?我已经打包好行李,准备前往比利时访问维尔哈伦,我的工作也进展得十分顺利。那位躺在石棺里的大公会对我的生活产生什么影响呢?这是一个美丽的夏天,而且还会变得更加美丽。在欣赏外面的世界时,我们都感到无忧无虑。我记得在巴登的最后一天,我和一位朋友路过一座葡萄园,里面的一个老工人告诉我们:"这样的夏天已经有很多年没有出现过了。如果好天气持续下去,我们可以酿出绝好年份的葡萄酒。啊,人们会在很长一段时间里怀念这个夏天的!"

那个穿着蓝色酿酒商外套的老人不知道他的话是多么可怕地一语成谶。

---

① 阿特柔斯是希腊神话中的人物,其家族因残忍杀子或弑兄而使子孙后代受到多重诅咒。

维尔哈伦的乡村小宅院位于奥斯坦德附近的一个小小的海滨度假胜地勒考克,按照每年的惯例,我会在那里住上两周。那里的气氛也同样轻松,游客们或是躺在色彩鲜艳的帐篷里,或是在大海里自由嬉戏,享受着假期的乐趣。孩子们在沙滩上奔跑着放风筝,年轻人则在港口长廊上的咖啡馆外跳舞,所有你能想到的民族都友好地聚集在那里。里面尤其有很多人都说德语,因为附近莱茵兰的度假者们素来喜欢这片比利时海滩。只有当报童们大声叫卖着巴黎报纸上的威胁性标题——《奥地利向俄国挑衅》《德国正在准备战争动员》时,这种愉快的心情才会被破坏。你可以明显看到人们在买报纸时脸色会突然阴沉下来,但只会持续几分钟的时间。毕竟,这些外交冲突已经存在好多年了,而且总是在形势变得真正严峻之前的最后一刻得到圆满的解决。难道这次会不一样吗?半小时后,你就又可以看到那些人在海里欢快地戏水了。风筝在空中飘荡,海鸥在头顶掠过,太阳照耀着这幅宁静的景象,一切都温暖而明亮。

但坏消息不断传来,威胁的意味也越来越强。首先是奥地利向塞尔维亚发出最后通牒,然后是后者闪烁其词的答复,君主之间互换了电报,最后是战争动员,到这时真相已经昭然若揭了。我不能继续逗留在这个偏僻的小地方了。每天,我都乘坐有轨电车到奥斯坦德去看看最新的消息,情况越来越糟。人们还在海里冲浪,旅馆里仍然住满了游客,度假的人们依旧在海滨长廊上谈笑风生,但是所有的旋律里都前所未有地出现了新的音符。突然间,这里出现了身着制服的比利时士兵,这是在海滩上从未见过的景象。比利时军队有一种奇怪的传统,他们喜欢把机枪放在由狗拉动的小车上。

那时,我正和几个比利时朋友坐在咖啡馆里,其中有一位年轻的画家，还有作家克伦梅林克。我们和詹姆斯·恩索尔一起度过了一个下午，他是比利时最伟大的现代画家，也是一位个性独特而矜持的隐士，相比于他用明亮的色彩表现出来的惊人画作，为军乐队创作的那首相当平庸的小波尔卡舞曲和华尔兹令他更为自豪。他有些不情愿地向我们展示了他的作品——因为一想到有人可能会买他的作品，他就会感到有些好笑而不安。他的朋友们告诉我，他真正的梦想是既能高价卖出这些作品，但同时又能把它们全部收藏起来，因为他对金钱的喜爱与他对自己作品的痴迷不分伯仲。每次不得不与他的作品分别时，他总会连续几天陷入深深的绝望之中。这位像阿巴贡[①]一样吝啬的天才所产生的奇怪念头总是使我们忍俊不禁。当一群比利时士兵与一只拉着机枪车的狗经过时，我们当中有个人站起来拍了拍狗。这引起了护送军官的恼怒，担心这种对"战争物资"的爱抚可能会有损军事机构的尊严。有位朋友低声说道："这么愚蠢地走来走去是为了什么？"另一个人则非常激动地回答："还是有必要提前进行预演的。""胡说八道！"我怀着真诚的信念反驳了他，因为在那个旧日的时代里，我们仍然相信曾经缔结的条约是神圣的。"即使有什么缘故使法国和德国互相打到只剩最后一个人，你们比利时人还是可以安然无恙地坐在这里！"但是我这位奉行悲观主义的朋友坚持他的观点。他说，比利时下令采取这些行动肯定是有原因的。几年前，德国总参谋部制订了一项秘密计划——如果要进攻法国，德国军队将撕毁所有签署的条约，借道比利时突击法国。我也没有让步，在我看来，当成千上万的德国人还在漫不经心地、愉快地享受这个中立小国的热

[①] 阿巴贡——由莫里哀创作的戏剧《悭吝人》中吝啬鬼的名字。

情款待时，却有一支德国军队驻扎在边境准备入侵，这简直荒唐至极。"简直是荒谬！"我说。"如果德国人真的入侵了比利时，我就把自己吊在这个灯柱上！"我至今仍然很感激我的朋友们后来没有敦促我遵守诺言。

　　但是，在七月末的那段形势危急的日子里，每个小时都会传来互相矛盾的消息——德皇威廉二世给沙皇发了电报，沙皇给威廉二世发了电报，奥地利对塞尔维亚宣战，乔雷斯①被暗杀，我们感觉到事态越来越严重了。突然间，一阵令人不寒而栗的冷风吹过海滩，把曾经的美好一扫而空。成千上万的游客们离开了他们所住的旅馆，争先恐后地赶往火车站，甚至连那些最相信战争不会发生的人们也开始匆忙收拾行李。奥地利向塞尔维亚宣战的消息一到，我也给自己买了张火车票。没过多久，我乘坐的那趟奥斯坦德特快列车就成了从比利时发往德国的最后一班火车。我们站在车厢走廊里，焦虑不安地互相交谈着，没有人还能静静地坐着或者读书。每到一个车站我们就跑出去打听最新的消息，心中充满了一种隐秘的希望，希望有一只坚定的手控制住现在已经释放出来的致命力量。我们仍然不相信战争，更不相信德国会入侵比利时；我们无法相信，是因为我们不愿意相信如此丧心病狂的事情会真的发生。火车徐徐驶近了边境，我们经过了比利时维尔维耶边境站。德国列车长在这里登上了火车，我们将在十分钟内到达德国境内。

　　但是在开往德国境内的第一个车站赫贝斯塔尔的半路上，火车

---

① 乔雷斯，一位反对战争的法国社会主义政治家，于1914年7月31日被一名民族主义者暗杀。

突然停在了乡村中央。我们挤向过道的窗户想看看发生了什么事。在黑暗中，我看见一列又一列的货车迎面向我们驶来，卡车的货厢上盖着油布，隐约可以看出下面是可怕的大炮。我的心跳瞬间停止了，这一定是德军的先头部队。我安慰自己，这也许只是一个安全预演，只是将要进行战争动员的威胁信号，而不是真的进行动员。越危险的时刻，人们的侥幸心理就会越发强烈。终于，信号恢复了，线路畅通了，火车继续前进，驶进了赫贝斯塔尔站。我从车厢的台阶上跳下来，想去找份报纸打听情况，但是车站被士兵占领了。当我试图进入候车室时，一名神情严肃、留着白胡子的官员站在紧闭的大门前阻止了我——他说，任何人都不允许进入车站大楼。然而，尽管他们谨慎地拉上了门玻璃的门帘，我还是听到了微弱的刀剑碰撞声，以及枪托在地板上刺耳的划拉声。毫无疑问，令人害怕的事情已经发生了——德国人无视国际法，即将入侵比利时。现在，一切都毋庸置疑了——我将要去往一个处于战争状态的国家。

第二天早上，奥地利的每个车站都张贴了全民动员令。火车上坐满了刚入伍的新兵，他们伴随着震耳欲聋的音乐挥舞着旗帜，整个维也纳都处在一种狂热的状态。事实上，无论政府还是民众，其实谁也不想发起这场战争，这并不是那些虚张声势的外交官们的真实意图，而是在他们笨拙地出牌时掉落的一张底牌。然而此时，这场战争所带来的第一次冲击，竟然演变成了突如其来的热情。人们在街上游行，突然间到处都是横幅、彩带和音乐。年轻的新兵们迈着胜利的步伐前进，他们的脸上洋溢着光彩，因为他们这些昔日默默无闻的普通人正受到掌声和欢呼。

我必须坦白地承认，在那场最初的情绪大爆发之中，也存在着一些美好的、鼓舞人心的，甚至是诱人的东西，令人很难抗拒。尽管我厌恶甚至憎恨战争，但我并不愿意失去最初的那段记忆。成千上万的人们有一种前所未有的感觉——虽然最好是能在和平状态下体会到这种感觉——他们是连在一起的。在这个拥有两百万人口的城市里，在这个人口近五千万的国家里，他们共同见证了历史，体验了一个永远不会再现的时刻。每个人都受到召唤，准备将渺小的自我投入这场热情的大火之中，净化一切私念。在那一瞬间，社会地位、语言、阶级和宗教差异全都淹没在兄弟般情谊的洪流中。街上的陌生人互相交谈，彼此疏远多年的人们握手言和。每个人都感到属于自己的那份自我感更强烈了，不再是从前的那个孤立无援的个体，而是这个整体的一部分，是这个民族的一员。曾经备受忽视的无名之辈，也获得了存在的意义。不论是终日无休地分拣信件的邮局小职员、普通公司员工，还是补鞋匠们，突然都看到了未来的另一种可能性——成为一名英雄。身穿制服的男人总能让女人为之倾倒，而那些尚未奔赴前线的士兵也恭敬地为那些已经上了战场的士兵提前赋予浪漫的英雄称号。一种未知的力量把他们推到了平凡普通的生活之上；在最初几个小时的欢腾中，就连他们悲伤的母亲和焦急的妻子也羞于流露出内心原本的伤感。但是，在这种令人陶醉的狂热中，也许有一种更深刻、更神秘的力量在起作用。浪潮如此突然、又如此暴力地打破了人类的平静，在它形成表面的浮沫之时，它也把人类潜意识里最原始的恶意和兽性本能翻腾了出来——弗洛伊德敏锐地将其描述为对文明的拒绝，对摆脱资产阶级世界的戒律的渴望，以及对人类古老杀戮欲的纵容。也许这些黑暗力量也发挥了其他作用——它是混合了酒精和自我牺牲的快乐而癫狂的毒药，是对冒险的渴望和天真的轻信。横幅口号和爱国主义演讲的古老魔力，散发出不可思议的狂热效力，虽然用语言难以形容，但能够影响数百万人，为那个时代最严重的罪恶注入狂热的、几乎不可抗拒的动力。今天这一代只亲眼见证了第二次世界大战的人们也许会想："为什么我们没有同样的感受呢？为什么一九三九年的民众没有像一九一四年那样满腔热情呢？为什么我们这些人只是默然地以庄重的决心像宿命般地服从号召呢？这次战争难道和上次不一样吗？现在这场始于思想的斗争，而不仅仅是关于边界和殖民地的战争，难道不比当时那场战争更崇高、更神圣、更值得拼死一搏吗[①]？"

答案很简单——这两代人的感受不一样，是因为一九三九年的世界不再像一九一四年那样天真，那样容易受骗。在那个年代，人们仍然盲目地相信统治他们的政府。没有奥地利人会冒进地认为，我们备受崇敬的国父，弗朗茨·约瑟夫皇帝会号召他的子民进行一场不必要的战斗，会在邪恶的敌方势力还没有威胁到和平的国境时就要求男人们去血洒战场。德国人则把德皇写给沙皇的和谈电报反复品读，相信他正竭力维持和平。普通人仍然非常尊敬那些身居高位的政府部长和外交官，并且信任他们的洞察力和诚实。如果战争真的发生了，也一定是这些政治家不愿看到的局面，所以无论如何也不能怪罪于他们，甚至整个国家都不应该有人受到责备。因此，罪犯和好战分子肯定都来自对方，而自己拿起武器只是为了自卫，为了对付一个恶意的敌人，因为这个敌人毫无理由地攻击了德国和奥地利这两个爱好和平

[①] 我们需要注意的是，茨威格的这些评论，以及他的去世，都是发生在第二次世界大战结束之前。

的国家。然而,在一九三九年,这种对诚实虔诚的信仰,或者至少是对政府能力的信仰,在整个欧洲都消失殆尽了。在公众痛苦地看着持久和平的所有可能性在凡尔赛被尽毁之后,人们对外交只剩下轻蔑。到了一九三九年,不再有人从心底尊重任何一位政治家,也没有人敢放心地把自己的命运托付给他们。人们清楚地记得,这些政客们是如何无耻地背叛了裁军和废除秘密外交协议的承诺。在法国,小小的公路工人都会嘲笑达拉第尔;在英国,从谈判中带回"我们这个时代的和平"的张伯伦,在慕尼黑会议之后无法再取信于任何人;在意大利和德国,人们也忧虑地盯着墨索里尼和希特勒,不安地猜想——他们现在要把我们送到哪里去呢?当然,他们是不能不去的——祖国危在旦夕,所以士兵们必须带好武器,母亲们必须让自己的孩子离开,尽管他们已经不像过去那样,坚信牺牲是不可避免的了。他们服从了,但毫无喜悦之情。人们奔赴前线,但并没有梦想着要成为英雄;不论是民族还是个体都意识到了,他们只是庸碌而愚蠢的政治行为的受害者,只是难以捉摸、居心叵测的命运之手操纵的傀儡。

在经历了近半世纪的和平之后,一九一四年的人们对眼前的战争能有多少了解呢?他们不知道战争会是什么样子,也几乎从来没有想过。战争是一个传说,而人们与它之间遥远的时间距离,使它看起来充满了英雄主义的浪漫。他们以为战争是学校教科书和博物馆的画室里所展示的那样——穿着整洁制服的骑兵们大胆进攻,致命的子弹总是能幸运地直穿敌人心脏,每一场战役都会是一首欢欣鼓舞的胜利凯歌。"圣诞节我们就回来!"在一九一四年,新兵们冲着他们的母亲微笑着喊道。全国上下还有谁记得真正的战争是什么样子的?最多还有几位一八六六年与如今的盟友普鲁士作战的老人们还记得。而那场时隔已久的战争又是多么迅速！在大家还没停下来喘口气之前，仅仅持续了三个星期就结束了，而且没有造成太多的流血和伤亡！在一九一四年，普通人所想象的战争，只不过是一场大胆而充满男子气概的冒险，一次对异域国度的短期出征。年轻人会发自肺腑地担心他们的人生可能会错过这场令人激动的事件。这就是为什么他们成群结队地去参军，而且在开往血腥战场的火车上欢乐地歌唱。一股红色的血液狂热地涌上整个德意志帝国的血管。但一九三九年的那一代已经理解了战争，他们不再欺骗自己，并且知道战争是野蛮的，而不是浪漫的。他们知道它会持续很多年，而那些年是他们人生中永远不会重来的一段时光。他们知道在出发去攻击敌人时，身上不是带着橡树叶和彩带的装饰；相反，他们会在战壕和军营里度过几个星期，浑身长满虱子，又累又渴，等着被击得粉身碎骨，死无全尸，在死前连敌人长什么样都不知道。他们提前从报纸和电影新闻短片中了解了这种可怕的新兴技术的破坏艺术，知道了巨大的坦克会轰隆地碾碎路上的伤者，飞机会投下炸弹把睡梦中的妇女和孩子们炸成碎片；知道了一九三九年的这次世界大战，在无情的工业机器的加持下，将比前人见过的任何战争都更野蛮残忍、更惨无人道。一九三九年那一代的人再也不相信这是一场正义战争，不相信上帝站在他们这边。更糟糕的是，他们甚至不相信战争会带来正义和持久的和平。他们仍然清楚地记得上次战争带来的所有失望——没有带来繁荣和心满意足，而是带来了贫穷、痛苦、饥荒、恶性通货膨胀、骚乱、公民自由的丧失、国家的奴役、令人紧张的不安全感以及各种相互猜疑。

　　这就是区别。一九三九年的战争背后有精神思想的支撑——它是关于自由和道德价值观的维护，虽然为思想而战是艰难的，但是会使人更加坚定。相比之下，一九一四年的人们对现实战争一无所知，只是在为一种向往更美好、更公正和平的未来的错觉而服务。只有这种错觉，而不是真正的知识，才能给人带来幸福。这就是为什么这些战争的牺牲者们头上戴着鲜花，头盔上戴着橡树叶，醉醺醺地去参加屠杀，与此同时，街上回荡着欢呼声，一片灯火辉煌，仿佛在庆祝节日一样。

我不能把我个人对这种突然的爱国式自我陶醉的免疫归功于我有特别清醒的头脑或者清晰的视角，这种免疫力只能归功于我迄今为止的生活方式。在第一次世界大战爆发的前两天，我正生活在"敌人"的领土上，因此我能够说服自己，绝大多数比利时人都像我的同胞们一样爱好和平，毫无戒心。此外，我在生活中一直信奉世界主义这一政治理念，所以不可能在一夜之间突然变得憎恨世界。在我眼中，我理所当然地拥有这个世界，正如我天生就拥有我的祖国一样。我素来不信任政治，尤其是最近，我无数次地与我的法国和意大利朋友讨论了任何挑起战争的可能性都是荒谬的。因此我早就接种了这种不信任的疫苗，让我能够对爱国热情的传染病产生免疫，让我做好了准备抵抗那最初的狂热。我下定决心，一定不让我那份对统一欧洲的坚定信念，被一场由无能的外交官和残酷的军火工业界领袖所发起的两败俱伤的战争所动摇。

因此，我从一开始就打心眼儿里确信自己是一个世界公民。但是，我很难决定如何对我的祖国履行公民义务。虽然我只有三十二岁，但我没有承担任何军事职责，因为所有审查服兵役的委员会都认为我不适合，当时我对此感到非常高兴；一方面，他们的拒绝让我不用把一年的时间浪费在愚蠢的兵役上，另一方面，我也认为在二十世纪接受杀人武器的训练是一种不合时宜的犯罪行为。抱有我这样信念的人，在战争期间的正确做法应该是公然宣告自己是一位出于良心而拒服兵役的人。但在奥地利——不像在英国——对这类人会有严厉的惩罚，需要你有一份殉道者的坚强决心来面对这一切。坦白地说，我并不是一个天生的勇士，对所有危险都会本能地远离，而且我可能确实不应该如此优柔寡断——不仅仅是在这一次——在另一个世纪里我尊敬的导师鹿特丹的伊拉斯谟也经常受到这一指责。另一方面，在这样的时刻，一个相对还算年轻的人显然不会坐以待毙，等着被人从藏身之处发掘出来，然后再被送到一个不适合他的地方。所以我四处寻找一些力所能及，而又不用卷入任何暴力活动的差事。我的一个朋友是在战争档案馆工作的高级军官，他帮助我谋到一个图书管理员的职位，这样我的语言能力就能派上用场，让面向大众的公报风格更加精练——实然，这并不是一种非常光彩的、消磨时间的方式，但对我个人来说比在战场上挥刀刺入俄国农民的胸膛要合适得多。然而，真正让我决定接受这份工作的原因是：在完成了不太艰巨的工作义务之后，我还有时间去进行我个人认为在这场战争中最紧迫的任务——为未来的相互理解而努力。

我在朋友圈中的处境则比在战争档案局里要艰难得多。我们奥地利作家大多没有游历欧洲的经历，因而完全是从日耳曼人的角度看待生命。他们认为最好的方式是投身于鼓舞人心的事业之中，通过文学性的军事号召和学术性的意识形态来宣扬所谓的战争荣耀。几乎所有的德语作家，以豪普特曼和德默尔为首，都把模仿古日耳曼时代的吟游诗人视为他们的职责，通过唱赞美诗和施放符文，激励勇士们心甘情愿赴汤蹈火。在他们的诗中，"战争"与"胜利"、"必须"

与"死亡"等各类押韵层出不穷。作家们纷纷发誓再也不会跟法国人或英国人在文化上产生任何联系。事实上,一夜之间,他们便开始否认英国文化和法国文化。他们认为,与日耳曼艺术和日耳曼人的天性相比,这些都显得微不足道,毫无价值。学者们更甚——在形容这场战争时,哲学家们一时之间想不出比"百炼成钢"更好的表达了,这样就可以通过凝聚各方的士气而产生有益的效果。医生们也加入他们的行列,对新假肢赞不绝口,让人恨不得把一条健康的腿给切除,然后换上假肢。所有具有宗教信仰的神职人员也不甘落后,加入了这场大合唱之中。这场合唱有时听起来简直就像是一群疯子的咆哮,然而他们都是具有理性、创造力和仁慈的正常人,在一个星期或一个月以前,我们还曾对他们十分钦佩。

但最糟糕的是,这种疯狂行为的大多数支持者都是诚实正直的人士。他们当中的大部分人由于年纪太大而不能服兵役,或者身体上没有能力服兵役,但他们觉得自己有权利和适当的义务为战争做一些有益的贡献。他们在人生中所取得的一切成就都归功于母语和祖国,所以现在他们想用语言来为国家服务。他们会专挑民众愿意听的话来说——在这场冲突中,正义完全在我们这一方,而错误完全在另一方;德国将会胜利,而敌人将会被可耻地击败——丝毫没有意识到他们背叛了作家的真正使命:保护和捍卫全人类共有的价值观。的确,当最初那种令人陶醉的热情消散之后,他们中的许多人很快就回味出了从自己口中说出的那些言辞的苦味,并对此感到恶心。但在最初的几个月里,越是疯狂地吹擂,就能获得越多的听众,所以双方作家们都疯狂地摇旗呐喊。

在这种善意但毫无意义的狂喜中,我认为最典型、最令人扼腕的例子，就是恩斯特·利索尔。我很了解他。他写的诗短小精悍，尖刻辛辣，但他本人是你能想象到的最善良的人。直到现在，我还记得他第一次来看我时，我是如何努力抿紧嘴唇来掩盖笑意的——我本能地把那些力求简洁精练的诗人想象成一个瘦骨嶙峋的年轻人，但是，摇摇晃晃地走进房间的是一个矮壮的男人，他胖得像个木桶，双下巴之上挂着一张友善的脸。他热情洋溢地对我滔滔不绝，自我感觉良好。他痴迷于诗歌，要阻止他一遍又一遍地引用和背诵自己的诗句是不可能的。尽管他有些荒唐乖张，但你没法儿不喜欢他，因为他热心、诚实，是个好朋友，而且对自己的艺术有着近乎着魔般的奉献精神。

他来自一个富裕的德国家庭，曾在柏林的弗里德里希·威廉文法学校接受教育，他可能是我所认识的犹太人中最认同普鲁士文化，或者说被普鲁士文化同化的人。除了德语，他不会说任何其他现代语言，也从未出过德国。对他来说，德国就是整个世界，越是德国式的东西，他就越感到热情。他心目中的英雄是约克、路德和斯坦①；一八一三至一八一五年的德国解放战争是他最喜欢的题材。巴赫是他的音乐偶像，尽管他的手指又短又粗，又厚实又软绵，他还是可以把他的作品弹得很好。没有人比他更了解德国诗歌，也没有人比他更热爱、更迷恋德语——就像许多其他犹太家庭一样，他们其实很晚才接触到德国文化，但对德国的信仰比最狂热的德国本土人还要强烈。

因此，战争一爆发，他就立刻赶到军营里去当志愿者。我可以想象，这位粗壮的男人气喘吁吁地走上台阶时，募兵官们和他们的士兵

---

① 陆军元帅约克伯爵（1759—1830），普鲁士著名的军事指挥官。冯·斯坦男爵（1757—1831），一位改革派普鲁士政治家。

们会是多么欢乐。不过他们直接把他打发走了，这让利索尔陷入了绝望。但是现在，像其他作家一样，他至少可以用笔来为德国服务。在他看来，德国报纸和军事公报上所说的一切都是真理。他的祖国遭到了攻击，而最可恶的人——根据威廉大街①那群人策划出来的情节——是背信弃义的英国外交大臣格雷勋爵。利索尔认为，是英国要与德国作对，主动挑起战争，所以它应当受到指责。他把这一信念发泄在了一首《致英格兰的仇恨赞美诗》之中（它现在不在我的手边），在尖刻凝练的诗句中表达了这位诗人对英格兰的厌恶，并立下了一份永恒的誓言——永远不会原谅英格兰的"罪行"。人们很快就意识到这件不幸的事情——仇恨的力量是多么容易发挥作用。这个身强力壮、受了蒙蔽的矮小犹太人利索尔甚至比希特勒还早地学会了煽动，他的诗就像扔进弹药库的一枚炸弹。也许没有哪首诗能像那篇臭名昭著的《仇恨赞美诗》那样迅速地传遍德国，甚至连《莱茵河畔的守望》②也做不到。这首诗刊登在所有报纸上，学校的老师向学生们朗诵，前线的军官也向士兵朗诵，直到每个人都能把这首仇恨长诗铭记在心。但是事情并没有到此为止。这首小诗还被谱成乐曲，编成合唱，在剧院里演出。很快，在当时居住在这个国家的七千万德国人中，没有一个人不知道《致英格兰的仇恨赞美诗》的每一行内容，此后不久，全世界都知道了《致英格兰的仇恨赞美诗》，尽管热情稍减了一些。一夜之间，恩斯特·利索尔收获了那场战争中任何一位诗人都无法比拟的

---

① 位于柏林的德意志总理府所在的街道。
② 《莱茵河畔的守望》是一首德国爱国歌曲，可以追溯到19世纪中期，当时德国担心法国会试图夺取莱茵河左岸。这首歌在普法战争和第一次世界大战中被广为传唱。

盛誉。后来，这首诗就像内萨斯的衬衣①一样给他招来了杀身之祸。因为战争刚一结束，商人们又开始了贸易往来，政客们也真心实意地努力达成和解，尽其所能地否认这首曾经呼吁永远敌视英国的诗。为了免除自己的责任，他们嘲笑可怜的利索尔，讽刺他为"英格兰的仇恨者"，认为他要为一九一四年所有人都染上的狂热和歇斯底里的仇恨负全部责任。所有当时称赞过他的人现在都公然离开了他。报纸上停止刊登他的诗歌，当他出现在文学同行之中时，迎接他的只有一片令人沮丧的沉默。最后，他被所有人遗弃，被希特勒从他全心全意爱着的德国流放了出去，在离世时被所有人遗忘，成了那首诗的悲剧受害者——那首诗曾把他捧上了万丈高楼，却也让他跌入了万丈深渊。

但其他人其实都和利索尔一样。那些诗人和教授们突然都涌现了出来，成为爱国者，他们诚实地表达自己的感受，认为自己的行为是值得尊敬的，我并不否认这一点。但是不久之后，他们对战争的赞扬和对仇恨的狂热所造成的严重后果就显而易见了。一九一四年，所有好战国家都处于一种情绪过热的状态。最糟糕的谣言很快就变成了事实，而最荒谬的诽谤也有人相信。好几十个德国人信誓旦旦地说，就在战争爆发之前，他们亲眼见证了满载黄金的汽车从法国驶向了俄国。到了第三天、第四天，报纸上就开始满眼都是在每次战争中都会迅速出现的奇闻轶事——例如眼睛被挖出、双手被砍断的恐怖故事。那些天真可怜的人们几乎不知道，用任何可以想象的暴行来控诉敌军，散播谎言，与军火和轰炸机一样，都构成了战争的一部分；他们

---

① 内萨斯的衬衣，希腊神话中半人半马的怪兽，衬衣上沾有九头蛇的毒血，可致人死亡。

也不知道，在任何一场战争的头几天，类似的故事都会从军备库里被拿出来利用。战争不能以理智和合适得体的感情来进行，它需要一种夸张的情绪状态：对其中一方满腔热情，而对另一方深恶痛绝。

无论在个人还是整个民族身上，想要永远延续这种强烈感情的想法都违反了人性。军方也明白这一点。因此他们需要人为的煽动，不断地给激愤的人群加入兴奋剂。而担任这一角色的诗人、作家和新闻记者，则通过煽动群众来为国家服务。这些知识分子们，不论是心安理得，还是万分内疚；不论是满怀热忱地投入其中，还是仅仅把它当作例行公事，所带来的结果都一样：他们敲着仇恨之鼓，鼓声洪亮，余音绕梁，直到每一个正直之士的耳朵里都不断地回响着这一声音，心灵都为之害怕颤抖。在德国、法国、意大利、俄国和比利时，几乎每个人都顺从地为这种战争宣传服务，而不是去抵抗它——大众的错觉和对战争的仇恨就这样被进一步加深了。

后果是毁灭性的。在那时，和平时期的宣传还没有失去效力，尽管它一次次地让人失望，人们仍然认为印刷出来的内容都是真实的。渐渐地，最初几天纯粹美好的、自我牺牲的热情演变成了一场最糟糕、最愚蠢的感情主义的狂欢。在维也纳的环城大道和柏林的腓特烈大街上也有针对法国和英国的战斗，不过这里的战场比真正的前线要舒适得多。商店里所有的法文和英文告示都必须撤下，"天使贞女修道院（Convent of the Englischen Fräulein）"也必须更改名称，因为愤怒的人们无法理解这里的形容词"Englischen"乃是天使（angel）之意，而不是指英格兰人（English）。小商人们在信封上贴上"上帝惩罚英格兰"的口号；上流社会的淑女们发誓再也不说一句法语，并写信给报纸广而告之。德国剧院禁止上演莎士比亚的剧本；莫扎特和瓦格纳的作品也从法国和英国音乐厅里被撤换；德国教授解释说，但丁其实是日耳曼民族出身，法国则声称贝多芬是比利时人——敌方国家的文化遗产，就像军需粮食和金属矿石供给一样，被毫不客气地据为己有。好像成千上万的无辜公民在前线每天互相残杀还不够似的，在战线后方，人们还要对敌对国家的那些已经在坟墓里静静地躺了几百年的著名人物们进行谩骂和诋毁。民众的精神错乱越来越严重。炉边的厨娘虽然从未离开过自己的家乡，自从离开学校后就再未打开过地图册，但是却确信，如果不能吞并山沙克（波斯尼亚某个边境小村庄），奥地利就无法生存下去。在大街上，连十亿是什么概念都不知道的出租马车夫们，却争论着向法国索要五百亿还是一千亿的战争赔款。所有的城镇，所有的社群，都成了这场可怕的、歇斯底里的仇恨的受害者，就连牧师也向教徒们进行这样的布道。就在一个月前，社会民主党还把军国主义标榜为最严重的罪行，现在却比谁都叫得更响，以免被威廉二世指控为"心中没有祖国的人"。这是一场发生在那个天真年代的战争，而其中最大的危险是：各国坚信只有自己才是正义的那一方。

渐渐地，在一九一四年这场战争的头几个星期里，与任何人进行一场理智的交谈都变得日益艰难。最善良、最友好的朋友们似乎都沉醉在了血腥的气味里。那些我原本一直以为是根深蒂固的个人主义者，甚至在思想上是无政府主义者的朋友们，在一夜之间都变成了狂热的爱国者，并且又从爱国主义进一步滑向兼并土地的欲望深渊。我们每次谈话都是以这样愚蠢的话语而告终："如果你不知道如何去恨，那么你也不知道如何去爱。"有些人干脆就开始怀疑我，多年来从未和我争吵过的朋友们当面指责我不再是真正的奥地利人，说我应该到法国或比利时去。他们甚至谨慎地建议，我这种认为战争是一种犯罪的观点应该引起当局的注意，因为"失败主义者"——这个词是最近在法国创造的——会对祖国犯下最严重的罪行。

我唯一能做的就是保持独处，保持安静，无视那些处于一种持续狂热混乱状态下的人们。但这并不容易。因为即使是流亡的生活（我现在已经对此非常了解）也不像在自己的国家里独自生活那样糟糕。在维也纳，我的老朋友和我渐行渐远，而那时也不是结识新朋友的好时机。只有当我和里尔克交谈时，他才会表现出深刻的理解。我们设法把里尔克也请来为这个僻静的战争档案馆工作。他的神经系统过于敏感，这意味着污垢、气味和噪声会让他真正地感到恶心，如果他去了战场只能成为一名无用的士兵。每当我想象他穿制服的样子时，就会情不自禁地笑出来。有一次，我在房间里听到一阵敲门声，开门一看，外面站着一个士兵，看起来有些犹豫。接着，我惊恐地跳了起来。原来是里尔克——穿着军装的里尔克！他看上去笨手笨脚的，令人怜悯，衣领紧紧地扣在脖子上。每当他想到要咔嗒地并拢鞋后跟向军官敬礼时，他就十分不安。由于他执着的完美主义，连这种毫无意义的礼节也想按照一定的秩序来进行，这使他一直心慌意乱。"我在军校的时候就穿过这身制服，"他用他平静的声音对我说，"原以为我已经和它永别了。现在，在快四十岁的时候我又得穿上它了！"幸运的是，一双救命之手保护了他，多亏一位好心体检医生的帮忙，他很快就解除了兵役。他穿着便服来到了我的房间跟我道别——几乎是被风吹进来的，因为他的步伐总是那么安静。他想感谢我设法通过罗兰抢救他在巴黎被没收的藏书。在我眼中他第一次看上去不再年轻了。战争的恐怖似乎已经使他筋疲力尽。他说："要是能去国外就好了！战争像监狱一样让你失去自由。"然后他离开了，我又成了孤身一人。

过了几个星期之后，我决心摆脱这些危险的精神病人，搬到一个乡村郊区里，开始对当时背叛理性的群体性歇斯底里展开我个人的对抗之战。

为了团结的国际社会而战

让自己退回到隐居状态本身并没有帮助，因为周围的空气仍然很压抑。正是这个原因让我明白了，仅仅是被动地不参与对敌人的口诛笔伐是不够的。毕竟，我是一个作家，我可以自行发表言论，因此，我有责任在这个文学审查的时代下尽可能主动地表达我的信念。我做了一些尝试，写了一篇题为《致国外的朋友》的文章。在文中，我断然反对了这种在国内被大肆宣扬的仇恨；我对其他国家的朋友们说，即使现在无法建立更紧密的联系，我也会忠诚于他们，一有机会我就会继续与他们合作，推动建立一个共同的欧洲文化。我把它寄给了发行量最大的德语报纸，令我吃惊的是，《柏林日报》毫不犹豫地原样刊登了这篇文章，没有进行任何野蛮的删减。只有一句话——"如果/当某一方取得胜利"——成了审查的牺牲品，因为在那时，任何人都不允许对德国会理所应当地赢得这场世界大战持有任何轻微的怀疑。不过，虽然这句话被删掉了，这篇文章还是给我招来了一些极端爱国主义者的愤怒来信。他们抗议说，他们不理解我怎么会在这样的时刻和邪恶的敌人产生任何关系。不过他们并没有太伤害到我的感情，因为在我的一生中，我从未指望过要让他人接受我自己的信仰。能让别人知道它,并且我自己能公开践行它,对我来说已经足矣。

  两周后,当我几乎把这篇文章忘得一干二净时,我收到了一封贴有瑞士邮票的来信,上面还盖着审查员的印章,熟悉的笔迹告诉我这是罗曼·罗兰寄来的。他一定读过了这篇文章,因为他写道:"我永远不会抛弃我的朋友。"我立刻意识到,他那寥寥几行文字是用来试验能否与一位奥地利朋友在战争期间通信的。我立刻给他回了信。从那时起,我们就开启了长达二十五年的通信,直到第二次世界大战。因为这一次比第一次更加残酷,切断了欧洲各国之间的所有通信。收到这封信的那一瞬是我一生中最快乐的时刻之一。它就像一只白鸽,从装满了咆哮着、踢踏着的狂躁动物的诺亚方舟里,飞到了我身边。我顿时不再孤单了,我终于与一位志同道合的朋友取得了联系。罗兰强大的精神力量鼓舞了我,因为我知道他是多么出色地保持着一种超越国界的人性。在这样的时代下,他找到了一条适合作家的道路,不是去参与破坏和杀戮,而是延续沃尔特·惠特曼这位曾担任美国内战护理兵的榜样——去积极地进行人道主义援助。他当时生活在瑞士,由于虚弱的身体条件被免除了任何形式的服役,他随即向日内瓦的红十字会报到(在战争爆发时他碰巧在日内瓦),在拥挤的房间里日复一日地为这个组织的伟大事业而工作。我曾写过一篇题为《欧洲之心》的文章,竭尽所能地向这个组织公开地致敬。经过最初几个星期的激烈战斗,与前线的一切联系都丧失了。在所有参战的欧洲国家里,士兵的家人们都不知道他们的儿子、兄弟和父亲是阵亡了,还是只是失踪了,或者是被俘了,他们也不知道到哪里去寻找消息,因为他们并不能指望从"敌人"那里得到什么消息。在所有的恐怖和残酷之中,红十字会至少承担了一项任务——通过将被俘虏的士兵从敌方的来信转送到亲人们手中，来缓解人们不知道亲人遭受了何种境遇的痛苦——这也是最令他们煎熬的痛苦。尽管这一组织早在几十年前就成立了，但它从未设想过要处理如此庞大的服务需求，整理堆积如山的信件。每一天，甚至每小时，它都必须吸纳新的志愿者加入进来，因为在痛苦中等待的每分每秒对家里的亲人来说都无比漫长。到一九一四年十二月底，红十字会已经处理了三万封信，而且还不断有新的信件寄过来。最后，一千两百人挤在狭小的拉斯博物馆里，处理和回复每天收到的信件。在他们中间，就有一位最富有人道主义精神的人，一位没有自私地投身于个人创作的作家——罗曼·罗兰。但是他没有忘记他的另一项职责——即使面对来自祖国和处在战争状态的整个世界的反对，他也要以艺术家的身份表达他的信念。早在一九一四年秋天，当大多数作家竞相超越彼此写出的仇恨檄文，互相比拼谩骂功力之时，他已写下了非凡的忏悔录《在动乱之上》——在文中，他反对国家之间的思想敌对，呼吁艺术家们在战时也要保持公正和人道。这是在当时最受争议的一篇文章，并且一石激起千层浪，引发了后续一系列支持或攻击的评论。

这也是从第一次世界大战到第二次世界大战之间信誉方面的巨大差异——在"一战"时，言语还很有力量，还没有因为系统性的宣传谎言而贬值。人们仍然会看重书面文字，并且愿意读到它们。而到了一九三九年，没有哪位作家的意见和观点还能起到任何效果，不论好坏。没有一本书、一本小册子、一篇散文或一首诗还能触动公众的心弦，更不用说影响他们的思想了。但在一九一四年，例如利索尔的十四行诗《仇恨赞美诗》，还有那份愚蠢的《九十三位德国知识分子的宣言》，以及罗曼·罗兰长达八页的文章和巴布斯的小说《火》，每一篇作品的发表都是轰动一时的大事件。在那时,世界的道德良知还没有像今天这样疲惫不堪;它以几百年的信念力量,对每一个明显的谎言、每一个违反国际法和共同人性的行为都做出了激烈的反应。像德国入侵中立国比利时这样的违法行为,在当时令整个世界都处于一片哗然之中——如果它发生在今天,在希特勒已经把撒谎作为理所当然,把漠视人性写入法律的时候,就不太可能会受到严重谴责了。在当时,多亏了在人群中爆发的道德义愤,对护士卡维尔的枪杀和对客船"卢西塔尼亚号"的鱼雷袭击,对德国造成的舆论伤害不亚于输掉一场战役。因此,当我们的耳朵和大脑还没有被收音机里喋喋不休的胡言乱语所淹没时,对我这位法国朋友来说,想要说出自己的观点并不是完全无望的。事实上,一位伟大作家自行发表的宣言,其效果要比所有政治家的官方演说好上千百倍。因为大家都知道,那些演讲在战术上和政治上都只是一时的权宜之计,充其量也只有一半的真理。在那一代人眼中,作家值得人们信任,被认为是独立发声的最佳保障,能够激励他们,让他们更加坚定,尽管他们日后也因此失望无比。但军人们也知道作家是权威人物,因此也会为了自己的目的招兵买马,吸纳一些道德高尚、知识渊博的人来鼓动人们的感情。他们希望作家们能对正在发生的事情进行解释、提供证据、给予肯定,并且进行慷慨激昂的呼吁,让群众相信所有的错误和邪恶都站在敌人那一边,而所有的正义和真理都站在自己这一边。罗兰没有这样做,他觉得不应该进一步加热这种已经过度闷热的空气,相反地,他要去净化它。

如果现在再阅读那篇著名的《在动乱之上》,人们可能会无法理解它在当时的巨大影响力。因为如果是在头脑清楚冷静的状态下读到它,你会觉得罗兰在文中提出的一切似乎都应被视为再自然不过的事情,但他的这些话写于在如今难以想象的知识分子群体疯狂的时代。在那篇文章发表之际,法国极端爱国者们发出了强烈的呼号,就像突然捡到了一块烧红的铁块一样。一夜之间,就连罗兰交往了最久的朋友们也开始抵制他,书店里不敢继续在橱窗处展示《约翰-克利斯朵夫》;需要用仇恨来激励士兵的军事当局,已经打算采取措施来反对他,一本又一本的小册子出版了,里面写道:"在战时,一个人对人性的那一份热爱,是从本该属于对祖国的那部分热爱里挪用而来的!"然而,古往今来都是如此,这种大声疾呼恰恰证明了那一记重拳完全击中了要害。知识分子在战争中应该采取何种态度一直都有争议,每一位知识界人士都不可避免地会面临这一问题。

在我撰写这本回忆录的时候,我最遗憾的就是再也无法看到那些年里罗兰写给我的信了。一想到它们可能会在这场新的浩劫中被摧毁或丢失,我的心情就无比沉重。尽管我很喜欢他出版的作品,但我认为,在日后,他的信件才会被认为是对他伟大的心灵和激情的思想极具人性的最佳彰显。他怀着极度的同情心,和深感无能为力的痛苦,写给在另一方战斗前线的朋友——换句话说写给"敌人"——这些信件是当时最富有道德力量的文学缩影。因为在当时那种情况下,能够了解发生了什么,并且始终忠于自己的信念,本身就是一个巨大的成就,需要极大的勇气。很快地,我们友好的通信往来催生出了一个积极的提议——罗兰认为我们可以邀请所有国家的知识界重要人物在瑞士举行一次联合会议,协商采用一种常见的、更有尊严的态度,甚至可以说是一种团结的精神,来拟定一份让世界相互和解的呼吁书。由于他身在瑞士,所以他会邀请法国和其他外国知识分子参加,而身在奥地利的我，则负责联系德国和奥地利的作家和学者们，或者更确切地说，那些尚未对播撒仇恨的宣传做出妥协的知识界人士。我立刻开始着手。当时最杰出、最受尊敬的德语作家是格哈特·豪普特曼。为了方便他做出同意或者拒绝的决定，我不打算直接给他写信。我写信给我们共同的朋友瓦尔特·拉特瑙，请他私下去接触一下豪普特曼。拉特瑙谢绝了我——我到现在也不知道他究竟有没有征得豪普特曼的同意——他说现在还不是知识分子之间讨论和平的时候。于是，这一想法就此以失败告终了：当时的托马斯·曼站在另一边，他在一篇关于腓特烈大帝的文章中提出了德国行为的合法性；我知道里尔克是站在我们这一边的，但是他说原则上他不会参与任何公开的联合行动；德默尔曾经是一名社会主义者，现在却带着孩子气的爱国自豪感在他的信上签上"德默尔中尉"的头衔；我与霍夫曼斯塔尔和瓦瑟曼的私下谈话也让我意识到这两位是指望不上了。因此，在德国这方面并没有多少希望，而罗兰在法国的情况也好不到哪里去。在一九一四年和一九一五年间，对那些不在前线的人来说，做这样的一件事还为时过早，战争似乎还很遥远。我们也似乎孤立无援。

但是，我们也不完全是踽踽独行。从我们与朋友们的通信中，我们得到了一些最初的反馈，有几十位生活在中立国家和战争国家的朋友可以信赖，他们内心的想法和我们一样。我们可以把双方的注意力吸引到两边各自的书籍、文章和小册子上，而且我们可以肯定，只要明确了思想纲领，就会吸引新的支持，这些支持可能在起初会有些迟疑，但随着力量越来越大，支持也会像滚雪球般越来越强烈。这种并非完全生活在空虚之中的感觉鼓励我写了更多的文章，通过发表它们，我能够收到回信和反馈，从而把那些和我们有同样感受的人——

无论是私下里还是在隐藏中——带到阳光之下。毕竟，我可以为德国和奥地利的任何一家主要报纸撰稿，这意味着我可以接触到广泛的读者圈子，而且由于我从来没有写过时政文章，我不必担心来自当局原则上的反对。尊重文学的自由主义精神在当时仍然具有非常强烈的影响力，当我现在回过头来看那些设法偷偷带到国外，传播给广大公众的文章时，我不得不佩服奥地利军方的宽宏大量。在第一次世界大战期间，我能够写文章来热情地赞扬和平主义运动的创始人贝莎·冯·苏特纳，而她一直谴责战争是最恶劣的罪行；我还在一份奥地利报纸上发表了一篇关于巴布斯的《火》的深度研究。当然，我们必须使用一种特定的方式，把这些不合时宜的观点传达给战争时期的广大读者。如果我想在奥地利描述战争的恐怖和后方群众的冷漠，那么我就认真研究《火》里面法国步兵的痛苦，然后写文发表。但随即收到的数百封来自奥地利前线的读者来信，让我意识到他们其实也很清楚自己遭受的痛苦。此外，我们也会巧妙地通过表现出不同意对方的方式来表达我们的信念。例如，我的一个法国朋友，撰文给《法国水星评论》攻击我的那篇《致国外的朋友》，但是他必须得把我的这篇文章从头到尾翻译成法语刊印出来，才能对其进行装模作样的谴责，所以他成功地把我这篇文章偷带进了法国，让所有法国人都可以阅读到它，这才是我们的真实意图。这些互相理解的信号灯从边界的一边向另一边不断地闪现。有一件小事可以生动地说明这些文章的目标读者群是多么深刻地理解了它们。一九一五年，当意大利对它的前盟友奥地利宣战时，一股仇恨的浪潮席卷了我们这个国家，再也没人对意大利人说好话。碰巧，意大利复兴运动①时期一个名叫卡洛·波里奥的年轻人的回忆录刚刚出版，他在回忆录中描述了一次对歌德的访问。我故意写了一篇题为《一位意大利人对歌德的一次拜访》的文章，目的是在所有这些抗议声中，向大家展现意大利与我们的文化联系一直十分密切。波里奥的回忆录是由贝奈戴托·克罗齐所作的序，我也借此机会写了几句向克罗齐致敬的话，以表达我对他的深刻尊重。在当时的奥地利，人们认为不应当向任何敌国的作家或学者发表敬佩的言论，所以我这么做显然是一种抗议，而远在国境之外的朋友也很好地理解了我的用意。时任意大利政府部长的克罗齐②后来告诉我说，在他的部门有一位不懂德语的人曾带着沮丧告诉他说，在敌方奥地利的一家主流报刊上刊登了一篇攻击他的文章——这位下属脑海里想象不出敌方的报纸在提到这位部长时会不带有任何敌意。克罗齐拿起《新自由报》一看，先是感到惊喜，然后又觉得很有趣，因为他看到的是我对他的致敬。

我无意过分吹捧我们这些小小的、孤立的尝试，它们实际上对事态的发展毫无影响，但是确实帮助了我们自己和许多不知名的读者。它减轻了我，一个在二十世纪具有真诚的人道主义信念的人所感到的可怕的孤立和绝望。而现在，二十五年后，我再次发现自己在强大的对手面前同样无力，或者说更加无力。当时我很清楚，这些小小的抗议和狡猾的文学伎俩并不能使我摆脱真正的负担。渐渐地，写书的计划开始在我的脑海中成形。我打算不仅在这本书里阐述一些观点，而

---

① 意大利复兴运动发生于十九世纪，是意大利人民争取民族独立和统一的资产阶级革命。
② 克罗齐直到1920—1921年才成为一名部长。——原译

且还要详细地表达我对那个时代和那个时代下的人民的看法，以及对灾难和战争的态度。

但是要对战争进行全面整体的文学记录，我在当时仍然还缺少一些东西：我从来没有亲历过它。在那时，我已经在战争档案办公室待了将近一年，而战争真实而可怕的那一面，却一直在遥远的地方进行着，并不在我的视线之内。我有过很多次访问前线的机会：各大报纸曾三番五次邀请我去做战地记者。但是，在那种身份下写出的任何一篇文章，都不得不带有一种绝对积极的爱国主义色彩来描述这场战争。我曾对自己发誓——一九四〇年以后我也一直信守这一誓言——决不会写任何赞成这场战争或者诋毁任何其他国家的文章。不过，有一个机会偶然地出现了。一九一五年春，奥德联军在塔尔诺突破了俄军的防线，一意孤行地征服了加利西亚和波兰。战争档案馆希望派人把所有来自奥占领区的俄国宣言和布告的原件，在被撕毁或以其他方式被摧毁之前收集到档案馆中。

当时的上校先生碰巧知道我长期以来的收藏爱好和收集方式，便问我是否愿意接过这个任务。我自然立刻答应了。他给我签发了一张万能许可证，让我可以乘坐任何一列军用火车，自由地到我喜欢的地方旅行，而无须依赖某种特定的权威，或是受到某个部门或上级的直接管辖。出示这份文件时会出现一些奇怪的现象——我不是军官，只是一个名义上的军士长，而且我穿的制服上没有任何明显的标记。但是，每当我出示那张神秘的许可证时，就会引起极大的尊敬，因为前线的军官和地方官员都怀疑我是某位微服旅行或执行秘密任务的总参谋部军官。由于我避开了军官们的脏乱环境，只住在旅馆里，我也有了置身于庞大军队机器之外的优势，可以不需要"引导"就能看到我想看到的东西。

收集这些宣言的本职任务并不困难。每当我到了加利西亚的某个城镇，塔尔诺、德罗霍比奇或伦伯格，都会有几个犹太人站在车站里，我们称之为"掮客"，他们的职业就是为游客提供他们想要的任何东西。我只需告诉这些"掮客"我想要这个地区被俄国占领时的宣言和布告就够了，他们会匆匆地像鼬鼠一样地溜掉，并以某种神秘的方式把这个要求传递给几十个下线。三个小时后，我不需要动弹一步，就可以把材料以最大限度的可能性完整地收集到手。多亏了这个优秀的组织，我有了足够的时间去观察很多其他的事物，我也确实这么做了。最值得一提的就是我所看到的平民的悲惨处境，他们的眼睛被亲身经历的恐怖蒙上了深深的阴影。我看到了犹太人在贫民窟里的悲惨生活，这是我从未想到过的——八个人或者十二个人挤在一幢楼的底层或地下室的一个房间里。我也第一次看到了"敌人"的样子。在塔尔诺，我遇到了第一批运载俄国战俘的运输车。他们被关在一个大的长方形区域里，坐在地上吸着烟，互相交谈着，有几十个提洛尔中年预备兵看守着。这些提洛尔人大部分都留着大胡子，看上去和衣衫褴褛、不修边幅的俘虏没什么两样，一点也不像我们在家里画报上看到的那些体面精神的穿着整洁制服的士兵们。他们的行为中没有丝毫的军事作风或者雷厉风行的感觉。俘虏们没有逃跑的意图，这些奥地利的预备兵显然也没有打算严格地执行看守任务。他们像同志一样和俘虏们坐在一起，但是互相无法交流，只能面面相觑，倒是也十分有趣。他们交换了香烟，相视一笑。一个提洛尔预备军人从他肮脏的旧皮夹里拿出他的妻子和孩子的照片给"敌人"看，这些"敌人"依次传看了他们的模样，用手指比画着问道：这个孩子是三岁还是四岁？我不由自主地产生了一种感觉：这些纯朴的人，甚至是一些乡野村夫们，对战争的看法要比我们大学教授和作家们清楚得多。他们认为这是降临到他们头上的一场不幸，对此他们无能为力，而另一方同样遭受这种厄运的人也算得上是他们的难兄难弟了。在我的整个旅程中，这一令人欣慰的感觉一直伴随着我。虽然我亲眼看见了被炮火击成碎片的城镇，以及显然被洗劫过的商店——因为街道中央散落着店里家具的碎片，就像残碎的四肢和内脏一样，但是在这些饱受战争蹂躏的小镇之间，田野里长势喜人的庄稼又让我充满了希望，让我期待着所有破坏的痕迹将在几年之内消失殆尽。当然，在那时我并没有想到，正如战争的痕迹会迅速地在大地上荡然无存，同样地，对于战争的恐怖也会迅速地从人类的记忆中被抹得一干二净。

在最开始那几天，我还没有看到战争真正的恐怖，而当我真正见识到的时候，情况比我最害怕的还要糟糕。由于常规的客运列车已经不再运行，所以有时我会乘坐敞篷炮兵车，坐在野战炮的接口处；有时我会坐在运送牛的卡车里，和一群横七竖八躺在恶臭中的疲惫男人们待在一起，虽然还只是在去往屠宰场的路上，但他们看起来已经像被宰杀的牛一样毫无生气；但最糟糕的是运送伤员的列车——我曾经不得不乘坐过两三次。战争开始时，维也纳上流社会的大公夫人和贵妇们曾在军医救护车上接受过护士培训。那种救护车明亮又洁净，和我在现实中看见的是那么不一样！我所乘坐的是一辆没有真正窗户的普通货车，只有一个狭窄的通风口，里面点着煤油灯。原始的担架并排摆放着，上面满是呻吟的伤员，他们不停地出汗，面色苍白像死人一样，在排泄物和碘酒的浓密气味中挣扎着呼吸。护理兵们已经累到精疲力竭，走路时都摇摇晃晃。官方照片所显示的洁白无瑕的床单在这里不见踪影。人们躺在稻草或坚硬的担架上，盖着沾满鲜血的毯子，在每节车厢里，一群濒临死亡的不断呻吟的伤兵之中总会有两三具已经断了气的尸体。我和那位医生交谈了几句，他实际上只是一名来自某个匈牙利小镇上的牙医，而且多年没有做过任何外科手术。他已经给七个站点发了电报寻找吗啡，但这些站点都用完了，棉球和干净的绷带也用完了，而我们离布达佩斯医院还有二十个小时。他请求我帮帮忙，因为他的医护人员太累了，再也支撑不下去了。我尽了最大的努力，虽然手法十分笨拙，但还是可以派上一点儿用场——在每个车站下车带几桶水回来。虽然这些水原本是给火车头加水用的，但现在对我们来说却是一种福音，能帮我们给伤员们稍微擦洗一下，然后冲一冲地板上的血迹。这些士兵们来自天南海北，现在却聚在一起，困在这具移动的棺材之中。不同语言所建立起的巴别塔①横亘在他们之间，阻碍了交流，医生和护理兵们都不会乌克兰语或克罗地亚语。唯一能帮上忙的是一位白发苍苍的老牧师，就像医生担心用完吗啡一样，他也为自己无法履行神圣职责而忧虑，因为临终涂油仪式所用的圣油也已经用完了。他说，在过去的这个月里，他"送走"的伤兵们比他这辈子经手的死者都要多。正是从他那里，我听到了一句以后一直没有忘记的话——他用他那沙哑而愤怒的声音说道："我今年六十七岁了，经历过很多事，但我从未想到过人类有能力犯下如此滔天大罪。"

我回程所乘坐的救护班列是在清晨到达布达佩斯的。下车后我

---

① 巴别塔是《圣经·旧约·创世记》第十一章故事中人们建造的塔，当时人类联合起来兴建通往天堂的高塔。为了阻止人类的计划，上帝让人类说不同的语言，使人类相互之间不能沟通，计划因此失败。

径直去了一家旅馆,想先睡一觉——在火车上我唯一能坐的地方只有我的手提箱上。因为我已经精疲力竭,所以我一直睡到十一点左右,醒来后便迅速穿好衣服去吃早餐。但是刚走了几步路,我就觉得要揉揉眼睛,看看我是否在做梦。那天是一个阳光灿烂而明媚的日子,早晨的感觉仍然像春天,但是到了中午就热得像夏天,布达佩斯还是像我记忆中那样美丽而悠闲。穿着白色连衣裙的淑女与军官们手挽着臂,恍惚之间,我觉得这些军人似乎属于一支与我这几天见过的士兵们完全不同的军队。运送受伤士兵时的碘酒气味仍然停留在我的衣服上,残留在我的嘴里和鼻腔里,而与此同时,我看到他们买了几束紫罗兰,慷慨地赠给了那些淑女,还看到衣着光鲜整洁的绅士,开着闪闪发亮的汽车在街上飞驰而过。眼前这幅景象距离战争前线仅仅只有八九个小时的火车路程!但是,有谁有权利责怪这些人吗?让他们活着并享受生活,这不是世界上最自然的事情吗?在他们心里很有可能早就明白危在旦夕之时,让他们去抓住还能拥有的一切,买几件漂亮的衣服,享受最后的欢乐时光,这不是很自然吗?只有当我们意识到人类是多么脆弱,多么容易受到伤害时(所有的生命连同他们的记忆、发现和狂喜都可能在一瞬间消失殆尽),我们才能理解,无数的人们在清晨的阳光下沿着波光粼粼的河边散步,是一幅多么美好的景象;我们才能比以往任何时候都更加敏锐地理解自己,理解流淌在自己身体里的血液和自己的生活。所以我立刻对这幅起初令我感到震惊的场景释怀了。但是,不幸的是,一位殷勤的服务生给我送来了维也纳报纸。我看了一眼,这下我是真的愤怒了。我看到了种种表述:胜利的顽强意志,我方部队的低伤亡率以及敌人遭受的巨大损失——战争时期的谎言赤裸裸地、无耻地扑面而来。那些无忧无虑、随意闲逛的先生淑女们并没有错，有罪的是那些用言语挑起好战之心的人们。但是，如果我们不尽全力去对付他们，我们也会是历史的罪人。

现在，我确实有了强烈的欲望去做些反对战争的事情！我已经准备好了材料。在正式动手之前，我只需要最后凭着直觉确认一下我打算反抗的对象。我已经认识到我必须与之抗衡的敌人有：让其他人遭受痛苦和死亡的虚假的英雄主义、不道德的预言家们对政治和军事胜利所持有的廉价的乐观态度（正是这种乐观主义让杀戮无法停歇），还有他们请来声援助威的文人们——韦费尔在他精美诗歌中谴责这些人为"战争的词匠"[①]。对这些人来说，任何态度有所保留的人都阻碍了他们的爱国事业，而任何发出警告的人都被视为悲观主义者；任何反对这场战争的人，都被他们称为叛徒，而他们自己却在这场战争中毫发无损。古往今来，这些人一直存在，他们把谨慎的人叫作懦夫，把富有人性的人视作软弱，而在他们轻率地制造出的灾难后，又会茫然地不知所措。这类人从来都是这样。他们曾嘲笑特洛伊战争时的预言家卡桑德拉，以及耶路撒冷的耶利米，此时的我终于真正理解了这些伟大人物的悲剧，而当时的情形和他们的境遇又是多么相似啊！从一开始我就不相信"胜利"，而且我只能肯定一点：即使可以通过牺牲无数无辜之人来获得胜利，也不代表做出这种牺牲就是合理的。但是在我的朋友之中，只有我一人提出了这些警告，而其他人，甚至在第一声枪响之前就开始疯狂地奏响凯歌；在第一次战斗之前就已经开始瓜分战利品——这常常使我怀疑，到底是举世皆是聪明人，只有我自己是疯子，还是举世皆醉，唯独我是清醒的。因此，当时的我自然

[①] 出自弗朗茨·韦费尔写于1914年8月的一首反战诗《战争的词匠》。

而然地想描绘一下"失败主义者"所处的悲惨境地。"失败主义者"这个词之所以被创造出来，是为了将可能的失败归咎于那些渴望和解的人——我想要以一种戏剧的形式来描述这类人，并且打算以先知耶利米这一人物作为象征，因为他当时也发出了许多徒劳的警告。但我并不是打算写一部"和平主义"的戏剧，用诗句表达一些不言而喻的观点，比如和平比战争好，等等；我想表现的是，一个在群情激愤的时代被轻视为懦夫和胆小鬼的人，通常也是唯一一个能在遭遇失败时忍耐失败，并且超越失败的人。从我第一次创作剧本开始，我就一直在思考失败者在精神上的优点。此外，我总是热衷于展示各种形式的力量是如何使人心变得坚硬，胜利是如何使民族的精神变得僵化，而与此相对的是，失败感又是如何使人的灵魂备受煎熬。在战争期间，当其他人在过早地庆祝胜利，互相交换必胜的信念时，我却在探测灾难的深渊，寻找从深渊中脱身的方法。

同时，通过选择《圣经》里的这个主题，我也无意中触碰到了在我身上尚未被开发的一点——我与犹太人以及犹太历史在血统和传统上的共同点。我自己不正是犹太民族的一员吗？我们曾一次又一次地被其他民族打败，一次又一次地失败，但多亏了一种神秘的力量，我们得以延续至今。这种力量不正是一种通过意志的坚强努力，通过恒久忍耐而战胜失败的力量吗？我们的先知早就预见我们会经常被迫害和流放，流离失所，就像随便扔在街上的秕糠一样，所以把失败视为受到上帝肯定，甚至是祝福的救赎。不论是社会还是个人，不都是经历了风雨才能见到彩虹吗？正是怀着这样的感觉，我创作了这部剧本，并且第一次觉得我的作品有了真正的价值。现在我才明白，倘若我没有经历第一次世界大战，没有产生过那些真实的感触，没有期待过未来，那么我还会是那个战争之前的我。就像那个音乐术语con moto（带着情感地）一样，我只会非常浅显地凭感觉写作，并不会强烈地触碰到心灵。而现在，我第一次感觉到了，我是真的在为我自己和我的时代发声。在帮助别人的同时也帮助了自己，写出了我最具个性、最能表达自我的作品。同样地，在一九三四年希特勒时期，我通过创作《伊拉斯谟》走出了与此时相似的困境。从我开始构思它的那一刻起，我就没有再让自己深陷于这个时代悲剧的痛苦之中了。

　　我从没有指望这部戏会取得多么显著的成功。由于我想在里面涵盖先知、和平主义者和犹太人所提出的众多问题，而且我在最后一幕设计了合唱场景，把剧本的高度上升为失败者献给命运的赞歌，这出戏的篇幅远远超出了通常剧本的长度，需要在剧院连续上演两三个晚上才能全部演完。而且，当时的报纸每天都在鼓吹"要么战死，要么胜利！"怎么能有人在德语舞台上创作一出谈论失败，甚至称赞失败的戏剧呢？它能被印刷出来就已经是一个奇迹了，但即使在最坏的情况下——即使它不能被出版，它也至少帮助我度过了那段最糟糕的岁月。我在对白中写出了与周围人交谈时所有无法说出口的话。它让我摆脱了心头的负担，找回了真实的自己。在我浑身上下都对当时的一切写满了"拒绝"的时刻，我终于找到了一种让自己释怀的方式。

置身于欧洲之心

当我的悲剧《耶利米》在一九一七年复活节以成书的形式出版时，我收获了一个惊喜。因为这本书里包含了我对那个年代强烈的个人抗议精神，所以我原以为它肯定会引起同样强烈的敌意。但事实恰恰相反，两万册很快就一售而空，这对于一部成书的戏剧来说是个惊人的数字。不仅像罗曼·罗兰这样的朋友们公开称赞它，像拉特瑙和理查德·德默尔这样曾经支持另一个阵营的人们也表示赞赏。剧院的导演们，虽然我甚至没有向他们推荐这部剧——毕竟，战争期间在德国或奥地利的任何演出都是不可想象的——却纷纷来信请求我在和平到来时为他们保留这部剧的首演权。就连那些亲战派反对者们也以礼待之，敬佩有加。这完全是我始料未及的。

发生了什么事？除了已经持续了两年半的战争之外，也没有什么其他的了。时间完成了它的工作，带来了残酷的清醒。经过战场上可怕的流血之后，狂热开始减退了。与最初几个月的热情相比，人们开始用更冷静、更严酷的眼光看待战争。他们最初的团结士气开始减弱，所谓的哲学家和作家们曾夸张宣传的伟大的"道德净化"，没有人看到它的任何迹象。一个深深的裂缝贯穿了整个国家，甚至可以说，这个国家已经分裂成两个不同的世界。一边是那些打过仗、遭受过最残酷剥削的士兵们；另一边则是那些待在家里继续像以前那样生活的人，他们去剧院享受歌舞升平，甚至从别人的痛苦中敛财。前线世界和后方世界的对比，比以往任何时候都更加鲜明。狂热的保护主义，可以通过一百种伪装方式进入官员机构里；人人也都知道，金钱和良好的社会关系仍然可以带来有利可图的订单。然而，那些已经战斗至奄奄一息的农民或劳工则被继续赶回了战壕里。每个人都开始无情地、尽可能地只顾自己的利益。由于中介商的无耻交易，日常必需品的价格每天都在上涨，食物也越来越少。在这片贫困的深沼迷潭之上，大发战争财的人们所过的那种令人妒恨的奢侈生活，就像忽隐忽现的"鬼火"一样突兀地闪烁着。充满怨恨的怀疑开始占据人们的思想——货币失去了信用，迅速失去了价值；对将军、军官和外交官的怀疑，对各州或总参谋部发布声明的怀疑，对新闻和报纸内容的怀疑，还有对战争本身和所谓的必要性的怀疑都充斥在人们的心中。因此，我的剧本之所以获得如此惊人的成功，并不是由于它的文学价值——我只是说出了其他人不敢公开说出的话：他们也痛恨战争，甚至怀疑胜利。

然而，在舞台上用语言来表达这样的情感肯定不可能，而且肯定会招致示威抗议，所以我没有指望能在战争还在进行时看到这部反战剧的演出。但是，不久后我突然收到苏黎世剧场导演的一封信，说他想马上演出我的《耶利米》，并邀请我亲自去苏黎世参与排演工作。我忘记了这个小巧而珍贵的德语国家得到了免于战争的恩赐——就像在日后的第二次世界大战中一样。在当时这个民主的国家里，人们仍然可以自由地表达自己的想法，坚持自己的观点。我当然立刻同意了他的请求。

但在那时，很明显我也只能原则上同意。因为我如果亲自去的话，必须要先得到许可才能离开奥地利和我工作的战争档案馆。幸运的是，当时所有参战国家都有一个"文化宣传"部门（不过现在第二次世界大战没有这样的部门了）。我必须反复强调我们现在的情况和那个时代的不同：那个时代的领导人、皇帝，还有国王们都是在人道主义传统下长大的，他们下意识地为战争感到羞愧。他们会不厌其烦地驳斥别人对他们现在正在实行或曾经实行过"军国主义"的指控，认为这是一种恶毒的诽谤；相反，他们争相宣称自己是"文化民族"，并大肆宣扬这一点。在一九一四年，面对一个重视文化甚于暴力的世界，一个对神圣的利己主义①和"生存空间"这样不道德的口号避犹不及的世界，他们最渴望的就是让文化成就得到普遍而有效的认可。因此，所有的中立国家都进行着各类艺术表演。德国向瑞士、荷兰和瑞典派出了拥有世界著名指挥家的交响乐团，维也纳派出了爱乐乐团，甚至派出了诗人、作家和学者——并不是为了赞扬军事行动或庆祝领土吞并，而是想通过他们的诗句和其他作品，来展示日耳曼人绝非"野蛮人"，他们也能创作出放眼整个欧洲也绝对珍贵的作品，而不是只会生产喷火器和致命的毒气。在一九一四年至一九一八年间——我必须再次强调这一点——当权者仍然希望赢得世界的良知；一个处于战争状态的国家在艺术创作和道德方面的影响力也会受到世人推崇，各国还在纷纷争取人们的同情心，而不是像一九三九年的德国那样——用非人道的恐怖手段将其打得粉碎。鉴于以上种种，如果

---

① 神圣的利己主义，这是意大利总理在1914年末创造的一个短语。

我请假去瑞士演出我的戏剧,我大概率能得到批准。唯一的困难可能在于这是一部反战戏剧,而一个奥地利作家在剧中提到了失败的可能性,即使只是以象征性的形式。我向所在部门的负责人提出了我的要求。令我大为吃惊的是,他马上说他会尽一切努力征得同意,还说了一句非常引人注目的话:"谢天谢地,你从来就不是那种满嘴胡言乱语的好战白痴。你快去吧,尽你所能地让这件事尽快了结。"四天后,我便获批了假期,并且拿到了出国旅行护照。

在战争还在进行的时候,听到奥地利内阁的一位最高级别官员如此畅所欲言,我感到相当惊讶。由于我没有了解政治权力内部秘密的渠道,所以我不知道,在一九一七年,在我们的新王卡尔皇帝的统治下,一些轻微的行动已经开始在更高级别的政府圈子里展开了,他们希望摆脱德国军队这种无情冷酷的独裁统治,因为它不仅和我们国家意志本身相违背,并且把奥地利拖入了他们自身疯狂扩张的旋涡之中。我们的总参谋部憎恨鲁登道夫①的野蛮傲慢;外交部也拼命地抵制,不愿意卷进无休无止的德国潜艇战里,因为这样势必会使美国成为我们的敌人;甚至连普通群众都开始抱怨"普鲁士的傲慢自大"。到目前为止,所有这一切都包着一层谨慎含蓄的外衣,看上去好像只是随口说说而已。但在接下来的日子里,我发现了更多迹象,并且意外地比大多数人更早接近了那个时代的一个重大政治秘密。事情是这样的——我在去瑞士的途中,在萨尔茨堡停留了片刻,因为我在那里买了一所房子,打算在战争结束后搬进去。在萨尔茨堡有一个由虔诚

---

① 埃里希·冯·鲁登道夫(1865年4月9日—1937年12月20日),德国陆军将领。1914年第一次世界大战爆发后成为兴登堡将军的得力副手。

的天主教徒组成的小圈子，其中有两位在战后奥地利历史上扮演了重要角色——海因里希·拉玛施和伊格纳兹·赛佩尔。前者是那个时代杰出的法学教授之一，曾在海牙国际法庭主持过和平会议；而伊格纳兹·赛佩尔则是一位有着非凡智慧的天主教牧师，他在日后奥地利君主制崩溃后接管了我们这个小国家，并以这种方式证明了他杰出的政治天赋。这两位都是坚定的和平主义者，虔诚的天主教徒，旧奥地利的狂热崇拜者，因此，他们极力反对德国、普鲁士和新教教徒的军国主义，因为他们认为这与奥地利的传统观念及其天主教使命无法相容。我的《耶利米》在这些和平主义的宗教圈子里很受欢迎。议员拉玛施邀请我去萨尔茨堡访问他，不过不巧赛佩尔刚刚离开。这位杰出的老学者热情地谈到了我的书，他说，这本书体现了努力实现和解的奥地利理想，他还说，他非常希望这本书能够产生超越纯粹文学领域的影响。然后，令我惊奇的是，他勇敢地向我这个素未谋面的人坦露了一个秘密：奥地利的形势到了一个转折点。他说，自从俄国被打败后，奥地利就没有任何真正的理由不讲和了，德国也没有任何理由不讲和——如果德国能放弃侵略倾向的话。这就是我们应该把握的时刻。如果德国的泛日耳曼派继续反对谈判，那么就得由奥地利牵头自行进行谈判了。他向我提到，年轻的卡尔皇帝已经答应支持这一努力，我们很快就会看到皇帝的政策能产生什么效果。现在的一切都取决于奥地利是否能鼓起勇气，通过和解来推进和平，而不是基于德国军方所要求的"通过胜利来实现和平"的原则，全然不顾战争将会产生更多的受害者。然而，在紧急情况下，奥地利将会启动极端措施：在被德国军国主义拖入万劫不复之前退出联盟。"没有人会因为我们的倒戈而责怪我们，"他坚定地说，"我们已经失去了一百多万人的生命。我们已经做得够多了,牺牲得够多了!不能再为了德国统治世界的事业而牺牲任何人的生命,哪怕一个人也不行!"

他的话让我激动得无法呼吸。这些都是我们私下里经常想到的,但没有人有勇气在光天化日之下说出来:"我们应该及时与德国人和他们的吞并政策决裂。"这会令人觉得我们对盟友不忠。而且,据我所知,拉玛施在国内备受皇帝的信任,在国外也由于他在海牙的工作而备受尊敬,他却对我这样一个几乎陌生的人冷静而坚定地说出了这些话。我立刻猜到,奥地利分离主义行动已经准备了一段时间,而且进展顺利。然而,不管是通过威胁单独讲和来诱使德国更愿意接受谈判,还是在必要时真的去实施单独的和谈,都是十分冒险的想法。后来的历史表明,这也是在当时挽救奥匈帝国、君主政体以及欧洲的最后一次机会。不幸的是,这一计划并没有像其构想时那样坚决地得到执行。在没有事先知会柏林皇室的情况下,卡尔皇帝确实派他的姐夫帕尔马王子送一封密信到克莱蒙索去探听和平的可能性,以及甚至开始谈判的可能性。这个秘密使命是如何被德国知道的,我想现在也许也没人知道。但是这件事确实走漏了风声,带来了灾难性的后果。秘密暴露后,卡尔皇帝并没有勇敢地站出来公开他的信念,也许是因为——正如当时普遍认为的那样——德国威胁要入侵奥地利,又或许是因为他是来自哈布斯堡皇室,所以他不敢冒天下之大不韪,结束由弗朗茨·约瑟夫皇帝缔结的、在这个关键时刻关乎无数人生死的盟约。无论原因是什么,他最终没有任命拉玛施和赛佩尔担任相当于首相的那个职位。这种犹豫是致命的,因为作为享有国际声誉的天主教徒,只有他们的道德信念足以肩负起与德国决裂的重担。虽然两人日后都在满目疮痍的奥地利共和国,而不是在旧哈布斯堡王朝的统治下获得了首相的职位，但是在那个时刻，没有人比这两位受人尊敬的重要人士更有能力担负起这一责任，向世人为这种明显不公正的行为辩护。原本，通过公开威胁脱离德国联盟，或者真的这么做了，拉玛施不仅可以拯救奥地利，还可以拯救德国，使其免于内部隐伏的危险，将其从吞并领土的无穷欲望中拯救出来。如果睿智而虔诚的拉玛施在当时向我坦露的这项行动，没有最终因为软弱的外交而失败，今天的欧洲原本会更美好。

第二天，我继续前行，越过了瑞士边境。从与世隔绝、已经处于半饥饿状态的奥地利进入中立区，是一种很难形容的感觉。从奥地利车站换到瑞士车站只需要几秒钟，但就在这最初的几秒钟里，你会觉得自己好像突然走出了陈腐、发霉的气氛，进入了一种充满雪的湿润和清新之中。这种沁人心脾的感觉让我有一种醉氧似的眩晕。即使是多年以后，当我从奥地利路过这个我早已忘记名字的地方时，那股突然而至的清新空气还是立刻在我的脑海里浮现了出来。下了火车，在车站的自助餐厅里，第一个惊喜出现了。在家里曾经被认为是理所当然的，但现在却被遗忘了的那些事物——金灿灿的大橙子、香蕉、巧克力和火腿，这些在奥地利只能偷偷在柜台底下吃到的食物现在全部都展现在眼前，还有不需要用面包票和肉票就能随意购买的面包和肉。旅客们像饿坏了的动物一样，迫不及待地享用这些既美味又便宜的食物。人们还可以在那里的邮局和电报局把未经审查的信件和电报发送到世界的各个角落。车站里有法语、意大利语和英语的报纸可供出售，你可以购买它、阅读它，而不用担心任何后果。所有被禁止的事物在这里都是被允许的，而就在五分钟车程的边境另一边，它们却可望而不可即。欧洲战争的荒谬在仅有一步之遥的边境两边的对比中体现得淋漓尽致——在奥地利的那一边，边境小镇上的标语牌和口号肉眼清晰可见，每个家庭的男人们被迫离开家园，被送上火车奔赴乌克兰和阿尔巴尼亚去互相厮杀。而在仅仅五分钟路程距离的这一边，同龄的男人可以和他们的妻子悠闲地坐在爬满常春藤的门外，抽着烟斗。我忍不住产生了这个念头：边境线上的这条小河右岸的鱼是否也在交战，而左岸的鱼则是中立的一派。从我越过边境的那一刻起，我的思维方式就发生了变化——我变得更自由，更有活力，不再束手束脚。第二天，我更加深刻地体会到了身处战区会给我们的身体和心灵带来怎样的折磨。我的一位亲戚邀请我去他家拜访，饭后我下意识地喝了一杯黑咖啡，然后抽了一支哈瓦那雪茄，突然感到一阵头晕和心悸。用了好几个月的替代品之后，我的神经已经无法再承受真正的咖啡和烟草了。在脱离了战争这种不自然状态之后，人的身体也需要重新适应和平的自然状态。

那种愉快的眩晕也转移到我的思想里。每棵树在我眼中都更美丽；每一座山都萦绕着更自由的空气；每一处景观也都更可爱——在一个战时的国家里，散发着幸福味道的草地在悲伤的人眼中会被看作是大自然不合时宜的无动于衷，而深红色的夕阳会提醒他们残阳如血的现实。但在这里，在一种平和的自然状态下，大自然的不为所动又显得高尚和理所应当了，而我也比以往任何时候都更爱瑞士。我一直喜欢到这个令人愉快的国家旅行，在这片土地上总有无穷无尽的新花样。但我之前从未如此深刻地感觉到它的理念的力量——让原本不同国籍的人可以毫无敌意地在同一片土地下共存，在诚实的民主体系下，凭借互相尊重，实现了最睿智的理念，把语言和国家之间的差异升华为兄弟般的友爱。对于我们乱作一团的欧洲大陆来说，这是一个多么好的例子啊！作为一个远离各种迫害的避难所，这片和平与自由的故土延续了数百年之久，在接纳各种意见的同时忠实地保留着自己独特的品质——这个超越国家的存在对整个世界来说是多么重要！在我看来，瑞士确实配得上它所拥有的美丽和财富。在这里，没有人会觉得自己是个异乡人；在这个世界性的悲剧时刻，所有自由独立派人士都在这里感到宾至如归，比在自己的祖国都要自在。晚上，我漫步在苏黎世的街道上，沿着湖边闲逛了好几个小时。在万家灯火之下，居民们享受着宁静安逸的生活。我似乎能够感觉到，在一扇扇窗户里的房间内，没有母亲因为惦记儿子而辗转反侧直到天明；我也看不到伤员或者残废的人，或是明后天要被送上火车的年轻士兵。在这里，好好活着是正当的；而在一个战争的国家里，身上如果没有残缺不全，俨然成了一种令人羞愧的罪过。

但我想做的第一件事，也是最迫切的事，不是讨论我的演出，也不是见我的瑞士朋友和其他朋友。我急切地想与罗兰见面，我知道他能帮助我变得更坚定、更积极和清醒。我也想感谢他的话语和他的友谊，因为它们在我精神被孤立的痛苦日子里对我意义重大。他一定要是我见到的第一个人，所以我立刻去了日内瓦。不过在那时，我们两个本应是敌人的朋友，处在一个相当复杂的境地。敌对国家的政府自然不愿看到他们的公民在中立的立场上与敌对国家的公民友好相处，但也没有明令禁止这一点。没有一条法律规定双方见面就会受到惩罚，只有商业交易——"与敌人通商"是禁止的，会处以叛国罪。因此，为了避免招致哪怕是一丝违法的嫌疑，我们不会给对方提供香烟——毫无疑问，一直有无数特工在盯着我们。所以，为了避免遭到任何招致罪名的怀疑，或者是为了避免为此担惊受怕，最简单的方法就是我们两个来自不同国家的朋友把一切都放在明面上。我们不用假地址通信，也不用邮局自取的方式收信；我们不会偷偷在夜里见面，而是在众目睽睽之下一起走在大街上，或者坐在咖啡馆里。我刚一抵达日内瓦，就把我的全名给了酒店的登记处，直截了当地说我想见罗曼·罗兰先生，因为这样会让事情更容易，德国和法国的情报机构可以向上级报告我是谁，以及我拜访的人是谁。当然，对我们来说，两个老朋友自然不会因为碰巧来自两个交战的国家而突然疏远对方。我们并不认为我们有义务因为世界的荒谬而让自己也变得荒谬起来。

我终于进入了他的房间——看上去和他在巴黎的房间几乎一模一样。他的座椅和堆满书的桌子跟以前并无二致，桌子上堆满了期刊、文件和论文。在任何地方，他都可以为自己创造一个像修道院一样安静、平凡的工作环境——但是，这个小小的修道院却连接着整个世界。我站在他面前，一时间不知该开口说些什么，只是简单地握了握手。罗兰的手是我三年来握过的第一双法国人的手，他也是三年来第一位和我交谈的法国人，然而这三年来，我们比以往任何时候都更亲近了。虽然我使用的是法语，但我和他交谈时的那种自如和亲切，要胜过我在奥地利和任何人用母语的交谈。我清楚地感到，在我面前站着的是我们这个时代最重要的人物，正与我对话的是整个欧洲的道德良心。时至今日，我才真正地理解他当时为促进国际谅解所做的一切，以及他已经完成的一切。他一个人夜以继日地工作，没有助手和秘书的帮助；他记录每个国家发生的每一件事，给无数记者回信，回答他们关于良心的问题；他每天都会写下一页又一页的日记。在那个时代，他比任何人都更清楚自己有责任在这个历史时刻竭尽所能，他觉得有必要把历史记录下来留给子孙后代。（我想知道，这些终有一天会向世人完整地讲述第一次世界大战中所有道德和思想冲突的日记本，现在遭遇了什么？它们现在又在身在何处呢？）与此同时，他还发表文章，每一篇都在国际上引起轰动；他也在继续创作小说《克莱朗博》——他如此不遗余力、源源不断地把精力投入自我牺牲的事业中，在人性受到疯狂折磨的时代，他肩负重任，为人类树立了表率，始终代表人道和正义。所有的来信他都会回复，关于当时问题的所有小册子他都一本不落地阅读。正是这位虚弱易碎的、健康受到严重威胁的人，这位只能轻声说话、总是伴随着轻微咳嗽的人，这位在室外必须戴上围巾、在快步走路之后必须要时常停下来休息的人，在面对加诸自己身上的使命时表现出了难以想象的精神力量。任何攻击、任何背信弃义都动摇不了他，他清醒而无畏地注视着世界的动荡。我看到了他思想上、精神上和道德上的英雄主义，而他本人就像是一个伟大纪念碑的化身。也许在我的罗兰传记中对他的描述还不够充分，因为如果一个作家笔下的人物还尚在人世，他难免会有所保留，不会把他捧上天。不过，在那间狭小房间里见过他之后，过了好几天我仍然能感觉到身上的血液由于这次会面而受到的巨大震动，甚至可以说我的血液已经被净化了。在罗兰几乎是单枪匹马地与数百万人毫无意义的仇恨做斗争时，他散发出了令人难以想象的鼓舞人心的力量。只有我们，与他同时代的密友们才能理解他的性格和他那模范性的坚持在当时意味着什么。在一个群情疯狂的欧洲，道德良知在他身上依然存在。

在那天下午和接下来几天的谈话中，我感到他的话里话外潜藏着一种淡淡的忧郁——类似的感觉在我和里尔克讨论战争时也会出现。他对那些欲壑难填的政客们充满了怨恨，因为不论外国做出多少牺牲也永远满足不了他们的民族虚荣心。与此同时，他总是同情那些为某种他们自己并不理解的荒谬行为而受苦牺牲的人们。他给我看了一封来自列宁的电报，在他乘坐那班著名的全封闭列车离开瑞士之前，他极力邀请罗兰和他一起去俄国，因为他知道，罗兰的道德威望会给他的事业带来巨大的促进作用。但罗兰坚决反对支持任何一派，他想继续独立地为人类的共同事业而服务。正如他从不要求别人轻率地接受自己的想法一样，他也婉拒了与任何人产生关联。他认为，那些爱他的人们也应该保持独立，因为他唯一希望树立的榜样就是，向大家表明即使面对全世界的反对，我们也可以保持自由，坚持自己的信念。

在我到达日内瓦的第一个晚上，我与一群在两家独立小报社——《叶报》和《明天》——工作的法国人和其他外国友人——P.J.乔夫、勒内·阿科斯、弗朗斯·马塞雷尔①见了面——我们立刻成了亲密的朋友。这种刚一见面就十分投缘的情形通常只会发生在青年人身上，但我们本能地感到，我们正站在人生的一个全新开端。我们与大多数旧日的朋友都不那么亲密了，因为这些曾经志同道合的老友被爱国主义精神弄得神志不清。我们需要新的朋友，由于我们都在同一战线上，在同一条思想和精神的战壕里，与同一个敌人作战，我们这些人之间自然而然地形成了一种热烈的同道之情。在认识了仅仅一天之后，我们就对彼此熟悉得像相识多年一样，已经互相开始使用表示亲密的代词"du"，宛如身在前线的战友们。我们是少数派，是一帮幸福的兄弟们②——我们都明白，这样大胆的会面会给我们每个人都带

---

① 乔夫是当时的法国作家，马塞雷尔是比利时艺术家。
② 在德语原文中，茨威格用英语引用了莎士比亚的《亨利五世》中的这句名言。

来危险；我们都知道，在5小时的路程之外，任何一个德国人和法国人如果狭路相逢了，都会举起刺刀或手榴弹向对方冲去，并因此得到一枚勋章；我们也都知道，在双方国家里，数百万人梦想着消灭他们的对手，把他们从世界上彻底抹去；我们还知道，每当报纸专栏作家提到"敌人"的时候都会出言不逊。而我们，这些千百万民众中的少数人，不仅安静地坐在同一张桌子旁，而且还怀着真诚的，其至是刻意充满激情的友爱精神。我们知道，这样做会让我们处在与所有官方和内部规则相对的立场；我们知道，将彼此忠诚的友谊公之于众，会把我们自己在本国的处境置于危险之中；但是，我们身上的勇气，让当时的我们不顾一切地沉迷于此。我们想做一些胆大妄为的事情，而且我们也乐在其中，因为只有大胆的行为才会给我们的抗议带来真正的分量。我甚至在苏黎世与P. J. 乔夫一起公开举办读书会——这是在第一次世界大战期间的一个非常独特的事件，他用法语朗诵他的诗，我则用德语朗读了摘自《耶利米》的片段——通过把底牌公开地亮在桌子上，我们在这场大胆的游戏里表明了十足的诚意。我们不介意领事馆和大使馆的人怎么看这件事，即使这意味着我们需要像科尔特斯①一样，烧掉那些原本可以载我们回家的船只，我们也万死不辞。因为我们的头脑里深深地嵌入了这样一种观念：我们不是叛徒，那些作家们才是，因为这些识时务的人们自私地背叛了艺术家对人类的使命。这些年轻的法国人和比利时人是多么英勇啊！其中，弗朗斯·马塞雷尔创作了一件木刻作品，在我们眼前雕刻了一幅永恒的纪念版画，表

---

① 埃尔南·科尔特斯，16世纪早期航行至墨西哥的西班牙探险家，在登陆时烧毁了他的船只，以防止他的部下发生兵变。

达了对战争恐怖的抗议。这些黑白的图案是如此令人难忘，令人感受到强烈的愤怒，甚至可以与戈雅的《战争的灾难》相媲美。他日复一日、不知疲倦地用无言的木板创作出新的场景和人物。他的小房间和厨房里都堆满了木刻版画，每天早上《叶报》都要刊登一篇他新创作的版画表达控诉。这些控诉不是针对某一个国家，而是针对我们共同的敌人——战争。我们梦想着能够将它们像炸弹一样从飞机上投放到各个城市里和战场上，这样一来，任何人在没有文字解释的情况下，在不懂某门语言的情况下，所有人都能理解它们所表达的对残酷和野蛮的谴责。我相信它们一定能够阻止战争愈演愈烈。但不幸的是，它们只出现在《叶报》这份小报上，在日内瓦以外几乎没有人读得到。我们所说的和所做的一切都仅仅局限在瑞士，在真正发挥效力的时候已经为时已晚。在内心深处，我们并没有自欺欺人——我们在强大的参谋和政治机构面前无能为力，他们之所以不来追捕我们，可能也是因为我们并不能危及他们，因为我们的一切言论都被扼杀了，几乎没有行动的自由。但正是因为我们知道我们这些人是如此稀少和孤独，才使我们更加紧密地团结在一起，心连着心并肩作战。在我年岁渐长之后，我再也没有经历过像在日内瓦时那样热烈的友谊，而且这种友谊经受住了日后所有时代的考验。

不考虑艺术造诣，单从心理和历史的角度来看，这群人中最引人注目的人物是亨利·吉尔布斯。我在他身上，比在其他任何人身上都更清楚地看到了一个无可辩驳的历史规律：在政治动荡时期，特别是在战争或革命时期，勇气和胆量在短期内比坚定的性格更有作用。当时间的洪流飞速奔涌而来时，那些能够毫不犹豫地跳入其中的人就会领先一步。在那个时候，这股洪流把许多根本无足轻重的人物，如贝拉·昆和库尔特·艾斯纳，带到了超越他们自然水平之上的高度，让他们坐上了原本不能真正胜任的位置。吉尔布斯是个身材纤瘦的金发小个子男人，有着一双敏锐而不安分的灰色眼睛，喜欢激昂的长篇大论，但他本人并不是很有天赋。尽管他早在十年前就把我的诗翻译成法文，但说实话，他的文学才华真的十分有限。他的语言能力平平，受教育程度也不高，唯一的天赋就是善于辩论——这个不幸的性格特点使他成为那种习惯性地反对一切的人。只有像街头混混那样出击，向更强壮的对手发起进攻时，他才会感到高兴。在战前的巴黎，虽然他心地善良，但他总是积极地攻击各种文学思潮和人物。然后他进入了激进的圈子，在那里没有人比他更激进。到了战时，作为一名反军国主义者，他突然为自己找到了一个巨大的敌人——第一次世界大战。大多数人都焦虑和胆怯，而他却大胆地投身于斗争之中，这使他在世界事务中一度显得举足轻重，甚至不可或缺。危险——这种让别人望而却步的因素——却深深地吸引了他。在其他人畏手畏脚时，唯独他如此英勇，这使得这个原本微不足道的文人形象陡然高大了起来，进一步提高了他在新闻工作中的战斗力——这种现象在法国大革命期间吉伦特省的小律师们身上也可以观察到[1]。在其他人保持沉默的时候，在我们踟蹰不前，小心考虑着在每个场合该做什么，不该做什么的时候，他却毅然决然地行动着。吉尔布斯最为流传的功绩是他在第一次世界大战期间创建并主办了一份在思想领域意义重大的反战报刊——《明天》，每个真正想了解那时的时代思潮的人都应当阅读这份报纸。他为我们提供了我们正好需要的东西——一个超越国界的

---

[1] 茨威格在此处指代的是法国大革命时期的吉伦特派，主要成员来自吉伦特省。

论坛，可以在战争期间进行国际间的讨论。罗兰的支持对这份刊物至关重要，因为他的道德声望和人脉关系可以从欧洲、美国和印度为吉尔布斯找来最高水平的供稿人。另一方面，仍被俄国流放的革命主义者们——列宁、托洛茨基和卢纳查尔斯基——信任吉尔布斯的激进主义，并定期为《明天》撰文。因此，在这十二个月或二十个月的时间里，世界上再也没有比它更有趣、更独立的期刊了。如果它能在战争中幸存下来，它可能会在影响公众舆论方面发挥出关键作用。吉尔布斯还承诺在瑞士为那些被克莱蒙索方面强制噤声的法国激进组织发声。他在基恩塔尔和齐默尔德的社会主义大会上扮演了历史性的角色，在那里，那些仍然具有国际视角的人与那些转向了爱国路线的人正式分道扬镳。在战争期间，在巴黎的政治和军事圈里，没有一个法国人，即使是已经加入俄国布尔什维克党的萨杜尔上尉，会像金发小个子吉尔布斯那样让人害怕。最后，法国特勤局设法给他下了套。一名德国特工放在伯尔尼的旅馆房间里的一些吸墨纸和文件被盗了。事实上，这些文件后来被证明只是一些德国组织订阅的几本《明天》——这本期刊本身并无害处，而且很可能是他们本着日耳曼人的严谨作风，为各个图书馆和办公室订购的，但是这足以在巴黎把吉尔布斯描绘成一个收了德国好处的煽动者，于是他们对他进行了审判。在他缺席的情况下，他被判处死刑——这完全是不公正的，十年后我们也确实见证了死刑判决的撤销。但在那之后不久，他的激烈和不妥协态度开始危及罗兰和我们其他人，他也因此与瑞士当局也发生了冲突，最终被捕入狱。然而，列宁本人很喜欢他，而且十分感激他曾在困难时期伸出的援助之手，他大笔一挥把他变成了俄国公民，也把他送上了一列开往莫斯科的全封闭火车。在莫斯科，他终于可以发挥自己的创造力了，因为在那里他被认为是具备了所有优点的真正革命者（比如他曾在缺席的情况下被判入狱和死刑）。于是他有了第二次机会去做一些有意义的事。由于列宁对他的信任，他本可以为俄国的重建做出一些积极的贡献，就像他本可以在罗兰的帮助下在日内瓦发挥积极作用一样。由于他在战时的勇敢立场，法国议会和公众也明显属意他在战后发挥主导作用。所有激进组织都认为他是一个积极的真正勇士，一个天生的领袖。然而事实证明，吉尔布斯并没有真正的领袖气质。正如许多战时作家和革命政治家一样，他只是当时的时势造就的英雄，这些德不配位的角色在突然崛起后总是会再次衰落。在俄国，就像过去在巴黎一样，无可救药的辩论家吉尔布斯把他的天赋浪费在无用的争吵上，甚至和那些尊重他的勇气的人也闹翻了，先是列宁，然后是巴布斯和罗兰，最后是我们所有人。和他刚开始时一样，他结束时也是草草收场，在写了些没有什么重要意义的小册子和无关紧要的辩论之后，就从公众的视线中消失了。在他的死刑判决被撤销后，不久他便在巴黎去世了。他是一位在战争期间最为大胆地反对战争的勇士，如果他能审时度势，正确地利用时代赋予他的机遇，他本可以成为那个年代最伟大的人物之一，然而他现在完全被人遗忘了，我可能是当今最后一位还对他在战争中通过创办《明天》所做的一切心存感激的人。

在日内瓦待了几天后，我便回到了苏黎世，开始讨论我的剧本排练事宜。我一直都很喜欢这座城市，因为它坐落在湖边的群山脚下，而且富有优良的文化传统，虽然有些保守。但是，由于和平的瑞士坐落在当时的交战国之间，苏黎世不再像以前那样平静了。一夜之间，它成了欧洲最重要的城市，是所有知识分子运动的聚集地。与此同时各种各样的奸商、投机商、间谍和宣传鼓动人士也络绎不绝——当这些人突然喜欢上这里时，本地人理所当然会对他们产生怀疑。在苏黎世的餐厅、咖啡馆、电车和街道上，你可以听到各种各样的语言；你会遇到你喜欢的熟人和你不喜欢的人，然后发现自己总是不由自主地陷入各种滔滔不绝的讨论之中。因为所有这些被命运抛在这里的人日后的生活都取决于战争最后的结果。有些人是因公到这里来的，有些人是被迫害和流放到这里来的，但他们都被迫与他们原本的生活分开，只能听天由命了。由于他们在这里都没有家，所以他们总是呼朋唤友；又因为他们无力影响军事和政治，所以他们就夜以继日地讨论这些问题，沉浸在一种既兴奋又疲惫的精神狂热之中。在国内被禁言好几个月，甚至好几年之后，我们难以抑制地想要发表观点；同时，我们也感到一种写作和发表的冲动，因为现在我们又可以像从前那样不受审查地思考和创作。每个人都变得更加兴奋，正如我提到的吉尔布斯那样，即使是平庸之辈也变得比之前和日后的任何时候都更加有趣。不同语言和不同观点的作家和政治家们在这里百家争鸣：正是在苏黎世，诺贝尔和平奖得主阿尔弗雷德·H.弗里德出版了他的《和平观察》；前普鲁士军官弗里茨·冯·翁鲁在这里朗诵他的戏剧；莱奥哈德·弗兰克在这里写了他那颇具煽动性的《人性本善》；安德烈亚斯·拉兹科则写下了轰动一时的《战争中的人类》；弗朗茨·韦费尔也曾来过这里做演讲。在我入住的老施韦特饭店里，我遇到了各种国籍的人，就像在我之前曾下榻于此的卡萨诺瓦和歌德一样。我见到一些继续在革命中发光发热的不知名俄国人士、意大利人、天主教牧师、不愿妥协的社会主义者，以及同样不愿让步的德国参战党成员。在瑞士人中，杰出的牧师莱奥哈德·拉格斯和作家罗伯特·费西与我们站在同样的立场上。我在法语书店见到了我的译者保罗·莫里塞,在音乐会大厅见到了指挥家奥斯卡·弗里德——所有人都齐聚在这里,你在街上会听到各种聪明的或是荒谬的观点,人们既愤怒又热情。许多期刊都涌现了出来;各种争议性的观点都被发表了出来;冲突要么得到解决或者被更深地激化;一个个团体形成了,又作鸟兽散了。我从没有像在苏黎世的那段日子里(更准确地说是在夜里),如此密集地见到众多充满激情的思想交锋。我们会在贝尔维尤咖啡馆或者奥德翁咖啡馆一直讨论到深夜打烊,然后再转战其中一位朋友的寓所。在这个迷人的城市里,却没有人注意美丽的风景、群山、湖泊以及它们营造出的柔和与宁静。我们只关注报纸,关注最新的新闻和传闻,关注观点和讨论。而且奇怪的是,我们在这里经历的言论之战比我们的祖国里真实的战争更为强烈,因为它更像是一个客观问题,与胜利或者失败的国家利益无关。在苏黎世,人们不会站在政治立场上,而是从整个欧洲的角度出发,把战争定性为一件残忍的暴力事件,它不仅会改变地图上的一些边界,还会改变未来世界的格局。

我仿佛已经隐约预见到了自己未来的命运,所以在这里最令我触动的是那些已经失去了家园的人,或者更糟的是那些颠沛流离,辗转了好几处的人们,他们内心根本不确定自己究竟属于哪里。我记得有一个留着棕色小胡子的年轻人,他的眼神犀利,戴着一副厚厚的眼镜,经常一个人坐在奥德翁咖啡馆的一个角落里,听说是一位很有才华的英国作家。几天后,当我经人介绍认识了这位詹姆斯·乔伊斯先生时,他坚决否认自己与英国有任何关系,而是自称爱尔兰人。他确实用英语写作,但他的思维不是英式的,他也不希望是英式的。他告诉我:"我想要一种在其他所有语言之上、服务于所有人的语言。用英语无法完全表达我的想法，除非我自己已经同化为某种传统的一部分。"我不太明白这一点，我也不知道他当时已经在写《尤利西斯》了。他把他手上仅存的一本《青年艺术家的自画像》，还有他的短剧《流放》借给了我，因为当时我想通过翻译他的作品来帮助他。随着我对他越来越了解，他那神奇的语言知识也越来越使我感到欣喜。他的前额饱满而轮廓分明，像灯光下的瓷器一样光滑闪亮，额头之后的大脑里储藏了各种习语和单词，被他巧妙地玩出各种花样。有一次，他问我如何用德语把《青年艺术家的自画像》中的难句表达出来，我们便试着用德语和意大利语同时进行翻译。每一种语言的每一个词，包括一些方言词，他都有四五个备选替换，并且能理解它们的意义和分量之间的细微差别。他总是带着几分苦闷，但我认为正是这种躁郁才使他精力充沛且富于创造力。他把对都柏林、英格兰和对某些人的怨恨，化为一种只有在他的作品中才能得到释放的活力。不过，他并不觉得自己阴沉的性格需要改变。我从来没见过他笑，也没见过他发自内心地高兴。他时常黑着脸，全神贯注地想着什么。当我在街上遇见他时，他总是紧紧抿着双唇，快步走着，仿佛要着急赶往某个特定目的地。我远远就能感到那种天然散发出来的自我防卫和孤僻，甚至比与他当面交流时还要明显。后来他写了那本极具独创性，完全独树一帜的作品[①]，对此我一点也不惊讶。它就像流星一样掉落在我们这个时代。

另一个像两栖动物一样生活在两个世界之间的人是费鲁乔·布沙尼，他出生于意大利，接受的是意大利的教育，但一直在德国生

[①] 此处茨威格显然指的是《尤利西斯》这部作品。

活。从年轻时起,我对他的喜爱就超过了其他任何一位艺术大师。在他的钢琴独奏会上,你可以看到他的眼睛里有一种梦幻般的光芒。独一无二的完美音乐从他不知疲倦的双手间流泻而出,而在这双手之上,他英俊的头颅微微有些后仰,看起来完全沉醉在自己创作的音乐中。他的表达总是充满了感情,仿佛出神入化一般。多少次,当音符触碰到我的内心,像银色月光般温柔地唤起我的感觉时,他容光焕发的神情都会令我如痴如醉。现在我又见到他了。他的头发已经灰白,眼睛里笼罩着悲伤。"我现在属于哪里?"他有一次问我,"当我在梦中醒来时,我意识到我在梦中说的是意大利语。但当我写作时,我又是用德语来遣词造句。"他的学生现在散布在世界各地——也许正拔刀相向——在这样的时刻里他不敢继续他真正的工作——创作他的歌剧《浮士德博士》,因为他无法专注下来。他写了一部小巧轻快的独幕音乐剧来释放自己,但在那段战争期间,笼罩在他头上的阴云从未消散过。我以前很喜欢他那种美妙的、发自内心的悦耳笑声,现在却很少听到了。有一天深夜,我在火车站的餐厅里遇见了他,他一个人坐在那儿喝了两瓶酒。我经过时,他把我叫了过去。"我在麻醉自己!"他指着那些酒瓶说道,"我不是在酗酒,但需要时不时麻醉自己,否则我将无法忍受下去。音乐并不能一直为我疗伤,我只能在感觉好一点的时候进行创作。"

然而,阿尔萨斯人的处境是最艰难的,因为他们左右为难。而对于这个民族来说,最痛苦的是那些像勒内·希克里一样有一颗法国的心,却用德语写作的人。这场战争的真正目的是他们的领土,巨大的镰刀刺穿了他们的心脏,把他们同时拉向两个方向,让他们被迫承认德国或者法国。但他们讨厌面对"非此即彼"的困境,因为他们不可能做出决定。像我们所有人一样，他们希望法国和德国能够互相友爱，他们赞成和解而不是疏远，因此他们对双方都怀有同情，也因此而蒙受苦难。

到处都是不知该忠诚于哪一边的人们——由于不同民族之间的通婚现象普遍存在，某个德国军官可能有一位英国太太，奥地利外交官可能有一位法国母亲；在某些家庭里，儿子在敌对的一方战斗，而父母又身在不同的两方，各自都在等待着战场上的来信。有的人被没收了仅有的一点点财产，有的人失去了工作。所有这些处于两个阵营之间的人都在瑞士避难，以逃避他们在曾经和现在所在的国家里所引起的怀疑。由于害怕危害到在另一方的亲人，他们既不讲法语，也不讲德语，像影子一样偷偷摸摸，整个人生都处在分崩离析的痛苦中。一个人曾经的生活方式越像真正的欧洲人，那只想要摧毁欧洲大陆的拳头对他的出击就会越重。

与此同时，《耶利米》的首演如期而至，并且取得了巨大的成功，尽管《法兰克福汇报》向德国发回了一份报道，对这场首演进行了谴责，并报告了美国大使和协约国的几位重要人物都出席观看了首演，但这并没有给我带来多大的困扰。我们感到，如今已进入第三个年头的这场战争已经越来越疲弱，只有鲁登道夫还在真正坚持。发出反对的声音，已经不像最初战争被美化时的那段可怕日子里那样危险了。一九一八年的秋天将会达成最后决议。但在此之前，我不想继续在苏黎世四处流离等待了，因为我的目光变得更敏锐，也更警惕。刚到瑞士时，我充满了最初的热情，满心期待在那里的和平主义者和反军国主义者之中找到真正志同道合的伙伴，找到真诚决心为欧洲的和解而战的友人。但我很快意识到，在那些难民和英雄主义信念的殉道者们中间，有一些可疑人物偷偷溜了进来。德国情报部门雇佣他们对这些人进行质询和观察。我们很快就能从自己的经历中感觉到，双方那些像鼹鼠一样忙碌的密探正在破坏瑞士原本不受影响的和平氛围。为你倒废纸篓的女客房服务员、电话接线员、一边为你缓慢服务一边近距离观察你的侍者，实际上都受雇于敌军。事实上，为双方工作的往往是同一个人。我们的手提箱常常被神秘地打开，一张张带有字迹的稿纸被偷偷拍下，寄出去的信件经常在去邮局的路上或从邮局寄出的路上消失；在酒店大堂里，优雅的女士们会微笑着诱惑你；以前从未听说过姓名的某位异常直言不讳的和平主义者会突然出现，邀请我们在公告上签字，或者虚伪地询问"能信得过的"朋友的地址。一个自称社会主义者的人给我出了一笔高得令人怀疑的费用，让我给拉绍德封的工人们做演讲，而这些工人们对此一无所知。你必须时刻保持警惕。没过多久我就意识到，可以被视为绝对可靠的人是多么稀少，而且由于我不想卷入政治，我结交的朋友也越来越少。但即使是那些可靠的人，我也对他们没完没了的、毫无意义的讨论，以及他们坚持要把人群划分成激进派、自由派、无政府主义派、布尔什维克派和不关心政治的派别而心生厌倦。我第一次真正理解了职业革命者常见的特点——因为他们觉得自己是通过站在反对的立场才从一文不名之中成长起来的，而且他们并没有可以支撑延续的资源，所以他们坚定地固守教条主义。如果长期处在这种喋喋不休、无所适从的气氛里，被一群不知所措、没有安全感的伙伴们包围，我担心会对自身信念的道德确定性产生负面影响，所以我退出了。事实上，在那些咖啡馆里策划谋反的人之中，没有一个人从事过真正的阴谋活动。而在那些随口自诩为国际政治家的人群中，也没有一个人懂得如何在必要时制定出一项政策。在战后重建时,在人们需要积极的行动时,他们仍然是一副老样子,吹毛求疵、消极抱怨,正如当时的反战作家很少在战后写出什么好作品一样。是那个时代的狂热让他们说出了平常说不出的话,让他们热火朝天地讨论,在政治上表现亮眼。就像每一种昙花一现的、里面的成员与现实生活毫无关联的群体一样,这一群有趣而富有天赋的人们,在战争——他们一直反对的对象——结束之后,就作鸟兽散了。

鉴于以上种种,我打算搬去吕施利孔的一家小旅馆里。从苏黎世到这里大约有半小时的路程。从那里的山顶上可以俯瞰整片湖,还可以看到远处城市塔楼的小小轮廓。在这里,我只需要见我邀请而来的客人,我真正的朋友们,而他们——罗兰和马塞雷尔——确实也来了。在这里,我可以利用依然无情流逝的时间,来做我自己的工作。对所有尚未被爱国主义宣传弄得眼花耳鸣的人们来说,美国的参战似乎让德国的投降变得不可避免了。当德皇突然宣布从现在起他将"民主地"统治国家时,我们知道游戏结束了。我必须坦率地承认,我们奥地利和德国,尽管在语言和思想上紧密联系,却都对即将到来的和平变得急不可耐。当曾经发誓"除非只剩单枪匹马,否则绝不罢休"的威廉二世,越过边境逃走后;当为了实现他胜利的和平而牺牲了成千上万无辜民众的鲁登道夫戴上一副伪装自己的蓝色墨镜逃亡瑞典后,我们都长舒了一口气。因为我们信了,全世界的其他人也同我们一起相信了,这是一场终结了一切纷争的战争。那只把全世界践踏得满目疮痍的野兽,已经被驯养,甚至被屠杀了。我们相信伍德罗·威尔逊总统的宏大计划,也相信奥地利会有同样的计划;在俄国革命还处于人道主义理想的蜜月期的那些日子里,我们看到了东方的微弱曙光。当然现在我知道了那时的我们是多么愚蠢，但我们并不是唯一这么想的。任何一个经历过那个时代的人都会记得，所有大城市的街道上都回响着欢呼雀跃的喊声，赞颂威尔逊总统是世界的救世主，敌军士兵们也拥抱着亲吻彼此。在刚刚结束战争的和平初期，欧洲出现了一种前所未有的信任。因为现在，大地之上终于有了一处容身之地来实践许诺已久的正义和友爱的规则，来实现我们欧洲大统一的梦想了。这一刻已经来临，如果现在不行动起来，便将永无可能。地狱已经被我们抛在身后了，现在还有什么能让我们害怕呢？一个新世界开始了。而且，因为我们那时还很年轻，我们告诉自己——它将是我们的世界，是一个我们梦寐以求的更美好、更人性的世界。

重返故国家乡

从理性的角度来看，在德国和奥地利战败之后，回到奥匈帝国那片毫无生气的灰色阴影里是个再愚蠢不过的决定了。它在地图上的新轮廓还尚未确定下来。捷克人、波兰人、意大利人和斯洛文尼亚人夺回了他们的土地，只留下了被砍得残缺不全、鲜血直冒的躯干部分。六七百万奥地利人从此被迫自称为德意志奥地利人，在他们当中，有两百万饥寒交迫的人涌入了首都。曾经给这个国家带来财富的工厂现在都被划在外国领土之上，铁路干线也只剩下以前的一些残余，国家银行的黄金储备也被没收了，然而奥地利还有巨额的战争贷款需要偿还。不过，由于和平会谈尚未开始，奥地利的赔偿责任还没有确定，边界也还没有最终划定。到处都没有面包，也没有煤和石油，种种迹象表明发生革命或者其他一些灾难性事件似乎已不可避免。实际上，这个国家已经再无可能以新的形式独立存在了，因为这种新形式是战胜国人为地强加给它的。但它也不想独立——社会主义者、宗教性质的党派和民族主义的政党都一致这么说。在我的认知里，这是一种绝无仅有的矛盾境地：一个国家在痛苦地拒绝了独立的想法之后，却被迫独立了。奥地利真正想要的，要么是与它以前的邻国重新统一起来，要么是与奥地利人同宗的德国合二为一。它不希望以新的、支离破碎的形式存在，沦落到像乞丐一样的屈辱状态。然而，这些邻国在那时并不像现在这样渴望与奥地利结成经济联盟，部分原因是奥地利在那时陷入了极度贫困，另外，他们也担心哈布斯堡王朝复辟。与此同时，协约国成员也不愿看到它与德国结盟，以免他们已经投降的德国敌人会因此变得更强大。于是，法令最终规定了德意志奥地利共和国必须维持现状。一个本不想存在于世的国家被告知它必须存在下去——这在历史上还是首次出现！

时至今日，我也难以解释，究竟是什么让我在一个国家处在历史上最糟糕的时刻之际，还自愿想回到那里。我们这些战前时期的人们已经长大了，尽管发生了这一切，我们还是对国家怀有强烈的责任感。在这个最需要帮助的时刻，我们认为自己比以往任何时候都更应该待在我们的祖国，与我们的家人团结在一起。在我看来，为了舒适而逃避正在家园里发生的悲剧，似乎是一种懦弱。尤其是作为《耶利米》的作者，我更觉得自己有责任回到那里，用我的文字帮助国家克服失败。在战争期间，奥地利不需要我，但现在奥地利以失败的姿态结束了这场战争，我却觉得应该回到那里。而且，由于我反对继续处于敌对状态，我因此在公众心中，特别是年轻人心里，树立了一定的道德声望。不过，就算我什么也做不了，至少我还能与同胞们共担这份早已预知的痛苦，并且从中获得满足感。

在那个时候，前往奥地利之前需要像去北极探险一样做好准备工作。你必须穿上羊毛内衣和暖和的外套，因为大家都听说在到了奥地利那边之后就没有煤炭了——而冬天就要来了。你需要给皮鞋再上一层底，因为一旦越过边境，唯一能买到的鞋子就是木屐了。你还需要随身携带食物和巧克力，最好是在瑞士允许的范围内能拿多少就拿多少，从而避免在分到第一张面包票和肉票之前忍饥挨饿。你必须要给行李投一份尽可能高的保险，因为大多数运行李的车都会被抢劫，而每双鞋或每件衣服又都无法替代。只有在十年后我去俄国时，我才做了与此类似的准备。站在布赫斯边境站的站台上，我犹豫了片刻。一年多前，我在抵达这里时感到无比幸福，而现在，在最后一分钟我还未下定决心，是否真的要返回奥地利。我感到这是我生命中的一个关键时刻。但最后我决定去做这件困难的事，准备好了面对随之而来的一切，然后我便登上了火车。

我在一年前到达瑞士布赫斯边境站时是一次令人激动的体验。现在，在返程时，我又在费尔德基尔奇边境站经历了一次同样难忘的经历。就在我走出瑞士列车时，我注意到边境官员和警察似乎好奇地期盼着什么。他们并没有过多地关注我们，只是随便看了看证件。显然，他们在等待更重要的事情。最后，我听到了钟声，一列火车从奥地利方向驶来。警察们立正站好，所有的边防官员都从小木屋里走了出来，他们的妻子显然事先被告知了什么，都挤在站台上。我特别注意到在等候的人群中有一位穿黑衣的老太太和她的两个女儿。从她的举止和衣着来判断，她一定来自某个贵族家庭。她看起来十分伤感，一直用手帕擦着眼睛。

火车慢慢地——或者几乎可以说是庄严地——驶进了车站。这是一列十分特别的火车，不是通常那种饱受日晒雨淋的破旧客运列车，而是一列宽大的黑色车厢。车头停住了。等待的队伍中出现了一阵明显的激动，但我仍然不知道为什么。然后，在火车光滑的玻璃窗后面，我认出了卡尔皇帝，他直挺挺地站在一袭黑衣的妻子兹塔皇后旁边。这让我无比震惊——奥地利最后的皇帝，统治了这片土地七百年的哈布斯堡王朝的继承人,正要离开他的领地!尽管他拒绝正式退位,共和国还是允许他——或者更确切地说是强迫他——带着应有的尊荣离开了这个国家。现在,身材高大的他站在火车窗口,神情肃穆地最后一次望向他的土地、山川、房屋和子民。我目睹了一个历史性的时刻——对于一个成长于帝国传统中的人来说,这给我带来了双倍的震动。我在学校学会的第一首歌就是国歌,之后在军队任职时,我也曾向眼前这位身着便服、严肃而若有所思地望着火车窗外的人物宣誓:"在陆地、海上和空中都要唯命是从。"我曾多次在如今看来十分传奇壮丽的伟大节庆场合中见到过老皇帝的出席,见到过他在美泉宫外面的大台阶上,被他的家人们和那些穿着锃亮制服的将军们簇拥着,接受站在巨大的绿色草坪上的八万维也纳学生们的敬礼——学生们像笛声般的天籁之音在唱到海顿的"上帝保佑"①时齐声上扬,令在场之人无不动容;我曾见过他在宫廷舞会上穿着华丽的制服,出席派赫剧院里的话剧演出,也见过他戴着一顶绿色的施蒂里亚式帽子在伊施尔打猎;我曾见过他,在基督圣体游行队伍中虔诚地点头致意,走向圣斯蒂芬大教堂,也见过他在战争期间一个雾气弥漫的潮湿冬日里安静地躺入皇家墓地。对我们来说,"皇帝"一词是一切权力和财富的集合体,是一个永恒的奥地利象征,我们从小就学会了崇敬地说出这个词。然而现在,这位老皇帝的继承人,奥地利最后一位皇帝,正在被放逐出境的路上。著名的哈布斯堡王朝、皇家权杖和王冠世代相

---

① 这是旧奥地利国歌《上帝保佑皇帝弗朗兹》的第一句歌词。约瑟夫·海顿创作此段旋律时,正值奥地利皇帝弗朗兹二世的在位时期。海顿还在其《皇家四重奏》中加入了这首乐曲,现在此曲已成为德国的国歌。在英语世界中,更加广为人知的是它以赞美诗之歌《美哉锡安》的形式流传的版本。

传的传统，在这个人手上永远地终结了。在场的所有人都感到我们目睹了历史上的一个悲惨时刻。警察和士兵们似乎都有些不忍直视，尴尬地转移了视线，不确定是否应当还像过去那样向他敬礼。妇女们都不敢抬头，所有人都一言不发，因此我们能清楚地听到那位老太太安静地哭泣，天知道她是从多远赶来最后看一眼"她的"皇帝。最后，火车司机发出了信号。每个人都本能地打了个激灵，这个再也回不去的时刻终于到来了。火车头吃力地颠簸了一下，仿佛它也得鼓起全部勇气似的，然后，它便慢慢地驶向了远方。边防官员们恭敬地目送了它离去，然后，带着在送葬仪式上常见的那种尴尬，他们回到了日常工作的小木屋里。就在这一刻，延续了近一千年的奥地利君主政体真正走到了尽头。我也明白了，我将回到一个新的奥地利，一个与过去全然不同的世界。

随着火车消失在视线里，我们也被告知要从干净整洁的瑞士车厢换到奥地利车厢里去。你只需看一看车厢的样子，就能预先知道这个国家的现状了。领我们到座位上的检票员看上去面黄肌瘦，衣衫褴褛，破旧的制服松散地搭在佝偻的肩膀上。用来推拉车窗的皮带被人剪掉了，因为每一块皮革都很值钱。刺刀和匕首也在椅子上留下了乱砍的痕迹，某个无耻之徒甚至把整块坐垫都无情地切掉了——可能是他急于补鞋，把能找到的皮料都偷走了。烟灰缸也被偷了，因为里面含有少量的镍和铜。深秋的凉风，夹杂着在这种冷天里用来加热引擎的劣质褐煤的烟尘和灰烬，透过破碎的车窗吹了进来，在车厢的地板和墙壁上留下点点黑印。不过至少这种煤烟味冲淡了刺鼻的碘仿味道——那种味道会让人想起这列如今只剩一副铁架子的火车在战争期间曾经运送了多少伤员。火车最终开动了，这几乎是个奇迹（虽然那么令人乏味）。每当这些急需润滑的车轮发出不那么刺耳的叮当声时，我们就担心那台破旧的发动机是不是要寿终正寝了。以前只需一小时的车程，现在要花上四五个小时。暮色降临时，车厢里一片漆黑。灯泡要么被打破了，要么被偷走了，所以如果你想要找什么东西，就不得不借助火柴的亮光摸索着进行。唯一能够防止被冻僵的方法就是六到八个人从旅程一开始就挤坐在一起。但是更多的乘客在下一个车站挤了进来，然后越来越多，他们都在等了几个小时车后筋疲力尽。走廊里挤满了人，甚至有人站在车厢入口的台阶上。此外，他们都焦急地抓着自己的行李和食品包，没有人敢在黑暗中放手哪怕一分钟。虽然身在和平时期，我却又回到了过去对战争的恐惧之中。

在快到因斯布鲁克时，火车突然开始倒气，并且急促地颤抖起来。尽管它呼哧呼哧地喘着粗气，却始终无法爬上一个小斜坡。铁路工人提着冒着烟的煤油灯在黑暗中焦急地跑来跑去。一个小时后，一台辅助引擎冒着气发动了起来，所以我们最终用了十七个小时，而不是平日里的七个小时，才到达萨尔茨堡。车站里也没有搬运工，最后只有几个衣衫褴褛的士兵提供了帮助，把我携带的行李装上了一辆出租马车，但是车头的那匹马已经无比衰老，而且营养不良，与其说是它拉着马车向前，不如说它似乎是靠着车轴才能支撑着站立。在这匹可怜的马儿驮着我放在马车上的行李到了车站行李寄存处之后，我便再也不忍心让它多走一步了。然而我对放在寄存处的行李也非常担忧——我日后还能再见到它们吗？

战争期间，我在萨尔茨堡买了一所房子。由于我与老朋友们对待敌方的态度截然不同，致使我与他们渐行渐远，这令我打消了住在拥挤的大城市里的念头。后来我也发现，无论走到哪里，与世隔绝的生活方式都对我的创作十分有利。萨尔茨堡的地理位置和周围的风景让它在奥地利所有小城市中脱颖而出，成为我最好的选择。它靠近奥地利边境，距离慕尼黑只需两个半小时的车程，离维也纳也只需要五个小时，从这里去苏黎世和威尼斯是十个小时的车程，而坐到巴黎则需要二十个小时——所以从总体上来说，它是出发去往欧洲各地的绝佳地点。当然，它在那时还没有因为举办艺术节而成为广受欢迎的避暑胜地，吸引各类大人物和势利小人会集于此，否则我绝不会选择它作为一个写书创作的地方。在那时，它仍然只是一座坐落在山坡上的古老而安静的浪漫小城。阿尔卑斯山沿着周围的山地和丘陵地带缓缓地延伸至远处的平原。我的房子坐落在一座长满树木的小山丘上，这座小山就像是连绵山脉的最后一浪余波。汽车无法到达这里——你只有艰难地沿着一条小路爬上一百多级台阶才能到达这里——而作为对这种辛苦的回报，你可以从露台上欣赏到萨尔茨堡的各种屋顶、山墙和塔楼所呈现的迷人风景。除此之外，阿尔卑斯山脉的美丽全景也会在你眼前一览无余——当然，我还需要提到的是，在对面位于贝希特斯加登附近的萨尔茨山上，在当时还默默无闻的一位名叫阿道夫·希特勒的人不久将在此地居住。后来的事实证明，这所小房子有多么浪漫，就有多么不切实际。它建于十七世纪，前身是一座背靠坚固城墙而建的大主教的狩猎小屋，在十八世纪末又在左右两边各增加了一个房间。房间里有漂亮的旧墙纸，还有一个彩色保龄球，是弗朗茨皇帝一八〇七年访问萨尔茨堡时，在玩球时从我们①这所房子的长廊上滚下

---

① 尽管茨威格并未在叙述中提及私人生活的详细信息，但此处首次出现的第一人称复数形式表明，此时他已与第一任妻子弗里德里克结婚。这也是弗里德里克的第二次婚姻。

来的一套彩球中的一个。几份写在羊皮纸上的旧文件注明了它曾在多位所有者手中流转过，足以见得它曾经的辉煌岁月。

我们日后来拜访的客人都会被这个小城堡迷住——长长的正面使它看起来相当宏伟，但因为它的宽度不够，所以实际上只有九个房间——这在过去是个新奇的设计，然而在我们住进去的时候，它曾经的历史起源就带来了诸多问题。我们发现这个家几乎完全不能居住。雨水欢快地滴落在房间里，每下一场雪，整个走廊都会湿透，想把屋顶好好修理一下并不大可能，因为木匠没有木料做椽子，水管工也没有铅料做排水渠。我们费力地用毡子盖住屋顶上那些破得最彻底的裂洞，但是在大雪纷飞的时候，除了我自己爬上屋顶，在雪渗进来之前把它铲掉之外，就再没有别的办法了。电话也有问题，工人们不得不用铁代替铜线来连接电话线。由于那里没有人送货，芝麻大的物件也得我们自己搬着上山。但最难以忍受的其实是寒冷，因为方圆数英里①都没有煤。花园里的木头太绿了，在燃烧时像蛇一样嘶嘶作响，但提供不了任何热量——只是冒着水汽，发出噼啪声，却无法正常燃烧，所以我们暂且使用泥炭来取暖——至少它能提供一个温暖的表象。三个月来我的大部分工作都是在床上用冻得发紫的手指完成的。每写完一页，我都不得不把我的手放在被子底下暖和暖和。然而，即使是这种不适宜居住的住宅也必须加以保卫，因为在那灾难性的一年里，除了普遍缺乏食物和燃料之外，住房也很短缺。奥地利已经有四年没有建造新的建筑，许多房屋已经破败不堪，现在突然间无数从战场上撤下来的和被敌方俘虏的士兵们涌了回来，却无处可去，所以在每一间

---

① 1英里=1609米。

可用的房间里都需要安置一家人。委员会的官员来拜访我们，但我们在此前已经自愿放弃了两间屋子。不过这所房子在最初看来不友好的居住条件，在这时却派上了用场——因为没有人愿意爬几百级台阶就为了在这里冻死。

在当时，每一次贸然前往市区都是一种痛苦的经历。我第一次在饥肠辘辘的人们危险的黄色眼睛里，看到饥荒到底是什么样子。面包只不过是黑色的面包屑，尝起来还有沥青和胶水的味道；咖啡是用烤大麦煮成的汤；啤酒只不过是黄色的水；而巧克力吃起来像一种褐色的沙质物质；土豆也都被冻坏了。很多人为了不完全忘记肉的味道会去捕兔子吃。一个年轻小伙子在我们的花园里射杀松鼠，作为星期天的午餐。被喂养得很好的猫猫狗狗如果闲逛到太远的地方，就基本回不来了。唯一还能买到的衣料只有经过加工过的纸，那质量只能称作是替代品的替代品。几乎所有人都穿着旧制服，甚至从仓库或医院收集来的俄罗斯制服（是好几个死人曾经穿过的），裤子则是用旧麻袋做的。街上到处都是空荡荡的商铺，就好像被抢劫过似的；破败房屋上的水泥像疮痂一样剥落下来；看上去明显营养不良的人们艰难地拖着身体去工作。这让人非常不安。住在平原上的乡下人能吃得更好，但是群体的道德沦丧意味着没有一个农民会愿意以法律规定的"最高价格"出售他的黄油、鸡蛋和牛奶。他们会把所有能卖的东西都存放起来，等着买主来出一个更好的价格。不久就出现了一种新兴职业——囤积客。无业游民们背上几个帆布背包，从一个农场游荡到另一个农场，甚至乘火车去产量较高的地区，以非法价格购买食物。然后在城市里再以四五倍的价格出售。一开始，农场主们很高兴有源源不断的纸币来换取他们的黄油和鸡蛋，他们也把纸币都积攒起来。

但是，等到他们带上鼓鼓的钱包进城买东西，才崩溃地发现，他们只把食物的卖价提高了五倍，而与此同时他们想购买的镰刀、锤子和锅碗瓢盆的价格却翻了二十或五十倍。在那之后，他们便试着直接以实物交换。在战争期间，人类已经在战壕里欣然地退化到了穴居时代，到现在，又开始进一步抛弃几千年来的金融交易传统，回归以物换物的原始状态。一种怪诞的贸易方式传遍了整个奥地利。城镇居民把他们暂时用不上的所有物品——中国的瓷器花瓶、地毯、刀剑和枪支、相机和书籍、灯具和装饰品——带到了乡下。如果你走进萨尔茨堡附近的一间农舍，你可能会惊讶地看到一尊印度佛像正看着你，或是看到一个洛可可风格的书柜，里面放着皮革装订的法文书籍。这些书的新主人对此无比自豪，会咧嘴大笑着告诉你："这是真皮！法国货！"当时的人们只需要实物，而不是货币。许多人不得不抛弃他们的结婚戒指或者束身的皮带，只为了不让自己饿到灵魂出窍。

最后，当局开始出手干预，试图结束这种场外交易。除了极其富有的人之外，这种交易对任何人都没有好处。各省都设置了警戒线，把用火车或自行车运送货物的囤积客手中的货物没收掉，并移交给城市地区的配给办公室。囤积客们则进行了反击，他们组织了一种美国西部式的夜间运输，并且贿赂了负责没收的官员，因为官员家里也有饥肠辘辘的孩子。他们有时候还会真刀真枪地进行反抗——在前线经历了四年战斗之后，这些人已经可以熟练地应对起来了，例如，他们十分清楚在逃跑时如何在野外隐蔽自己。随着时间的推移，混乱越来越严重，民众也越来越焦躁不安，因为金融贬值日益明显。邻国用自己的货币取代了旧奥地利的纸币，让小小的奥地利几乎承担起了兑付旧奥地利克朗的全部重担。让人们产生怀疑的第一个迹象是，硬币不再流通了,因为哪怕是一枚小型的铜币或镍币也比印刷的纸张更为真实。尽管国家可以通过启动印钞机印出无限的人造纸币——就像魔鬼梅菲斯特所提议的那样[①],但是它跟不上通货膨胀的步伐。每个城镇,到最后甚至每个村庄,都纷纷开始印刷自己的"紧急货币",但这些货币并不能在邻近村子里流通。在它们得到了正确的认可之后(人们日后意识到了它们根本没有什么内在价值),便被扔掉了。我想,如果一位经济学家能以生动的笔法描述这场始于奥地利,然后蔓延到德国的通货膨胀的各个阶段,他一定能写出一本比任何小说都更引人入胜的书来,因为混乱的形式变得越来越不可思议。很快,再也没有人知道任何东西的成本是多少了。价格随意地飙升:在提早涨价的商店里买一盒火柴可能要比在另一家贵二十倍,而在另一家商店里,不那么贪心的店主还在以昨天的价格出售他的产品。然而,对他诚实的回报就是,他会眼睁睁地看着他的店铺在一个小时内被抢购一空,因为一个顾客会告诉另一个顾客,于是最后所有人都蜂拥而至,不管是否需要,都赶来购买一切还能买到的东西。甚至一条金鱼或一个旧望远镜都代表着"真正的价值",而且每个人都只想要这种真正的价值,而不是纸币。在种种不可思议之中,最荒唐的就是其他费用和租金之间的差异。为了保护人口中占大多数的租房客们,政府禁止了任何形式的租金上涨,但这对房东无疑是件坏事。很快,奥地利一套中型公寓一年的租金还不到一顿午餐的价格。实际上,全国上下在那五到十年里几乎都是免租金的,因为在之后甚至连房东终止房客租约的行为

---

① 这是出现在歌德的《浮士德》(第二部分)中的一个魔鬼般的人物,他建议中世纪的皇帝通过扩印纸币使自己摆脱困境。

也被禁止了。这种疯狂的混乱状态持续了一周又一周,情况变得越来越荒谬而且不合逻辑。一个四十年来一直积攒积蓄、并且把钱投进了战争贷款的爱国人士沦为了乞丐,而一个曾经负债累累的人现在却不用再受到债务的约束。循规蹈矩地接受分配的老实人会忍饥挨饿,而无视规则的活跃分子则能让自己吃得饱饱的。如果你知道如何行贿,你就会过得很好,如果你进行投机,你就能获利。按成本价出售商品的人会被抢劫,精打细算过日子的人到头来还是会一文不剩。随着货币的流失和蒸发,市场上不再有任何价值标准;唯一的美德就是要做个适应力强、肆无忌惮的聪明人,主动跳上这匹脱缰的马,而不是让它践踏你。

此外,当奥地利人因价值暴跌而失去了金融标准的一切概念时,许多外国人意识到了他们可以在这片混乱之中浑水摸鱼。在持续三年的飞速通货膨胀期间,只有一种东西在国内有稳定的价值,那就是外汇。当奥地利克朗的价值像融化的肉冻一样从指间流失时,每个人都会想要持有瑞士法郎和美元。大量的外国人利用了这一经济形势,都企图在旧奥地利货币那具颤抖的尸体上分一杯羹。在这段荒诞的"旅游旺季"里,奥地利被"发现"了——它灾难性地引起了外国游客的注意。维也纳所有的旅馆里都挤满了这些秃鹫;从牙刷到乡村房产他们什么都买;在他们把私人收藏的古玩和古董商的店铺抢购一空之后,这些物品的原主人才意识到,在他们急需帮助的时候,他们反而遭遇了性质多么恶劣的抢劫和欺骗。来自瑞士的酒店接待员和荷兰的速记打字员能住得起环城大道酒店里的豪华套房。更令人难以置信的是,我可以确定,萨尔茨堡的著名豪华饭店"欧洲饭店"在很长一段时间里都被失业的英国无产阶级给订满了,因为他们有相当丰厚的失业救济金，而住在这里比住在家乡的贫民窟要便宜多了。秘密总是会不胫而走。奥地利生活成本低廉和物价便宜的消息逐渐传播开来，贪婪的游客来自越来越远的地方——瑞典，甚至法国。在维也纳市中心的街道上，你越来越多地听到意大利语、法语、土耳其语和罗马尼亚语，而不是本地人所说的德语。即使是起初通货膨胀速度要慢得多的德国——尽管它后来的情况比奥地利糟糕百万倍——也利用了奥地利克朗相对于德国马克贬值的这段窗口期。由于萨尔茨堡处在边境上，我有很好的机会可以观察到这些每天"袭击"我们的队伍。成百上千的德国人从邻近的巴伐利亚城镇和村庄涌入我们这个小城。他们来这里找人做衣服，修汽车，找萨尔茨堡的药剂师和医生看病，就连慕尼黑的大公司也会选择从奥地利往外寄出信件和电报，从邮费的差价中节约成本。最后，在德国政府的敦促下，他们成立了一个边境检查站以阻止德国公民在萨尔茨堡，而不是在本国的商店里购买那些廉价商品——在那时一个德国马克可以换来七十个奥地利克朗。这样一来，所有在奥地利购买的商品都会被海关没收，但是，有一样东西无法被没收——那就是你已经喝掉的啤酒。每天，来喝啤酒的巴伐利亚人都要根据汇率来计算，克朗的贬值能让他们用原本在国内只能喝上一升啤酒的钱，来萨尔茨堡及其周边地区喝上五升、六升或是十升啤酒。没有比这更大的诱惑了，成群结队的游客带着他们的妻子和孩子，从附近的费赖拉辛和莱因哈尔越过边境来到这里，尽情地把啤酒灌进肚子里。每天晚上，火车站都是一片混乱，挤满了一群群醉醺醺的、哭喊着的、打着饱嗝儿的、随地吐痰的德国人。他们中的许多人由于高估了自己的酒量，不得不在酩酊大醉的人群的叫喊声和歌声中被人搬上通常用来运行李的手推车，被一路推进车厢里，然后再由火车把他们送回自己的国家。当然,这些兴高采烈的巴伐利亚人并不知道一场可怕的复仇正等着他们:当奥地利克朗稳定下来后,而与此同时马克的价值又一落千丈时,奥地利人也从这个车站坐到了德国,在他们那里享受廉价的啤酒,同样的景象在那时又一次上演了,尽管那次是在边境的另一边。在两次通货膨胀期间发生的这场啤酒大战是我最奇怪的记忆之一,因为它清楚地以几乎是最生动、最怪诞的方式,折射出了那几年整个群体疯狂的人性。

  最奇怪的是,不论我现在如何努力地回想,我也记不起来那些年我们是如何设法维持家用的了。当时在奥地利的人们每天仅仅为了生存就需要花费几千甚至数万克朗,后来在德国甚至要花费数百万马克,而且数字还在不断地攀升。但神秘的事实是,不管用的是什么方式,我们确实做到了。我们习惯了混乱,并且适应了它。从逻辑上讲,一个从未经历过那段日子的外国人可能首先会想到,在这个鸡蛋价格最多能抵得上过去奥地利一辆豪华车的价格的时代,在后来在德国需要花上四十亿马克——这大概是在通货膨胀之前大概所有大柏林地区的建筑物的总价——才能买到鸡蛋的时代,妇女们会扯着头发在大街上狂奔;商店里会空无一人,因为没人能买得起任何东西;剧院和其他娱乐场所也不会有观众出现。然而,令人惊讶的是这一切在现实中恰恰相反。事实证明,延续生命的意志力比货币的不稳定性更为强大。在动荡不安的金融体系下,日常生活几乎没有改变。当然,每个个体确实感受到了巨大的变化——富人放在银行和政府债券里的钱凭空蒸发了,变得一贫如洗,而投机者们变得异常富有。但是,不管每个人的命运如何,这个机械飞轮仍然以同样的节奏转动着,时代的洪流依旧滚滚向前。面包师照常做面包,鞋匠做靴子,作家写书,农民种地，火车定期运行，报纸会在每天早晨照常摆放在门外，而娱乐场所，尤其是酒吧和剧院，也人满为患。因为在曾经最稳定的货币都开始每天不断贬值时，人们便会来欣赏创作、爱情、友谊、艺术和大自然这类具有真正价值的事物了。在灾难之中，整个国家都怀着比以往更加强烈的热情去生活，把生命升华到更高的音调。青年男女会去山上散步，在回家时让自己被太阳晒得黝黑；舞厅里的音乐会一直演奏到深夜；到处都建立起新的工厂和业务。我从来没有像在那些年那样，在生活和工作中投入如此高强度的专注。以前对我们很重要的事情现在变得更重要了。在奥地利，艺术从未像这段混乱时期那样受到欢迎。在金钱让我们失望透顶之后，我们意识到，我们身上能恒久不变的东西，只有那些能流传下去的事物。

我永远不会忘记，歌剧表演在我们最穷困潦倒的时候是什么样子的。人们在昏暗的街道上摸索着前行，因为由于燃料短缺，路灯照明受到了影响；我们用一沓在以前可以租下一整年豪华包厢的钞票在廊厅里买上一个座位，在座位上观看时需要裹着大衣，因为礼堂里没有暖气，为了取暖，人们互相紧紧地挨着。曾经因为华丽的制服和昂贵的礼服而熠熠生辉的剧院，在如今却是那么阴郁和灰暗！没人知道，如果钱继续贬值，煤也运不进来的话，下周的歌剧是否还能继续演下去。在这个昔日像皇宫一样豪华的剧院里，一切都被奢华的装潢衬托得更加令人绝望。因为物质的匮乏，坐在舞台后排灰色阴影里的爱乐乐团演奏家们，看上去憔悴又疲惫，在这个如今阴森恐怖的剧场里，骨瘦如柴的观众也像幽灵一样木然地坐着。就在这时，指挥举起了指挥棒，大幕徐徐地拉开了，演奏比以往任何时候都更加精彩。歌唱家和音乐家们倾尽全力，因为他们都觉得这可能是最后一次在他们深爱的剧院演出了。我们观众们则屏息静听，比以往任何时候都更全神贯注，因为我们心里明白，这也许也是我们最后一次观看演出。成千上万的人们就过着这样的生活。在这几个星期、几个月，甚至几年里，我们都在濒临崩溃的边缘竭尽全力。那段岁月让我前所未有地感受到，在包括生命和生存本身在内的一切都危如累卵之际，在整个民族和我自己身上的那种想要好好活着的意愿却是那么强烈。尽管如此，我还是很难向任何人解释我们这个贫穷的、被掠夺的不幸国家是如何在那个时候生存下来的。在我们的右边是巴伐利亚，在当时是一个由人民委员会管理的共产主义共和国，左边则是在贝拉·昆①的领导下变成了布尔什维克国家的匈牙利。在我看来，革命之火没有蔓延到奥地利是十分令人震惊的，因为可以引爆它的炸药随处可见：复员的士兵穿着破烂的衣服，饥肠辘辘地走在街上，痛苦地看着大发战争财的人过着恬不知耻的奢侈生活，看着通货膨胀带来的种种后果；一支红色部队已经在兵营里集结并武装起来，而且在当时没有任何可以与之抗衡的严密组织。在那时，只需要两百个意志坚定的人就可以夺取维也纳和整个奥地利的政权。但是，并没有什么太激烈的事情发生。只有一次，一个纪律并不严明的组织试图发动政变，但是被几名武装警察轻松击退了。于是奇迹变成了现实——在被迫与以前的工厂、煤矿和油田分割之后，在纸币经历了像雪崩一样的暴跌而变得一文不值之后，这个贫穷的国家却存留了下来。也许这是因为它的软弱，因为民众过于虚弱和饥饿，无法为任何东西而战，或者也许是由于奥地利

---

① 贝拉·昆（1886—1938），匈牙利苏维埃共和国的领导人，该共和国在1919年仅持续了六个月。

人的天性和隐秘的力量——他们天生的和解倾向。因为在这一至暗时刻，尽管两大主要政党——社会民主党和基督教社会党存在着深刻的分歧，但他们还是走到了一起，组成了一个联合政府。双方都对彼此做出了让步，以避免一场会把整个欧洲都席卷而空的风暴。慢慢地，各方条件开始得到整合，某种秩序悄然地实行了下去。令我们大家惊喜不已，而且难以置信的事情发生了——这个千疮百孔的国家确实存续了下去，在后来希特勒想要夺走这个忠诚国家的灵魂的时候，它甚至已经准备好了去捍卫自己的独立，正如它曾经在最困顿的岁月里勇敢地准备迎接牺牲一样。

不过，激进的动荡只是在表面上和政治上得以避免；在战后的头几年里，人们的头脑中发生了一场巨大的革命。在军队铁蹄的践踏之下，人们心中的某种信念——我们这一代在年轻的时候被灌输的那种对权威绝对忠诚和顺从的信念——也被粉碎了。但是，对于那位曾经宣誓"除非只剩单枪匹马，否则绝不罢休"，然后却在黑夜和浓雾的掩护下逃过边境的德国皇帝，还有他们的军队指挥官和政治家们，以及那些一直在写爱国诗的作家们——他们的诗仍然充斥着各种必须、死亡、战争、胜利的押韵，现在的德国人是怎么还能做到依旧仰慕他们呢？随着整个国境上空的火药烟雾慢慢地消散开来，战争所造成的可怕破坏完全清晰地显现出来了。四年来，在以英雄主义和军队征用的名义犯下了种种谋杀和抢劫的罪行之后，人们怎么还能认为道德信条仍然有效呢？对于一个肆意取消对其公民的义务的国家，人们又怎么还能相信它的承诺呢？而现在，还是这一帮所谓的老道之人，他们超越了之前发动战争时的愚蠢，在商谈和平时表现得更为糟糕，过犹不及。在今天，每个人都知道了——在当时我们中的一些人也知道——第一次世界大战之后的和平给我们带来了历史上最伟大的道德机遇之一，甚至可以说是无出其右。威尔逊知道这一点，他高瞻远瞩地勾勒出了一个实现真正持久的国际谅解计划。但是，老将军们、老政治家们，以及之前各个利益集团亲手毁掉了他的这一美好想法，把他的计划撕得粉碎。这些人曾对数百万人做出了伟大神圣的承诺——这是一场结束一切纷争的战争，这一承诺让因为筋疲力尽和梦想幻灭而绝望的士兵们，耗尽了最后一丝力气。然而，十分讽刺的是，士兵们不过是为弹药制造商的利益和政客的赌博白白做出了牺牲。而这些人，通过签订秘密条约和闭门谈判这种古老而致命的战术，成功地逃避了威尔逊充满智慧和人性的诉求。但是，一旦世人睁开了双眼，他们就会清楚地看到自己被无情地背叛了。牺牲了孩子的母亲，在战场厮杀归来后只能沿街乞讨的士兵，所有为战争贷款捐款的爱国人士——每一个相信国家承诺的人，都遭到了背叛。我们所有人都梦想着建立一个美丽新世界，然而，到了如今，我们又一次陷入了这场旧日的游戏之中，而我们的生活、我们的幸福、我们的时间和财产都被押在了赌局上，供这些旧日的赌徒们，或许还有新加入的赌徒们下注押宝——我们都被出卖了。难怪整个年轻的一代都对他们的父辈怀有痛恨和蔑视，因为他们的父辈先是让自己被剥夺了胜利，然后被剥夺了和平，他们做错了一切，没有预见到任何灾难，并且在各方面都做出了错误的判断。新一代人对老一辈人没有任何尊重，这难道不是很容易理解的吗？这些年轻人中没有一个人相信他们的父母，相信政客或者老师，在阅读每一份国家法令或公告时都满腹怀疑。战后的这一代人通过毅然决然的激烈反抗，挣脱了先前所接受的一切。这一代人放弃了所有传统，决心将命运掌握在自己手中，他们势不可挡地从旧时代冲进了新的未来。年轻人在生活的各个领域都开启了一个不同的新世界和新秩序。当然,这一切在起初都伴随着疯狂的夸张。在他们眼中,除了同龄人之外任何年纪的人或事物都过时了,都要被画上句号。十一二岁的孩子们不再和父母一起度假,而是组成候鸟小组①去徒步旅行,这个小组在性问题上纪律严明,而且有良好的指导,他们最后甚至去到了意大利和北海地区。在学校里,他们则成立了俄国模式的学校理事会,年轻人密切关注教师们的行为并自行更改课程,因为学生们只想学习自己喜欢的东西。他们纯粹为了反抗曾经被迫接受的一切而进行各种叛逆的行为,甚至违反自然秩序和两性之间亘古不变的差异。女孩子们把头发剪得很短,以至于根本无法把她们与男孩区分开来。年轻男孩则剃掉了胡须,看起来更像女孩。同性恋成了时尚,它不再是年轻人本能驱使的结果,而是对所有遵守旧时的传统、法律和道德的爱情形式的一种抗议。每种表达形式,当然包括艺术,都尽可能地试图包含激进性和革命性。新派画家们公然宣称伦勃朗、霍尔拜因和维拉克斯奎兹所创作的一切都过时了,并且开始了最疯狂的立体派和超现实主义派的实验性创作。在每个领域里,那些易于被大众理解的——音乐中悦耳的旋律,画作中美丽的人像,语言中清晰的表达——都会受人鄙视。在新趋势之下,文章里明确清晰的描述会被省略,句子结构会被颠倒,所有内容都以简短的电报形式写成,并以令人兴奋的感叹号结尾。此外,所有不是带有"激进主义"风格的文献,比如基于政治理论的文献,都被扔进了垃圾堆里;在音乐上,

---

① 这一团体的字面意思是"候鸟",最初只是一种非政治性的组织形式,但后来蒙上了一层民族主义色彩。

新一代作曲家们不断地实验新的音调，创造新的切分方式；建筑师们则把建筑物由内而外地反了过来；在舞蹈中，古巴和美国黑人节奏舞取代了华尔兹舞；时尚界对裸露的强调变得越来越荒谬；出演《哈姆雷特》的演员们穿着现代服装，试图带来爆炸性的戏剧效果。在艺术的各个分支都开始了一段漫长的实验期，人们希望能在这个有着强大影响力的领域里超越过去所做的一切。一个人越年轻，所学的知识越少，就越能不受传统的约束——最终，年轻人成功地发泄出了对父母一辈的怨恨。在这场狂欢嘉年华之中，在我看来没有什么比上一代知识分子们更可悲又可笑的处境了。由于担心自己被淘汰，或者被视为过时，他们惊慌失措地赶紧装出一副虚伪的"野性"，手忙脚乱地试图跟上这些离经叛道的行为。艺术学院里的灰棕色头发的呆板教授，在他们现在无人问津的静物画中添加了各种象征性的方块，因为年轻的策展人——现在必须要是年轻人，而且年龄越小越好——正在画廊里清理所有其他类型的画作，打算把它们束之高阁，因为它们过于古典风格了。那些多年来用文雅清晰的德语写作的作家们，现在也把句子砍得乱七八糟，走向了"激进主义"的极端。矮壮的普鲁士人自豪地顶着枢密院议员的荣誉头衔，在台上宣讲卡尔·马克思的思想；前宫廷芭蕾舞演员们半裸着跳舞，跟着贝多芬的《热情奏鸣曲》或者勋伯格的《升华之夜》做出奇怪的扭曲姿势。随处可见上了年纪的人疯狂地追求着最新的潮流趋势。突然之间，除了一颗渴望年轻的心，除了迅速跟进昨天的最新趋势，然后再提出一个更激进、更新颖的话题之外，再没有什么是更重要的了。

在那几年，由于货币价值的下降，奥地利和德国的其他所有价值都开始崩塌，这是一段多么荒诞的时期——无政府主义横行，令人难以置信！这是一段狂喜和欺骗交织的动荡时代，一段焦灼和狂热结合的独特时代！同时，它也是一切奢靡和不受控制的事物发展的黄金时期：神智学、神秘主义、招魂术、催眠术、人智学、手相术、笔相学、印度瑜伽的教义和巴拉赛尔士式神秘主义等，每一种能带来极端的、闻所未闻的全新体验的事物，每一种形式的麻醉品——吗啡、可卡因、海洛因——都会像刚出炉的蛋糕一样被抢购一空；剧院里上演着包含大尺度的乱伦和弑父情节的剧本；在人们谈到政治时，共产主义和法西斯主义的极端性是唯一的话题。任何形式的常态和节制都遭到了冷遇。考虑到它能给我带来全新的体验和艺术发展，我并不想错过经历那段混乱时期。像所有知识革命一样，它在最初的狂热中以势如破竹般的能量向前推进，一扫从前陈腐发霉的传统气息，并且消解了多年来的紧张氛围。在人们进行的诸多大胆实验之中，它确实也产生了一些能够流传下来的、富有价值的想法。当我们对它所带来的夸张之风感到不安时，我们同时也觉得自己无权谴责，也没有资格傲慢地拒绝。因为从本质上来说，在我们谨慎地冷眼旁观之际，是这群新一代的人们正在努力着——或者说有些过分热情和不够耐心地——试图纠正我们这一代人由于疏忽大意所犯下的罪行。他们心底里最本能的感觉——战后的世界必须不同于战前时期——在我们看来是十分正确的。一个新时代，一个更美好的世界——这难道不正是我们，他们的长辈们，在战争之前和战争期间想要的吗？的确，即使在"一战"结束后，我们老一代人也直到最近才明白，我们无力在合适的时机组建超越国家的组织来应对世界被重新政治化的危险。不过，在此之前，甚至早在"一战"结束后的和平谈判时期，凭借其小说《火》获得了国际声誉的巴布斯，都还在努力尝试建立一个由所有欧洲知识分子组成的联盟，从而实现和解。这个组织被命名为"清醒"，作为一个由一群思想清醒的人组成的协会，它希望团结各国的作家和艺术家们，并宣誓要反对未来任何鼓励煽动大众情绪的行为。巴布斯曾邀请我和勒内·希克利负责该协会的德语作家组，这也是我们工作中最为困难的一部分，因为整个德国在那时还郁积着签订《凡尔赛条约》的愤懑。只要莱茵兰、萨尔和美因茨桥头堡仍被外国部队占领着，我们就没有机会赢得德国杰出人物对超民族主义思想的认可和支持。而且，如果巴布斯在当时没有让我们失望的话，我们很可能已经成功建立了像高尔斯华绥日后建立的笔友俱乐部一样的组织。然而，致命的问题出现了：前往俄国的旅程以及他在俄国受到的热情接待使他相信，资产阶级国家和民主国家永远不可能在各民族之间带来真正的兄弟情谊。他认为只有在共产主义的领导下，才能建立起国际间的兄弟友爱。他试图悄然地把"清醒"组织作为阶级斗争中的武器，但是，我们婉拒了这种激进主义，认为它必然会拉低我们的水准。因此，这个本身富有重大意义的计划，最终还是破灭了。由于我们过于重视自由和独立，我们在争取思想自由的斗争中再一次遭遇了失败。

因此，现在只剩一件可以做的事了——在隐居状态下安静地继续自己的工作。在表现主义者和驱逐主义者们的眼中——如果我可以编造这两个词来形容他们的话——由于我拒绝通过做作的模仿来适应新的一代，在我三十六岁的时候，我已经退居成为销声匿迹的上一代。我也不再喜欢自己的那些早期作品，并打算永远不再重印在我早先"纯粹美学"时期的任何作品。这意味着我要等待这些急不可耐地滚滚向前的各种"主义"浪潮消退之后，再重新开始。在这种情况下，我那缺乏野心的性格特点就显得格外有用了。我开始精心策划编写我的《世界大师》系列①,我知道这肯定会占用我多年的时间。带着与"激进主义者"风格相去甚远的镇定,我还写了几部中篇小说,例如《马来狂人》和《一个陌生女人的来信》。随着我的国家和周围的一切逐渐开始恢复到有序的状态,我也再不能像以前那样逃避了。那个自欺欺人,认为我所做的一切只是权宜之计的时代已经结束了。我已经到了人生的中期,已经过了那个仅仅只是做出承诺的年纪。现在,是时候兑现这一承诺了——要么我将成功地证明自己,要么我将彻底放弃。

---

① 其英译名为《世界大师》,这套丛书是斯蒂芬·茨威格长期以来为著名人物(托尔斯泰、卡萨诺瓦、司汤达、狄更斯等人)所撰写的传记总集。

再度回归世界舞台

我在奥地利度过了战后最糟糕的三年——一九一九年、一九二〇年和一九二一年,在偏僻的萨尔茨堡埋头工作,几乎放弃了任何再次见到更广阔世界的希望。所有的一切:战后崩溃的影响,其他国家对日耳曼人或用德语写作的人的仇恨,以及我们货币的贬值,都带来了灾难性的后果,以至于我们已经甘心接受了终身留在自己狭窄的国界之内的黯淡前景。但是现在一切都慢慢变好了:食物又开始变得充足了,我也可以坐在书桌前不受打扰地工作了。没有抢劫,没有革命。我还活着,并且意识到自己的力量。我为什么不能重温年轻时的快乐,去游历国外呢?

长途旅行似乎不太可能,但意大利离我们很近,只有八到十个小时的路程。为什么不去冒个险呢?意大利人认为奥地利人是他们的死敌,但我自己从未有过这种感觉。我难道一定要接受可能会遭受敌意的事实吗?难道就因为我有可能使他们尴尬,我就必须要避开我的老朋友们吗?我偏要试一试。于是,在某个中午,我越过边境进入了意大利。

那天晚上我抵达了维罗纳,打算下榻一家旅馆。接待员递给我登记表，我填好后他看了看，当看到"国籍"一栏下面是"奥地利人"这几个字时，他感到很惊讶。"Lei è Austriaco？（你是奥地利人吗？）"他问道。我不知道他是否会给我开门。但当我说我是的时候，他非常高兴。"Ah! che piacere! Finalmente!（太高兴了！终于等到这一刻了！）"他对我来到意大利表示欢迎，这也进一步证实了我在战争中获得的印象——所有对仇恨的宣传和煽动只是引起了暂时的精神狂热，但从未真正触及绝大多数欧洲人的内心深处。一刻钟后，友好的接待员来到我的房间，确认一切是否正常。他热情地称赞我流利的意大利语，分开时我们饱含深情地握了握手。

  第二天我到了米兰，先去欣赏了大教堂，然后在维托伊曼纽二世拱廊①里漫步。能再次听到像音乐一样悠扬的意大利语，悠然地游荡在所有的街道上，享受我熟悉的这个异国城市，令我感到十分惬意。路过某幢大楼时，我偶然看见上面写着"晚间邮报"。我突然意识到，我的老朋友G. A. 博吉斯在那家报纸的编辑部担任高级职务——在博吉斯的陪伴之下，我、凯萨林伯爵还有本诺·盖格一起在柏林和维也纳度过了许多热闹欢乐的夜晚。他是意大利最优秀、最富有激情的作家之一，对年轻一代有巨大影响。尽管他翻译过歌德的《少年维特的烦恼》，对德国哲学有着狂热的激情，但他在战争中对德国和奥地利采取了坚定的反对立场。他和墨索里尼并肩站在一起（但是他们后来闹翻了），敦促整个意大利奋起反抗。在整个战争过程中，每当我想起这位老朋友是另一边的干涉主义者时，总会有种奇怪的感觉。现在，我忍不住想去拜访我的"敌人"了。但是，我不想冒着被无情冷待的

---

① 维托伊曼纽二世拱廊是建于十九世纪晚期位于米兰的一个带顶盖的巨型拱廊。

风险，所以我给他留了名片，上面写着我的旅馆地址。还没等我走下台阶，就有人追了上来，活泼的脸上洋溢着愉快的笑容——原来是博吉斯本人。还不到五分钟，我们就又恢复了以前的友好关系，甚至更友好了。他也从战争中吸取了教训。在这场冲突中，我们各自的立场却让我们比以往任何时候都更加亲近对方了。

同样地，在佛罗伦萨的大街上，我的老朋友画家艾伯特·斯特里亚突然出现在我面前，然后用力地搂着我，以至于我身旁并不认识他的妻子认为这个长着胡子的陌生人打算暗杀我。一切都和以前一样，甚至更好。我松了一口气——战争被埋葬了，战争真的结束了。

但一切远没有结束，我们只是被蒙在鼓里而已。我们是那么天真，轻而易举就上当受骗了，误以为个人的友好感情和世界的友好感情是一回事儿。但是，我们没有必要为自己的错误感到羞耻，因为政客、经济学家和银行家都同样受到了欺骗。在那些年里，他们同样被蒙蔽了，以为上升的趋势代表真正的复苏，以为人们的疲惫慵懒是出于心满意足。实际上，这种斗争只是从国家层面转移到了社会层面。在我游历国外的头几天里，我目睹了一种情景，而直到后来我才明白它的全部内涵。在奥地利，人们对意大利政治的了解仅限于：由于战后的失望，强烈的社会主义甚至布尔什维克倾向已经在意大利蔓延开来。你可以在每一面墙上看到用木炭或粉笔潦草地写着"列宁万岁"。我们还听说，社会党领袖墨索里尼在战争期间脱离了社会党，并组织了某种反对团体。但我们听到这样的消息时内心毫无波澜，这样一个小群体意味着什么呢？当时每个国家都有类似的小集团：在波罗的海地区活动的非正规军，在莱茵兰和巴伐利亚形成的分离主义团体，到处都有示威和政变，但它们几乎总是被镇压了。没有人想到这些穿着黑色衬衫（而不是加里波第昔日运动里的红色衬衫）的"法西斯分子"，会成为欧洲未来演变的一个重要影响因素。

然而，在威尼斯，"法西斯"这个词突然对我有了真正的意义。那天下午，我正在从米兰前往我所钟爱的水上城市的路上。但在到了之后，我看不到任何搬运工，也没有载客的贡多拉小船。工人和铁路工无所事事地站在那里，炫耀式地故意把双手插在口袋里。我提着两个很重的箱子，所以我四处寻找帮助，向一位上了年纪的绅士打听哪里可以找到搬运工。"你挑了个倒霉的日子，"他遗憾地说，"但最近我们经常遇到这种情况，他们又在举行大罢工了。"我不知道这次罢工的原因，但没有再问下去。在奥地利我们已经习惯了这种情况，在那里，社会民主党人经常诉诸这种最强烈的威胁手段，虽然这对他们自己很不利，因为他们使用得过于频繁，因而没能有效地利用它。就这样，我继续吃力地提着我的箱子。最后，我看见一个船夫从一条小运河里迅速地把他的船划向我，并偷偷地向我招了招手。他带我上了船，并且帮我把两个手提箱提上了甲板，一路上经过了好几个向这位打破罢工规矩的船夫挥舞拳头的人。半个小时后，我们到达了我要下榻的旅馆。然后我自然而然地准备直奔圣马可广场，这是我的老习惯了。然而，广场看上去十分萧条，大部分店面的百叶窗都关上了，咖啡馆里没有一个人，只有一大群工人三五成群地站在拱廊下，好像在等待什么不寻常的事情。我便和他们一起等着。然后，突然间，一群年轻人有条不紊地从一条小巷里大步流星地快速走了出来，同时齐声唱着一首排练得很好的歌，但我不知道唱的是什么，后来我才知道那是《青年之歌》①。在那些等候多时的数百名人数远远超过他们的人群还没有来得及发起进攻之时,他们便以飞快的速度挥舞着棍子跑掉了。这场由一小群人组织起来的大胆而勇敢的游行很快就结束了,当等待的人群意识到挑衅的存在时,已经错失了与对手较量的良机。他们愤怒地挤在一起,握紧拳头,但是为时已晚,他们已经追不上那支小小的冲锋部队了。

视觉印象总是格外地令人信服。我第一次意识到,这个现在已经成为传奇的法西斯运动,在当时我还几乎一无所知的时候,已经成为一种领导有方的真实运动,受到了有决心的勇敢青年的狂热支持。在那次经历之后,我便不再认同我在佛罗伦萨和罗马的老朋友们的看法了,他们认为这些年轻人不过是被雇来的一帮混混,还嘲笑他们的"魔鬼老头儿"。出于好奇,我买了几期《意大利人民报》,墨索里尼犀利简洁的拉丁式文字和行文风格给我留下了十分深刻的印象,让我仿佛看到了与那些在圣马可广场轻快地行军的年轻人们同样坚定的决心。我当然没有料到一年后这场斗争的规模会有多大。但从那时起,我意识到不久之后一定会有一场斗争从这里蔓延到四方,而当时的和平并不是真正的和平。

这是我受到的第一次警告——在欧洲平静的表面之下存在危险的暗流。而不久之后,我就遇到了第二次警告。因为我对旅行的兴趣又恢复了,我决定那年夏天去德国北海海岸的韦斯特兰。在那时,访问德国对恢复我们奥地利人的士气还是很有好处的。到目前为止,与奥地利克朗的衰落相比,德国马克的地位还算稳固,经济复苏似乎

---

① 意大利法西斯党的歌曲。墨索里尼命人在旧旋律的基础上填了新词。

正在全速前进。火车准时行驶，旅馆都很干净，可以看到铁路两旁都是新建的房屋和拔地而起的工厂。德国那种完美、安静、纪律严明的秩序又回来了——我们在战前讨厌它，但在战时的混乱中又学会了珍惜它。整个国家都处在一种紧张的氛围中，因为当时正在热那亚和拉巴洛举行的谈判，是德国第一次与前敌国以平等的条件参加的谈判，人们等待着，也期望着它能够减轻几分战争赔款的负担，或者至少能达成一些小小的和解。在这个值得铭记的场合里，正是我的老朋友拉特瑙率领德国代表团参与了谈判。他那聪明的组织天赋在战争中发挥了很好的作用；从一开始，他就指出了德国经济最薄弱的环节，也就是后来遭受致命打击的软肋——原材料供应。他像往常一样领先于时代，在一个恰当的时机把整个经济集中在了中央控制之下。战后，当人们需要找一个能与敌国中最聪明、最有经验的外交官抗衡的人来担任德国外交部长时，他显然是最佳人选。

我在柏林给他打了电话，但内心也有点犹豫。我怎么能在一个人正处在决定历史进程的紧要关头打扰他呢？他在电话里说道："是的，我很难抽出时间，现在我不得不为了责任而牺牲友情。"但是，由于他具有充分利用每一分钟的非凡能力，他立即找到了与我见面的时机。他说，他需要在各个大使馆留下几张访问名片，这意味着他必须得从格伦沃尔德驱车半个小时过来，如果我能去找他，在这半小时的车程中与他交谈，那将是最简单的方式。他集中思想的能力，以及从一个话题转到另一个话题时那种惊人的自如切换能力，让他在汽车或火车上的任何时候都能像在自己的房间里一样表达得深刻而犀利。我不想浪费这个机会，而且我认为对他来说，和一位相知多年、但不参与政治的老友交谈，也会很有裨益。这是一次很长的对话，我从中确信了，虽然拉特瑙接受外交部长的任命并非完全没有虚荣心作祟的成分，但他的这一决定并不轻松，更不是出于对职位的急切渴望。他事先就知道，他的任务在当时不可能完成，他充其量也只能在谈判中争取一些小小的让步，作为一丝象征性的成功。真正的和平和其他国家的宽恕，离现在还很遥远。"也许我们十年后可以做到，"他对我说，"但前提是其他人也处在同样困难的境地，而不仅仅是我们。首先，老一辈们必须开放外交道路，而将军们必须闭上嘴巴，就像公共广场上的纪念碑一样保持沉默。"身为犹太人的不利条件，使他很清楚自己肩负双重责任。我认为，历史上很少有像他这样内心充满怀疑、持有许多保留意见的人，会去承担这样一项他明知只有时间才能解决的任务，而且他也知道这对他个人来说是多么危险的任务。自从承担了费力不讨好的停战谈判任务的埃兹伯格[①]被暗杀之后——鲁登道夫通过流亡国外逃避了这个任务——拉特瑙十分坚信，作为下一个和解的捍卫者，同样的命运也在等待着他。但是，他未婚无子，而且内心孤僻，所以并没有因为这种危险而退缩，而我也没有足够的勇气劝他谨慎行事。在当时的背景下，拉特瑙在拉帕洛竭尽所能地完成了使命——这在现在已经是公认的历史事实。他那尽可能抓住每一个有利时机的才华、他的老练和个人威望，在那次谈判中发挥出前所未有的最佳效力。但是，当时已经有一些团体在德国发展了起来，而他们知道，只有不断向战败的德国证明它根本没有被打败，以及所有的谈判和让步都是叛国行为，他们才会招募到拥护者们。已经有一些秘密的

[①] 马提亚·埃兹伯格（1875—1921）是一名中间派政治家，他在1918年11月代表德方进行了谈判。1921年，他被右翼极端分子刺杀。

组织（他们都带有强烈的同性恋倾向）拥有了比新共和国政府所预想的还要大的能量，而新共和国领导人们出于心中的自由理念，任凭它们以各种形式不断发展壮大，全然不知其中有一些在日后会永远地扼杀掉德国真正的自由。

我在城里的外交部门口跟他道别，从没想到过这竟是最后一次见面。后来，我从报纸上的照片上看到，不久之后，就在我们一起开车经过的那条街上，暗杀他的人埋伏在那里，袭击了我们曾一起坐过的同一辆车。我纯粹是出于运气，才侥幸没有目睹这一历史性的重大事件。这一事件给我留下了深刻的印象，让我比以往任何时候都更加深刻和悲哀地意识到：德国乃至整个欧洲的不幸都始于这一幕悲剧。

消息传来的那天我已经身在韦斯特兰了，有成百上千的游客来这里的水疗胜地度假，他们在海滩上愉快地戏耍着。再一次地，有一支乐队在现场演奏着，就像巴登的乐队在皇储弗朗茨·斐迪南遇刺的消息传来的那天一样。演奏家们正在为悠闲的观众们提供消遣，让他们享受暑假的乐趣。这时，报摊小贩们像一群暴风雨来临前的海燕一样沿着人行道跑过来，高喊道："瓦尔特·拉特瑙被暗杀了！"恐慌瞬间爆发了，整个帝国[①]都受到了震动。马克一路急剧下降，没有任何办法能够让它停下来，直到它疯狂地跌落到不可思议的以兆来计量的幅度。通货膨胀的末日狂欢到现在才真正拉开了序幕，与之相比，我们奥地利克朗的15000∶1的暴跌率，简直就像儿戏一样。我需要用一整本书来描述所有令人难以置信的细节，而现代读者会觉得它像童话故

[①] 这一时期的德国在历史上被称作是魏玛共和国，尽管它是一个共和国，但是它保留了古老的德语名称"Reich"（帝国），后来希特勒在第三帝国时期也沿用了此名称。

事一样不可思议。曾经有那么几天,我在上午买报纸时得花5万马克,晚上就得花10万马克;那些有外币兑换需求的人,都是按小时逐个划分地进行,因为到四点钟时,兑换的马克将比在三点时多很多,而到了五点钟时,又会比前一个小时多很多。我把写了一年的稿子寄给了出版商,本以为可以放心地要求出版商立即预付一万册的版税。但这笔钱刚一转到我的账户上,就几乎连一周前寄手稿过去的邮费都抵不上了。一张电车票要花几百万马克;德国中央银行用卡车把纸币成捆地运往商业银行;再过了两周后,你会发现10万马克的钞票会被乞丐轻蔑地扔在一旁的水沟里。一开始,一根鞋带只是比过去的一只鞋要贵,然后发展成为比一家拥有两千双鞋子存货的奢侈品店还要贵;修理一扇破窗,比过去建造整栋房子还贵;而一本书的价格,超过了在通货膨胀前拥有几百台印刷机的印刷社的总价值。只用花一百美元就能在库弗斯滕达姆街买下一整排六层大楼,把这些钱换算一下,买下一座工厂的花费就只相当于过去买一辆手推车的钱。那些十几岁的男孩,如果在码头上发现了一箱被遗忘的肥皂,就可以靠着每天卖一块肥皂连续过上好几个月王子般的生活,开着车四处兜风,而他们曾经富有的父母现在却沦为了乞丐。邮递员创办了银行,进行各种外币投机。在他们之上则耸立着那位暴富的财阀斯蒂尼[①]的身影。因为他赚得盆满钵满,通过价值暴跌的马克扩展了他的信用,购买了所有能买的一切:煤矿和船舶、工厂、股票、城堡和国有资产,但实际上没有支付给他们任何东西,因为合同总价加起来也没有多少,贷款债务也基

[①] 雨果·斯蒂尼(1870—1924),德国实业家和大亨,正如茨威格在这里所描述的,他利用德国急剧的通货膨胀做了一些涉及外汇的精明交易。

本不存在。不久之后，四分之一的德国领土都掌握在了他的手中。令人奇怪的是，总是陶醉于一切实际可见的成功的德国人，竟称赞他为天才。与此同时，到处都是成千上万的失业者们，他们向黑市商人和开着豪华汽车的外国人挥舞着愤怒的拳头，而那些人能像买一盒火柴一样轻松地买下整条街。现在，连那些几乎没有受过什么教育的人也在做各种投机交易，一边大肆敛财一边在心里隐约意识到，他们都在欺骗自己，同时又都被某只看不见的手所欺骗，这只手巧妙地制造出了一场混乱，从而使国家摆脱了债务和义务。我想我对历史已经足够了解了，但就我所知，历史上从未出现过如此大规模的疯狂。不仅仅是物质价值观，所有的价值观都改变了；国家法令被一笑置之，礼仪和道德被抛到九霄云外，柏林成了世界上最邪恶的深渊。酒吧、游乐场和阴暗酒馆如雨后春笋般涌现。我们在奥地利所看到的只是这场末日狂欢的温和序曲，因为德国人正在把他们的条理和秩序彻底反转为变态和疯狂。化着妆的年轻人们穿着束腰大衣，沿着库弗斯滕达姆街散步，但他们不全是职业男妓；文法学校的每一个学生都动了赚钱的心思；国务秘书和著名的金融家们则坐在昏暗的酒吧里，厚颜无耻地讨好醉醺醺的水手们。甚至在苏东尼时期的罗马，也从未出现过柏林异装癖舞会上的那种狂欢。在那里，无数个穿着女装的男人们，和打扮得像男人的女人们，在警察仁慈的注视下翩翩起舞。在所有价值观念崩塌后，一直秩序井然、抵制任何变化的资产阶层全都发疯了。年轻的姑娘们以放荡任性为荣，在柏林任何一所学校中，如果一个十六岁女孩被怀疑还是处女，都会被认为十分可耻。每个女孩都希望能够吹嘘自己的冒险经历，而且异国情调越多越好。但是这种可悲的色情主义的突出特点是，它们全部都是假的。从本质上讲，通货膨胀在德国引起的肆意放纵,仅仅只是一种发烧式的模仿。人们其实可以明显地看出来,那些来自中产阶级家庭的女孩们更宁愿梳起整齐的头发,而不是像男人一样向后束起;而比起烈酒,她们显然更喜欢吃带奶油的苹果蛋糕。民众也不可能注意不到,其实整个国家对这种热火朝天的气氛,和对通货膨胀这种日复一日的折磨感到十分不满,紧张的情绪绷到了极点。这个被战火烧得伤痕累累的民族真正想要的只是和平与宁静,秩序井然,和些许的安全感。然而,由于新德意志共和国政府对其中一些狂野的自由过于放松,没有及时地进行压制,这反而让人们在暗地里产生了不满。

那些经历了世界末日、被排斥、被痛苦折磨过的人们,也感知到了可怕的反弹一定会在狂热结束之后出现。而手里拿着秒表,在幕后笑着等待的那帮人,恰好就是那群把德国拖入泥潭的人们。"这个国家的情况越糟,对我们就越有利!"这是他们的座右铭。他们知道自己的出头之日就要到了。反革命分子已经聚集在鲁登道夫周围进行公开集会——那会儿希特勒还未成气候,在当时几乎没有任何势力。被扯掉肩章的军官们自行组织了一个秘密社团,而中下层阶级们,在眼看着自己被骗光了所有积蓄之后,也悄悄地向队伍靠拢,并且提前准备好迎接一个能够保障法律和秩序的政权。对德意志共和国而言,再没有什么比它理想主义的尝试更具灾难性的行为了——它不仅给了普通民众,甚至还给了敌人们自由的权利。这个严谨有序的日耳曼民族不知道该以何种姿态迎接自由,已经在迫不及待地寻找合适的人选将它拱手相让了。

一九二三年的那个标志德国通货膨胀终结的一天,原本可能会是历史的转折点。随着一声钟响,一种新的规范也确立了——曾经暴跌得令人头晕目眩的马克汇率将按照新标准进行兑换，一个新马克将替代过去的旧百万马克。的确，浑浊的潮水很快消退了，而且一并带走了所有污垢和碎屑。酒吧和小酒馆都消失了，情况恢复了正常。现在，每个人都可以计算出他赢了什么，又输了什么。当然，大多数人都是输家。但是那些本应当为战争负责的人并没有出来承担罪责。相反地，不满的情绪转向了那些本着牺牲精神，承担了吃力不讨好的重建工作的人们。人们必须反复提醒自己这一点：这次通货膨胀是最令德国人民痛苦和憎恨的战争的余波，由此导致了他们更加愿意接受希特勒的理念。虽然事实证明，战争会造成生灵涂炭，但是也确实在起初让人们为之欢欣鼓舞，为之进行锣鼓喧天的喝彩欢呼。作为一个不可救药的军国主义国家，德国由于一些偶然的胜利而不断增强自豪感，而通货膨胀则让他们受到了玷污、欺骗和羞辱。整整一代人从未忘记，也无法原谅德意志共和国政权统治下的这几年，他们更愿意再次召回那些屠杀者们。但这一想法还尚在遥远的未来。从表面上看，整个狂野的幻象似乎都像鬼火一样闪过即逝了。天色已经发白，人们已经可以看到前进的道路了。我们看到了秩序的恢复，而且也十分欣然地迎接它，以为这是一段持久和平与宁静的开端。我们一直都傻得不可救药，直到现在还以为战争已经彻底结束了。不过，这种致命的幻想至少给了我们十年的安稳工作期，和十年的希望，甚至是安全感。从今天的角度来看，从一九二四年到一九三三年间——实际上十年都不到——也就是从德国通货膨胀结束到希特勒掌权之间的这段岁月里，尽管发生了这一切，但它还是代表了我们这一代人自一九一四年以来所目睹和经历的一系列灾难的一段暂停期。虽然充满紧张、骚动和危机（尤其是一九二九年的经济危机）的事件并不少见，但在那十年里，和平的种子似乎已经在欧洲遍地开花，而这本身就意义重大。德国以体面的条件加入了国际联盟，所获得的贷款也刺激了经济重建——尽管实际上这些钱被秘密地用于重整军备。英国已经裁军，意大利的墨索里尼也承诺保护奥地利。整个世界似乎都想要重建自身。巴黎、维也纳、柏林、纽约、罗马——不论是属于战胜国还是战败国的城市，比以往任何时候都更具吸引力；飞机使得旅行变得更快，护照限制也放松了。货币间的波动已经结束；人们知道自己赚了多少钱，又花了多少钱。我们的注意力不再那么焦虑地集中在外部的问题上，而是可以再一次地聚焦工作，思考精神层面的问题。我们甚至可以再次梦想一个统一的欧洲。在这十年里——在这段世界历史上短暂的一瞬间——似乎我们这代饱受折磨的人们又能过上正常的生活了。

在那些年里，我个人生活中最引人注目的一件事，就是有一位我从未期待过的客人——"成功"——仁慈地住进了我的家里。每当我提及我的书在外界所获得的成功时，我都会感到不自在——我想这是可以理解的。在正常情况下，我甚至会略过这些可能被解读为自我满足或自吹自擂的话。但我有一种特殊的权利，甚至有一种责任，不去隐瞒我这段人生经历，因为自从希特勒上台以后，我过去七年里的成功已经成了过去。我那些出版了成千上万册，甚至几百万册的作品，那些已经在书店和无数私人书房里占据了一席之地的书籍，在如今的德国再也买不到了。任何手中还有我的某一本书的人都会小心地将其隐藏起来。它们被存放在公共图书馆的"有毒刊物柜"里，仅供少数想研究它们的人在经过当局的特别许可之后，出于"学术"目的而使用——也就是对其进行谴责和驳斥。在很长一段时间里，写信给我的读者和朋友们都不敢把我那可鄙的名字落在信封上。但似乎这还远远不够，在法国、意大利和所有现在受到奴役的国家里，我那些曾被广泛阅读的作品的译文版本，如今也被希特勒下令禁止。正如格里帕策尔①所说，"我现在是一个作品死于本人之前的作家"。四十多年来，我在国际舞台上建立起来的一切，或者说几乎一切，都被那一记重拳砸得粉碎。所以，在提到我自己的"成功"时，我并不是在说真正属于我的东西，而是曾经属于我的东西，就像我的房子、我的故土、我的自信、我的自由、我无拘无束的人生一样，在如今已不复存在。如果我在一开始没有讲述清楚我们是从多高的位置跌落的，没有提到我们整个文学时代是如何陨落的，那么我就无法说明，我和无数其他无辜的人们，在日后是多么彻底地陷入了沉沦之中。在这一点上，我真的想不出历史上有任何类似的例子。

"成功"并不是突然闯进我的房子里的；它的到来缓慢而谨慎，但事实证明它成了我忠实的朋友，一直伴随我左右，直到希特勒用他的命令把它赶走。它一年比一年发展壮大。首先为我铺平道路的是我在《耶利米》之后出版的第一部作品——对三位作家②的生平进行研究的《世界大师》系列的第一卷。表现主义作家、积极分子和其他实验主义作家都曾有过他们的鼎盛时期，而现在，我们这些耐心等待的作家们终于也有了自己的读者群。我的中篇小说《马来狂人》和《一个陌生女人的来信》像其他此类小说一样大受欢迎，被改编成剧本、被公开地朗读，还被拍成电影。一本浓缩了历史的短篇集《人类群星

---

① 弗朗茨·格里帕策尔（1791—1872），奥地利剧作家。
② 这三位作家分别是巴尔扎克、狄更斯和陀思妥耶夫斯基。

闪耀时》发行在"岛屿丛书"系列里，在每个学校的学生之间广为流传——很快就卖了二十五万册。几年之内，我获得了我自认为一个作家所能拥有的最有价值的成功——一群忠实的追随者，一群值得信赖的读者朋友。他们期待我的每一本新书，而且会去购买它，他们信任我，我也绝不能辜负他们的信任。我的名气越来越大，在巅峰时期，我每出版一本书，在它出版后的头几天，甚至在报纸上刊登任何广告之前，就能在德国卖出两万册。有时我故意想让自己摆脱成功，但它却以非凡的坚持跟随着我。举个例子，我仅仅是出于个人乐趣写了一本关于富歇的传记，可当我把它寄给我的出版商时，他写信说他打算马上印一万本。我在回信中敦促他不要过多地刊印这类题材的书。因为富歇并不是一个有吸引力的人物，这本书里也没有任何爱情的描写，不会有大量的受众。我建议他最好先印五千册。结果一年之后，仅仅在德国就卖出了五万册——而今天，同样也是在这个国家里，任何人都不允许读我作品里的哪怕一行字。同样地，我那近乎病态的缺乏自信，让我对自己改编的本·琼森的《狐坡尼》产生了怀疑。我原本打算改编成诗体剧，并且在九天之内就用散文迅速而自由地勾勒出了整个剧本演出的场次过程。碰巧这时，德累斯顿宫廷剧院问我是否有计划写新的剧本——我一直觉得对它有一种道义上的责任，因为我的第一部戏剧《色西提斯》在那里首演——于是我发给了他们这个散文版的剧本，带着歉意地说这只是我计划改编的一版草稿。然而，剧院马上发来电报，请求我看在上帝的分上，不要做出任何改动。这部剧最后也真的以这种形式在世界各地上演了——在纽约由戏剧协会呈现，主演为阿尔弗雷德·伦特。在那些年里，无论我写出什么作品，"成功"一直忠心耿耿地伴随着我，同样陪伴着我的还有越来越多的德语读者们。

当我在写传记或随笔时，我总是有一种冲动，想要探究我的主人公们在他们所处的时代里做出某种行为，或者未曾做出某种行为的动机到底是什么。所以当我有时陷入沉思的时候，我也会情不自禁地想要弄明白，到底是什么让我的书如此出人意料地受欢迎。最后，我认为这是由于我个人的缺陷——我自己是一个缺乏耐心、喜怒无常的读者。事实上，无论是在小说、传记，还是哲学思辨里，任何不必要地耽误读者时间的内容，比如长篇大论、夸夸其谈的话语都会令我感到厌烦，而那些模糊不清的表述也会使我失去耐心。只有一页接一页地保持它的节奏，带着读者一口气读完的那一类书，才能真正满足我。我读过的书中，有一大半的篇幅似乎都被不必要的描写、太多喋喋不休的对话和多余的次要人物所填充了，它们的张力不足，也不能激起兴趣。即使是在最著名的经典著作中，我也会对许多枯燥、节奏缓慢的段落感到不耐烦。我经常向出版商提议这个大胆的想法——把从荷马到巴尔扎克、陀思妥耶夫斯基的作品，还有托马斯·曼的《魔山》里的不必要部分全都删掉，重新编成一个系列。这样一来，所有这些原本就毋庸置疑的不朽作品将在我们的时代获得新生。

一定是因为我对冗长乏味的厌恶情绪，已经从阅读其他作家的作品转移到了自己的作品上来了，这种训练使我对这类文风特别敏感。我习惯于流畅自如的创作，在写初稿时，我会随意地挥笔，写下我头脑中想到的任何东西。同样地，当我写传记时，我会研究所有可用的事实材料。例如，我在撰写玛丽-安托瓦内特的传记时，我查看了她银行账单的所有细节，以期找出她的个人花销习惯。我研究了当时所有的报纸和宣传册，把审判她的法律文件从头到尾地细细品读。

但这些在最终印刷出来的书中都不会出现,因为在一本书的初稿大体完成时,对我来说真正的工作才刚刚开始。我会压缩所有的材料,找到正确的表达方式,像这样不知疲倦地打磨一遍又一遍——不断地抛下"船上"的压舱物,从而强化凸显出书中的内在结构。大多数作家都不愿让自己遗漏任何东西,因为他们对作品主题的喜爱,通常会导致他们希望在每一处精彩的段落中展现出比自己原本知道的更广泛深入的知识,而我的抱负,则是永远要让自己知道得比表现出来的内容更多。

然后,在校对阶段,我还会再三重复这种戏剧效果的强化过程。最后,我发现自己十分享受这种在不影响准确表达的同时,一遍遍地精练语言、加快节奏的行为。在我的工作中,我最大的满足感来自省略和删减。我记得有一次,当我十分满意地起身离开写字台后,我的妻子说我今天的心情看起来很愉快。"是的,"我自豪地回答了她,"因为我已经成功地删掉了一整段,让情节推动得更快了。"所以,如果我的书有时被广泛称赞为节奏明快的话,它其实并非来自任何天生的热切或激动的写作方式,而是完全因为我总是系统性地削减任何不必要的松散结构——这类像无线电干扰一样可能会分散读者注意力的内容。如果说我掌握了哪一门艺术的话,那一定是省略的艺术,因为我毫不介意把一千页稿纸中的八百页扔进废纸篓,只留下二百页来表达我千挑万选的精华。因此,我的书之所以能取得成功,至少有一部分原因要归功于我喜欢把自己限制在短篇文学作品中,专注于作品的核心。由于我的思想一直是欧洲化的,而不是狭隘的民族主义,所以当我听说其他国家的出版商想用法语、保加利亚语、亚美尼亚语、葡萄牙语、阿根廷的西班牙语、挪威语、拉脱维亚语、芬兰语和汉语出版我的作品时，我都感到非常高兴。很快我就不得不买下一个大书柜来装下这些书的各种外语译本。有一天，我在日内瓦国际联盟组织发布的"知识界合作"上看到，我是世界上被翻译得最多的作家——虽然我一如既往地对自己不自信，认为这份报告可能是哪里弄错了。又一天，我的俄国出版商来信说他想用俄文出版我所有作品的合集，并问我是否愿意请高尔基为我作序。我怎么会不同意！上学的时候，我就偷偷地在桌子底下读高尔基的小说；多年来，我一直爱着他，钦佩他。但我从来没有想到过他听说过我的名字，更不用说读过我的任何作品，当然我也没有想到过我的作品对这样一位大师来说会显得如此重要，以至于他要为我的作品作序。还有一次，一位美国出版商来到我萨尔茨堡的家中拜访，给了我一封介绍信——好像我真的会要求出示这份介绍信似的！——他请求接手我的全部作品，并逐本出版它们。他就是维京出版社的本杰明·休布斯，从那以后他便一直是我最可靠的朋友和顾问。现在，我的故乡已经被希特勒的铁蹄踩在脚下，我已经在现实中失去了日耳曼和欧洲家园，是他确保了我仍然拥有一个文学家园。对于一个在此之前一直相信，自己所产生的影响更多地是来自内心的善意，而不是自己的写作技能和作品的人来说，这种公开的巨大成功是十分危险的，而且让我手足无措。所有的宣传都扰乱了我内心的自然平衡。在正常情况下，一个人的名字只不过是像雪茄上的商标一样，是一种识别的手段，一种不重要的外在标记，与真正的主体，也就是"自我"，仅仅只有松散的联系。但是，在成功的情况下，名字就会膨胀到一个更大的维度。它从拥有它的主人手中挣脱了出来，成为一股独立的势力，像商品一样成了一种资本。然后，再伴随着强烈的反噬，它又回归到主人身上，变成一种影响、支配和改变他的力量,而快乐和自信的天性会在不知不觉中开始认同它们所施加的影响。对一般人来说,头衔、地位、荣誉勋章,以及对知名度的宣传可以极大地增强他们的自信,引诱他们在现代社会以及在他们的国家里,把自身的特殊身份当作理所当然,并让他们本能地膨胀起来,以达到与外部宣传相符的个人影响力。然而,一个天生不相信自己的人往往会觉得,任何外在的成功,都会使他产生一种尽可能不要改变自己的道德义务——虽然这很难做到。

不过,这并不是说我不享受我的成功,与此相反,我对此十分开心——但是仅限于与我无关的东西,比如我的书以及上面印着的我的名字。有一次,我碰巧在德国的一家书店里看到一个学生走了进来——他并没有认出我,然后用微薄的零用钱向店员买了一本《人类群星闪耀时》,这令我十分感动。当列车员在火车的卧铺旁查看我的护照,然后在看到我的姓名后待我十分恭敬的时候,或者是一个意大利海关官员意识到他曾读过我的书,然后非常友好地检查我的行李而不是粗鲁地翻动它的时候,我的虚荣心都得到了极大的满足。对于一个作家来说,他的作品对周围世界的影响,仅仅从数量上看就十分具有诱惑力。有一次,正巧就在我去莱比锡的那天,我的一本新书也正要从莱比锡市运出。我花了三四个月的时间,写下了这样一本三百多页的书,竟然让这么多的人力在背后默默地为之付出,这使我感到异常的兴奋。工人们正把这本书的印本装进大木箱里,其他人则在重压之下喘着粗气把它们搬到卡车上,再装到火车的货厢上,最后再运到全世界的各个角落。几十个印刷厂的女工对书页进行了整理,还有排字工、装订工、运输商和批发书商从早到晚都在工作,我计算了一下,如果把这些书像砖块一样铺在一起,差不多就能建造一条漂亮的街道了。除此之外，我也从未傲慢地轻视成功在物质方面的影响。在我职业生涯的早期，我从来没有想过能够通过写书赚到真正的钱，更不用说能够完全以此谋生。现在，它们却突然带来了大量的、源源不断的金钱，在那个谁也无法预见到未来的年代，它们似乎足以解除我所有的焦虑。我从青年时代就一直沉浸在收集亲笔手稿的激情中，我收藏了它们当中许多最好的、最有价值的遗物，并且悉心地呵护它们。而现在，通过我那些可以说是昙花一现的作品所获得的报酬，可以让我换来一些来自莫扎特、巴赫、贝多芬、歌德和巴尔扎克等人的不朽作品的手稿。所以，如果我声称自己毫不在意这场意料之外的成功，甚至不喜欢它，那我就真的是在装模作样了。

但是，我必须非常坦诚地说，我的喜欢仅限于我的书和我的文学声望。一旦转移到我的现实生活里，它就变得令人讨厌了。从我小时候起，在我心中就没有什么比保持自由和独立更强烈的本能了，而且我认为那些附带照片的宣传会不可避免地被错误地解读，最终影响到个人自由。然而现在，我那仅仅是出于爱好而从事的工作，不再仅仅只是一项事业，而是变成了一项业务。每次邮差上门时都会送来成堆的信件、请柬、请求和问询，而所有这些信件都需要回复。如果我离开了一个月，回来的时候就得专门花两三天时间来处理堆积如山的邮件，然后才能使这项"业务"重新平稳地运转起来。这并不是我本意，只不过是我的工作性质使然，必须对作品进行市场化的推广，而秩序、监督、守时和必要的技能是能够成功运行的前提——所有这些都是令人钦佩的美德，但不幸的是都与我的本性相悖，并且叫嚣着要以最危险的方式拨乱我的思绪，打扰我的清梦。随着我参加文学活动、读书会、出席官方场合的次数越来越多，我对此也变得越来越抗拒。我从来没能克服这种近乎病态的反感，也不愿让我本人来承担名声所带来的光环。直到现在，我仍旧会本能地选择坐在音乐会或者剧院的大厅里最不显眼的最后一排座位上，仍旧十分讨厌被迫在站台或其他公共场所露面。我迫切需要让自己在生活的方方面面都隐姓埋名。即使在我还是个年轻男孩的时候，我也无法理解那些上一代作家和艺术家们——比如我亲爱的朋友阿图尔·施尼茨勒和赫尔曼·巴尔——穿着天鹅绒夹克，或是留一头卷发，或是让刘海遮着前额，然后招摇过市的行为，也无法理解这些人为什么要蓄上各式各样与众不同的胡须，或者奢侈地装扮自己。我一直认为这种让自己在外表上引人注目的行为，肯定在不知不觉中让他们——用韦费尔的话说——成为一个"镜像人"，他们会不自然地在一切事物上采用一种特定的风格，而这种外在的变化会使他们的内心失去原本的温度和自由，不再无拘无束。如果我能重头来过，我一定会用另一个笔名来出版我的作品，这样我就能同时享受到文学上的成功和默默无闻的生活这两种幸福的状态。毕竟，生活本身就是如此吸引人，如此充满惊喜——为什么不去过这种双面的生活呢？

日薄西山

我将永远心怀感恩地铭记,在那个人摧毁我们的世界之前,在一九二四年至一九三三年间,欧洲这段相对和平的时期。正是因为我们这一代人经历了如此多的苦难,我们才把这段相对平静的时期视为一份意外的礼物。我们都有一种感觉,那就是我们必须抓住那些被可怕的战争和战争的余波从我们的生活中偷走的一切——幸福、自由以及能够集中精神专注思考的机会。我们工作得更努力了,而且带有一种终于解脱的感觉;我们自由行动,大胆实验,想要重新认识欧洲。在那些年里,旅行变得空前频繁——或许是由于过去各国之间的互相隔绝,使得年轻人急于弥补他们所失去的东西;又或许是出于一种不祥的预感,我们意识到必须尽快抓住机会,在障碍再次出现之前打破束缚。

我自己在那时也多次出游,但是与我年轻的时候不一样,我现在不再是一个异乡人了。无论我走到哪里,我都有朋友、出版商和读者;我以畅销书作者的身份旅行,而不是一个慕名而来的无名游客。这意味着许多优势,我可以更有力、更有效地公开支持多年来主导我人生的欧洲知识分子联盟的理念。为此,我在瑞士和荷兰发表演讲,用法语在布鲁塞尔的美术宫讲话，用意大利语在佛罗伦萨杜真托艺术大厅里发表演讲——米开朗基罗和达·芬奇也是那里的常客。我从大西洋来到太平洋，用英语在美国做巡回演讲。这是一种不同的旅行：无论我走到哪里，都有人安排我与各国最杰出的人物会面，因此我不必亲自费力去找寻他们。我曾在年轻的时候对这些人物敬若神明，不敢写下关于他们的任何一行字，但现在他们却成了我的朋友。我可以出入那些通常傲慢地排斥外国人的圈子，参观圣日尔曼郊区的宫殿、意大利的宫殿，以及所有的私人收藏。我不再需要在公共图书馆的借书柜台前苦苦等待才能借到一本书——图书馆长们会亲自向我展示他们精心守护的宝藏。我成了像费城的罗森巴赫博士那样的大古董书商的座上宾——与这些人交往的通常都非富即贵，而当我还是个小小的收藏家的时候，我只敢怯生生地从他们的书店门前路过。我第一次对上层社会的生活有了初步的了解，而且是以一种愉快而舒适的方式，因为我不需要征得任何人的同意就可以进入这一阶层。一切都自然而然地向我走来，但这真的是一种更好的感知世界的方式吗？我不禁怀旧地想起了我年轻时的旅行，那时没有人会期待我的到来，一切都显得更加有趣而神秘，因为我完全依靠我自己。我不想放弃我原来的旅行方式，于是当我去巴黎的时候，我会确保即使是我最好的朋友，像罗杰·马丁·杜加尔德、朱尔斯·罗曼斯、杜哈默尔和马塞雷尔，也不会在第一天就知道我来巴黎了。因为我希望像学生时代那样，无拘无束地漫步街头，没有任何约会的安排。我找到了过去经常光顾的老咖啡馆和小餐馆——我在年轻的时候曾在那里玩得很开心。同样地，当我想要工作的时候，我会去一些意想不到的，甚至是通常不可能会去的地方，比如布洛涅、地拉诺或第戎这样的地方小镇。在住过一些过分奢华的酒店之后，再去隐姓埋名地住在某个小旅馆里，这种感觉十分美妙。我可以在它们之间交替切换，自由地选择光线的明暗。尽管后来希特勒夺走了我的一切，但即使是他也无法令我扫兴，无法摧毁这种愉快的回忆：我作为一个自由的人，完全按照我的意愿，又过了十年真正的欧洲生活。

其中一段旅程特别令人兴奋，也很有教育意义，那就是我的新俄国之旅。我曾在一九一四年战争前夕计划去那里，当时我正在写一本关于陀思妥耶夫斯基的书。后来，沾满鲜血的战争镰刀切断了我的计划，从那以后，一些保留意见一直阻碍着我。对有思想的人来说，布尔什维克革命使俄国成为战后最迷人的国家，而对它一无所知的人们，不是狂热地崇拜它，就是疯狂地憎恨它。由于赞扬式宣传和同等力度的谴责式宣传不绝于耳，因此没有人确切地知道那里到底发生了什么。但我们意识到，一个全新的实验正在那里进行，它将决定未来世界的形态到底会变得更好，还是更糟。萧伯纳、威尔斯、巴布斯、罗马尼亚人伊斯特拉迪、纪德以及许多其他人都去过那里。有些人在回来后满腔热情，有些人则失望无比。如果说我没有受到诱惑，不想去通过亲眼所见来形成对俄国的看法，那么我就不能称作是一个愿意接受创新的作家。我的书在那里非常广泛地发行，不仅有附带高尔基序言的完整版，也有一些普通人只需花几戈比就能买到的便宜的短小版本，所以我的到来肯定会受到欢迎。然而，真正阻碍我去的原因是，如果一个游客在当时选择去俄国，就意味着他接受了某种党派立场，必须对这个新的俄国社会公开地表示支持或者谴责。而我对任何武断的政治观点都深恶痛绝，也不想被迫对一个幅员辽阔的国家和一个仅经过几周的简短考察、还尚未解决的问题进行评判。尽管我有强烈的好奇心，但我一直无法下定决心去苏俄。

一九二八年初夏，我应邀作为奥地利作家代表前往莫斯科参加列夫·托尔斯泰诞辰一百周年的庆祝活动，并受邀在庆祝晚会上为他致辞。我没有理由避免这样的场合，因为它超越党派性质，意味着我的访问与政治毫无关系。非暴力的传道者托尔斯泰很难被描述成一个布尔什维克主义者，而我显然有权利以作家的身份来谈论他——我写的关于他的传记已经发行了数千本。在我看来，欧洲各国作家联合起来，共同向其中最伟大的作家致敬，也是欧洲团结的一个重要体现。所以我接受了邀请，而且没有任何理由后悔这一决定。从波兰到俄国的旅程本身就是一种难忘的经历。我看到时间在这段岁月里很快地治愈了自己所造成的创伤。那些我在一九一五年看到的加利西亚城镇废墟，现在看起来焕然一新。我又一次意识到，虽然十年是一个人一生中很重要的一部分，但在一个国家的历史进程中不过是一眨眼的工夫。在华沙，没有明显的迹象表明军队——无论是胜利的部队还是败兵——曾两次、三次，甚至是四次踏过这座城市。优雅的淑女让咖啡馆熠熠生辉，在街上散步的军官们身材修长，衣冠楚楚，看上去更像在宫廷剧院里扮演士兵的专业演员，而不是真正的士兵。到处都能感受到一种进取精神和信心，以及民众对从几个世纪的废墟中崛起的强大的新波兰共和国那种油然而生的自豪感。我们的旅程继续从华沙开启，最终到达了俄国边境。我眼前是一片平坦、沙质的土地，每个车站都聚集了各个村庄穿着五颜六色的传统服饰的全体居民。因为在当时，每天只有一列客运火车经由波兰开往这个被禁入的封闭国家的边境，所以如果能看到一列连接东方世界和西方世界的闪闪发亮的特快列车的车厢，就会是一件了不得的事件。最后，我们到达了涅戈洛尔耶边境站。一条血色的横幅悬挂在铁轨上方,上面写着我看不懂的西里尔字母。有人为我翻译了过来,上面写的是:"全世界的工人们,联合起来!"经过这条横幅之后,我们进入了一个新世界,一个无产阶级帝国——苏维埃共和国。事实上,我们乘坐的火车与无产阶级风格相去甚远。这是一列沙皇时期的卧铺列车,甚至比欧洲的豪华列车更舒适,因为它更宽阔,车速也更适宜。这是我第一次经过俄国的乡村,说来也奇怪,我并不觉得陌生。事实上,一切都显得非常熟悉——带着些许忧郁氛围的辽阔大草原、小棚屋、有着洋葱状穹顶的小镇;那些留着长须像先知一样的农民们,友善地微笑着欢迎我们;戴着鲜艳头巾和白色围裙的妇女们在卖格瓦斯、鸡蛋和黄瓜。我是怎么知道这一切的?——这一切印象完全是来自俄国文学的杰作,是托尔斯泰、陀思妥耶夫斯基、阿克萨科夫和高尔基他们带给了我们如此精彩的现实主义生活描写。虽然我不懂那里的语言,但我想我能听懂这些俄国人在说什么,这些质朴的男人——朴实得令人感动,穿着肥大的衬衫,双腿岔开站得笔直;火车上的青年工人们或是下棋,或是读书辩论,他们活跃而不安分的思想受到了某种感召,要让他们尽情地发挥才能。难道是托尔斯泰和陀思妥耶夫斯基对俄国人民的爱也留在了我的记忆之中?即便我还在火车上,我已经开始本能地同情俄国人的幼稚和天真,他们的头脑虽然没有受过教育,但是却很敏锐。

在苏俄度过的这两个星期里,我一直处于精神高度集中的状态。我不断地观察和倾听,对这个国家充满了好奇;我受到过排斥,也被深深地吸引,我的感受在忽冷忽热间左右摇摆。莫斯科本身就是一个充满矛盾的城市——这里有壮丽的红场,有长城和洋葱状穹顶,有令人赞叹的鞑靼风格,和东方拜占庭式的古老沙俄的味道。但是紧挨着这些旧式建筑旁边,又矗立着一群超现代的高层建筑,就像一群外来的美国巨人。一切都显得格格不入——被烟熏黑了的古老圣像和镶嵌着宝石的圣坛看上去毫无神采,而在离它们只有一百码远的地方陈列着列宁的玻璃棺木,他穿着黑色的衣服,刚刚化过妆,不知道是不是因为我们到来的缘故。在几辆闪闪发亮的新汽车旁边,满脸胡须、脏兮兮的伊沃希克人抽打着瘦小的马儿,用舌头咔嗒咔嗒地发号命令它们前进。我们作家们要发表演讲的大歌剧院看上去金碧辉煌,它建造于古老的沙皇时代,届时会有来自无产阶级的观众在场观看。而与此同时,郊区摇摇欲坠的房屋就像衣衫褴褛的绝望老人,互相支撑着彼此。长久以来,这里的一切都陈旧生锈了,显得毫无生气。而现在,它的发展突飞猛进,它想要成为现代的,甚至是超现代的国家,更新到最前沿的技术水平。这种仓促和急切使得莫斯科显得过于拥挤,人口过多,好像人人都生活在一种疯狂的混乱状态中。商店里、戏院外,到处都挤满了人,到处都需要排队等待。一切都安排得过于井井有条,以至于无法正常运转。新的官僚机构本应该进行有秩序的治理,却仍在享受写备忘录和签发许可证的乐趣,因此一切都被推迟了。托尔斯泰庆祝会原定于晚上六点盛大开幕,但直到九点半,一切都还是毫无进展。当我精疲力竭地离开歌剧院时,其他演讲者还在滔滔不绝地讲个不停。作为西欧人,我已经习惯了在每次接待和预约时提前一个小时到达,所以每次赴约时,我都会感到时间像沙子一样在指间溜掉了。不过,在等待中的每一秒都因为观察和讨论而显得十分充实。所有的一切都处在狂热的节奏之中,俄国人那种神秘的智慧,那种在一时的狂热中想要发泄自己的感情和思想的疯狂欲望,在不知不觉中已经深深地感染了我,让我莫名地感到兴奋——也许这与陌生的、不安的气氛有关，又或许是因为我已经生长出一个俄国人的灵魂。

我看到了许多宏伟的景象，特别是在列宁格勒这座由思想大胆的王子所设计的城市里。这里街道宽阔，宫殿雄伟——不过，它也是《白夜》中令人倍感压抑的圣彼得堡，和拉斯柯尔尼科夫①的圣彼得堡。冬宫令人印象十分深刻，我永远不会忘记我看到的成群结队的工人、士兵和农民们，虔诚地把帽子握在手中，就像他们过去在圣像前脱帽致敬时一样。他们穿着沉重的鞋子走过昔日的宫殿，带着隐隐的自豪欣赏着画像，那神情仿佛在说："这一切现在都是我们的了，我们要学会看懂它们。"老师们带着脸颊圆圆的孩童穿过大厅，艺术委员们向农民们解释伦勃朗和提香的作品，农民们很难为情地听着，从厚厚的眼皮下羞怯地抬起视线来欣赏作品的细节。和在俄国的其他地方一样，这里也有一种令人感动的荒谬，他们希望通过诚实和善意的努力，把"人民"在一夜之间从文盲变成鉴赏家，能够欣赏贝多芬和维米尔的作品——但是，其中一方为了立竿见影地传达艺术价值而费尽心思，以及另一方为了理解这种价值而绞尽脑汁，使双方都有些不耐烦。学校允许孩子们画出最狂野、最奢华的画作；十二岁女孩子的课桌上放着黑格尔和索雷尔②的著作，而我当时还不知道这两位作家。那些几乎不识字的马车夫手里也拿着书，不过，他们拿着书仅仅是因为那是书，而书就意味着教育——对新无产阶级来说，受教育既是一种荣誉，也是一种责任。当我们被带着参观普通的工厂时，我们常常

---

① 此处指的是陀思妥耶夫斯基的作品。《白夜》是他的短篇小说之一，而拉斯柯尔尼科夫则是《罪与罚》的核心人物，这两部小说都发生在圣彼得堡。
② 乔治·索雷尔（1874—1922），法国哲学家、革命理论家。

会觉得好笑,因为人们总是期待着看到我们流露出惊叹的目光,表现出一副我们在欧洲和美洲从未见过这样的奇迹的样子。"瞧,这是电动的!"一名工人指着一台缝纫机自豪地告诉我,显然他希望我发出惊讶的赞叹。因为俄国人是第一次看到这些技术性的东西,他们谦虚地认为这些东西都是由伟大的革命带来的,是由革命之父列宁和托洛茨基创造出来的。所以,尽管我们暗地里被逗乐了,我们还是微笑着欣赏着一切。在我们心中,这个新俄国就像一个身材高大、才华横溢,而且心地善良的孩子,我们也想知道——它真的会像它设想的那样快速地学到浩如烟海的知识吗?这个伟大的计划会继续发展下去,还是会失败地退回到奥勃洛莫夫①那种旧俄国式的冷漠状态?有时我觉得一切都会好起来,有时我又怀疑一切。我对俄国的了解越多,我的感觉就越不确定。

不过,难道只有我一个人有这种不确定感吗?还是说,它其实存在于俄国人的天性之中,甚至存在于我们前来俄国纪念的托尔斯泰的思想之中?在去往托尔斯泰位于亚斯纳亚·波利亚纳的庄园的火车上,我和卢纳查斯基讨论了有关托尔斯泰的话题。"他到底是什么人呢?"卢纳查斯基向我问道,"他到底是革命者还是反动者?他自己清楚地知道吗?像其他典型的俄国人一样,他太过于急切地想要得到一切,想在一瞬间就让几千年来形成的世界天翻地覆,就像我们现在想做的一样。"他又笑着补充道:"而且,他希望通过仅仅开一个处方就达到目的——这又和我们现在一样。人们不应该认为我们俄

---

① 奥勃洛莫夫是伊凡·冈恰罗夫(1812—1891)所著小说的中心人物,他永远无法下定决心,无法做出决定,也无法将自己从死气沉沉的状态中唤醒。

国人是富有忍耐精神的。虽然我们的身体和灵魂能够长久地忍耐，但是，在思想上，我们比其他任何国家都更急不可耐，我们想知道每一个真相，想知道那个唯一的真理，而且我们现在就想知道。那位伟大的老人为了寻找它经受了多少折磨！"的确，当我在托尔斯泰位于亚斯纳亚·波利亚纳的住宅周围散步时，我也一直在想这件事——这位伟大的老人曾经受到了多少折磨啊！我看见了他伏案写下不朽作品的桌子，而他最终离开了它，宁愿在隔壁简陋的房间里自己动手去做鞋子——虽然做出来的鞋子也算不上好鞋。我看见了那扇门，那道楼梯，就是从那里，他曾试图逃出这座房子——我仿佛还看见了他当时的犹疑不决。托尔斯泰反对一切战争，他用笔作为武器，在文字的战场上厮杀。在那幢低矮的白色庄园里，关于他的存在的这一整个问题仿佛生动地再现于我的眼前。不过，当我们走到他最后的安息地时，这种悲剧的气氛反而被驱散一空了。

在我的这次俄国之旅中，我见到的所有景象都不如托尔斯泰的坟墓更为动人。那个著名的朝圣之地位于远离道路的地方，静静地躺在树林的中央。路边有一条狭窄的小径通向一座小土丘，在土丘之上只有一块长方形的土堆，没有人看守，只有两棵大树在上面投下斑驳树影。他的孙女在墓旁告诉我说，这些树是列夫·托尔斯泰自己栽的。当他和弟弟尼古拉还是孩子的时候，他们听村里的一个女人说，种下树的地方会是一个幸福的地方，所以他们带着几分游戏的心态种下了两棵树苗。直到后来，这位老人才想起那句幸福的诺言，然后他表达了最后的遗愿，希望能埋葬在自己亲手所种的树下——他的愿望确实也实现了。这是一座简朴得令人心碎的坟墓，可以说是世界上最令人印象深刻的一处埋葬地——仅仅只是树林里一个长方形的小土堆，两旁的树木在上方伸展出枝丫，没有十字架，没有墓碑，也没有碑文。这位被自己的名声所累，承担了前所未有的苦难的伟人，就埋在这里，没有名字，就像一个偶然在附近被发现的流浪汉，或者一个无名的士兵一样。他的安息之所对所有人都开放了参观，因为它周围脆弱的木栅栏并没有上锁。唯有人们对他的尊敬，能守护这个永不停歇的人最后的安息。好奇的观光客们通常会围着富丽堂皇的陵墓欣赏它们，但在这里，引人注目的朴素会打消所有观赏的闲情。风，像上帝的话语一样沙沙地掠过这座无名的坟墓，除此之外，万籁俱静。人们在路过时，可能根本不知道是什么人埋在这里，以为不过是一位俄国人躺在俄国的土地上。不论是在巴黎荣军院的大理石穹顶之下的拿破仑之墓，在魏玛公爵陵寝中的歌德之墓，还是在威斯敏斯特大教堂里的坟墓，对我产生的震撼都不如这座静默无声的无名之墓，它被埋葬在树林里的某个地方，在它周围只有风的呢喃和无言的诉说。到此为止，我已经在俄国待了十四天，但我一直都感到一种内在紧张，一种轻微的精神陶醉的眩晕。到底是什么让我如此感动？我很快就明白了：是这里的人们和他们身上涌现出来的善意。他们所有人，从头到尾的每一个人，都深信他们正在参与一项为全人类的利益而进行的伟大努力；他们都确信，虽然他们可能不得不忍受剥夺和限制，但这一切都是为了一个更高尚的事业。过去俄国人在面对欧洲其他国家时的自卑感已经转变为领先于其他国家的狂喜和骄傲。"光明从东方升起。"——他们从东方带来了救赎。他们诚实而真诚地认为，他们已经看到了唯一的真理之光，这份光亮让他们做出了别人只能在梦中幻想的事情。当他们给你展示哪怕是最不起眼的东西时，他们的眼睛也闪闪发光："那是我们做出来的。"而整个国家都认同"我们"这个概念。载着你四处兜风的马车夫会用鞭子指着某个新建筑，咧嘴笑着说："那是我们建的。"大讲堂里的鞑靼和蒙古学生出来迎接我们，自豪地炫耀他们的课本。"达尔文！"一位学生说道。"马克思！"另一个也喊道。他们非常自豪，就好像是他们自己写了马克思和达尔文的著作一样。他们都兴致勃勃地向我们展示，为我们解释，对有人来看他们的作品这件事由衷地感到高兴。在斯大林之前的那几年，他们所有人都对欧洲人充满无限的信心。他们会用信任的眼神看着你，以兄弟般的热情和你握手。但与此同时，即使是最不起眼的人也清楚地表明，虽然他们可能喜欢你，但是并不会出于什么特别的理由对你表示恭敬，因为我们都是兄弟，互相都是同志。作家之间也是如此。我们都聚集在亚历山大·赫尔岑的故居里，这里不仅有欧洲人和俄国人，还有通古斯人、格鲁吉亚人和高加索人；每个苏联国家都派出代表来参加托尔斯泰百年纪念活动。由于语言不通，与他们中的大多数人交谈是不太可能的，但我们仍然彼此理解。其中有一位作家站起来，走到我身边，提到我的一本书的书名，然后又指了指他的心，想要向我说明他非常喜欢这本书。然后他握着我的手，握得那么用力，好像要通过让我的所有关节脱臼来表示他的赞同。更让人感动的是，他们都准备了礼物。虽然经济形势仍然很糟糕，他们并没有什么有价值的东西，但每个人都找到了一些纪念品送给来访者们——一幅毫无价值的旧版画、一本我看不懂的书、一幅农民制作的雕刻等。当然，这对我来说更容易，因为我可以回赠给他们一些在俄国多年未曾见过的珍贵物品——吉列剃须刀片、一支钢笔、几张优质的白色便笺纸、一双柔软的皮革拖鞋——所以我在回程时的行李非常轻便。他们为我们提供了一种虽然语言不通无法交流，但是却发自肺腑的接待，给予了我们一种在自己的国家里未曾感受过的深度和温暖，这让我们无法抗拒。在欧洲，一个作家从来没有机会真正地接触社会的各个阶层，所以，和这些人待在一起，对许多访问俄国的外国作家来说是一种难以抗拒的诱惑。他们在那里受到了欢呼称赞，这是在国内从来没有过的热情待遇，所以他们觉得必须要以同样的方式来回应，来赞扬这个让他们的书被广泛阅读，让他们如此受欢迎的政权。毕竟，以慷慨回应慷慨，以热情回应热情，这完全是人类的本性。我必须承认，当我在俄国的时候，我自己经常会突然爆发出赞美的颂歌，并且成为俄国人自身热情的狂热崇拜者。

我之所以最后能够招架住这种令人陶醉的狂乱，与其说是由于我自己的精神力量，不如说是由于一个陌生人——我至今也不知道他的名字，而且我永远也不会知道。这件事发生在一场聚会之后。这场聚会上有一些学生，他们围着我，拥抱我，和我握手。他们的热情十分温暖人心，我也很高兴看到他们那一张张活泼的脸。结束之后，有四五个人打算护送我回家，其中一个女学生充当了我的翻译，为我解释他们所说的一切。当我回到酒店房间，关上身后的门时，我才真正地感到孤单——这是十二天来的第一次，因为身为一个外国人，总是有人陪伴着我，小心地守护着我，也总是有激情的热浪包围着我。我开始脱下外套。正在往下脱的时候，我感到里面有什么东西在哗啦作响。我把手伸进口袋，发现了一封信。那是一封法文信，但并不是邮局寄来的——一定是有人趁拥抱我的时候把它塞进了我的口袋。

这是一封没有署名的信，非常聪明和富有人性，虽然不是出自"白俄人"之手，但是信里充满了对近年来俄国日益限制自由的尖锐批评。"不要相信他们告诉你的一切，"我那位不知名的笔友写道，

"无论展示给你什么,永远不要忘记他们还有很多不会让你看到的东西。请记住,与你交谈的人通常不会说出他们想说的话,他们只会说一些允许向你说出的话。我们都被监视着,你也是。你的翻译会上报你所说的一切。你的电话也被窃听了,他们监视着你的一举一动。"他补充了一系列的例子和细节。我当时无法核实这些,但我烧掉了他的信,因为他请求道:"请不要把这个撕掉,因为那些碎片会从你的废纸篓里被人找回来,然后再被拼在一起。"我第一次开始清醒地思考这个问题。确实,在这种真诚的热情和愉快的同志关系中,我从来没有机会跟任何人面对面地坦率交谈过。由于我不懂俄语,所以我无法真正与普通人接触。而且,在这两个星期里,我所看到的只是这个国家多么小的一部分!本着对自己和他人诚实的态度,我必须承认,虽然俄国在很多方面都给我留下了令人感动和鼓舞人心的印象,但这些不可能是完全客观的。这也解释了为什么当时几乎所有从俄国回来的欧洲作家们都立即出版了一本书,他们要么热情地支持这个政权,要么强烈地谴责它,而我只写了几篇文章。我很好地保持了距离,因为三个月后在俄国的生活就与我当时所看到的不一样了,而一年后,那里发生的天翻地覆的变化更是让我在早些时候写下的每一个字都变成了谎言。尽管如此,在我的生活中,几乎没有哪段时期和哪个地点能像在俄国时那样,让我感到时代的潮流正在如此强烈地奔涌着。

离开莫斯科时,我的箱子里几乎空无一物。我已经把我能给的东西都送给了别人,而我带回的只有两个画像,它们日后在我的房间里挂了很长时间。不过,我带回家的最有价值的东西是我和高尔基的友谊。我是在莫斯科第一次见到他的,两三年以后,我在索伦托又见到了因为身体虚弱而住在那里疗养的他,当时我们一起度过了难忘的三天。

我们在俄国的第一次会面非常怪异。高尔基不懂外语，我也不懂俄语。按照惯常的逻辑，我们注定只能沉默地面对对方，或者只能依靠我们相互尊敬的朋友玛丽亚·布德伯格男爵夫人的翻译来进行交流。但是，作为文学史上最杰出的故事讲述者之一，高尔基绝非浪得虚名——叙事对他来说不仅是一种艺术表现形式，而且是他整个性格散发出的魅力。当他讲述一个故事时，他便让自己融入了叙述中，生活在那段故事里，我虽然听不懂他说的是什么，但他那活跃生动的脸足以让我理解他。就他自己而言，他只是看上去像——好吧，我得说他就是"俄国人"，但是他的容貌没有什么特别的地方；你甚至可能会把这位高高瘦瘦的、长着一头黄色稻草般的头发和宽宽的颧骨的男人误认作是一个在田间劳作的农民，一个马车夫，一个开着小作坊的鞋匠，或者是一个不修边幅的流浪汉——这位代表着俄国人性精华的作家，看起来再普通不过了。在街上与他擦身而过时，你根本不会注意到他有什么特别之处。只有当你面对着他坐下来，听他开始讲故事时，你才会意识到他到底是谁，因为他自然地与他所描绘的那个人融为了一体。他对在游历途中遇到的一位驼背、疲惫的小老头的描述让我印象十分深刻——我甚至在翻译之前就明白了他在说什么。他本能地低下头，耷拉着肩膀，在开口说话的时候，他那双明亮的蓝眼睛突然变得暗淡而疲倦，声音也颤抖起来。不知不觉地，他仿佛就变成了那个驼背老头儿。如果他要讲什么有趣的故事，他就会突然大笑起来，放松地向后靠着，眼睛里闪着光。听他用各种富含画面感的手势来描绘周围的场景和人物，是一种难以形容的快乐。他身上的一切——他的行和坐，他的倾听与高昂的情绪——都很简单自然。一天晚上，他装扮成波维尔绅士的模样，佩带长剑，顿时便显得仪表堂堂。他的眉毛威严地拱起，在房间里劲头十足地踱来踱去，好像要宣布什么愤怒的谕旨似的。接着，当他脱下了道具服，却又像个农家少年一样孩子气地大笑起来。他有着不可思议的旺盛生命力，虽然他有一个肺的状况非常糟糕，能够活下来可以说是违背了所有的医学规律，但是一种非凡的求生意志和强烈的责任感让他坚持了下来。他每天上午都投身于伟大的小说创作之中，用他经典的字迹，答复来自祖国各地的年轻作家和工人们提出的数百个问题。对我来说，和他在一起就意味着和俄国在一起——不是布尔什维克的俄国，不是旧日或现在的俄国，而是拥有伟大、坚强、深邃灵魂的那个永恒的俄罗斯民族。他的内心在那些年里还没有决定应该走哪条路。作为一名前革命者，他希望社会能够改变，他也和列宁有过私交，但他仍然犹豫是否要把自己完全投入这一党派中去，用他的话说就是"去做一个神父或者教皇"。然而，在每周都要求宣布新决定的那些年里，他没有选择和俄国人民站在同一立场上，这也让他的良心饱受谴责。

当时，我碰巧目睹了一个典型的新俄国式事件，它向我揭示了高尔基的全部困境。一艘进行训练演习的俄国军舰首次在那不勒斯附近停靠，这些年轻的水手以前从未到过国际大都市，他们在托莱多大道上闲逛，瞪着他们农民的眼睛注视着所有新奇的事物，看得津津有味。第二天，他们中的一群人决定来索伦托拜访他们的作家。他们没有提前通知他们的到来，在这群俄国人的友爱观念中，他们认为高尔基总是有时间和他们见面的。他们突然出现在了他家门外，他们的判断是对的——高尔基没有让他们等着，而是直接邀请他们进去。然而（高尔基本人在第二天面带微笑地向我讲述了这个故事），这些内心被共产主义事业牢牢占据的年轻人们,一进到他那栋漂亮而舒适的别墅,就开始严肃地问道,"你在这里做什么?你过的是资产阶级的生活!为什么不回俄国呢?"高尔基不得不尽力向他们解释。但是这些出于善意的年轻人们并不是真的要责备他。他们只是想表明,他们不会向一个名人俯首帖耳,而是想知道他真正的想法。他们舒舒服服地坐下来,喝茶聊天,离开时轮流拥抱他。高尔基娓娓动听地向我讲述了这个故事,他为新一代人无拘无束的举止感到高兴,却丝毫不为他们的种种苛责感到不安。"我们年轻时是多么不同啊,"他不停地重复着,"我们要么畏首畏尾,要么义愤填膺,但我们从来没有这样自信过。"整个晚上他的眼睛都充满神采。当我对他说"我能感觉到你是真的愿意跟他们一起回家"的时候,他停顿了一下,用敏锐的目光看向我。"你是怎么知道的呢?说实话,直到最后一刻,我都在犹豫是否要把我的书、文件、工作和其他一切都抛下,和那些年轻的水手们一起上船,到蔚蓝的海面上漂上几个星期,然后就可以再次看到我的祖国了。当你在国外的时候,你会忘记自己身上最好的那一部分,所以我们这些流亡的作家们迄今为止都没有写出任何好作品。"但是,高尔基把在索伦托的这段岁月称作流亡是错误的。毕竟,他随时都可以回家,而且他确实回家了。他与他的书并没有像梅列日科夫斯基那样被放逐到国外——我曾在巴黎遇见过这位痛苦的悲剧性人物,他也不像如今的我们——用格里帕策尔的话说——有"两个国外的家园,但唯独没有祖国"[1],我们在异乡使用着其他民族的语言,随风飘荡,无处安放。而且,在接下来的几天里,我在那不勒斯拜访了一位

---

[1] 出自格里帕策尔的一行诗。

真正的流亡者——贝奈戴托·克罗齐。几十年来，他一直是年轻人的精神导师，国家也非常倚重他，让他担任参议员和政府部长，直到他对法西斯主义的反对使他陷入与墨索里尼的冲突之中。他选择了辞职隐居，但这并没有让他顽固的敌人满意。他们想击垮他的精神，必要时甚至还想惩戒他。学生们与过去形成了鲜明的对比，变成了四处行动的突击部队，他们袭击了他的房子，打碎了窗户。但是这个长着一双聪明的眼睛、蓄着一撮小小的尖胡子、活像个自在的资产阶级的矮胖男人，并没有被吓倒。尽管美国和其他外国的大学都对他抛来了橄榄枝，但是他没有离开这个国家，而是继续待在他的房子里，用书建造了一个铜墙铁壁。他继续以同样的精神编辑他的《批评》杂志，出版他的书。他的权威如此之大，以致按照墨索里尼的命令建立起来的通常是毫不留情的审查制度，虽然影响到他所有的学生和志同道合的同事们，但到他这里却戛然而止了。对于一个意大利人，甚至是一个外国人来说，去拜访他都需要特别的勇气，因为当局非常清楚，在他那座堆满书籍的堡垒里，他可以坦率地、毫不掩饰地表达任何观点。他生活在一个密闭的空间里，就像生活在他的四千万同胞中间的一个密封的真空瓶里一样。在我看来，一个人与世隔绝地生活在一个拥有数百万人口的城市和国家里，是一种既壮丽又诡异的感觉。当时我不知道，相比于希特勒日后对我们知识分子的那种暴力的破坏，这实际上是一个相当温和的形式了。不过，我依旧忍不住惊讶于这位已经年迈的老人在日常斗争中所体现出的鲜活思想和精神力量。他对此莞尔一笑："哦，抗争会让你变得年轻。如果我还是参议员，我的想法在很久以前就会变得懈怠和马虎。对一个有思想的人来说，最糟糕的境地不外乎是身边没有任何反对的声音。现在我独自一人，身边没有年轻人,我不得不让自己一直保持活力。"

但又过了好几年之后,我才明白了,这些种种的考验其实是一种挑战,如果它们没有击垮你的精神,那么这些迫害和孤立就会让你更坚强。就像生活中其他重要的经验一样,我们永远不会从别人的经历中学会这些,只能从我们自身的经历中亲自体会。

我从来没有见到过墨索里尼这位当时意大利最重要的人物,因为我总是不愿接近政治人物。即使是在我的祖国,弹丸之地的奥地利,要避免会见任何主要的政治家——无论是塞佩尔、多尔福斯,还是舒施尼克——需要花费相当的心思,我也做到了这一点。然而,我确实感到有义务去见见墨索里尼,因为我从我们共同的朋友那里了解到,他是我在意大利第一批也是最热心的读者之一。此外,我也应该为他自愿地满足了我生平第一次向一位政治家提出的要求而表示感谢。

事情是这样发生的。一天,我收到一封来自巴黎的朋友的快信,信上说一位意大利女士有要事要到萨尔茨堡来看我,问我能否立即见她?她第二天就来拜访我了,而且她要告诉我的事情确实令人震惊。她的丈夫是一位出身卑微的杰出医生,曾在马泰奥蒂[①]的资助下接受教育。当社会主义领袖马泰奥蒂被法西斯分子杀害时,世界舆论——在已经厌倦了对种种行为发声谴责的情况下——再次对这一桩罪行做出反应,整个欧洲都进行了义愤填膺的抗议。他的这位忠实的医生朋友,就是公开地抬着马泰奥蒂的棺木穿过罗马街道的六勇士之一。在那之后不久,由于受到排斥和威胁,这位医生被迫流亡国外。但是马

[①] 贾科莫·马泰奥蒂(1865—1924)出身于一个富人家庭,是一位杰出的社会主义政治家。

泰奥蒂家族的命运一直压在他的心头。为了报答他的恩人，他试图将马泰奥蒂的孩子从意大利偷带到安全的国外。但是，他本人在这一计划中与间谍或者特工发生了冲突，因此被逮捕。鉴于任何与马泰奥蒂有关的回忆都会让意大利感到难堪，原本的审判结果不会对他过于不利，但是公共检察官通过狡猾的手段把对他的审判和另一个在同一时间企图用炸弹袭击墨索里尼的案子联系到了一起。因此，这位在第一次世界大战的战场上曾为国家服务并且获得最高荣誉的医生，被判处了十年苦役。

他年轻的妻子自然非常伤心，她说，必须做些什么来推翻这个判决，否则她的丈夫无法熬过这一刑罚。她请求我帮助她呼吁欧洲文坛的所有作家团结起来大声抗议。我的第一反应是建议她不要带着抗议去任何地方。我知道自战争以来，这种示威活动已经因为滥用而变得毫无意义了。我尽力解释说，出于民族自豪感的原因，没有一个国家会让外人干预它的司法决定，例如，欧洲对美国的萨科和范泽塔蒂①案件的抗议取得了适得其反的效果。我劝她不要做那种事，并指出这样做只会使她丈夫的处境更糟，因为如果外国势力企图强迫墨索里尼采取行动，那么墨索里尼无论如何也不会——实际上绝不可能——进行宽大处理的。但我自己真的深受触动，所以我承诺她我将尽我所能。巧合的是，下个星期我正好要去意大利，在那里我有一些身居要职的朋友，也许他们可以悄悄地做些事情来帮助她的丈夫。

我到达意大利的第一天就去找了我的朋友们，但我能看出恐惧已

---

① 两名意大利血统的无政府主义者，被判犯有抢劫罪和谋杀罪，并于1927年被处决。有相当多的人怀疑他们的罪行——人们怀疑美国人对移民的偏见在一定程度上影响了审判——因而在欧洲爆发了大规模的示威游行。

经侵入了所有人的心灵。我一提到医生的名字，大家都尴尬地说，不行，他们很抱歉，请恕他们无能为力。我拜访了一个又一个朋友，但都无功而返。回到家里后，我感到很羞愧，担心那位可怜的妻子会认为我没有尽力。事实上，我也确实没有尽全力。还有一种可能性——一个更为直接的方法，我要写信给做出决定的人——墨索里尼本人。

我的确这么做了。我给他寄了一封十分诚恳的信。我在信的开头就写道，我并不打算奉承他，然后，紧接着我还写道，我并不认识这位医生，也不知道他干了些什么。但我看到了他的妻子，她肯定是无辜的，如果她的丈夫在监狱里待了那么多年，她也将因为这一严厉判决而饱受痛苦。我绝对无意对判决提出批评，但我可以想象，如果能够允许她丈夫不在监狱里，而是可以带上妻子和孩子在一个流放岛上服刑，这将会挽救这位年轻女子的生命。

我在这封信的邮寄栏上写下"寄给贝尼托·墨索里尼阁下"，放进了萨尔茨堡的信箱。四天后，我接到意大利驻维也纳大使馆的电话。大使馆说，墨索里尼阁下感谢我的来信，他说他会按照我的要求去做，而且除了给医生减刑之外，他还自行承担了缩短刑期的责任。与此同时，我收到一份来自意大利的电报，向我证实那位医生已经按我的要求被转移到流放岛上。墨索里尼本人亲自动笔，应允了我的请求。事实上，这位被定罪的医生很快就得到了彻底赦免。在我的一生中，从来没有哪一封信能给我带来如此多的快乐和满足。每当我回想起自己在文学上的成功时，我都会尤其感激这次的经历。

在暴风雨前最后的平静岁月里旅行是很愉快的，但待在家里也很愉快，一些奇怪的事情一直在悄悄地发生着。在萨尔茨堡这个有四万居民的小城里，一切都发生了显著的变化。我在最初之所以选择它，是因为它可以让我过上浪漫的隐居生活。但是现在，每年夏天它不仅是欧洲的艺术之都，也是全世界的艺术之都。在战后最糟糕的那段时期，为了给那些在夏季失业的演员和音乐家们找点事做，马克斯·莱因哈特和雨果·冯·霍夫曼斯塔尔在萨尔茨堡大教堂外的广场上排演了一些作品，其中包括著名的露天演出《普通人》。起初，观众只是来自附近地区的居民。随着一些歌剧作品也被添加到节目单中并且大获成功，渐渐地，全世界开始注意到这里。最好的指挥家、歌唱家和演员都迫不及待地来到这里，为能有机会在国际公众面前，而不仅仅是有限的国内观众面前表演而欣喜不已。突然之间，萨尔茨堡艺术节成了全世界瞩目的焦点，它就像一种现代艺术奥运会一样，各国竞相在其中展示自己最辉煌的成就，没有人想错过这些非凡的作品。在过去的几年里，王公贵族们、美国的百万富翁们和迷人的电影明星们，还有音乐爱好者、艺术家、作家乃至社交场上的势利者们都在萨尔茨堡齐聚一堂。在长期以来一直被视为无足轻重的小小的奥地利的这座小城里，却如此集中地展现出了最完美的戏剧和音乐，这在欧洲历史上是前所未有的。萨尔茨堡就这样华丽地绽放了。在夏日里，所有倾力追求最佳表演艺术的欧洲人和美国人都来到这里，他们穿着本地传统服饰——男人们穿的是亚麻短裤和短夹克，女人们则穿着色彩鲜艳的紧身连衣裙——在街上四处闲逛。小小的萨尔茨堡突然主宰了整个世界的时尚潮流。游客们争相入住酒店，前往节日剧院的汽车队伍与前往宫廷舞会的汽车长龙一样壮观，火车站总是人山人海。其他城镇和城市曾经尝试过将这一利润可观的资源分流到自己这边一部分，但都失败了。在这十年里，萨尔茨堡一直是欧洲艺术爱好者的朝圣之地。

所以突然之间，我既住在我的家乡，同时又住在欧洲的中心。命运再一次满足了我的一个几乎不敢想象的愿望——我们在卡普辛堡的房子变成了欧洲人的聚会目的地。在萨尔茨堡的家里，还有谁是我们没有招待过的呢？访客簿比我的记忆更能说明问题，不过这本访客簿连同这座房子，以及其他许多东西，都成了纳粹的牺牲品。我们和所有的客人们坐在阳台上，看着窗外美丽而宁静的风景，一起度过了那么多快乐的时光，却从没想过在正对面的贝希特斯加登山上，住着一个会毁掉这一切的人。罗曼·罗兰和托马斯·曼来拜访过我们；我们还接待过威尔斯、霍夫曼斯塔尔、瓦瑟曼、房龙、詹姆斯·乔伊斯、埃米尔·路德维希、弗朗茨·韦费尔、格奥尔格·布兰德斯、保罗·瓦莱里、简·亚当斯、沙洛姆·阿希和阿图尔·施尼茨勒；我们还接待过包括拉威尔和理查德·施特劳斯、阿尔班·伯格、布鲁诺·沃尔特和巴托克在内的许多音乐家，以及来自世界各地的画家、演员和学者们。每年夏天，我们都在家里谈天说地，度过许多欢乐愉快的时光。有一天，托斯卡尼尼沿着通往我的住处的陡峭台阶拾级而上，从此开启了我们之间的友谊，而这段友谊使我比以往任何时候都更加热爱、理解和欣赏音乐。多年来，我参加了他一次又一次的排练，看着他为达到完美状态而进行激情地抗争，最终在他的公开演奏会上达到一种既像是奇迹，又像是完全理所当然的效果。（我曾写过一篇文章试图描绘那些排练的场景——这种一直反复排练，直到演出完美无缺的本能冲动，对每一位艺术家都是一个很好的榜样。）这很好地证实了音乐——正如莎士比亚所言——不只是爱的食粮，还是灵魂的养料。看着所有的艺术都来这里竞相吸引人们的注意，我十分庆幸命运能让我如此频繁地接近它们。在那些多姿多彩的夏日里，丰富的艺术与美丽的风景交相辉映，相得益彰。每当我想起萨尔茨堡这座小城市在"一战"刚结束时的那种破旧惨淡、遭到严重毁坏的景象，以及我们在房子里冻得瑟瑟发抖，努力不让雨水从屋顶漏进来的惨状，我就觉得这段备受祝福的和平岁月为我的人生带来了新的希望。我们有理由重拾对世界和人类的信心。

在那些年里，有许多颇受欢迎的著名人物来我们家做客，但是，即使在我独自一人的时候，我也被一群神奇的历史人物包围着，并且逐渐从他们的踪影里汲取了力量。我已经提到过我收集了许多亲笔手稿，到了现在，我的藏品里纳入了来自历史上最伟大的大师们的笔迹样本。我在十五岁时已经开始以业余爱好者的身份进行收集，在这些年来，我积累了大量经验，同时，我比刚开始时拥有了更多的财力和更大的激情，于是，这些各式各样的互相独立的物品逐渐被我变成了一个有机的体系，被我彻底地转变为——我完全可以这么说——一项真正的艺术行为。在刚开始的时候，我就像初学者那样仅仅只是把一些有名的名字凑在一起。然后，出于好奇的心理，我收集了越来越多的手稿、原始草稿或作品的碎片，这让我更加深入地了解了受人喜爱的大师们的创作方法。在世界上无数个不解之谜当中，最深奥、最神秘的当然是创造的奥秘。你无法在这里偷听到大自然的声音，她不会告诉你地球是如何形成的，一朵小花是如何开放的，一首诗或是一个人又是如何被创造出来的。大自然无情地、顽固地掩盖了这个终极奥秘，即使是诗人和音乐家在日后的回想中也无法解释这一刻的灵感。一旦创造行为完成，富有创造力的艺术家们就再也无从知道它从何而来，也不知道它是如何结出果实的。他们永远——或者说几乎永远——也无法解释，在他们高度清醒的状态下，文字是如何汇聚成一首诗，单个音符又是如何奏出一曲经久不衰的旋律。唯一能为这种难以理解的过程提供一些微弱的线索的，就只有艺术家们的手稿了——尤其是那些带有满满的修改记号，还没有准备好送去出版社的草稿，以及在最终定稿呈现之前的试探性初稿。在我的收集活动中，第二阶段，也是更有思想的一个阶段，是收集所有伟大的作家、哲学家和音乐家的亲笔手稿和修正手稿，以证明他们在工作中的创造性斗争。在拍卖会上能够捕获到它们是一件愉快的事情，在最偏远的藏身处不辞劳苦地找到它们也是一件乐事。与此同时，这项收集活动也变得学术起来，我除了收集亲笔手稿，也开始逐渐收集所有有关的书籍，包括所有出版的亲笔手稿目录，最终达到了超过四千册的藏书规模，这是一个无与伦比的数量，甚至收集古董和手稿的商人们也不可能在这样一个专业的领域里花那么多时间，投入那么多的热情。我想我可以理直气壮地说——正如我永远不敢如此理直气壮地说出我的一生在文学或任何其他领域的成就——经过这三四十年的收集历程，我已经成了亲笔手稿收集领域的权威专家，我知道每一页重要的亲笔手稿现在在哪，是谁拥有着它，以及它如何到了主人手中。我成了一名真正的专家，一眼就能看出一份手稿是不是真的，在评估手稿字迹方面，我比大多数专业人士都更有经验。

又过了一段时间之后，我作为收藏家的雄心壮志更进一步地发展了。我觉得仅仅拥有一个能够反映出上千种创作方法的伟大文学和音乐手稿的收藏馆已经不够了，仅仅增加收藏的数量也无法再吸引我了。在我作为收藏家的最后十年里，我开始精练它。对我来说，曾经的我认为拥有一份展示作家或音乐家创作过程的手稿就足够了，而现在，我开始努力寻找在他们最受启发和最成功的创作时刻所呈现出来的亲笔手稿。所以我不仅是在寻找作家的任何一篇诗稿，而且还要找到他最好的诗稿之一。如果可能的话，我还想找到在天赐的灵感首次发现在尘世间的表达方式的那一瞬间，作家在稿纸上留下的墨水或铅笔印记——这些灵感就是这样延续下去直到永恒。虽然这可能听上去十分大胆和冒昧，但我是发自内心地想要获得这些手稿——这些不朽的遗物，因为它们在第一时间解释了是什么让它们变得不朽。

所以我的藏品一直在不断变化；一旦我成功地找到一份更有意义和特色的手稿，或者说，一份有一种永恒之感的手稿时，我就会把所有不符合最高标准的手稿从收藏中移除、卖掉或者与别人交换。奇怪的是，在很多次寻找的旅途中，我都获得了成功，因为很少有其他收藏家像我一样，坚持不懈地以专业知识来获得这些重要的物品。所以，我先形成了一个收藏文件夹，最后发展成为一个完整的陈列箱，内部镶嵌了金属和石棉，用以抵御时间对它们的伤害。作品的原始手稿，或者是作品的节选——这些属于人类永恒的创造宣言的一部分都收藏在里面。由于我现在过着流浪的生活，那些收藏品在很久以前已经四处流散，不在我的手边，所以我只能随机地列举其中一些展示尘世的天才是如何不朽的例子。

我收集了达·芬奇的素描本中的一页，上面是他用反体字母写下的对画作的评论；还有拿破仑在里沃利向士兵下达命令时，用难以辨认的笔迹草草写就的四页纸；我还收集了一整套巴尔扎克小说的校样，每一页都是原文和修正符号搏斗的战场，非常清楚地说明了他在不断地打磨，极力追求完美——幸运的是它的一份副本现在被安全地保存在美国的一所大学里。我还收集了尼采的《悲剧的诞生》的一份不为人知的草稿——他为此工作了很长一段时间，然后把它送给了他心爱的科西玛·瓦格纳，以及一份巴赫的《康塔塔》手稿和一份格鲁克的《阿尔塞斯特》中的咏叹调，还有一份最为珍稀的来自亨德尔的音乐手稿。我一直在寻找一个作家或音乐家最具特色的作品，而且我往往也会成功地找到它们——勃拉姆斯的《吉普赛人之歌》、肖邦的《巴卡罗》、舒伯特不朽的《致音乐》以及来自海顿的《皇家四重奏》中的那段不朽的奥地利国歌旋律。在某些情况下，我甚至设法将一个个孤立的创造性插图扩展成一份艺术家创造力的全景图。例如，我既收集了好几张莫扎特十一岁时笨拙的手稿，也收集了他更为成熟的抒情曲创作的手稿——他为歌德创作的不朽之作《紫罗兰》——用《费加罗的婚礼》中的《你不会再走了》改编的小步舞曲手稿来展示他的舞曲创作能力。而对于《费加罗的婚礼》本身，我收集了其中的《切鲁比诺咏叹调》的手稿。此外，我还收集了他从未公开发表过的写给表妹的非常不雅的信件、一份粗糙的卡农舞曲手稿，以及莫扎特去世前所创作的最后一首《狄多的仁慈》中的咏叹调。我针对歌德的收藏品也同样广泛。我有他九岁那年翻译的拉丁语手稿的第一页和他去世前不久在八十岁的高龄写下的一首诗的最后一页，而在这两页中间，有来自他巅峰时期对才华最完美的诠释之作——《浮士德》的一页对开稿纸，还有他关于自然科学的手稿，以及他一生各个时期的许多诗歌和绘画的手稿。这十五页手稿加起来就是一份浓缩了歌德整个艺术生涯的研究。对于我最敬仰的贝多芬，我无法建立起这样一幅完整全面的图景。和我在收集歌德的手稿时一样，我有一个竞价对手——出版商基彭伯格教授，他是瑞士最富有的人之一，在竞拍时出价比我更高，于是他成了拥有无与伦比的贝多芬作品的收藏家。但是，除了他年轻时的笔记、《吻》和《埃格蒙特》附带的音乐片段之外，我至少成功地将他生命中一个时刻——那个最悲惨的时刻——从视觉上完整地呈现了出来，这是世界上任何博物馆都无法做到的。原本，他房间里所有的家具在他去世后的拍卖会上被议员布鲁宁买走了，但是我通过一次幸运的机会买下了它们。里面最显眼的物品是他巨大的书桌，抽屉里放着他所爱的两个女人朱利埃塔·居恰尔迪伯爵夫人和爱尔德蒂伯爵夫人的画像；还有他一直放在床旁直到生命尽头的存钱罐；以及一个小的便携式书桌，他曾经卧在床上在这个小书桌上写下生命最后的几封信和几部作品；我还收藏了在他临死时剪下的一缕白发、参加他葬礼的邀请函，以及他用摇晃颤抖的手写下的最后一份洗衣单；还有拍卖房屋物品的清单，和他的维也纳朋友签署的为他的厨娘莎莉提供生计的声明，因为这位厨娘在他死后将失去所有的经济来源。因为机会总是会眷顾一个真正的收藏家，所以在我得到他去世时房间里的这些物品后不久，我就又幸运地买到他在临终时卧榻在床的肖像画。从当代记录中我知道了这位年轻的画家（同时也是舒伯特的朋友）名叫约瑟夫·特尔切尔，他曾试图于一八二七年三月二十六日在贝多芬与病魔挣扎的最后关头，画下这位伟大作曲家的肖像，但被布鲁宁要求离开，因为他觉得这件事有些不合时宜。这些素描已经遗失了一百年，直到在布伦的一次小型拍卖会上，在这位不知名的画家的几十本素描本被廉价出售之际，人们才突然在里面找到一些贝多芬的素描画。巧合总是一个接一个地发生。又有一天，一个拍卖商打电话问我是否对贝多芬临终肖像画的原作感兴趣。我答复他说，事实上这幅画已经在我手里了。但我后来才发现，他给我提供的那幅新画其实是丹豪泽在贝多芬临终时所画的那幅著名的平版画的原作。所以现在，我把所有的有关这位作曲家在生命的尽头值得纪念的、真正不朽的物品，都保留了下来。

当然，我从来不认为自己是这些物品的主人，我只是它们在一段时间内的监护人。我并不是被一种拥有它们的占有欲所吸引，而是被一种想法所吸引，那就是把它们放在一起，把这个收藏集变成一件艺术品。我逐渐意识到，我在这种收藏中所创造的艺术本身，要比我自己的作品更值得流传下去。尽管我收到了很多邀约，但我还是犹豫着要不要整理一份收藏目录，因为我还在扩展它，还需要更多的名字和藏品来完善它，从而形成最终的结构。经过了仔细的斟酌之后，我打算在死后把这份独一无二的收藏集留给一个能符合我要求的机构——这个机构每年都要花一笔钱来继续按照我设想的名单目录一条一条地增加藏品，这样一来它就不会是一个死去的物品集，而是一个鲜活的有机结构，在我的生命结束后的五十年甚至一百年里还可以不断完善和增加自我，最终成为一个越来越精致美丽的整体。

但是，在受尽了磨难之后，我们这一代人已经无法再为未来制订这样的计划了。随着希特勒时代的开启，我离开了家园，收藏带给我的乐趣消失了，我所做的一切能够延续下去的确定性也荡然无存了。有一段时间里，我把收集的部分藏品放在保险箱里和朋友的家里，但是我想起了歌德的警告——博物馆和收藏如果不能持续地发展壮大，那么它们就会变得僵化——于是我决定，既然我不能努力完善我的收藏，那么我应当与它挥手告别。在我离开时，我把其中一部分送给了维也纳国家图书馆，其中大部分是我同时代的朋友送给我的礼物。我也卖掉了一些，至于剩下的部分会遭遇什么，或者正在遭遇什么，我都不再放在心上了。我更喜欢创作这个收藏集的过程，而不是这些藏品本身。所以失去它们不会让我伤感。在这个与所有形式的艺术和藏品为敌的时代,我们被赶尽杀绝,被迫流亡,如果我们不得不学习一种新的艺术,那一定是告别的艺术,我们要学会告别曾经所有的骄傲和快乐。

那几年的时间就这样在工作、旅行、学习、阅读、收藏以及享受这些乐趣的过程中流逝了。一九三一年十一月的一天,我一觉醒来,发现自己五十岁了。那一天对我们那位善良的、满头白发的萨尔茨堡邮差来说,是非常辛苦的一天。由于在报纸上用详细的版面庆祝作家五十岁生日的文明习俗在德国和奥地利仍然流行,所以,我们这位老邮递员要爬上所有的台阶,把大量的信件和电报沿着这条陡峭的道路拖上来。在打开阅读它们之前,我想了想这一天对我来说意味着什么。五十岁是一个人生转折点,在这一时刻,你会不安地回顾自己所走过的路,扪心自问它是否还能引导你向上求索。我一边回想着我所经历的那些时光,一边眺望着阿尔卑斯山脉,看着山谷一直延伸消失在远方——绵延的山脉就好像我这五十年的人生之路一样。我不得不承认,如果说我没有对人生心怀感激,这一定听起来不合逻辑。毕竟,我得到的远远超过了我所希望或期待的。我希望通过写一些文学作品来发展和表达自己,这是我童年最疯狂的梦想,而这个愿望已经得到了实现。在我面前摆放着的是我五十岁的生日礼物——由岛屿出版社出版的我发表的所有作品的所有译本的书目,它本身就像是一本书一样。所有重要的语言都在这里,无一缺失——保加利亚语、芬兰语、葡萄牙语、亚美尼亚语、汉语和马拉地语。我的文字和思想通过盲文、速记符号、各种异国情调的文字和习语传播给了读者。我的存在已经超越了我的生命本身,产生了不可估量的影响。我结交了许多我们这个时代最优秀的人物;我观看和欣赏了许多精彩的艺术表演、不朽的城市建筑和画作，还有世界上最美丽的风景。我一直自由地生活着，没有受到任何官职或事业的影响，我的工作对我来说是一种乐趣，更美妙的是，它也给别人带来了乐趣！还会出什么问题呢？我的书就在这里，谁还能让它们消失吗？（我毫无预感地在当时这样问着自己。）这是我的房子，谁还能把我赶出去吗？还有我的朋友，我还会失去他们吗？我毫无畏惧地思考着死亡和疾病，但我的脑海里却丝毫没有想到未来等待着我的是什么。我没有想到我会被赶出自己的家，成为一个被流放的人，时刻担心被抓捕，过上颠沛流离、四处漂泊的生活；我也没有想到我的书会被烧、被禁、被鄙视，而我的名字在德国会像个罪犯的名字一样被人嘲笑；我也绝没有想到，写信祝贺我生日的朋友们——这些信件和电报现在就躺在我面前的桌子上——如果在日后碰巧遇见我，会吓得脸色煞白。我不知道我在过去三四十年来通过努力工作实现的一切成就，可能会消失得无影无踪，而我那看似建立在坚实基础上的一生，可能会在未来崩塌成一片废墟。在快要到达顶峰时，我不得不重新开始，尽管我的身体已经疲惫，头脑也已经紊乱。当然，在生日那天，我并不能想象出这种荒唐而荒谬的事情。我十分幸福，而且热爱我的工作，所以我热爱我的生活。我无忧无虑，即使我再也不提笔了，我的书也能养活我。我似乎已经取得了很多成就，我已经驯服了命运。通过我自己的努力，我赢得了我小时候在父母家所熟悉的那种安全感（虽然在日后的战争中，我又失去了这种安全感）。我还有什么愿望没有实现呢？

说来也奇怪，那一刻我想不出还有什么愿望需要实现，这使我感到莫名的不安。我内心有一个声音问道（这个声音不是来自那个有意识的自我）：在这样平静、有序、富足和舒适的生活中继续下去，没有更多的紧张和考验，这真的是一件好事吗？但是扪心自问，让真实的自我过上这种优越的、有安全感的生活，难道有什么不对吗？我若有所思地在家里走来走去。这么多年来，我的住所已经变成了一个美丽的地方，这正是我想要的。但同样地，我又一次问自己：我会一直住在这里，坐在同一个写字台前写书，一本接一本地出版，然后赚取越来越多的版税，慢慢地变成一个高贵的老绅士，时刻顾虑自己的名声和作品是否高雅得体，把一切偶然、紧张和危险都远远地抛在身后吗？我会这样一直沿着一条笔直的坦途走下去，直到六七十岁的时候？那样对我不是更好吗？——我就这样继续在大白天里做梦幻想着——会不会发生一些别的事情、新的事情，让我感到更不安、更加充满活力，让我面临一场新的，或许更危险的战斗，从而带来新的紧张感？每个艺术家心中都有一种神秘的矛盾：如果生活粗暴地对待他，他便会渴望和平与平静，但如果他到了安全的港湾里，他又会渴望回到动荡混乱之中。因此，在我五十岁生日那天，我心中只有一个一意孤行的愿望——我希望能发生什么事让我重新远离这种安全舒适的生活，迫使我不再像现在这样生活下去，而是重新开始。是因为我害怕变老、变得疲倦和冷漠吗？还是因为我有一种神秘的预感，让我在生日那天，为了自己的进一步发展而许下这个在未来过一种更艰苦的生活的愿望？我并不知道答案。

我不知道答案，是因为在这奇特的时刻，在我潜意识里浮现的这一感觉，并不是一个明确表达的愿望，它与我清醒的意识无关，只是一个在我心中一掠而过的想法而已，也许它甚至不是我自己的想法，而是一个从深渊底部升起的念头，而我对那深渊其实一无所知。但是那股主宰我生命的黑暗力量，那股无形的、对我的影响远比我胆敢期望的要大得多的力量，一定感知到了这个念头。因此，那股力量顺应了我的愿望，已经摩拳擦掌准备摧毁我人生的根基，迫使我在夷为平地的废墟之上，重建一种更为艰辛和充满磨难的生活。

希特勒上台

那些在未来会被卷入决定历史进程的重大运动的人们,总是无法提早发现这些运动的存在——这几乎是一个历史铁律。所以我不记得是在什么时候第一次听到阿道夫·希特勒这个名字了,尽管这些年来我们几乎每分每秒都会提到或者想起这个名字。名叫希特勒的这个人在我们这个时代里给世界带来了最为深重的不幸。不过,我肯定很早就听说了这个名字,因为萨尔茨堡是慕尼黑的近邻,坐火车只需要两个半小时,所以我们很快就熟悉了它那边的地方性事务。我只记得有一天——我记不起确切的日期了——一位从慕尼黑来拜访我们的熟人抱怨说那里又出了问题。他说,特别是有一个名叫希特勒的暴力煽动者正在聚众闹事,公然用非常粗俗的语言辱骂共和国政府,并且煽动反犹情绪。

这个名字对我来说没有什么特别的意义,我也没有多想。在当时不安定的德国政权下,呼吁发动政变的煽动者的名字不断出现,但很快就从公众的关注中消失了,现在他们也早已被遗忘。有率领波罗的海部队的埃尔哈特上校、沃尔夫冈·卡普、政治谋杀团、巴伐利亚共产主义者们、莱茵兰分离主义者们,以及各种自由军团[①]的领导者们。成百上千个象征着民众不满的小气泡随着时间的发酵上下翻涌,在破碎后只留下恶臭气味,向人们清楚地展示了德国的伤口不仅没有愈合,而且还化脓腐烂了。在某个时候,我手头拿到了纳粹主义运动的专报,那就是《米斯巴赫报》,后来发展为《人民观察家》[②],但是米斯巴赫只是一个小村庄,而且这份报纸写得非常糟糕。谁会为这种事而留心呢?然而,不久之后,一群年轻人突然出现在邻近的边境城镇莱辛哈尔和贝希特斯加登,这也是我几乎每周都要去的地方。这些团伙起初规模很小,但是逐渐地发展壮大了。他们都穿着长筒靴和棕色衬衫,每个人都戴着一个饰有十字标记的艳丽臂章。他们上街游行,举行会议,在街上唱着歌,喊着口号,列队行走。他们还到处张贴巨大的海报,在墙上涂上纳粹十字标志。我第一次意识到,这些突然出现的团伙背后一定有经济支持和其他有影响力的支持力量。当时,希特勒还只是一个在巴伐利亚的地下酒馆里发表演讲的小人物,他一个人绝对无法为这成千上万的年轻人配备如此昂贵的装备。一定有一双强有力的手在背后推波助澜,助力这项新运动向前发展。因为他们的制服非常整洁,而在这个困顿的年代,真正的退伍军人还穿着寒酸

[①] 所有这些都是当时在德国进行煽动或计划起义的各个政治派别的人物或运动的名字。在当时最值得注意的可能是自由军团这一组织。第一次世界大战后,根据《凡尔赛条约》的条款,德国军队大量被裁。许多小团体,如上文提到的波罗的海旅,也被称为海军陆战队第二旅,组成了小型自由军。这些人被称为自由军团,是一群右翼民族主义者。他们中的许多人后来成为纳粹运动的一部分,被并入纳粹冲锋队和党卫军。
[②]《人民观察家》是臭名昭著的纳粹报纸,从二十世纪二十年代开始,一直定期发行,直到1945年纳粹德国被击败。

的旧制服在街上游荡。他们还动用了大批的崭新汽车、摩托车和卡车运送这些"突击部队"从一个城镇到另一个城镇。同时，显而易见的是这些年轻人从军事领导人那里获得了战术训练——事实上，他们按照准军事部队的标准进行了训练演习，而且正规的德国军队本身，也就是帝国国防部队（希特勒曾作为间谍为其进行情报工作）为这些年轻人准备了装备以及定期的设备使用培训。我碰巧有机会观看了一场战斗训练演习。四辆卡车突然呼啸着开进一个边境村庄，那里正举行着一场非常和平的社会民主党会议。所有的卡车都满载着手持橡胶警棍的纳粹青年，他们以惊人的速度占领了会场，令与会人员始料未及。我在威尼斯的圣马可广场也看到过同样的事情。这是他们从法西斯分子那里学来的方法，但是他们以更精确的军事行动系统地执行着任务，连细枝末节也不放过——典型的德式作风。一声哨响发出了信号，冲锋队员①迅速跳出他们的卡车，挥舞橡胶警棍赶走任何挡道的人。在警察介入之前，或者参加会议的工人们还没来得及集合在一起之前，他们已经跳上卡车，扬长而去。令我惊讶的是，他们从车上跳下来又跳回去的方式非常熟练，而且两次都是随着他们的头领发出的一声尖锐的哨音而开始行动的。你可以看出每一个年轻人的肌肉和神经都被提前训练过，所以他们知道如何移动，知道应该从卡车的哪一个车轮处跳下，以免妨碍自己身后的人，从而影响整个行动，单凭个人技能绝无可能做到这一点；而且他们的每个动作都必须事先在营房和阅兵场演练几十次，甚至数百次。任何人都能一眼看出，这个团伙在攻击、暴力和恐怖主义方法上面受过专业训练。

---

① 原文中是SA，是褐衫军冲锋部队（Sturm Abteilung）的缩写。

很快，我们就听到了更多来自巴伐利亚地下活动的消息。在别人酣睡之时，这些年轻人就偷偷溜出家门，集合在一起进行夜间"野外演习"。仍在服役或者已经从帝国国防部队复员的军官们，由国家或者资助纳粹党的神秘人物支付薪水，负责训练这支年轻的队伍。当局并没有注意到这些奇怪的夜间行动，他们是真的睡着了，还是对此睁一只眼闭一只眼呢？他们是对这场运动漠不关心，还是实际上在秘密地鼓励它呢？无论如何，即使是那些暗中支持纳粹主义的人，也在一开始倍感惊讶，然后是震惊，因为它突然展现的手段是如此残忍，而且行动如此之快。一天早上，当地政府一觉醒来后，发现慕尼黑已经在希特勒的手中，所有政府的办公室都关闭了，报纸在枪口的威胁下被迫欢呼，用庆祝胜利的口吻迎接已经发生的革命。然后，当这个毫无戒心的共和国政府茫然地仰望着天空时，鲁登道夫将军出现了，就像从天而降的救兵——他是众多自以为能胜过希特勒，却最终被希特勒打败的人中的第一个。声称要征服德国的那场著名的政变①——众所周知——始于早上，但在中午就结束了（我并不打算在这里写一本关于国际历史的书）。希特勒逃跑了，很快就被捕了。他的运动似乎也就此终止了，在那一年——一九二三年，纳粹党十字标记、突击部队，还有阿道夫·希特勒的名字逐渐淡出人们的视线，没有人再认为他是一股潜在的政治力量。

又过了几年之后，他才再次浮出水面，而这一次，日益高涨的不满浪潮迅速将他推到了顶峰。通货膨胀、失业、政治危机，尤其是外部世界的愚蠢行为，激起了德国民众的愤怒。对这个国家来说，良好

---

① 通常被称为啤酒厅暴动，但在这一次尝试中，希特勒没有达到他的目的。

的秩序总是比自由和正义更为重要，而一个承诺维持秩序的人——歌德本人曾说过，他对混乱的痛恨甚至比不公正的待遇更甚——从一开始就会受到无数人的支持与拥护。但是我们仍然没有注意到危险。那些少数真正读过希特勒著作的作家们，并没有认真看待他的计划，而是嘲笑他浮夸的散文风格。那些全国性大型报刊不但没有警告我们，反而每天安慰读者说，纳粹主义只能依靠重工业和大胆的举债来维持下去，在短暂的存在后必然会崩溃。也许外界永远不会真正明白，德国在那些年里为什么会低估希特勒和他日益增加的权力——并不仅仅是因为德国一直是一个有阶级意识的国家；而且，在其理想的阶层等级体系中，人们往往也倾向于夸大和崇拜高等教育的价值。除了少数将军外，政府高官都受过大学教育。尽管英国的劳埃德·乔治、意大利的加里波第和墨索里尼以及法国的布莱恩德都是从普通百姓升任高官，但在德国，人们是无法想象一个像希特勒这样从中学肄业的，更不用说没有念过任何一所大学的人，一个露宿在成年男性收容所，在当时过着阴暗而又神秘的生活的人，能够跻身于弗赖海尔·冯·斯坦因、俾斯麦和比洛王子之列。更重要的是，正是由于他们对教育的高度重视，使得德国的知识分子们一直认为希特勒只是一个啤酒厅里的煽动者，永远不会成为真正的威胁。然而，到目前为止，那些暗中为他牵线搭桥的人已经帮他在许多地方招募到了有权有势的手下。即便如此，在一九三三年一月的那一天，当他成为国家总理时，绝大多数人，包括那些帮助他晋升的人，仍然认为他的上任只是一个权宜之计，纳粹主义也只是一个短暂的插曲。

直到此时，希特勒那玩世不恭的高超技巧才首次明晃晃地展露出来。多年来，他一直向所有人做出承诺，并在所有政党中获得重要的支持者,而这些党内重要人物们原本认为自己可以利用这个"无名战士"的神秘力量达到自己的目的——这是希特勒的第一次胜利。同样地,希特勒后来在国际政治中再次使用了这一策略——对那些他想要彻底消灭的国家,他向他们宣誓德国将与他们结盟,对他们保持忠诚。他是欺骗艺术的大师,向各方都许下承诺,以至于在他掌权的那天,所有持相反意见的阵营也都在欢欣鼓舞。多恩①的君主派认为他是在为德皇的回归做准备,但慕尼黑的维特尔斯巴赫②的君主主义者同样很高兴,以为希特勒是他们的人。德国民族主义者们期待着他会为他们而战,因为他们的领袖胡根贝格③与希特勒达成协议,希特勒将会在内阁里为他保留最重要的部门职位,这样他便可以一只脚踏进权力的大门了。果不其然,尽管他们之前有信誓旦旦的协议,几个星期后他还是被迫辞职了。重工业巨头们认为,希特勒可以把他们从布尔什维克主义的威胁中解救出来,因为他们多年来秘密资助的那个人现在终于掌权了。与此同时,贫困的下层中产阶级也燃起了极大的热情,因为他曾在数百次会议上向他们承诺,要将他们从支付战争赔款利息的农奴状态中解脱出来。小店主们则对他许下的关闭大百货公司的承诺念念不忘,因为大百货公司是他们最危险的竞争对手——然而这一承诺从未兑现过。此外,希特勒还尤其受到军队的欢迎,因为他的思想就是军国主义式的,而且他痛恨和平主义。甚至社会民主党也

---

① 德皇威廉二世在第一次世界大战结束后被迫退位,流亡于荷兰的小镇多恩。
② 维特尔斯巴赫家族曾经是巴伐利亚王室的统治者。巴伐利亚的最后一位国王路德维希三世在第一次世界大战结束时被废黜。
③ 希特勒上台后不久,由阿尔弗雷德·胡根贝格领导的右翼德国国家人民党便被其解散了。

以一种比预期更为友好的方式看待他的崛起,希望他能消灭他们的死敌——如今正令人不安地步步紧逼的共产党人。持完全相反政见的不同党派,都把这位对每个阶级、每个政党、每种诉求都许下诺言的无名战士当作他们的朋友——甚至德国的犹太人也没有特别不安。他们认为,一个已经进入了内阁的雅各宾分子,原则上就不再是一个真正的雅各宾了,作为德意志帝国的总理,他当然要褪下自己作为反犹煽动者的粗鄙身份。毕竟,在这样一个国家里——法律已经牢固地确立了,议会里的多数人都会站出来反对他,而且还有庄严的宪法条文保障每个公民自由和平等的权利——他还能采取什么暴力行为呢?

接着就是议会大厦纵火事件[①],议会直接在现场化为乌有,戈林松开了狼群的牵绳,让手下四处展开袭击,德国的法治在顷刻间荡然无存。在和平的年代,集中营被建立了起来,营房里还建造了秘密牢房,以便在没有正式审判的情况下杀害无辜的人,这一切都让我们感到无比震惊。我们告诉自己说,这只是新官上任三把火,是新政权上台之初的一种毫无意义的泄愤,这种情况在二十世纪不会持续太久。谁也没有想到,这只是开始。整个世界都慢慢注意到了这一点,起初大家都无法相信——如此不可思议的事情竟然真的发生了。然而,正是在那些日子里,我看到了第一批抵达奥地利的难民——他们在夜间翻越萨尔茨堡山脉,游过标志边界的河流,衣衫褴褛的人们饥肠辘辘地看着我们,充满了心酸。一场逃离非人暴行的恐慌就此开始了。不久之后,难民将分散在世界各个角落。但是,在我当时看到这些流亡者的时候,我仍然没有想到,他们苍白的脸庞也预示着我自己的命

[①] 1933年2月,德国议会大厦被纵火烧毁,此后许多公民自由权利都被暂停。

运，我们都将成为那个欲壑难填之人的牺牲品。

人们很难在短短几周内推翻一个已经存在了三四十年的认知（世界是个好地方的这份个人信念）。基于我们根深蒂固的正义观念，我们相信德国人、欧洲人和国际良知的存在，我们相信，在人道标准面前，非人的残暴上升到一定程度之后肯定会自我毁灭。我希望尽可能地进行诚实的描述，所以我必须承认，在一九三三年和一九三四年，我们奥地利人和德国人当中，没有一个人预想到不久之后我们会分崩离析的一丝丝可能性。不过，从一开始，我们这些自由职业者和独立作家们就明显地预料到，在日后一定会有某种程度的不愉快，甚至是困难和敌意。议会大厦的大火刚一发生，我就告诉我的出版商，我的书在德国的未来即将宣告终结。我永远也忘不了他当时的惊讶。"可是谁会禁您的书呢？"他困惑地问道。那时是一九三三年初。"您从来没有批评过德国一个字，也从来没有涉足过政治。"显然，在希特勒刚刚上任一周的时候，心胸开阔的人们还无法理解焚烧和公开辱骂书籍这类骇人听闻的事件——但是几个月后，它们就变成了事实。纳粹主义以其肆无忌惮的欺骗手段，小心翼翼地隐藏了它激进的目标，直到世界逐渐习惯了它们。它谨慎地试验了它的策略——每次只给一剂药，在给药后稍做停顿。一次一粒，然后等待片刻，观察它是否过于强烈了，以及世界的良知是否能吞下这粒特殊的药丸。因为所有这些暴力行为都是在德国境内发生的，所以欧洲的良心——以一种损害文明、令文明蒙羞的方式——快速地表态说，它不会偏袒任何一方。因此，这服药的剂量越来越大，直到最后整个欧洲都成了它的受害者。在希特勒的众多伎俩之中，再没有比这种战术方法更高明的主意了——他逐渐试探欧洲的底线，然后再对其不断施压，而欧洲，从道义上的孱弱，逐渐发展成了在军事上也不堪一击的状态。早在很久以前，他就私下决定从德国清除一切的言论自由和独立书籍——他也是用同样的方法慢慢试探，最终达到了目的。在一开始，没有一条法律明令禁止我们的书——这一点在两年后才成为现实。相反，他悄悄地试水，看看自己能走多远，并且把第一次袭击留给一个没有官方责任的组织——纳粹主义学生们。正如希特勒早就决定要采取抵制犹太人的措施，以"公愤"作为抵制犹太人的理由一样，一个无声的暗示悄然出现了——他授意学生们举行一次公开示威，以表达对我们作品的"愤慨"。德国学生们很高兴有机会展示他们的反动态度，顺从地在每一所大学里团结起来。他们从书店里抢了几本我们的书，拿着这些战利品，挥舞着横幅，走向一个开放的广场。在那里，他们把这些书以中世纪的方式公开地钉在木桩上——这种中世纪的风俗在当时又流行了起来。我手上就有一本在当时被钉子穿过的书，是我的一个学生朋友在它被"处决"后拿下来送给我的。他们还会一边把书绑在巨大的柴堆上——令人"遗憾"的是，他们不能把人绑在上面——烧成灰烬，一边高呼着各种爱国口号。确实，时任宣传部部长的戈培尔在犹豫了很久之后，才在最后一刻决定允许这种焚书行为，但它仍只是一种半官方的态度。尽管书商们被警告不要在橱窗里展示我们的任何作品，而且现在几乎没有任何报纸提及它们，但这些都没有对真正的读者大众产生任何影响——没有什么比这一点更能清楚地展示，当时的德国对这种焚烧和蔑视书籍的行为没有一丝认同。只要读者没有面临被监禁或者送进集中营的威胁，他们就会继续阅读我的书，而我的作品在一九三三年和一九三四年的销量也几乎和以前一样多——尽管有各种困难和干扰。希特勒的那份伟大计划——把"印刷、销售和发行犹太作家的作品"定为犯罪,从而"保护德国人民"——在当时还尚未写进法律。而当它真的变成法律条文的时候,它的目的不过是要把我们从成千上万,甚至是数百万的德国人中分离出来。但是比起阅读现在声名鹊起的"鲜血与土地派"①作家们的作品,这些德国人显然更愿意阅读我们的书——我们的读者希望对我们保持忠诚。

与众多杰出的同时代人物——托马斯·曼、海因里希·曼、韦费尔、弗洛伊德和爱因斯坦,还有其他许多我认为比我自己要重要得多的人们——共同经历文学在德国被毁灭的命运,这对我来说不是一种耻辱,更像是一种荣耀。我不喜欢摆出一副殉难的样子,所以在把我也包含在这一命运共同体之内时,我其实十分不情愿。但奇怪的是,在这种命运之下,我成功地让纳粹党,甚至阿道夫·希特勒本人陷入了一个特别尴尬的境地。在现在被丢入深渊的所有文学界人士之中,我的名字处在一个很重要的位置——事实上是最重要的位置。在贝希特斯加登别墅的那帮人当中,我的名字经常引起巨大骚动,带来无休止的争论。因此,能够让阿道夫·希特勒这位当代最有权势的人烦恼不已,也可以算作是我一生中最愉快的时刻之一了。

在新政权成立的短短几天内,我就已经造成了一些骚乱,尽管我自己是完全无辜的。当时,根据我的短篇小说《燃烧的秘密》改编的同名电影正在德国各地上映。没有人认为它有哪怕一丝一毫的冒犯之意。然而,在议会大厦火灾后的第二天——纳粹分子试图把火灾归咎于共产党,但没有成功——人们在电影院里聚集在《燃烧的秘密》的

---

① 原文是Blut und Boden——"血与土地"是一种感伤小说体裁,歌颂爱国主义和对土地的依恋,并逐渐与纳粹意识形态联系在一起。

海报和广告前，互相轻推着，挤眉弄眼，露出笑容。很快盖世太保就发现了他们欢笑的原因。当天晚上，警察骑着摩托车到处乱窜，到了第二天，我的小说《燃烧的秘密》的标题就从所有的报纸广告和张贴海报的广告柱子上消失得无影无踪了，这部电影接下来的放映也被禁止了。当然，如果纳粹分子们认为某个词冒犯了他们，因此要禁这本书，甚至要烧毁我们所有的书是件很容易的事。但在另外一件事上，他们就投鼠忌器了，因为攻击我也势必会伤害到另一个在这个关键时刻对他们的国际声望极其重要的人物——德国当代最伟大的著名音乐家理查德·施特劳斯，我们两人刚刚在歌剧上进行了合作。

这其实是我与理查德·施特劳斯的第一次合作。自从雨果·冯·霍夫曼斯塔尔为他写了《埃勒克特拉》和《玫瑰骑士》之后，他就一直是他的御用剧本作家，而我本人则从未见过理查德·施特劳斯。霍夫曼斯塔尔去世之后，他通过我的出版商联系了我，说他想开始写一部新歌剧，并问我是否愿意写剧本。我清楚地意识到这是一项多么无上的荣誉。自从马克斯·雷格为我的早期诗歌作曲以来，音乐和音乐家们就一直是我生活的一部分。布索尼、托斯卡尼尼、布鲁诺·沃尔特和阿尔班·伯格都是我的好朋友。但是，在我们这个时代，我最愿意为其效劳的人莫过于理查德·施特劳斯了，在众多德国天才作曲家中，从亨德尔、巴赫，到贝多芬和勃拉姆斯，他是我们这个时代的最后一位大师。我立刻同意了他的邀请。第一次见面时，我就告诉他，本·琼森的《沉默的女人》是一部绝好的歌剧题材。施特劳斯十分迅速而富有洞察力地同意了我的所有建议，这让我的内心感到无比愉快和惊喜。我没有想到他会对文学有着出如此娴熟的理解，而且他对戏剧的了解也相当惊人。当我还在概述动作过程的时候，他已经在脑海中看到了戏剧性的场面,并立即做出调整,以适应他实际拥有的能力——他十分清楚这一点。我一生中见过许多伟大的艺术家,但没有谁像他这样如此客观地看待自己。在第一次见面时,施特劳斯就坦白地承认,他知道一个七十岁的音乐家已经不再具有他以前那种年轻的灵感和力量了。他说,他从没想过自己在如今还能写出像《蒂尔的恶作剧》和《死亡与净化》这样的交响乐作品,因为纯粹的音乐需要非常高的创作活力。不过,书面形式的词句仍然能给以他灵感。如果给他一个用语言表达的主题,他就能将其用音乐戏剧性地充分阐述出来,因为他发现音乐主题是自发地从情景和文字之中发展而来的,所以他在晚年专门从事歌剧的研究。他还补充说,他知道歌剧作为一种艺术形式已经过时了,瓦格纳代表了一座不可逾越的山峰。"不过,"带着巴伐利亚式的咧嘴笑容,他补充道,"我找到了另一个解决办法,那就是绕着山走。"

在我们弄清楚了剧本的基本结构之后,他又给了我几个小指示。他说,他要给我绝对的自由,因为他从来不会像威尔第的歌剧那样受到事先编好的剧本的启发,只有真正的文学作品才会给他灵感。但是,如果我能留有余地,让他加入一些复杂的音乐形式,从而让音乐的色调能够以某种方式发展,他会非常高兴。"我想要的不是莫扎特那种悠长的旋律,我最擅长创作短小的主题。但我可以改变和解释这些主题,从中演变出一切的可能。事实上,我认为我在这一点上比当代任何人都做得更好。"我再一次地被他坦率的讲话方式惊呆了,因为施特劳斯的旋律确实很少超出几个小节,但这几个小节——比如《玫瑰骑士》的华尔兹——却能被调成赋格曲的结构,达到最圆满的境界。

不仅是在第一次会面中，在所有其他的会面中，我一次又一次地对这位大师在他自己和他的作品之间的关系中表现出来的客观性和确定性感到惊讶。有一次，我和他单独在萨尔茨堡节日剧院排练《埃及的海伦娜》。当时礼堂里没有别人，只有我们两个人坐在一片黑暗之中。他倾听着，突然，我注意到他的手指轻轻地、但是有些不耐烦地敲着座位扶手，然后他低声对我说道："天哪！我显然已经想不出更好的旋律了！"过了一分钟，他又说："要是我能把这段剪掉就好了！上帝啊！它真的没有一点意义，而且太长了。"但又过了几分钟，他又说道："啊，好了——你看，现在这样很好！"他在评价自己的作品时，完全是就事论事的态度，就好像他是第一次听到这首曲子，而这首曲子是另一位他完全不认识的作曲家写的一样。这种对自我能力的强烈认知从未在他身上消失过。他总是清楚地知道自己是谁，知道自己能做什么。相比之下，其他作曲家对他的意义有多大，或者他自己对他们的意义有多大，他似乎并不太感兴趣，他喜欢的只是作曲本身。

对施特劳斯来说，作曲是一个非凡的过程。没有着魔般的狂热，没有艺术家那种细腻、漫不经心的狂喜，也没有我们从贝多芬和瓦格纳的生活经历中所感受到的沮丧和绝望。他冷静而客观地创作，像约翰·塞巴斯蒂安·巴赫和其他所有杰出的音乐工匠一样，平静而有规律地谱写出一首首乐曲。早上九点，他坐在书桌前，从前一天停下的地方继续作曲，用铅笔整齐地写出草稿，再用墨水写出五线谱，一直持续工作到十二点甚至一点钟。到了下午，他会玩会儿桥牌[①]，然后再

[①] 一种当时流行的德国纸牌游戏。

完整地誊抄两三页创作好的曲谱,晚上可能还要去剧院指挥。他从来不会表现出紧张,而他那艺术家的智慧无论在白天还是黑夜都闪烁着明亮而清晰的光芒。当仆人敲着门给他送来晚上指挥时要穿的燕尾服时,他会起身离开他的工作台。收拾好了之后,他便乘车前往剧院,以一种和下午打牌时同样镇定自若的神色站在台上,指挥音乐。而他创作的灵感会在第二天早晨恰如其分地回到他之前离开时那个正确的位置上。借用歌德的话来说,施特劳斯是他自己思想的"指挥者"。对他来说,艺术意味着能力,甚至是包罗万象的能力,就像他开玩笑说的那样,"任何想成为真正的音乐家的人都必须能够给餐馆的菜单配上音乐"。困难并不能阻止他,他创造性的才智会把它们仅仅看作是一场游戏。我尤其喜欢回忆他得意扬扬地对我说:"我给歌手出了个难题!让她继续解谜吧!直到解出答案为止!"只有在这种难得一见的开玩笑的时刻,你才会觉得这个了不起的人内心深处确实有一些着魔般狂热的念头——虽然你在最初可能怀疑这一点,因为他拥有非常细致、有条不紊和可靠的工作方法和技艺,而且明显没有任何紧张的压力。同样地,他的脸乍看之下相当普通——孩子般的胖脸颊,非常常见的圆润肤质,前额并不饱满,微微有些后缩。然而,只要瞥上一眼他那双清澈的蓝眼睛,你立刻就会感觉到在他那平凡的小市民阶层的外表背后有一种特殊的魔力。它们是我所见过的音乐家中最敏锐的眼睛——如果说用恶魔般的眼睛来形容有些过分的话,我想将其描述为具有洞察力的眼睛,是一个对自己的艺术了如指掌的人的眼睛。

在与施特劳斯进行了一次愉快的会面后,我回到了萨尔茨堡,立即开始工作。两周后我就把第一幕剧本寄给了他,暗自猜想他会怎么看待我写的诗。在回信中,他给我寄了一张明信片,上面有一句来自《著名歌手》的语录：精彩的开幕。他对我第二幕的创作给予了更温暖的评价——他引用了自己的歌曲开头的几小节——"我亲爱的孩子，我多么高兴找到了你！"这种愉悦感，甚至是来自他的快乐，使我剩下的工作本身也成了一种真正的乐趣。理查德·施特劳斯没有改变整个剧本的任何一行字，只有一次他让我再补充三四行，这样他就能引入另一种嗓音。我们之间建立了一种非常友好的关系：他会来我们家做客，我也会去加米施拜访他。在那里，他根据乐谱初稿，用细长的手指在钢琴琴键上行云流水般移动着，逐字逐句地为我演奏了整部歌剧。在没有任何书面合同的情况下，我们已经自然而然地达成共识：这出歌剧一结束，我们就会马上开始下一部的合作。他也已经预先同意了它的大纲。一九三三年一月，在阿道夫·希特勒刚刚上台时，我们的歌剧《沉默的女人》的钢琴乐谱几乎已经完成，施特劳斯也完成了第一幕大部分的管弦乐编曲。几周后，德国颁布了一项法令，严禁任何非雅利安人的舞台作品，甚至包括那些与犹太人有任何关系的舞台作品在德国上演。这一项全面的禁令甚至延伸到了亡者身上——莱比锡音乐厅外的门德尔松雕像也被移走了，这一举动让所有的音乐爱好者都非常愤怒。在我看来，这项法令似乎禁锢了这部歌剧的命运，理查德·施特劳斯会理所当然地放弃与我进一步合作的任何想法，另找一个新的剧本作家。恰恰相反，他给我写了一封又一封信，追问我到底在想些什么。他说，与我猜想相反的是，他现在正忙着为《沉默的女人》配乐，想让我开始为他的下一部歌剧准备剧本，他不会让任何人禁止我们的合作。我必须坦率地承认，在整个事件中，他尽可能地维持了我们之间忠诚的友谊。同时，我不得不承认，他也采取了一定的预防措施，一些我并不敢苟同的措施——他渐渐地接近了掌权者们，经常被人看见与希特勒、戈林和戈培尔一同出入，在福特尔温格乐[①]还在婉拒为纳粹主义发声时，他已经让自己接受了帝国音乐委员会主席的任命。

在这个时候，让施特劳斯公开站在他们这一边对纳粹主义者来说是非常重要的。因为让他们颇为恼火的是，当时最好的作家和杰出的音乐家们都直接拒绝了他们的想法，而极少数同意他们，或者在之后转向他们的人，又都是一些无名小卒。对戈培尔和希特勒来说，在这样一个微妙的时刻赢得德国最著名的音乐家的支持，从纯粹的装饰意义上来看，非常有利可图。施特劳斯告诉我，在希特勒混迹于维也纳的那些年里，他不知怎么凑到了钱去格拉茨观看了《莎乐美》的首演，并对他大加赞扬。能在贝希特斯加登的晚会上表演的音乐，除了瓦格纳的作品之外，就只有施特劳斯的抒情曲了。不过，施特劳斯本人选择站在纳粹主义的立场有另一番用意。他总是坦率而冷静地承认，作为一个以自我为中心的艺术家，他的内心深处对任何政治制度都漠不关心。他作为宫廷乐队指挥，为德国皇帝贡献过军乐表演。后来他去了维也纳，又成了奥地利皇帝的宫廷乐队指挥，但后来在奥地利共和国和德意志共和国时期，他也是颇受欢迎的人物。支持纳粹主义者对他来说至关重要，因为按照纳粹的标准，他在道德上处在非常不利的境地——他的儿媳是犹太人，他担心他深爱的孙子孙女们会被学校拒之门外；他早期歌剧的剧本均由雨果·冯·霍夫曼斯塔尔创

[①] 正如茨威格所记录的那样，指挥家威廉·福特朗格勒——就像理查德·施特劳斯本人一样——试图在公开表达对纳粹的敌意和招致他们的愤怒之间选择一条中间道路。"二战"结束后，他在反纳粹法庭上为自己辩护，并最终被证明无罪。然而，在他和施特劳斯的名字之上仍然笼罩着一丝阴影。

作，而霍夫曼斯塔尔不是一个"纯粹的雅利安人"；他的出版商也是一个犹太人。因此，他认为十分有必要获得纳粹的支持，于是他坚持不懈地为此努力。他在任何德国新领导人指定的地方担任指挥，并为柏林奥运会创作了一首主题曲。与此同时，他给我写了几封极其坦率的信，在信中提到这项任务时，他几乎毫无热情。怀着艺术家的"神圣的利己主义"，他唯一真正关心的是捍卫自己的作品，尤其重要的是能够看到这部他十分喜爱的新歌剧上演。

很显然，向纳粹主义做出这种让步，对我来说是十分尴尬的。这很容易给人留下这样的印象：我秘密地站在他们那一边，或者说，我认同了自己是在受到可耻抵制的众多犹太艺术家中间的一个例外。我的朋友们不断敦促我在纳粹德国公开发表抗议。但是，一方面，我原则上十分讨厌在公开场合做出情绪化的姿态；另一方面，我也不想给像理查德·施特劳斯这样的天才带来难题。毕竟，施特劳斯是最伟大的在世音乐家，而且已经七十岁了；他花了三年时间来完成这部作品，在这段时间里，他对我表现出了友谊，表现出了完全正确的行为，甚至还表现出了勇气。所以我认为我该做的是保持沉默，让事情顺其自然地发展。我也知道，完全的被动，其实是让当今德国文化监护人的日子更加不好过的最佳方式。帝国文学院和宣传部一直在寻找一个好的借口，一个站得住脚的借口，以便在这件事情上为难他们最伟大的作曲家。如果《沉默的女人》里面包含了一些有伤大雅的描写，就像《玫瑰骑士》里一个年轻男人从一位已婚女人的卧室里走出来那样，那该多好啊！那么他们就可以宣称他们必须保护德国的道德，所以要禁止它上演。

然而，令他们失望的是，我的剧本里没有这些不道德的成分。然后他们搜索了许多盖世太保记录的档案，阅读了我以前的书。但是，他们还是找不到任何证据表明我曾经对德国，或者其他任何国家说过大不敬的话，也证明不了我曾在政治上很活跃。无论他们尝试做了什么，最终他们还是要自己做出决定。他们要么选择在世人面前抵抗这位年迈的大师——而碰巧也是他们自己把纳粹音乐的大旗送到了他的手上，给予了他在全世界上演作品的权利；要么他们只能选择让斯蒂芬·茨威格这个名字，在理查德·施特劳斯明确坚持要提到的情况下，作为剧本作者的身份像往常那样玷污德国的戏剧剧目。那将会是多么可耻的一天啊！我默默地欣赏着他们的焦虑和痛苦的困境。我猜想，如果我什么也不做，完全不去帮助或者妨碍这件事，这部音乐喜剧一定会演变成党派政治里的恼人噪音。

纳粹党十分犹豫，尽可能地拖延最终的决定。但在一九三四年年初，它最终不得不决定，是选择违反自己的法律，还是选择反对当时最伟大的音乐家。做出最后决定的日子不能再推迟了，乐谱、钢琴谱和剧本早就全部印出来了。在德累斯顿宫廷剧院，戏服已经订好，演员名单也已经定好，歌手们甚至已经开始学习他们要演唱的部分。然而，戈林和戈培尔、帝国文学委员会和文化委员会、教育部等各类政府机构和弦乐队仍然无法达成一致。尽管这一切看起来很愚蠢，但《沉默的女人》的上演最终成了一件备受争议的事件。这些政府部门中没有一个敢于承担全部责任，直接给出"是"还是"不是"的批条，来解决目前的困境。所以他们别无选择，只能把这个问题留给德国和纳粹党的主人阿道夫·希特勒来做出个人的决定。我的书在那时有幸被纳粹分子们读了一遍，他们尤其重点研究和讨论了《富歇传》，因为此书的主人翁是一个对政治毫无顾忌的人。但我真的从来没有想到，在戈培尔和戈林读过这本书之后，阿道夫·希特勒自己还得不辞辛劳地研究我写的那三幕抒情歌剧。他显然觉得做决定并不容易。后来我通过各种道听途说的消息发现，他们还为此没完没了地开了一系列会议。最后，理查德·施特劳斯被召到这些强权人物面前，希特勒亲自告诉他，将为他破例允许这部歌剧在德国上演，尽管这违反了新德意志帝国的所有法律。他在做出这个决定时，可能就像他与斯大林和莫洛托夫签署条约时一样，充满了不情愿和虚伪。

对纳粹德国来说，这部歌剧上演的那天是一个黑暗的日子，再一次地，在所有的节目单上都出现了斯蒂芬·茨威格这个禁忌词。当然，在首演当晚，我本人并没有出席，因为我知道礼堂里将会挤满穿棕色制服的人，甚至希特勒本人也会出席观看演出的后半部分。这部歌剧获得了巨大的成功，但是我必须指出的是，大部分音乐评论家们之所以非常赞赏它，纷纷抓住这个机会，用最亲切的语言赞扬我的剧本，是因为他们想借此来表达他们个人对纳粹种族主义立场的反对。所有的德国歌剧院——柏林、汉堡、法兰克福、慕尼黑——都立即宣布，他们将在下一季演出该作品。

在第二次演出之后，突然出现了一道晴天霹雳。一切都被取消了，一夜之间，这部歌剧在德累斯顿和整个德国都被禁演了。更令人吃惊的是，报纸上说理查德·施特劳斯已经辞去了帝国音乐委员会主席的职务。每个人都意识到一定是发生了什么不寻常的事，但过了一段时间我才发现全部真相。施特劳斯曾给我写了一封信，在信中敦促我尽快开始创作下一部歌剧的剧本，但是他在里面所表达的个人观点有些过于随意了。这封信落入了盖世太保的手里，它被呈放在施特劳斯面前与他对证，于是，他不得不辞去职务，歌剧也因此被禁止了。从那时起,它就只能在中立国瑞士和布拉格用德语演出了——后来经与墨索里尼的特别协议,它也在米兰的斯卡拉大剧院用意大利语演出,因为当时他还尚未站在种族主义立场上。但是,德国民众们再也无缘听到这位最伟大的音乐家晚年所创作的这部歌剧的任何一个音符。

这件引起了轩然大波的事件发生的时候,我正住在国外。我知道奥地利的动乱使我不可能在平静中工作。我在萨尔茨堡的房子离边境很近,用肉眼就能看到阿道夫·希特勒在贝希特斯加登的房子所在的那座山。与希特勒比邻而居,是一种既无法陶冶情操又极其令人不安的局面。然而,由于我靠近德国边境,这意味着我能比维也纳的朋友们更好地评估奥地利面临的威胁。那些照常在咖啡馆喝咖啡的维也纳人,甚至那些在政府部门工作的人,都认为纳粹主义是"在边境另一边"发生的事情,与奥地利没有任何关系。毕竟,领导有方的社会民主党是这里的执政党,而且几乎有一半的人口支持它。甚至受到天主教强力支持的教会党也与之一起,激烈地反对希特勒的"德国基督徒",因为这帮人现在公开迫害基督教,公开声称他们的元首"比基督本人更伟大"。而且,法国、英国和国际联盟难道不还是我们的朋友,会向我们伸出援手吗?墨索里尼不是也明确表示要保护奥地利,甚至要保证奥地利的独立吗?就连犹太人也不担心,他们表现得好像犹太裔医生、律师、学者和演员是在遥远的中国被剥夺了公民自由,而不是在一个同样讲德语的、距离奥地利只有三个小时车程的地方。他们在家里仍然轻松自在,开着车到处闲逛。"这种状态不会持续太久的"这句安慰人心的话一直挂在大家嘴边。但我记得在那次短暂的俄国之行期间,我在列宁格勒与我曾经的俄国出版商有过一次对话。

他告诉我他曾经是一个非常富有的人，并且向我描述了他曾拥有的那些美丽的画作。我问他，既然这样，他为什么不像许多其他人那样，在革命刚爆发时就移民国外。他回答道："可是，谁能想到一个由工人委员会和军队组成的共和国能维持超过两个星期呢？"在奥地利，同样的自我欺骗倾向让我们也产生了同样的错觉。

当然，在靠近边境的萨尔茨堡，人们会看得更清楚。首先，在这条标出边界的狭窄河流里，不停地有人进进出出。年轻人在夜里溜过去接受训练；煽动者们开着车，或者像普通游客一样撑着登山杖越过边境来到这里，在社会的各个阶层发展他们的队伍。他们开始招募支持者，同时威胁说，那些没有在正确的时间接受唯一的真正信仰的人以后会为此感到后悔。警察和公务员都吓坏了。我明显感觉到，在人心惶惶时，人们的行为中会带有某种不安全感。个人的亲身体验总是比其他任何例子都更有说服力：我年轻时认识的一个朋友也住在萨尔茨堡，他也是一位非常有名的作家，我们诚恳而亲密地来往了三十年。我们会直呼其名，还专门为彼此写了书，而且每周都会碰面。有一天我看见我的这位老朋友和一位我不认识的先生一起走在街上，我注意到他立即在一个展示橱窗前停了下来——橱窗里的东西显然对他毫无吸引力，但是他一边以罕见的兴趣向这位先生指着里面的某件物品，一边将他的后背转向我。"多奇怪啊，"我心想，"他明明看见我了。"但这也可能只是巧合。第二天，他突然打来电话，询问下午是否方便到我家来谈谈。我答应了他，但是有些惊讶，因为往常我们总是在咖啡馆见面。见面之后，他其实也并没有什么特别要紧的事——尽管他安排了一场如此匆忙的会面。我马上意识到，虽然他想和我保持友谊，但是以后，在这个小城市里他不想和我表现得太熟，以免被怀疑是犹太人的朋友。这使我产生了警惕,我很快注意到,过去经常来看我的几个熟人最近都与我疏远了,因为这会让他们的处境岌岌可危。

在这种情况下,虽然我并没有打算永远地离开萨尔茨堡,但我确实比平时更想要在国外过冬了,这样我就可以避免所有这些小小的紧张氛围。但我不知道,当我在一九三三年十月离开这幢舒适的房子时,我在某种程度上已经和它永别了。

我本来计划在接下来的一月和二月去往法国工作。我爱这个美丽而充满智慧的国家,就像爱自己的家一样,在那里我从未觉得自己是个外国人。瓦莱里、罗曼·罗兰、朱尔斯·罗曼斯、安德烈·吉德、罗杰·马丁·杜加尔德、杜哈默尔、维尔德拉克和让-理查德·布洛赫这些文学界的领军人物都是我的老朋友。我的书在法国的读者几乎和在德国一样多;没有人把我看作是一个外国作家,一个异乡人。我爱这里的人民,我爱这个国家,我也爱巴黎这座城市,我对它如此熟悉,以至于每当我乘坐的火车驶进北站时,我都感觉自己像是回到了家。但这一次,由于刚刚提到的特殊情况,我打算提早动身,但是又想在圣诞节过后再去巴黎。那么这段时间我该去哪里呢?我随即想到,自从学生时代结束以后,我已经有将近二十五年没有去过英格兰了。我对自己说,为什么总是去巴黎呢?为什么不在伦敦待上十天半个月,用新的视角再看看它的博物馆、城市和乡村呢?因此,我乘特快列车去了加莱而不是巴黎,在十一月的一个雾气蒙蒙的日子里,在维多利亚车站下了车,这时,距离我上一次来这里已经三十年了。灰色雾气一如既往地凉爽柔和。即使已经过去了三十年,在我的视线还没有落到这座城市之前,我的嗅觉已经辨认出那股氤氲在周身的奇怪而刺鼻、浓密而又潮湿的空气。

我没有携带太多行李，也没有抱太大期望。我在伦敦几乎没有什么亲密朋友，在文学方面，欧洲大陆的作家们和英国同行们之间也少有联系。在这里的一方小天地里，他们过着自己的日子，有自己的影响范围，保持着其他人难以融入的传统——我家里的书桌上摆着许多来自世界各地的书，但我不曾记得有哪一本是英国的作家同行们送过来的礼物。我在赫勒罗见过萧伯纳，威尔斯曾到访过我在萨尔茨堡的家，我自己写的书也都被翻译成了英文，但在这里鲜为人知。英国一直是我的作品影响最小的国家。尽管我与美国、法国、意大利和俄国的出版商保持着良好的友谊，但我从未见过在英国负责出版我的书的任何人，所以我已经准备好了面对像三十年前一样的陌生之感。

但我错了。几天后，我在伦敦的生活就已经如鱼得水了。并不是城市本身发生了很大变化，而是我自己变了。我比上一次来的时候大了三十岁，经历了第一次世界大战和战后不断加剧的紧张局势之后，我渴望再次过上一种平静的生活，不再听到任何有关政治的事。当然，英国也有政党——继承了古老的辉格党和托利党衣钵的保守党、自由党和工党，但他们的争斗与我无关。我相信在文学界中也存在着各种各样的团体和趋势，以及明争暗斗，但在这里我可以置身事外。这种状态给我带来的最大好处就是，我终于感到自己又回到了一个彬彬有礼、平静友好的社会。最近几年来，在家里、乡村和城市里，我时刻被一种敌意和紧张感包围着，时刻感到我不得不为自己辩护，被迫不断地卷入争论之中——再没有什么比这些更影响我的生活了。英国人并没有处于同样的激动状态，在公共生活中，体面和守法的程度比我们这些欧洲大陆国家要好得多，而在我们这些国家里，社会道德已经因为曾经出现的通货膨胀这一巨大的欺诈而荡然无存。英国人的生活更安静,更满足,他们更多地把心思放在修整花园和各种小爱好上,而不是关注他们的邻居,你可以在这里尽情地呼吸、思考和反思。但真正让我留下来的原因是一本新书。

事情是这样的。当时,我的《玛丽·安托瓦内特》一书刚刚出版,我正在审校那本关于伊拉斯谟的书。在那本书里,我试图把他描绘成一个人文主义知识分子,虽然他比那些致力于改造世界的人更清楚地明白那个时代的荒谬性,但可悲的是他无力做出任何改变,尽管他有一些好的想法。通过伊拉斯谟这个人物,我在这本书里隐晦地表达了我自己的观点。在校对完这本书后,我打算写一本我计划了很久的小说,传记题材已经让我有些厌倦了。但是,就在我到伦敦的第三天,出于我对签名手稿的热爱,以及在公开展览上观赏它们的热情,我慕名来到大英博物馆,里面的展品包括处决苏格兰玛丽女王的手写记录。我开始本能地好奇玛丽·斯图尔特到底是个什么样的人。她是否与她的第二任丈夫被谋杀的事件有牵连?为了在晚上找点东西看,我买了一本关于她的书。在那本书里全是对她的赞美和辩护,声称她是圣人——这是本浅薄而愚蠢的书。第二天,我无可救药的好奇心促使我买了另一本书,这本书的主张几乎完全相反。于是,这个案例引起了我的兴趣。我四处打听哪里可以找到关于玛丽的权威著作,但是谁也答不上来。所以我自己开始不懈地研究和询问,下意识地进行各种比较,不知不觉中,我已经在图书馆里待了好几个星期,并且开始在为写一本关于玛丽·斯图尔特的书而积累素材了。当我在一九三四年年初回到奥地利时,我已经决定要在日后再次回到伦敦——这座我已经爱上的城市,在那里平静地完成这本书。

回到奥地利后，几天内我就感受到了我离开后的这几个月里情况是如何恶化的。从宁静而安全的英国回到一个充满冲突和震荡的国家，就像在纽约炎热的七月里，从一个有空调的房间突然走到闷热的酷暑里。纳粹主义的压力开始慢慢摧毁宗教界和资产阶层的神经，经济上的螺丝钉也在一圈一圈地旋紧。德国带来的颠覆性影响越来越不可抑制。奥地利的多尔福斯政府试图保持奥地利的独立性，保护它不受希特勒的影响，但是在寻求最后的支持时变得越来越绝望。法国和英国离奥地利太远，内心对我们也抱着无所谓的态度，捷克斯洛伐克与维也纳之间仍然充满了积怨和对抗——这样算下来就只剩下意大利了。当时，意大利正试图在奥地利建立一个经济和政治保护国，以便掌控阿尔卑斯山的关卡和里雅斯特，但墨索里尼为此收取了高昂的保护费。如果要让奥地利归入意大利法西斯阵营，那么奥地利议会就必须解散，而这样一来奥地利的民主也就随之终结了。而如果不对奥地利最强大的政党——组织最为严密的社会民主党——加以铲除或者释权，这一切都将是空谈。然而，唯一能破坏它的方法只有残忍的暴力。

多尔福斯的前任伊格纳兹·赛佩尔已经建立了一个被称为家乡护卫队的组织来展开恐怖行动，乍看之下，这是人们能想到的一个最平平无奇的组织，里面的成员都是一些地方小律师、复员军官，还有各种三教九流、失业的工程师们，等等——都是一些生活得不如意的落魄平庸之辈，而且互相憎恶彼此。他们兜兜转转最后找到了一个领导者——年轻的斯达亨伯格王子，他曾经坐在希特勒的脚边，谴责共和与民主制度。现在，他成了希特勒的敌手，带着他的准军事部队趾高气扬地走来走去，并发誓要让某些人脑袋搬家。家乡护卫队究竟有什么积极崇高的目标，在那时还不清楚。事实上，它唯一的目的就是像动物一样把鼻子伸进食槽里，而它背后唯一的力量只有墨索里尼那只推动它向前的有力拳头。他们自称是爱国的奥地利人，却没有注意到，在接受意大利提供的刺刀时，他们锯掉的正是自己坐着的树枝。

社会民主党更清楚真正的危险在哪里，它其实完全不怕公开的冲突，因为它有自己的武器——如果它发动一次总罢工，就会使所有的铁路、自来水厂和发电厂瘫痪。但它也知道，希特勒正在等着他所谓的红色革命，因为这将给他一个借口，让他打着"救世主"的名号入主奥地利。所以社会民主党宁愿牺牲他们大部分的公民权利，甚至不惜牺牲奥地利议会，也要达成一个合理的妥协。鉴于当时的奥地利处于希特勒的阴影之下，所有有识之士都认可这样的安排。即使是多尔福斯，一个能说会道、雄心勃勃但非常现实的人，似乎也倾向于接受这个协议。然而，年轻的斯达亨伯格王子和他的朋友费伊少校（他在暗杀多尔福斯事件中起了重要作用）坚持认为，社会民主党的保卫同盟①必须交出武器，一切民主和资产阶级自由的痕迹都必须被消除。然而，社会民主党人反对这些要求。于是，威胁在两个阵营之间来回传递。在这种紧张的气氛中，我不禁忐忑不安地想起莎士比亚的那句话："如此浑浊的天空，不下一场暴风雨绝不会转晴。"②

我在萨尔茨堡只待了几天，随即去了维也纳。就在二月的头几天，暴风雨真的来了。家乡护卫队袭击了林茨的市政大楼（那里是工人们的总部），试图夺取他们认为储存在那里的武器，工人们则以声

---

① "保卫同盟"，奥地利社会民主党自己的准军事组织。
② 此句出自《国王约翰》。

势浩大的罢工作为回应。多尔福斯方面要求用武力镇压这场人为策划的"革命"。于是，正规军用机关枪和大炮包围了维也纳工人的市政大楼。这是民主派在西班牙内战之前最后一次与法西斯主义做斗争，双方进行了为期三天艰苦的巷战。工人们坚持了三天，最终还是被在武器上占优的对手击败了。

这三天我正好在维也纳，所以我见证了这场决定性战斗以及奥地利独立的最终失败。但是，由于我想做一个真实的证人，我必须自相矛盾地承认，我自己对这场革命其实什么也没有看到。一个作家如果想要尽可能真实而生动地描绘他所生活的那个时代，他也必须勇于让读者浪漫的期待落空。当今世界，革命爆发的形式和采用的手段不胜枚举，但其中最令人惊讶的就是它只会发生在一座现代大都会里的几处小角落，而大部分居民都无缘得见它的任何场面。这听起来可能有些奇怪，在一九三四年二月那段历史性的日子里，虽然我身在维也纳，但却没有看到发生在那里的任何重大事件——在这些事件发生的时候，我甚至对它们一无所知。城里有炮兵开火，许多房屋都被攻占了，冲突造成了数百人死亡——但我没有见到一具尸体。纽约、伦敦和巴黎的每一位报纸读者，都比我们这些身处现场的人更加了解事情真相。后来，我发现越来越多的证据证实了这个显著现象：在我们这个时代，离那些具有重大影响的事件的发生地只有几条街之遥的人们，对这些事件的了解可能会远不如几千公里以外的人们。几个月后的某一天中午十二点，多尔福斯在维也纳被暗杀。那天下午五点半，我在伦敦的街道上看到了报摊的海报，立刻试着给维也纳那边打电话——令我吃惊的是，电话立刻就被接通了；更令我吃惊的是，我发现，就在维也纳离外交部只有五条街远的地方，人们对暗杀事件的了解远不如我在伦敦街角的报纸上得到的信息。所以我只能把我在维也纳革命中的经历作为一个反面教材——在现代,如果人们不是正好在事发现场,那么他们对那些即将改变世界、改变他们的生活的事件会是多么一无所知。对这件事我唯一知道的就是,我和歌剧院的编舞玛格丽特·沃曼约好了在环城大道的一家咖啡馆见面。所以我步行到了那里,正要漫不经心地穿过马路,几个穿着临时拼凑的旧制服、带着武器的人走到我跟前,问我要去哪里。当我向他们解释我要去J咖啡馆时,他们让我过去了。我不知道为什么街上突然出现了警卫,也不知道他们到底打算在那里做什么。事实上,那天在郊区发生了激烈的战斗,交火持续了几个小时,但市中心的人们对此毫不知情。只有在我晚上回到旅馆,在前台付账时——因为我打算第二天一早回萨尔茨堡,我才从接待员那里听说,他担心我回不去了。他说,铁路工人正在罢工,郊区也发生了一些动乱。

第二天,报纸发表了一篇相当模糊的关于社会民主党暴动的报道,并且提到暴动基本上已经被平息了。事实上,那天进行了十分激烈的战斗,政府甚至决定在机关枪的基础上再加上大炮来对付市政大楼工人总部,但我也没有听到炮响。如果当时奥地利全境已经被占领了——无论是被社会民主党、纳粹党还是共产党占领,我会像那些一觉醒来在《慕尼黑最新消息报》上读到,他们的城市已经落入希特勒的魔掌之中的慕尼黑人一样如梦初醒。在市中心,一切都像往常一样平静而有规律地运行着,而郊区却上演着激烈的战斗。我们愚蠢地相信官方公告,以为争端已经得到解决,一切已经结束了。当我去国家图书馆查找资料时,那里的学生像往常一样读书学习;所有商店都正常营业着,没有人处于不安的状态。到了第三天,一切真的都结束了,真相才开始一点一点浮出水面。第四天早晨,火车刚刚恢复运营,我就乘车回到了萨尔茨堡。在街上我遇到了两三个熟人,他们像连珠炮似的问我维也纳发生了什么事。作为革命的"第一现场目击者",我不得不诚实地告诉他们:"恐怕我什么也不知道,你最好买份外国报纸看看。"

紧接着,第二天发生的一件事让我做出了一个改变人生的决定。当天下午,当我从维也纳回到萨尔茨堡家中后,我发现家里有成堆的校样稿和信件等着我,于是我一直工作到深夜,想要赶上进度。第二天早上,当敲门声传来时,我还躺在卧室的床上。我们那位好心的老仆人带着一种沮丧的表情出现了——要不是我明确要求他在某个时间叫醒我,他通常不会来打扰我。"您能下楼吗?"他说,"有几位警察想和您谈谈。"我很吃惊,但我还是穿上晨衣,下到一楼。那里站着四个便衣警察,他们告诉我,他们有搜查令,有权搜查我的家,我必须要把藏在房子里的保卫同盟共和军的枪械全部交出来。

我必须承认,一开始我吓得一句话也说不出来。我家里有共和军的武器?多么荒谬!我从来没有参加过任何政党,也从来没有为政治烦恼过。我已经离开萨尔茨堡好几个月了,此外,在这样一个特殊的位置建立一个武器仓库是个多么荒谬的选择。这座房子位于城外的一座山丘上,所以任何携带步枪或其他武器的人很容易在上山的路上被人看到。所以我用冷静的语气说:"那您请便。"四名警探搜遍了整栋房子,他们打开了几个柜子,敲了敲几面墙,但我从他们随意的搜查中立刻意识到,这只是为了打掩护,他们谁也没有真的相信这里有一个军火库。半小时后,他们告诉我搜查结束了,然后便离开了。这出闹剧让我如此恼火的原因恐怕需要从历史的角度来解释。在过去几十年里，欧洲乃至整个世界几乎已经忘记了个人权利和公民自由曾经是多么神圣。自一九三三年以来，随意搜查、任意逮捕、没收财产、从家园里被迫流放、被驱逐出境，以及任何其他能够想象到的羞辱行为几乎每天都在发生，而且被当作是理所当然的事情。在我认识的欧洲朋友中，几乎没有哪一位没有经历过这类事情。但是，在一九三四年年初的时候，在奥地利，搜查一个人的家仍然是一种可怕的侮辱。像我这样多年来与政治保持距离，甚至没有行使过投票权的人，被单独挑选出来进行搜查，一定是有什么用意。事实上，这是个典型的奥地利式事件。当时，由于纳粹党人每晚都在用炸弹和炸药骚扰民众，萨尔茨堡警察局长不得不对他们采取严厉措施。这种严厉的控制需要很大的勇气，因为早在那时，纳粹党已经在使用恐怖主义手段。政府办公室每天都会收到恐吓信，信上写着如果他们继续"迫害"纳粹主义者，那么他们将付出代价。当然，在谈到实施报复时，纳粹分子绝对言出必行。在希特勒入侵后的第二天，奥地利最忠诚的公务员们就被送进了集中营。因此，政府下令搜查我的房子，是为了公开表明他们在任何人面前都不会退缩，而是会采取一切必要的安全措施。但是，在这一件本质上无关紧要的小事后面，我感到了奥地利目前的严峻形势，也看到了德国对我们施加的巨大压力。在那次警察搜查之后，我便不再喜欢这栋小房子了。某种预感告诉我，这些小插曲只是一段前奏，是为日后影响更为深远的措施进行的试水。当天晚上，我便开始整理我最重要的文件，决定从现在开始移居国外。离别不仅仅意味着离开这所房子，放弃我的财产，由于我的家人像热爱祖国奥地利一样热爱这个家,所以我也将与她们告别①。但对我来说,人身自由是世界上最重要的事情。在没有告诉任何朋友或熟人的情况下,我在两天后出发了。回到伦敦后,我做的第一件事就是通知萨尔茨堡当局我已经永久放弃了在该市的住所——我迈出了与祖国奥地利断绝关系的第一步。从我在维也纳的那几天起,我就意识到了奥地利败局已定,尽管我还没有料到自己会因此失去什么。

---

① 茨威格的第一任妻子和她与前夫所生的女儿选择留在萨尔茨堡,没有与茨威格一同离开。

和平最后的挣扎

> 日落罗马,其昼已尽。
> 黑云压境,寒露初凝;
> 命悬一剑,其业亦烬。
>
> ——莎士比亚《裘力斯·恺撒》

在英格兰的最初几年里,我的生活与高尔基在索伦托的旅居生活并无二致。即使在所谓的革命之后,纳粹分子试图在多尔福斯被暗杀后通过发动突袭来控制这个国家之际,奥地利仍然存在着。我的祖国还会再持续为期四年的垂死挣扎。我可以随时回家,并没有被正式驱逐或流放。我的书原封不动地存放在萨尔茨堡的家中,我仍然持有奥地利护照,奥地利依旧是我的祖国,我依旧有作为奥地利公民的全部权利。我还没有处在一个无国籍的流放者的残酷处境中——这是一种很难向任何一位没有亲身经历过的人解释的状态:它让你时刻神经紧绷,仿佛在悬崖边上摇摇欲坠,虽然完全清醒,但是却四顾茫然,深知自己无论在哪里找到了立足点,都可能随时被推回到那片虚无中。在那时,我还仅仅处于这一过程的开始阶段。不过这一次,在一九三四年二月底,当我到达伦敦,在维多利亚火车站下车时,我感到了不同。当你决定在一个城市生活时,你的感受与只是打算游览它的心情会不太一样;你会以不同的方式看待它。我不知道我要在伦敦待多久,对我而言唯一重要的是我能够继续自己的工作,捍卫我在私人和公开场合下的自由。买房意味着束缚自己,所以我不想买房子。相反,我租了一间小公寓,刚好能容纳一张桌子和几本我不想留在故土的书,我打算把这些书装进两个壁柜里。对于一个用头脑工作的人来说,我已经拥有了所需要的一切。虽然我没有地方招待客人,但我更喜欢住在这样一个小空间里,可以时不时地来一次自由的旅行。潜意识里,我已经将自己的生活模式转变为暂时的、而不是永久的状态。

在第一天晚上——当时天已经黑了,四周的墙壁在暮色里十分模糊——我走进了这间终于为我布置妥当的小公寓里,顿时感到震惊不已。我仿佛走进了那间我在大约三十年前在维也纳为自己布置的小公寓,空间都是同样的狭小,唯一让我感到愉悦的是那些沿着墙壁摆放的书。布莱克的那幅与我形影不离的《国王约翰》上的疯国王依旧注视着我,这让我有一种做梦般的感觉。我花了好一会儿才回过神来。我已经好多年没有回想起我的第一套公寓了——这是否意味着我的生活在经历了那么长时间的奔波之后,正在退回到过去,而我会变成曾经的自己的一个影子呢?三十年前,当我选择了维也纳的那套公寓时,一切都只是开始。我什么都还没做,或者说所做的事情十分微不足道,我的那些书都还没问世,我的名字在我的国家里还不为人所知。奇怪的是,现在的情况正好相反——我的书从它们最原始的语言中消失了,从现在起我所写的东西在德国和奥地利将无人知晓。我的朋友都离我而去,旧日的熟人也都散去了,那座收藏着各类藏品、图画和书籍的房子也与我天各一方。我又回到了一个陌生的地方,就像从前一样。在这段时间里,我所尝试过的、做过的、学过的、享受过的一切似乎都随风而逝了。现在,在我五十岁的时候,我面临着另一个开始。我又一次变成了一个起床后在书桌前工作,然后去图书馆学习的学生,但我已不像以前那样充满天真的信任了。我的头发已经有些灰白,而且,一种微弱朦胧的沮丧之感时刻压在我疲惫的心头。

我不太确定是否要花大量的篇幅讲述我在英国从一九三四年到一九四〇年间度过的这段岁月,因为它已经十分接近我们现在的状况,我们都在同样程度上感受到了同样的广播和报纸内容所引起的恐惧和忧虑,又或是希望。所有人都对我们曾经的政治盲目性感到无地自容,对它所带来的后果也都感到无比震惊。任何试图解释它的人都必须提出控诉,而我们当中又有谁有权利这样做呢?还有一个原因是,在我住在英国的那段日子里,我完全过着一种深居简出的生活。因为我在心理上受到拘束,而且我深知我的愚蠢和无能让我无法克服这一拘束——在这些年来先是半流亡,然后是彻底流亡的生涯中,我一直避免置身于公开发声的圈子里,错误地认为我没有权利在外国的土地上讨论现在的局势。在奥地利,我尚且对高层的愚蠢行为无能为力,我又怎么能在这里尝试呢?我觉得自己只是这座好客之岛上的客人,如果——以我在欧洲获得的清晰而又全面的知识——我指出了希特勒所代表的危险,这很可能会被当作个人偏见。事实上,当我有时听到明显错误的观点时,我很难保持沉默。我眼睁睁地看着英国人最伟大的美德——他们的忠诚,以及他们在缺乏相反证据时对所有人都怀有善意和真诚的信念,全部都被精心策划的宣传所滥用,这令我十分痛苦。我一直听说,希特勒的全部意图是把边远地区的日耳曼人全都带进德国阵营,然后他就会心满意足,并且会通过根除布尔什维克主义来表达他的感激之情。鱼钩上的诱饵设计得十分巧妙,希特勒只要在演讲中说出"和平"这个词,报纸上就会爆发出热烈的欢呼,全然忘记他曾犯下的所有罪行,也完全不问德国为什么要重新武装起来。从柏林旅游回来的人们,在那里被小心地带领着四处参观,并且受到恭维,于是开始对这个国家和它的新主人井然有序的领导大加赞赏。英国人开始认为,希特勒想要建立一个更伟大的德国也许是一个十分合理的诉求。这里没有人意识到奥地利是关键的基石,一旦它这堵墙被拆毁,欧洲将会轰然倒塌。作为一个在家里近距离地亲眼见过冲锋部队高喊"今天的我们统治德国,明天的我们将占领世界"的人,我难免带着焦灼的目光看着大部分充满天真和高尚信念的英国人,连同他们的政府一起,被蒙蔽和欺骗。政治局势越紧张,我就越避免与人交谈,以及其他任何公开的活动。在旧大陆的国家之中,英国是唯一一个我从未在报纸上发表过时政文章,也没有参加过电台谈话或公开讨论的国家。我隐姓埋名地住在我的小公寓里,就像我在学生时代住在维也纳的小公寓里一样。因此,我没有权利在这一话题上像专家一样描述英国,尤其是我后来才意识到,在战前,我原来从未真正欣赏到这个国家根深蒂固的最真实的力量,而这种力量只有在最危险的时刻才会迸发出来。

我也没怎么去拜访英国作家。我原本有两位开始慢慢熟识的朋友——约翰·君克沃特和休·沃波尔——但是他们过早地去世了。同时,由于我是一个异乡人,一种提起来令人乏味的不安全感一直压在我的心头,所以我避免去俱乐部、晚宴和其他公众场合,这也使我很少有机会见到年轻作家。然而，我确实有过一次特别的、真正难忘的愉快经历，那就是我曾见证过那个时代英国头脑最敏锐的两位作家——萧伯纳和威尔斯——进行了一场表面上既精彩又风度翩翩，但是暗地里异常激烈的争论。那是在萧伯纳处提供的一顿午餐会上，当时的我处于一个半感兴趣又半尴尬的境地，事先并不知道是何种原因造成了这两位英国文学巨匠之间隐隐约约的剑拔弩张，让他们一接触就开始火星四射。他们以熟悉的方式互相问候，言语之间略带讽刺意味。他们一定是在原则问题上有意见分歧，或许刚刚争论完，又或许是将在这次午餐会上继续讨论。半个世纪前，这两位伟人作为这个国家的著名代表人物，都加入了"费边社"，并在当时一起为初生的社会主义事业并肩作战。但从那以后，他们都保持了各自鲜明独特的性格，因此逐渐分道扬镳——威尔斯站在他积极的理想主义立场上，并且不懈地构建他对人类未来的愿景；而萧伯纳则越来越多地带着怀疑和讽刺态度看待未来和过去的一切，并用他辛辣的智慧检验它们。他们的外貌也在这些年来变得截然相反。萧伯纳已经八十岁了，但是精神矍铄得令人难以置信，在午餐时只吃坚果和水果。他又高又瘦，精神一直高度集中，健谈的嘴角一直挂着一丝苦笑，比以往任何时候都更沉醉在他自身引发的这场似是而非的冲突火焰之中；七十多岁的威尔斯，则对生活充满热情，欣赏生活中的美好事物。他在外表上看起来越来越令人舒适，虽然他身材矮小，面颊红润，但他在偶尔出现愉快神色之后，会立刻恢复严肃的表情。萧伯纳会迅速地从一个攻击点转换到另一个，来势汹汹，令人眼花缭乱；威尔斯则在防守上有很强的战术能力，并且一如既往地坚持自己的信念。在我的印象里，他来参加这次午餐，不仅仅是为了友好交谈，而是为了在原则问题上交锋。虽然我没有事先了解这种思想冲突的背景,但这却反而让我更加强烈地感受到这种氛围。从两位战士的一举一动、每一寸目光和每一句言语之中,都可以明显地看出,他们的交战既激情四射又十分严肃。他们就像两个击剑运动员,在发动一场强势的攻击之前,会先用小小的试探性假动作来测试对方的敏捷度。萧伯纳的头脑转得更快,当他成功地回应或者闪避了一击时,他那浓眉之下就会闪现出智慧的光芒。他热衷于机智地玩弄文字,并且在经过了六十多年的磨炼之后达到了艺术大师般的完美境界,这种乐趣也因此到了登峰造极的地步。他浓密的白胡子不时抖动着,发出柔和的、带着讽刺意味的笑声,有时他会微微歪着头,似乎在观察他射出的箭是否命中了目标。面颊红润、眼神平静、戴着兜帽的威尔斯,在进攻时则更敏锐,更坦率;他的头脑也非常敏捷,但并没有产生如此耀眼的火花。他倾向于不那么凶猛地向前推进,带着轻松的自信。双方的剑锋一闪一闪地挥来挥去,一挡一刺,一刺一挡,显然都乐在其中。一个中立的观众可以尽情地欣赏这一切,欣赏他们炫目的刀锋剑术。在这种最高级别的语言飞速交锋的背后,理智的愤怒被一种英式的文雅和礼貌的辩证方式给驯服了。嬉闹中有几分严肃,严肃中又带着几分戏谑;这就是为什么这场争论如此令人着迷——两个截然不同的人物之间爆发的这场激烈冲突,表面上由一些现实的东西引发,但实际上却是出于一些暗藏的、长期持续的争端,而它们背后的真正原因是什么,我无从知道。不过,我有幸在最精彩的时刻,亲眼见证了这两位英格兰最伟大的思想巨人的言论交锋——它带给我的乐趣要远远胜过未来几周在

《新政治家与民族周刊》①上以书面形式刊登的后续，因为期刊上的论点更为抽象，读者无法清晰地看到这两位在世的作家是如何从本质上创作出它们的。事实上我很少能如此尽情地享受到不同思想之间碰撞出的火花，在此之前以及从此之后，我都再也没有在任何戏剧舞台上见到过像那次午餐会那样令人炫目的对话艺术——没有提前编好的剧本，完全是出自即兴的冲动和最高尚的精神境界。但是，在英国生活的那些年里，我只是肉体上位于那里，而并没有投入全部的灵魂。对欧洲命运的焦虑让我神经紧张，从希特勒上台到第二次世界大战爆发之间的那段时间里，我经常旅行，甚至两次横渡大西洋。或许我是受到某种先知的驱使，认为只要世界仍然还是开放的状态，船只仍然可以在和平的海面上航行，那么我就应该把对世界的印象和人生的经历尽可能地收藏于心，为日后黑暗的日子未雨绸缪地保存下来；或许这是我心中的一个渴望：在怀疑和分歧把旧世界撕成碎片的同时，我意识到了另一个新世界正在建设之中；又或许，这甚至是一种模糊的预感——我们的未来，包括我自己的未来，都将在欧洲之外。有一次，我有幸受邀在美国进行巡回演讲——这是一次可以让我尽情地欣赏这个伟大国家的好计划。从东到西，从南到北，我走遍了美国的每个角落，尽管它由各种各样的群体组成，但是这个国家在本质上十分统一。而当我愉快地接受邀请参加在南美举办的国际笔会时，我又被它更深刻地吸引了。我从未像现在这样认为，所有土地和所有语言之间的精神团结是如此重要。不过，就在启程前，在欧洲度过的最后几个小时的经历，让我在旅途中思绪万千。西班牙内战于一九三六年夏天

---

① 此周刊在1964年改名为《新政治家》。

爆发。表面上看，它只是这个美丽而悲惨的国家的一场内部纷争，但实际上，这是两个意识形态集团为争夺权力而准备的行动。我先是乘一艘英国船从南安普敦起航，原以为为了避开战区，这艘船不会在维哥——航线里的第一个停泊港——靠岸。但是，令我惊奇的是，我们确实进了港，旅客甚至被允许上岸几小时。当时维哥还在佛朗哥派的控制之下，离真正的战争还有一段距离。尽管如此，我还是在那几个小时里看到了一些会引起任何人不快的场面。在悬挂佛朗哥派旗帜的市政厅外，身着乡村服饰的年轻人正排成一列，他们大多数都是由牧师带领着，显然刚刚从附近村庄里被召集过来。一开始我不明白他们为什么站在那里。他们是被招募来从事某种紧急服务的工人，还是来领取食物救济的失业者？但十五分钟后，我看到这些从市政厅出来的年轻人都变了样。他们穿着整洁的崭新制服，带着步枪和刺刀。在警官的监督下，他们被装进同样崭新的汽车，然后飞速驶过街道，出城而去。这让我十分震惊。我在哪里见过类似的场景？先是在意大利，然后在德国！那些完美的崭新制服、闪亮的车辆和机关枪突然出现在那两个国家。我又一次地暗自思考："是谁在供应这些制服，谁在为它们埋单，又是谁在组织这些明显是社会底层的年轻小伙子对他们自己合法选举出来的代表机构——执政掌权的议会——进行斗争？"我知道国库和军火库都掌握在合法政府手里。因此，这些车辆和枪支一定来自国外，而且无疑是通过邻国葡萄牙的边境运来的。但是，是谁在提供和支付它们的费用呢？一股新的势力意图占领这个国家，而同样的力量已经在其他地方发挥了效力，这种势力不排斥暴力，而是积极地呼吁暴力，并且认为一切我们所珍视的想法，以及包括和平、人性、和解在内的生存观念，都是早已过时的软弱。躲在办公室和工业巨头的掩护之下的神秘团体，冷笑着利用年轻人天真的理想主义，来实现自己的目的，填补自己对权力的渴望。他们意图用一种全新的、更微妙的暴力手段，再一次在我们不幸的欧洲大陆上带来战争的野蛮行径。有些场景哪怕你只亲眼见过一次，所感受到的震撼也比一千份报纸的报道和小册子更有说服力。当我看到那些无辜的年轻人，带着由幕后神秘人物提供的武器，去和同样无辜的同胞战斗时，这种感觉比任何时候都强烈。在我们和欧洲的前方等待着的将是什么？——这种对未来的预感让我不知所措。在港口停靠了几个小时后，船再次启航了，我径直回到了船舱，不愿再忍痛去最后看一眼这个美丽的国家，因为它本身并没有过错，却将遭受可怕的破坏。我意识到，神志不清的欧洲，已经为它自己——我们神圣的家园，西方文明的摇篮和圣殿——宣判了死刑。

相比之下，阿根廷的景色更加令人愉快。这里是另一个西班牙——它的古老文化在这片新的、更广阔的土地上得到了保存，获得了安全保障，因为这片土地还没有被鲜血和仇恨所滋养。这里有足够多的食物，不只充足还有盈余；还有肥沃的土地来保证食物未来的供应。我感到一种巨大的幸福感，一种新的自信。毕竟，几千年来，文化总是会从一片土地迁移到另一片新的土地上；当斧头砍倒树木时，它的种子会被保存下来，在日后长出新的花朵和果实。我们的先辈们所做的事情从未完全消失，我们只需要学会在更宽阔的维度上去思考，去期待。我告诉自己，我们不应该仅仅从欧洲的角度来考虑问题，而应该放眼更远的地平线之外；不要把自己埋在垂死的过去之中，而是应该参与到它的重生之中。在这个拥有数百万居民的新城市里，全体民众都对国际笔会报以热烈的欢迎，在这里，我感到我们并不是真正的陌生人，因为那份包含了我们生命中最精华的部分的精神统一的信念，仍然在这里鲜活地存在着，丝毫不受影响。在如今更新、更快的交通方式下，连海洋也没有让我们彼此分离。摆在我们面前的是一项新事业，而不是以前的旧任务——建立我们一直梦想的共同体意识，但规模更大，概念也更大胆。如果说，我在对即将到来的战争的最后一瞥中放弃了欧洲，那么现在在南十字星座之下，我又重新燃起了信心和希望。

我对巴西的印象同样深刻，也对它同样充满希望。大自然赐予这个国家最慷慨的礼物，让它拥有了地球上最美丽的城市。在它辽阔的大地上，到现在为止还有铁路或公路尚未通车的地方，只能通过飞机到达。这里的历史比欧洲本身保存得更为完好；第一次世界大战之后的野蛮行径还没有影响到海洋这一边的礼仪和道德。这里的人们生活得更和平、更有礼貌，不同民族之间的关系也不像我们在欧洲早已习惯的那样充满敌意。人群之间不会因为血缘、种族和起源的荒谬理论而被分隔。我怀着一种奇怪的预感，觉得我可以在巴西和平地生活，因为巴西的未来有无限的发展空间，而在欧洲，不同国家的政客们会为每一寸土地争吵不休。在这里，土地还在等待着人们来安居乐业，来利用它、充实它。在这里，欧洲创造的文明正以全新的形式继续发展。在为大自然新出现的千姿百态而欣喜的同时，我的眼睛也窥见了未来。

但是，即使是漫游到了另一片星空之下，到了另一个世界，我也无法逃离欧洲的一切，无法摆脱我的焦虑。这似乎是大自然对人类最猛烈的报复，虽然我们通过所有的科技成就，将她的神秘力量掌握在了自己手中，但与此同时，我们的灵魂也遭到了毁灭。科技给我们带来的最大诅咒就是：它让我们无法逃离现状，哪怕只是短短一瞬。我们的前人在灾难来袭时可以遁世隐居，而我们这一代，不论身在何处，都注定了会在同一时刻知晓世界上任何地方正在发生的灾难。无论我离开欧洲走了多远，它的命运始终与我相伴。当我在晚上到达伯南布哥时，虽然我的头顶上方闪烁着南十字星，大街上从我身旁经过的都是深色皮肤的人群，但是我马上就看到了报纸上的新闻——巴塞罗那遭到轰炸，以及一位与我共度了好几个月愉快时光的西班牙朋友遭受了枪击。当我坐在一列经过得克萨斯州的卧铺车里时，在路过休斯敦和另一个石油城镇之间时，我突然听到一个声音在用德语大声咆哮——一位乘客不假思索地把火车收音机调到了德国的波段。所以，在火车驶过得克萨斯平原时，我的耳朵不得不忍受着希特勒的长篇大论。无论白天黑夜我都无法逃离；我被迫怀着可怕的焦虑不断地思考欧洲，以及欧洲内部关于奥地利的问题。考虑到当时整个世界从中国延伸到埃布罗和曼扎尼拉的巨大而复杂的危险，我对奥地利命运的特别关注似乎是一种狭隘的爱国主义。但我知道，整个欧洲的命运与这个恰好是我祖国的小国家的命运息息相关。回顾过去，如果我可以试着指出"一战"后犯下的政治错误，我认为最糟糕的就是欧洲和美国的政客们都拒绝了威尔逊总统的那份清晰简单的计划，反而对其进行抨击。他的想法是给予较小的国家自由和独立，但他正确地预见到了，这种自由和独立只能在一个由大小国家共同组成的、在最高权威的领导下的组织中得以维持。未能成功地建立这一最高权威（如果能建立，那么它将会成为一个真正的国际联盟），导致了他的计划只实现了一部分，即保证了小国的独立。但是这样的结果不会带来和平，而是永恒的紧张局势，因为没有什么比小国家的大国梦更危险的了。一旦这些小国建立了起来，它们就会开始钩心斗角，为小块的领土争执不休——波兰与捷克、匈牙利与罗马尼亚、保加利亚与塞尔维亚皆是如此，而在这种对抗关系中，差距最悬殊的一对就是弱小的奥地利与强大的德国。奥地利曾经是欧洲不可一世的统治者，如今已被分割和肢解。所以我需要再次强调，奥地利是欧洲整面墙上最关键的一块基石。我知道一些生活在我周围的数百万伦敦民众无从得知的事情——捷克斯洛伐克注定会和奥地利一起崩溃，然后希特勒将长驱直入，把巴尔干地区纳入囊中。由于维也纳的特殊情况，纳粹主义手中的这根杠杆，能够通过维也纳撬动整个欧洲。只有我们奥地利人知道，仇恨激起的野心将会如何驱使希特勒前往维也纳。这座城市曾见证过他最落魄的时日，所以现在他想趾高气扬地杀回来。每当我短暂地访问奥地利，然后越过边境再次离开时，我都会松一口气，心想："这一次还没有发生。"然后我都会回头留恋地看一眼它，好像这是最后一面。我可以预见灾难必然会降临。这些年来，每天早上当其他人满怀信心地拿起报纸时，我都害怕看到宣布奥地利陷落的头版头条。我以为早就摆脱了它的命运，事实上，这是一种多么可笑的自欺欺人的想法啊！虽然我身在远方，但我仍然每天都怀着焦虑的痛苦见证着它的苦苦挣扎，因此，我内心所受的煎熬远远超过了我仍在国内的朋友们，因为他们仍然还在用爱国示威来欺骗自己，并且每天都互相打气："法国和英国不会让奥地利沦陷，反正墨索里尼绝不会让这种事情发生。"他们相信国际联盟以及和平条约，就像病人相信贴有漂亮标签的安慰剂一样。他们过着无忧无虑的幸福生活，但是旁观者清的我却忧心不已。

我最后一次回奥地利的唯一原因是，在灾难越来越迫近的时候，我感到一种自发的恐惧。一九三七年秋天，我回了一趟维也纳去看望我年迈的母亲。几个星期后——大概是十一月底的某一天——我沿着伦敦西区的摄政街走回家，顺便买了一份《旗帜晚报》。就在那一天，哈利法克斯勋爵①飞往柏林，试图亲自与希特勒展开首次谈判。在那一份《旗帜晚报》的头版上——我现在还能记得它的样子——正文部分用黑色大字写在页面右侧，列出了哈利法克斯希望达成协议的各个要点，其中有一段是关于奥地利的。从字里行间我看到，或者我自认我看到了，奥地利不久就要被移交了，否则讨论这个问题还能有什么别的意义呢？我们奥地利人都知道，希特勒绝不会在这一点上让步。奇怪的是，这种程序化的要点列举只刊登在了我买的这份报纸的中午版上，而在随后的下午版上就消失得无影无踪了。（后来我听传闻说是因为意大利大使馆把这个消息泄露给了《旗帜晚报》，因为在一九三七年，意大利最担心的就是德国和英国在它背后达成协议。）我不知道这篇报道的内容中——大多数人可能甚至都没有注意到它——有多少是事实，又有多少是谎言。我唯一知道的是，我对希特勒和英国已经在进行关于奥地利的谈判感到无比震惊。可以毫不羞耻地说，在我握着报纸的时候，我的手真的在颤抖。不管是真是假，这条新闻都让我前所未有地焦心，因为即使其中只有一小部分是真的，那也预示着结束的开端，意味着这一关键的基石从墙中被撬了出来，而这面墙会随之倒塌。我立刻转过身，上了下一辆去维多利亚车站的巴士，来到帝国航空公司的柜台，询问第二天早上飞往奥地利的航班是否还有空位。我想再次见到我的母亲、我的家人和我的祖国。我买

---

① 哈利法克斯勋爵是当时的英国外交大臣。

了一张票,迅速地把几件东西装进箱子,便飞往了维也纳。

看到我突然在短时间内又一次回来了,我的朋友们都很惊讶。当我告诉他们我的恐惧时,他们又是笑得多么起劲儿啊!"你还是过去的那个耶利米,"他们讽刺地说,"难道你不知道现在全奥地利人都百分之百地支持舒施尼克吗?"他们详细地谈论了"祖国阵线"①进行的示威游行,但在萨尔茨堡,我已经见识过他们了:虽然大部分示威者在夹克领口上别着党派统一规定的徽章,以免危及他们的职位,但他们早就已经在慕尼黑的纳粹党那里做好了第二手准备。我读过、也写过太多的故事,所以我知道在某一特定时刻,绝大多数人总是直接站在权力天平上更有压倒性优势的那一方。我深知那些在今天喊着"舒施尼克万岁"的人,在明天就会大喊"希特勒万岁!"然而,我在维也纳与之交谈的每一个人,都发自内心地表现出对世界的漠不关心。他们互相邀请对方参加聚会,并且要求在这些聚会上穿着礼服,但是不曾想过他们很快就会穿上集中营里囚犯的服装;他们挤进商店,为装扮漂亮的房子进行圣诞采购,但不承想几个月后这些房子会被没收和抢劫一空。我第一次为维也纳人永远轻松的心态感到恼火,而以前我是如此热爱这一点——我的一生都曾致力于实现这一梦想——实现这种无忧无虑的自由,用维也纳作家安孙鲁贝②以维也纳方言总结的一句话就是——你不会有事的。但是,也许在这个最后关头,我在维也纳的朋友们都比我聪明,因为他们在灾难来临之前才真正开始受苦,而我在自己的想象中却已经预先经历了这一切,然后又

---

① 此处指由奥地利前总理库尔特·舒施尼克创立的法西斯主义政党弗特兰迪斯阵线,该组织试图保持奥地利的国家独立性。
② 路德维希·安孙鲁贝(1839—1889),剧作家和小说家。

不得不在现实中再次饱受煎熬。尽管如此,我还是不理解他们,也无法让他们理解我。第二天我就不再警告任何人了。为什么要去唤醒那些装睡的人,让他们失望呢?然而,我在维也纳的最后两天里,当我看着我成长过程中的每一条熟悉的街道、每一座教堂、每一所公园和花园、每一处古老城市的角落和缝隙时,我的脑海里都浮现着一句绝望而沉默的告别语——再也见不到了!这绝非回忆性的修辞手法,而是我真实的心境。我与母亲拥抱,心里暗暗知道这将是最后一次了。我将离别的目光投向我在城市和乡村里所看到的一切,知道这一次将是永别。当我路过萨尔茨堡,经过我工作了二十年的住所时,我甚至连火车都没下。我本可以从车窗边看到山上的那栋承载了我在过去岁月里所有回忆的房子,但我没有这么做。还有什么意义呢?我再也不会住在那里了。当火车越过边境时,我知道,就像《圣经》中的族长罗得一样,我身后的一切都将化为尘土和灰烬,而过往的岁月都将凝成一根苦涩的盐柱。

我原以为我已经预料到,当希特勒充满仇恨的梦想成为现实,当他胜利地入主维也纳时,届时可能会发生所有可怕之事。在他年轻时,这座城市曾因他的贫穷和失败拒绝了他。但是,我的想象力,实际上是任何人类的想象力,都远远落后于一九三八年三月十三日真实发生的不人道行为。那一天,奥地利和整个欧洲都成了公然暴力的受害者。面具被揭开了——既然其他国家已经公开表示了他们的恐惧,那么就没有必要再因为任何道德顾虑来限制这一政权的暴行了。英国、法国和世界上的其他国家又有什么关系呢?纳粹分子不再把反对和消灭马克思主义的紧迫性当作虚伪的借口,他们不只是抢劫和偷盗,而且放任各种私人性质的报复本能。大学教授们被迫徒手擦洗街道；虔诚的白胡子犹太人被欢呼雀跃的年轻人拖进了犹太人会堂，强迫他们屈膝并齐声高喊"希特勒万岁"！他们像围捕兔子一样在街道上围捕无辜的市民，并把他们带去清扫冲锋部队营房的台阶。他们在许多个夜晚里所产生的虐待狂式的病态下流的幻想，现在都在光天化日之下付诸实践了。他们闯入公寓，从颤抖的女人的耳朵上扯下珠宝——这原本是在几百年前的中世纪战争中，居民遭受烧杀抢夺时才会出现的画面，不过，他们在公开施加痛苦的心理折磨和种种文雅的羞辱中所获得的无耻快感，则是一种新鲜出现的事物。所有这一切都不是由一个受害者，而是由成千上万的人描述而来的。当另一个新的时代——一个不像我们这样在道德上疲惫不堪的、更为和平的时代来临时，人们一定会浑身战栗地读到，一个精神错乱的人在二十世纪给这座文化之都带来了多么大的恐怖阴影。在希特勒所有的军事和政治胜利中，这是他最邪恶的胜利——通过不断地过度消磨，他一个人成功地扼杀了一切正义的观念。在这个"新秩序"被引入之前，如果一个人毫无理由地被谋杀，而且没有诉诸法律，全世界都将会感到震惊；酷刑是二十世纪难以想象的刑罚；"征用"——用通俗的话来说——就是抢劫和盗窃。然而，在圣巴托洛缪的前夜[①]的一系列屠杀之后，在冲锋部队的监狱里和集中营铁丝网内的囚犯被折磨至死之后，还有什么对错之分呢？世俗的痛苦还算什么呢？在一九三八年奥地利被吞并后，我们的世界已经习惯了这些几百年来从未有过的不人道、不公正和残暴的行为。曾经，仅仅是不幸的维也纳的遭遇，就足以让

[①] 此处指的是1572年法国新教胡格诺派教徒在巴黎被天主教徒屠杀的事件。它开始于8月23日圣巴托洛缪的前夜，但实际上持续了几个星期，而且从巴黎一直蔓延到整个国家。

国际社会发声谴责,但在一九三八年,面对整个奥地利的惨状,整个世界的良知却沉默不言,或者仅仅是含混几句,随即便忘记并原谅了这一切。

在那些日子里,当我的祖国传来阵阵呼救声时,当我知道好朋友被带走,遭受折磨和羞辱时,当我为所爱的每一个无助的灵魂而忧心颤抖时,那真是我一生中最可怕的一段经历。我可以毫不羞愧地承认,由于那段经历已经让我们所有人的精神被折磨得错乱了,当我得知被留在维也纳的老母亲去世的消息时,我并没有感到害怕,也没有陷入悲痛之中。相反,知道她再也不会遭受任何痛苦和危险之后,我甚至感到一种解脱。当时的她已经八十四岁,耳朵几乎完全聋了,她一直住在一个公寓里,这间公寓是我们家的一部分,所以即使在新雅利安人的法律下,她也可以不用搬出来。我们原本希望过段时间能够以某种方式把她从奥地利接出来,因为第一批针对维也纳的法令中有一条对她非常不利。她已经八十四岁了,腿不太好使,所以她每天勉强走上几分钟后,就会在环城大道旁或公园里的长凳上坐下来休息。在希特勒统治这座城市还不到一星期的时候,他就下达了残酷的命令,不准犹太人坐在任何公共长凳上——这是那些明显专门为了恶意地折磨和虐待民众而设计的众多禁令中的一项。因为纳粹从工厂、住宅、别墅和其他空出来的地方掠夺的赃物已经足以养活他们自己的军队,以及为他们的追随者支付报酬,所以在当时对犹太人的抢劫行为尚且遵守了一定的逻辑,并且可以通过理性来判断推测。戈林就是用这种方式,建立了自己的那座金碧辉煌的画廊,而他的例子已经是其中最极端的一个了。但是,禁止让一位老太太或者一位精疲力竭的老绅士在长凳上休息几分钟,这种事竟然在二十世纪发生了,而且提出这个禁令的是一个被数百万人尊为当代最伟大的人。

　　幸运的是，我的母亲没有经历太久这种残酷的羞辱。她在维也纳被占领的几个月之后就去世了，我在这里忍不住想记录一件与她的死亡有关的事情。为了后代世人的利益，我认为十分有必要提到这些细节，因为他们肯定会觉得这些事情是天方夜谭。我享年八十四岁的母亲，在一天早上被人发现失去了知觉。被叫来的医生立刻判断她活不过当天晚上了，并找了一个护士，一个大约四十岁的女人，守在她临终的床边。我哥哥和我——她仅有的两个孩子——都不在城里，当然我们也回不来了。德国文化的代表们认为，即使是回去看望我们垂死的母亲，也是一种犯罪。一个表兄说他会在那里过夜，这样在她死的时候至少有一位亲人陪着她。我们的这位表兄当时已经六十岁了，身体也不好，事实上，他在一年后就去世了。当他开始在隔壁房间为自己临时搭一张床过夜时，护士进来，略带惭愧地对他说，根据德国的新法律，如果他留下的话，为了保全她自己的声誉，她将不能待在这里和病人一起过夜了。我的表兄是犹太人，而法律不允许一个不到五十岁的女人和一个犹太人在同一屋檐下过夜，即使是为了照顾一位垂死的女人。按照特雷彻的思维定论，任何犹太人内心的第一个念头必定是对她犯下"种族耻辱"的行为①。当然，她说，这项禁令让她非常尴尬，但她必须遵守法律。因此，我六十岁的堂兄不得不在那天晚上离开公寓，只为了能让护士守在我垂死的母亲身旁。所以，也许人们会理解，我为什么庆幸母亲不用再和这些人生活在一起了。

　　奥地利的陷落使我的生活发生了变化，起初我以为这完全不重

---

① 种族耻辱，指的是犹太人和雅利安人之间的性关系。

要，只是一种形式的变化。我的奥地利护照作废了，不得不向英国当局申请一份白色的替代性证件，一份无国籍人士的护照。在我对世界主义的遐想中，我常常暗自假设，如果我是一个无国籍的人，没有对任何国家的义务，因此毫无区别地属于所有的国家，这将是一件多么美好的事啊！但又一次，我不得不承认人类的想象力是多么有限，因为只有当我们亲身经历过最强烈的情感时，我们才能理解它。十年前，当我碰巧在巴黎遇见梅列日科夫斯基时，他向我哀叹他的书在俄国被禁了，我这个毫无经验的人还不假思索地试图安慰他——我轻描淡写地说，相比于他的作品在全世界的发行，在俄国被禁完全不算什么。现在，当我自己的作品也从德语世界中消失的时候，我更加切身地体会到了他的悲伤——这种现在只能以一种改变了的、稀释了的方式翻译出他的话语的悲伤。在申请人的等候室待了一段时间后，我被叫进英国移民局的办公室办理手续，直到那时，我才真正明白，把我的护照换成一份将我描述为外国人的证件意味着什么。我原本有权利持有奥地利护照，而且每一位奥地利领事官员或警官都有责任把我当作一个享有完全公民权利的奥地利公民，给我发放护照。但是现在，为了得到这份以外国人身份发放给我的英国证件，我必须做出请求的姿态，而且这种求来的恩惠是可以随时收回的。一夜之间，我的社会地位又下降了一步。昨天我还是一个有绅士身份的外国客人，在这里花着我在其他地方挣来的钱，缴纳税款，但现在我变成了一个移民，一个难民。我被分到一个虽然并不是不光彩的、但是确实是更低一等的级别。从现在开始我不得不为每一个印在白色证件上的外国签证而提出专门的申请，因为所有国家都会怀疑我突然沦落成为的这类人——没有公民权利，没有祖国，万一惹了麻烦或者滞留太久，就会被随意地对待，被驱逐出境回到出生地。我一直在想一位俄国流亡者多年前对我说过的话："在过去，一个人只需要有身体和灵魂。现在他还需要一本护照，否则他就不会被当作人来对待。"

事实上，也许没有什么比对个人自由和公民权利的限制，更能生动地说明第一次世界大战后世界所遭受的可怕倒退。一九一四年以前，世界属于整个人类，每个人都可以去他想去的地方，而且想待多久就待多久，不需要许可证或签证。当我告诉年轻人一九一四年以前我不用护照就能去印度和美国旅行时，他们的惊讶总是令我着迷。事实上，在那时我从未见到过护照，人们只需登上某种交通工具，然后再下去即可，途中不会被质询任何问题；现在需要填写的成堆表格，在当时一份也不需要，不需要许可证，不需要签证，也不会有任何麻烦。到了现在，由于人与人之间病态的不信任，各国的边界变成了一堵由繁文缛节交织而成的篱墙，而在当时，它们只不过是地图上象征性的线条，你可以不假思索地越过它们，就像越过格林威治子午线一样随意。直到纳粹主义开始毁灭世界的战争开始之后，二十世纪第一个思想流行病出现了，而它最明显症状就是排外——仇视或者至少是害怕外国人。各地的人们都在保护自己不受外国人的侵犯，于是大家都变得无处可去。所有以前专为罪犯设计的羞辱，在如今的旅途之前和旅途过程中都被强加在每个旅行者身上。我们不得不被人拍下左面、右面、侧面和整张脸的照片，而且头发需要剪得足够短，露出耳朵才行；我们也不得不被人取走指纹——首先是拇指，然后是剩下的九根手指；我们还得出示各种证明——一般健康证明和接种证明，以及警方签发的无犯罪记录证明，必须出示相关推荐信和邀请信的证明文件，以及亲戚的地址，必须有其他文件保证你有良好的道德和经济信用；同时，我们还必须一式三份或四份地填写和签署表格，如果这一大叠纸中少了某一张，那这个人就完蛋了。

所有这些似乎都是小事一桩，乍看之下，我在这里列举它们似乎显得有些斤斤计较。但是，正是这种毫无意义的琐碎小事让我们这一代人浪费了大量宝贵的、无法挽回的时间。当我算出来在过去的几年里，我在每一次旅行之前填写了多少份表格、纳税声明、外汇证明、过境手续、居留许可、居住地登记和注销证明时；当我一想到我花了多少时间等在领事馆和政府办公室旁的等候室里，面对各种态度友好或恶劣、无精打采或过分紧张的官员时；当我想到在边境检查站被搜查和审问所浪费的时间时，我才意识到在这个世纪里，人类的尊严已经丧失了多少。在我们年轻的时候，我们满怀信心地梦想新世纪会是一个自由的时代，梦想着国际公民时代的到来。我们这么多的生产力、创造力和思想都被这种徒劳无益而且摧残灵魂的焦躁所浪费了！这些年来，我们每个人都把原本可以用来读书和培养心智的时间用来学习官方法规了。我们不再像过去那样，通过博物馆或景点，而是通过向领事馆或警察局申请许可证的方式，来获得一个外国城市或者国家的第一印象。当我们在一起的时候（这里的"我们"指的是我们这些过去常常讨论波德莱尔的诗歌、在精神层面进行慷慨激昂的谈话的人们），我们发现自己现在只是在讨论宣誓书和许可证，以及是应该申请长期签证还是旅游签证。在这几年里，认识一个在领事馆工作、可以缩短等待时间的女性朋友，比认识托斯卡尼尼或者罗兰这样的朋友更加重要。我们不断地意识到，我们本可以生而自由，但现在我们被视为客体，而不是主体，没有什么是我们的权利，而只是政府机构赐予的恩惠。我们不停地受到盘问、被登记、被编号、被搜查、被批准盖章。直到今天,我这个来自自由时代的人,一个世界共和国的准公民,还一直无可救药地认为我护照上的每一个橡皮图章都是囚犯的烙印,而我经历的每一次盘问和搜查都有辱尊严。诚然,所有这些事情都是微不足道的小事,我知道,在一个人的生命价值比货币贬值得还要快的时代,这些都不值一提。但是,只有我们这些知情者记录下这些小小的症状,后世人才能对这两次世界大战之间的世界局势和礼乐崩坏做出正确的诊断。

也许是我过度沉溺于以往的岁月了;也许是由于过去几年的突然变化,我的神经逐渐变得过度敏感。任何形式的移民,在本质上都会不可避免地打破一个人的平衡状态。同样地,你需要亲身经历过才能理解这一点——如果在你的脚下不再是自己的故土,你会失去保持直立的姿态,你会感到更加不信任自己。我可以毫不犹豫地承认,从我不得不开始使用对我来说意味着外国人的证件或护照生活以来,我便不再感到我是完全属于我自己的了。我的一部分自然身份已经和我最初的、真实的自我一起被永远地摧毁了,我也变得不像我原本那样外向了。事到如今,我——一个前世界主义者——仍然觉得好像我必须对我所在的任何一个国家里呼吸的每一口空气表示特别的感谢,因为我的存在占用了本国人的资源。如果我认真地想一想,我就会知道这种念头十分荒谬,但什么时候人的理性能占感情的上风呢?在将近半个世纪的时间里,我一直把自己的心脏训练得像一个世界公民的心脏一样跳动,但这对我没有任何帮助。在我五十八岁的时候,在我的奥地利护照作废的那天,我发现,当一个人失去祖国时,他失去的远远不止固定边界内的那一小块领土。

但我并不是唯一感受到这种不安全感的人。动荡逐渐蔓延到整个欧洲，自从希特勒进军奥地利的那一天起，政治上的前景就一片黑暗。那些在英国秘密地为他铺路，希望以此为自己的国家买来和平的人，也开始重新审视这一局势了。从一九三八年起，在伦敦、巴黎、罗马、布鲁塞尔，在任何城镇或村庄里，人们的每一次谈话，尽管最初似乎都风马牛不相及，但最后都免不了会回归到这个话题上来：是否以及如何避免战争，或者至少推迟战争。回顾那几个月，整个欧洲对战争的恐惧愈演愈烈，我只记得在其中的两三天里曾感受到过真正的信心，再次地（或者说最后一次地）期待乌云会散去，我们能够重新自由地呼吸，享受和平。令人讽刺的是，那两三天正好就是在现在被描述为近代历史上最具决定性的关键时刻——张伯伦和希特勒在慕尼黑会面的那几天。

我知道，因为最后张伯伦和达拉第无助地向希特勒和墨索里尼屈服了，所以没有人愿意再想起那次会面。但是，我在这里要把事实呈现出来，我必须承认，曾在英国度过这三天的每一个人都感受到了这份愉快。在一九三八年九月底的时候，局势十分焦灼。张伯伦刚刚结束与希特勒的第二次见面，飞回了英格兰，几天后，我们才知道发生了什么。他去了哥德斯堡，满口答应了希特勒此前在贝希特斯加登提出的一切要求。但是，在几周前能让希特勒满足的东西，在那时已不足以填满他对权力的疯狂欲望。绥靖政策和"一再争取"的做法可悲地失败了，一夜之间，英国的信任和信心的时代宣告终结。英国、法国、捷克斯洛伐克，甚至整个欧洲不得不在"屈从于希特勒的权力意志"和"拿起武器反对他"之间做出选择，除此之外，再无他法。英国似乎下定决心要战斗。这个国家不再对重整军备讳莫如深，而是公开地，甚至是炫耀式地展示出来了。工人们突然出现，开始在伦敦的各个公园——海德公园、正对着德国大使馆的摄政公园——为可能出现的空袭建造掩体。海军被调动起来；总参谋部的军官们不断在巴黎和伦敦之间穿梭，以确保法国和英国双方在最后准备工作上的协调一致。开往美国的船只，被那些希望能够早日到达安全地点的英国人围得水泄不通。自一九一四年以来，整个英国还从未如此警惕过。人们显然更加严肃，也更加深思熟虑。他们在看到各种建筑和拥挤的火车站时，心里会隐隐地担心第二天会不会有炸弹掉在上面。伦敦的市民们在房门紧闭的家里收听广播新闻，坐立不安。全国上下每时每刻都有一种巨大的紧张气氛，虽然看不见，但却在每个人身上都能感觉到。

然后，那次历史性的议会会议召开了。张伯伦向下议院报告说，他又一次地尝试了与希特勒达成协议，再一次地——这已经是第三次了——提出在他愿意去希特勒挑选的任何一个德国城市与他会晤，以缓解战争的威胁，但是他尚未收到任何回音。然而，在议会会议进行到一半时——这个时间安排得太过戏剧化了——他们收到一封电报，上面写着希特勒和墨索里尼同意在慕尼黑开会。在那一瞬间，整个议会都失控了——这在英国历史上几乎是前所未有的事件。议员们一跃而起，大喊大叫，鼓掌喝彩，走廊里一片欢腾。这座荣耀的老建筑已经有很多年没有像现在这样兴高采烈过了。从人性的角度来说，这是一幅美妙的景象：人们是如此真诚和热情地表达了和平能够被保存下来的喜悦，以至于完全克服了英国人一贯的矜持和僵硬的态度。然而，从政治上讲，那阵爆发的狂喜是一个严重的错误，因为它暴露了这个国家是多么憎恨战争，是多么愿意为了和平而做出任何牺牲、放弃自身的利益甚至威望。结果就是，从一开始，张伯伦去慕尼黑就不是去争取和平，而是去乞求和平。但仍然没有人料到，在未来会出现什么样的投降场面。每个人都认为——我自己也这么认为——张伯伦去慕尼黑是为了谈判，而不是去投降。然后，人们又提心吊胆地等待了两三天——在这几天里，整个世界似乎都屏住了呼吸。公园里工人们继续挖掘，军工厂继续开动，高射炮一一就位，防毒面具也都发放到人们手中了。人们还考虑了从伦敦撤离儿童的计划，并且做了隐秘的准备。没有人真正理解这些做法，但每个人都知道它们的用意。早上、中午、晚上和深夜，人们都是在等待报纸和收听收音机中度过的。那种等待"是"或"不是"、神经被撕成碎片的可怕焦虑，就像是一九一四年七月那些时刻的重演。

然后，突然间，黑压压的乌云消散了，仿佛被一阵飓风吹走了一样。人们卸下了沉重的负担，心情又轻松了起来。有消息说，希特勒、张伯伦、达拉第和墨索里尼已经达成了完全的谅解，而且更妙的是，张伯伦已经成功地同德国达成了一项协议，保证了两国今后可能发生的一切冲突都能得到和平解决。这似乎是这位对和平充满持久渴望的首相所取得的决定性胜利。他本身是一个平凡乏味、无足轻重的政治家，但在最初的那个时刻，所有人的心都为他感激地跳动着。人们第一次从广播中听到"为我们这个时代争取和平"的口号，它告诉我们这一代饱经考验的人们，我们可以再一次在无忧无虑的和平环境中生活，并继续帮助建设一个更美好的新世界。在回想当时的情形时，任何试图否认自己曾被那些咒语迷住过的人都是在说谎。谁会相信，一个战败回家的士兵会举行凯旋游行呢[①]？那天早上，如果伦敦

[①] 这里指的是张伯伦隐瞒了在慕尼黑向希特勒求和的事实。

大众知道张伯伦从慕尼黑抵达英国的准确时间,一定会有成千上万的人去往克罗伊登机场等着迎接他,为他欢呼庆祝,因为我们当时都认为,是他拯救了欧洲的和平和英国的荣誉。报纸新闻也刊登出来了,上面印着张伯伦的照片——他那不苟言笑的脸在平时像极了一只愤怒的鸟儿,而现在却带着骄傲的笑容站在机舱门口,挥动着那份历史性的演讲稿,宣告"为我们这个时代争取和平"的谈判结果,并把它作为一个最珍贵的礼物带给他的民众们。到了晚上,电影院已经在新闻影片中放映了这一场景。观众们从座位上激动地站起来,欢呼雀跃,以一种即将传遍全世界的新的友爱精神互相拥抱。每个英国人,尤其是当时的伦敦人,都觉得这是难忘而振奋人心的一天。

  我喜欢在这样具有历史意义的日子里漫步在街道上,从而获得更强烈、更直接的印象,真正地呼吸那个时代的空气。在公园里挖土的工人们停了下来,人们站在他们周围有说有笑,因为"为我们这个时代争取和平"的口号使防空洞变得多余了。我听到两个年轻人用最标准的伦敦腔取笑避难所,他们表示希望能把它们改造成地下公共厕所,因为伦敦这类设施实在是太少了。大家都笑了起来,所有人都显得神清气爽,更有活力了,就像暴风雨过后的树木一样。比起前一天,他们走路的时候挺得更直了一些,肩膀也变直了,平时冷漠的英国人眼睛里有了愉快的光彩。由于炸弹的威胁消失了,建筑物也看起来不那么阴沉了,公共汽车看起来更时髦了,连太阳也更耀眼了。那句令人陶醉的口号让成千上万的人感到精神振奋。我自己也感到很高兴,丝毫不觉得疲惫,步伐越来越轻快。新的信心浪潮使我更加坚强,让我更加愉快地振作起来。在皮卡迪利大街的拐角处,我突然看见有人匆匆向我走来。他是一名英国公务员,我认识他,但是并不相熟——他是个天性内敛、不动感情的人。在一般情况下，我们只是礼貌地互相问候，他决不会想跟我深入交谈。但现在，他朝我走来，眼睛闪闪发光。"张伯伦还不错吧？"他说着，脸上洋溢着喜悦，"没有人相信他，但他一直都是对的。他从不让步，是他拯救了和平。"

这也是每个人的感受，甚至是我，在那天也有同样的感觉。第二天也是快乐的一天。报纸都欢欣鼓舞，股票交易所的利率飙升，这是多年来第一次从德国传来友好的消息，而在法国甚至有人提议为张伯伦立一座纪念碑。但这一切都只是火焰在熄灭之前最后一次明亮地燃烧。在接下来的几天里，令人沮丧的细节信息一点一点地渗透了出来——张伯伦是如何彻底地向希特勒投降；他们又是多么令人可耻地背信弃义，抛弃了曾经承诺要帮助和支持的捷克斯洛伐克。到了接下来的一个星期，人们已经明显看出，希特勒并没有满足于英国的投降，甚至在协议上的签名墨迹还没有干透的时候，协议里的每一条都遭到了破坏。戈培尔趾高气扬地对着会议大厅的拱顶发表讲话，公然宣称他曾在慕尼黑把英国逼上了绝路。希望的光芒已经消失了，但它的确真实地闪耀了一天之久，让我们的心灵得到了温暖。我永远无法忘记，也不愿忘记那些日子。

虽然我身在英国，但很矛盾的是，从我们意识到慕尼黑发生了什么事情的那一刻起，我就很少和英国朋友交往了。回避与他们交往的责任在我，或者更确切地说，回避与他们交谈是我的选择，尽管我发现自己比以往任何时候都更欣赏他们。他们对现在像潮水般涌来的难民十分慷慨，并给予了极大的帮助和同情。但是在他们和我们之间有一堵墙，把我们分隔在了不同的两边。我们在早些时候已经提前经历了在这里即将发生的事情，而他们没有。我们知道已经发生了什么，也知道将要发生什么,但他们拒绝理解,这在某种程度上违背了他们原本更为敏锐的判断能力。尽管所有的一切都发生了,他们仍旧竭力坚持一种错觉,认为一个人要有契约精神,应该言出必行,而条约就是条约,只要他们能够通情达理地从人性的角度和希特勒对话,他们就能同他谈判。数百年的民主传统和对遵守律法的承诺,使得英国上层社会无法理解,或者不愿意理解,在他们的邻国里,一种蓄意而为、愤世嫉俗、无视道德的新格局正在逐步形成,而一旦所谓的规则妨碍了他们的行动,新的德国政权就会打破与法治国家之间的交往中的所有游戏规则。对于思维清晰、富有远见的英国人来说,他们很久以前就放弃了冒险的想法,所以他们也认为像希特勒这样迅速晋升到如此高位的人,似乎不太可能走极端。他们坚定地希望并且认为,他会首先与其他敌人(最好是俄国)反目成仇,然后在过渡时期,他们能够与他达成某种协议。另一方面,对我们这些外来者来说,我们深知可怕的事情注定会真的发生。在我们每个人的脑海中,都有一个被谋杀的朋友或者受折磨的战友的形象,因此我们的目光更冷酷、更尖锐,也更无情。我们曾被驱逐、被追捕、被剥夺了权利;我们知道,在抢劫和暴力发生的时候,任何借口都不会听起来太过荒谬或虚假。所以我们这些说着不同语言的外国人和英国人是不一样的,我们经受过考验,而他们并没有。我认为可以毫不夸张地说,除了极少数英国人之外,我们是这个国家里在当时唯一没有对危险报以任何幻想的一群人。就像在过去的奥地利一样,在现在的英国,我注定又一次地以清醒的痛苦和内心的折磨来面对未来,迎接它必然的降临。但是,作为一个迫于痛苦和无奈而生活在这里的外国人,作为一位客人,我不需要发出警告。

因此，我们这些已经打上了战争烙印的人——我们的嘴唇因为预先尝到了即将发生的事情而灼烧不已，我们的内心因为担忧这个把我们像兄弟一样接纳了的国家而备受煎熬——只能向自己倾诉。然而，在大灾难发生前的最后几个月里，我曾与西格蒙德·弗洛伊德度过了一段友好的时光，这让我深刻地认识到，即使在最黑暗的日子里，与一位具有最高道德标准的知识分子交谈，也能给心灵带来无法估量的安慰和力量。几个月来，时年八十三岁、身体每况愈下的弗洛伊德仍然还生活在希特勒占领之下的维也纳这件事一直压在我的心头，直到他最忠实的学生、了不起的玛利亚·波拿巴公主①设法把他带出这座现在已沦为奴役之地的城市，并把他带到伦敦。当我在报纸上看到他现在已经抵达英国时，那真是我一生中最快乐的时刻之一——我又能见到我最尊敬的朋友了，在我以为已经失去他的时候，他又从地狱回到了人间。

在维也纳的时候，我就认识了弗洛伊德——一位伟大而严肃的人物。他比我们这个时代的任何人都更深入地扩展了我们对人类思想的认知，不过在当时他还被视作一个顽固而不合时宜的独行者。他狂热地追求真理，但也深知每一个真理都有其局限性——他曾经说过："没有什么是百分之百的真理，就像世界上没有百分之百的酒精一样！"——由于他坚持不懈地冒险进入有意识的和无意识的思想领域，学院里谨慎的学术派与他疏远了，因为到目前为止，这一领域还是没有人涉足过的，甚至是害怕回避的禁忌。乐观的自由主义世界以

---

① 玛丽亚，亦称玛丽·波拿巴（1891—1962），拿破仑皇帝的曾曾孙女，嫁给了希腊国王的第二个儿子。她对心理学很感兴趣，曾咨询过弗洛伊德，并和他进行过友好交流。他对她提出了著名的问题："女人想要的是什么？"

某种方式感觉到，这位思想上不肯妥协的人，加上他深入的心理学理论，正在势不可挡地破坏它自身的信念——通过理性和进步来逐步压抑本能的渴望——而他那无情的揭露手法，会让旧时代那种通过忽视来回避令人难堪的事物的处理方式变得岌岌可危。然而，不仅大学和学术圈里老派的神经学家联合起来反对这个令人不快的外人——整个世界，或者说整个旧世界、旧的思维方式和道德规范，以及整个旧时代都是如此对待他，害怕他一个人会揭露所有的秘密。逐渐地，人们开始在医疗上抵制他，他失去了行医资格。而且，由于他们不可能提供科学的证据来驳斥他的论文，或者反驳他提出的最大胆的问题，他们便试图以一种典型的维也纳方式，讽刺地对待弗洛伊德对梦的解析，把它们都变成玩笑话，变成滑稽的猜谜游戏。只有一小群忠实的朋友和学生还聚集在这个孤独的人周围，参加每周一次的晚间讨论——正是在这些讨论里，精神分析这门新科学初现雏形。弗洛伊德的第一批作品奠定了精神分析学的基础，不过，早在我意识到它将带来的知识革命的影响之前，那位非凡人物的坚强和他不可动摇的道德信念就已经征服了我。世上终于出现了一位可以成为年轻人的理想榜样的科学家——他的每一份结论，在找到最后的证据和有了十足的把握之前，都十分谨慎；然而，一旦他的假设有了有效的证明，哪怕整个世界的反对也不会令他动摇。他本人十分谦逊，但会为他的学说中的每一个观点而坚定地战斗，为了捍卫他的科学发现中的固有真理而保持至死不渝的忠诚。我想不出比他更勇敢的人了。弗洛伊德从不畏惧说出他的想法，即使他知道他那种清晰直接、毫不妥协的方式会让人感到不愉快。他从未试图做出任何哪怕是微小的让步——甚至是形式上的让步——来缓解他的困境。我确信，如果弗洛伊德愿意更谨慎地粉饰他的表达，用"色情"一词代替"性"，用"爱欲"代替"性欲"，如果他没有总是坚持直言不讳地说出他的结论，而是仅仅给出暗示，那么他的绝大部分理论都可以在没有任何学术阻力的情况下自由地表达。然而，在涉及他的想法和真理时，他决不愿妥协；遇到的阻力越大，他的决心就越坚定。如果我想要环顾四周寻找一个道德勇气的例子——世上唯一一种不要求别人做出牺牲的英雄主义——浮现在我眼前的总是弗洛伊德的那张英俊的、充满男子气概的清晰脸庞，和他那双平静地直视着我的黑色眼睛。在为他的祖国赢得了超越时代的世界性荣誉之后，在他已经垂垂老去、重病缠身之际，他又要从那里逃难到伦敦来。但他并没有变得卑躬屈膝，或是精力衰弱。我一直暗自担心，当我再次见到弗洛伊德时，在维也纳经历了那么多可怕考验之后的他会感到痛苦或精神错乱，但我发现他比以往任何时候都更轻松快乐。他带着我参观他位于伦敦郊区的房子里的花园。"我有住过比这更好的地方吗？"他问道，曾经严厉的嘴角浮现出灿烂的笑容。他给我看了他心爱的埃及雕像，那是玛利亚·波拿巴为他抢救出来的。"你看，我又回家了。"他工作的那几页对开本的大手稿，摊开在他的桌子上。虽然已经八十三岁了，但他每天照旧用同样清晰、圆润的笔迹写作，他的思想还像鼎盛时期一样清醒而勤勉。他坚强的意志战胜了疾病、衰老和逃亡，而积蓄在他天性中的善良，在多年的斗争后第一次自由地流露了出来。岁月让他变得更温和了，他所经历的种种考验也使他对人生有了更深刻的体会。他有时会做出一些亲昵的手势，这是我以前在他身上从未见过的变化，因为他原本是个沉默寡言的人。他会用一只胳膊搂着我的肩膀，闪闪发亮的眼镜后面是他温暖的眼神。这些年来，与弗洛伊德的对话一直是我最大的精神乐趣之一。你在向他学习的同时也在欣赏他；你能从他说的每一个字中感到，他那伟大的心灵能够理解你，他从来没有谴责过任何人，也不会为任何人的任何坦白而感到震惊，或者为任何人说的任何话而失去平和的心境。对他来说，能够清楚地理解别人，并帮助他们同样清楚地了解自己，这一意愿在很久以前就成了他生活里的本能目的。没有什么比在那黑暗的一年里——同时也是他生命的最后一年里——更能让我强烈地感到，他的那些长篇论述是多么不可替代，又是多么值得感激。只要你一走进他的房间，外面世界的种种纷乱就消失了。所有极为残忍的东西都变得抽象了，困惑也被澄清了，眼前的一切都温顺地回到了它在时间轮回里原本的位置上。在最后，我真正地认识了这位当之无愧的智者，也发自内心地感到：他完全超越了自我，把痛苦和死亡当作一种超脱人格的课题来研究和观察，而非一种个人的体验。他的死亡和他的人生一样，都是一项伟大的道德成就。弗洛伊德当时病得很重，很快就离开了我们。去世前他嘴里还带着假牙托，显然很难开口说话。你会为听到他说出的每一个字而感到羞愧，因为他的发音那么费劲。但他从来没有放弃说出任何一句话，向他的朋友们表明他的意志仍然比身体带给他的低级折磨更为坚强，对他钢铁般坚强的心灵来说至关重要。他的嘴唇因疼痛而扭曲，但直到生命的最后几天，他都在书桌前写作，甚至当病痛使他晚上无法入睡时——他那健康而深沉的睡眠是他八十年来旺盛精力的源泉——他也拒绝服用安眠药或者注射止痛药。他不希望自己清醒的头脑受到这种缓和剂的损害，哪怕是一个小时也不可以，他宁愿忍受痛苦也要保持完全清醒，宁愿在痛苦中思考也不愿完全不去思考。直到生命的最后一刻，他也一直保持着一个英雄的风度。他的死是一场艰苦卓绝的斗争，持续的时间越久，就越令人振奋。随着时间的流逝，死亡的阴影越来越清晰地笼罩在他的脸上。死神掏空了他原本饱满的脸颊，凿陷了他额头两侧的太阳穴，扭曲了他的嘴唇，让他再也无法开口说话。但是死亡这个阴暗的谋杀者无法战胜他的眼睛——那是一座坚不可摧的瞭望塔，他内心的英雄主义精神就是从这里眺望着外面的世界。他的双目和头脑一直保持着清醒。在我最后几次拜访他的时候，有一次我带着萨尔瓦多·达利去了他的住所。达利在我眼中是新一代最有才华的画家，而且他非常崇敬弗洛伊德。在我和弗洛伊德交谈时，他画了一幅弗洛伊德的素描，但我从来没敢把它呈给弗洛伊德欣赏，因为达利仿佛先知般地画出了他脸上的死亡。

这是一场我们那个时代最伟大的意志和最敏锐的思想在走向衰落之前的殊死一搏。只有等到他清楚地认识到自己再也不能写作或思考时，他才像罗马式的英雄那样，让医生结束了他的痛苦——因为对他来说，清醒一直是思想中至高无上的美德。这是一个美好生命的美好终结，即使在那个杀人如麻、横尸遍野的年代，这也是一次值得纪念的死亡。当我们——他的朋友们，把他的棺木放进英国的泥土中时，我们心里十分清楚，我们正把祖国最精华的部分奉献给这块土地。

在与弗洛伊德的谈话中，我经常提到希特勒统治下的世界的恐怖以及外面发生的战争。作为一个有人性的普通人，他对兽行的可怕爆发深感痛苦，但作为一个思想家，他对此一点也不感到惊讶。他说，他一直被视为一个悲观主义者，因为他否认文化的威力能够战胜人类的本能，而时下发生的事情正以最可怕的方式证实他的观点（尽管他对此并不感到自豪）：从根本上而言，人类不可能消除内心深处野蛮的破坏性。他说，也许在未来的几个世纪里，我们能找到一些方法，至少在各国的共同生存环境中抑制这种本能，但在日常生活和人类的根本人性中，这种本能仍是不可消除的力量，也许是因为它是关乎生死的必备条件和张力。在他生命的最后几天里，他更加关心犹太人身份的问题和当时正在发生的悲剧。作为一名科学家，他在这方面无法给出任何建议，他那清醒的头脑之中也没有这个问题的答案。他在不久前发表了对摩西的研究，把他描述成一个埃及人，而不是犹太人。由于他把摩西归为非犹太人的这一理论缺乏证据，所以他同时触怒了虔诚的犹太人和民族主义者。他说，他现在很后悔自己在犹太人历史上最可怕的时刻出版了这本书——"现在，犹太人的一切都被夺走了，而我却还要带走他们民族里的伟人。"我不得不同意他的观点，的确，如今的每一位犹太人都比之前要敏感许多倍，因为即使是在一个全世界都受到影响的悲剧发生时，他们也是真正的受害者，总是首当其冲地受到无处不在的迫害，甚至在悲剧的飓风吹来之前，他们已经受到了侵袭。无论走到哪里，他们都知道，一切罪恶首先会影响他们，而且总是会影响他们最深。现在到了希特勒这里，这个史书上前所未有的仇恨狂人一心想要羞辱他们，并追捕他们到天涯海角，直到他们退无可退，走向死亡。越来越多的难民连续几周，甚至连续几个月地到达这里，每周新来的一批都比前一周到达的那批难民更加贫穷和痛苦。第一批匆忙离开德国和奥地利的人还能够保存他们的衣服、行李和家用物品，他们中的许多人甚至还带了一些钱出来。但是，他们对德国的信任越久，他们就越难以离开这个他们深爱的国家，而他们的遭遇也越来越不幸。首先，犹太人被禁止从事他们原本的职业，禁止去剧院、电影院、博物馆，学者被禁止访问图书馆。那些留下来的人们，或是出于冷漠，或是出于忠诚，还有的人是因为胆怯，而另一些人则是出于自尊心——他们宁愿在国内受辱，也不愿在国外沦为乞丐。然后，他们又失去了家里的仆人。再往后，家里的收音机和电话也被拿走了，住房也被没收了，他们被迫戴上"大卫之星"的标记，这样街上的每个人都会像避开麻风病人一样避开他们，他们会被视为社会的弃儿，被人回避和虐待。他们所有的权利都被取消了，并且遭受了各式各样的精神和肉体上的暴力，而且这些暴力都是用戏谑的方式强加在他们身上。对每一个犹太人来说，那句古老的俄国谚语——"没有人能保证不会沦为乞丐，也没有人能保证不会进监狱"——对他们而言突然变成了可怕的现实。种种折磨之后，最后还剩下的人就被扔进了集中营里，在那里，最骄傲的人的精神意志也会被德国人的管教手段所摧毁。他们的一切都被抢走了，并且被驱逐出境，只留下身上的衣服和口袋里的十个马克。到了边境之后，他们就得向领事馆乞讨，在他人的土地上寻求庇护，但是这通常都是徒劳的——哪个国家愿意收留失去一切的赤贫乞丐呢？我永远不会忘记我有次在伦敦一家旅行社里看到的景象。里面全都是难民，而且几乎都是犹太人，他们都想去某个地方，或者说任何一个地方，不管是极寒的北极还是酷热的撒哈拉沙漠，他们都愿意前往那里，继续前行，因为他们被允许待在原地的期限已尽，不得不继续与他们的妻子和孩子一起向另一个地方出发，行走在另一片陌生的星空之下，到达一个说着陌生语言、周围都是陌生人的世界里，而那里的人们也并不欢迎他们这些不速之客。我在旅行社里遇到了一位曾经非常富有的维也纳实业家，他也是我们当中最有智慧的艺术收藏家之一。一开始我没认出他来，因为他看上去很苍老，头发灰白，神色疲惫，双手虚弱地撑在一张桌子上。我问他想去哪里。"我不知道，"他回答道，"现在谁会在意我们想要什么？他们能让你去的地方，你就得去。有人告诉我，有可能在这里拿到去海地或圣多明戈的签证。"这使我的心被紧紧地揪了起来——一位携家带口、疲惫不堪的老人，抱着一丝颤抖的希望，期盼着能搬到一个他在地图上甚至都找不到的地方，而且只能通过沿路乞讨的方式去到那里！他已然成为一个失去了真正的生活目标的异乡人！在我们周围，还有人在急不可待地问着别人如何能到上海去——他听说中国仍然允许难民入境。大家都挤在一起——前大学教授、银行家、商人、财主和音乐家——他们都已经做好准备，打算带着他们可怜的生命里的一些残存部分，翻山越岭，漂洋过海，去往任何地方，做任何事情，忍受任何痛苦——只要能够离开欧洲。他们就像一群游魂野鬼。但是最震撼我的是，这几十个备受折磨的人仅仅只是一列很小的先头部队，在他们身后，是一支由几百万，甚至是上千万犹太人组成的庞大而散乱的队伍，他们被洗劫一空，在战争中饱受践踏，只能等待慈善机构的捐款，等待当局的许可，等待着拿到旅行费用。这样一群庞大的队伍，被希特勒所点燃的森林大火残酷地驱逐，惊慌地四处逃散，挤向所有的欧洲边境火车站。他们是一个被剥夺了权利的民族，一个被禁止存在的民族，然而这个民族两千多年来从未改变过，他们所要求的仅仅只是不用再继续流离失所，能够找到一个宁静和平之处，让他们能够试着落脚安顿下来。

但是，在这场二十世纪的犹太悲剧中，最悲惨的部分在于，这些受害者们并不能理解这场悲剧有任何意义，而且他们知道自己不应受到责备。当他们的祖先在中世纪被驱逐的时候，他们至少明白，是他们的信仰和律法给他们带来了痛苦。那时的他们仍然拥有今天的犹太人在很久以前早就失去的东西——对上帝不可侵犯的信仰——

作为他们灵魂的护身符。他们生活在一种骄傲的幻觉中，忍受这种幻觉的折磨。他们认为，作为世界和人类创造者的天选民族，他们注定要面对伟大的命运和特殊的使命，《圣经》话语里的允诺就是他们的诫命和律法。当他们被绑在火刑柱上烧死时，他们把《圣经》抱在胸前，而《圣经》为他们点燃的内心之火让凶残的火焰也显得不那么可怕了。当他们在世界各地被追捕时，他们仍然在上帝那里拥有最后的避难所，而且任何世俗的权力，皇帝、国王或者宗教审判都不能把他们从这个避难所里驱赶出去。只要他们所信仰的宗教把他们团结在一起，他们就仍然是一个团体，因此成为一股不可忽视的力量；当他们被流放和迫害时，他们认为这是在为自己的错误赎罪，因为他们的宗教和风俗习惯使他们与世界上所有其他国家隔绝开来。然而，二十世纪的犹太人不再是一个共同体，而且在很早之前就已经不再凝聚在一起了。他们彼此之间没有共同的信仰，觉得自己的犹太身份更像是一种负担，而不是骄傲的来源，他们也不清楚自己有什么使命。他们的生活已经脱离了那些曾经对他们来说是圣书的戒律，他们也不再使用曾经共同使用过的古老语言。他们越来越急不可耐地融入周围人的生活，想要成为其他社群的一部分，分散到整个社会中——哪怕只是为了摆脱迫害，能够停泊下来，不再永无休止地逃亡。这样的后果就是，他们不再相互理解，而是成了其他民族的一部分——他们更像法国人、德国人、英国人和俄国人，而不是犹太人。他们当中有曾经住在柏林豪宅里的银行家、正统教区里的教堂执事、巴黎的哲学教授，还有罗马尼亚的马车夫；有入殓工，也有诺贝尔奖获得者；有歌剧女高音，也有葬礼上的职业女哭丧人；有作家，也有酿酒师；有的富有，有的一贫如洗；有大人物，也有小人物；有虔诚的犹太教徒，也有接受启蒙的进步派；有以放高利贷为生的，也有睿智的有识之士；有犹太复国主义者，也有已经被同化的犹太人；有德系犹太人，也有西班牙系犹太人；有公正的人，也有奸邪之人，以及在他们之后遭受迫害的那些自认为早已摆脱诅咒的绝望至疯狂的人群——那些皈依了基督教的人和混血犹太人。只有现在，当他们都集中在一起，如草芥一般地被扫地出门时，犹太人才被迫再次——几个世纪以来第一次——成为一个单一的社群。自从被驱逐出埃及后，这个一次又一次地被驱逐的民族已经很久没有这样的感觉了。但是为什么这种不断重现的悲剧是他们的命运，而且只发生在他们身上呢？这种毫无意义的迫害的原因究竟是什么？目的是什么？他们被赶出了他们曾经居住过的土地，却从来没有得到过他们自己的土地。他们被告知：不要和我们一起住在这里！但是没有人告诉他们可以去住到哪里。他们被指责犯了罪，但没有人告诉他们应当如何赎罪。于是，在逃亡的途中，他们用灼热的目光互相对视："为什么是我？为什么是你？为什么你和我会在一起？我不认识你，我不懂你的语言，我不了解你的思维方式，我们毫无共同之处。"为什么我们都遭受这样的命运？没有人能回答这个问题。即使是当时头脑最清醒的学者弗洛伊德——我当时和他谈论了许久——也看不出这种荒唐有什么意义，以及用什么办法能够摆脱它。但也许这就是犹太人存在的终极意义，他们隐秘而坚持地活着，一次又一次地向上帝提出约伯所问的那个永恒的问题[①]，以免这个问题被彻底遗忘了。

[①] 《圣经》中《约伯记》的主旨问题是：为什么虔敬而无辜的义人要遭罪？为什么上帝缄默不言？为什么上帝不主持正义？

当你认为早已死去并被埋葬的东西突然复活,并以它原来的形式和面孔向你靠近时,再没有比这更可怕的感觉了。那是一九三九年的夏天,从慕尼黑传来的短暂的错觉——"为我们这个时代争取和平"的口号——已经在人群中消失不见,希特勒也已经打破了他的誓言,出兵进攻早已支离破碎的捷克斯洛伐克,占领了梅梅尔①,德国媒体大肆煽动,强烈呼吁进一步吞并但泽和波兰走廊。英国人开始痛苦地从盲目的信任中觉醒过来。即使是单纯的、没有受过教育的、对战争的恐惧纯粹是出于本能的人们,也开始极度不满。所有的英国人——我们那栋公寓的看门人、电梯服务生、做家务的女仆——都开始主动跟你说话,尽管他们通常都十分保守而冷漠。他们谁也不清楚究竟发生了什么事,但他们都记得一件明显而不可否认的事——作为英国首相的张伯伦曾两次飞往德国维护和平,而对希特勒来说,再多的让步也不够。议会中突然出现了更严厉的声音,要求"停止侵略"。你可以感觉到,人们正在为了迎接——或者更确切地说,为了反对——即将来临的战争而做准备。惨白色的防空气球再次盘旋在伦敦上空,看起来依旧像灰色的玩具大象一样无辜;防空洞再次被挖开,已经分发的防毒面具也被仔细检查。局势再次变得和一年前一样紧张,甚至更紧张,因为这一次,站在政府背后的不再是一个天真而轻信的民族,而是一群坚定和愤恨的民众。

在那几个月里,我离开了伦敦,搬到了巴斯的乡下。我一生中从未如此痛苦地意识到人类在世界剧变面前是如此无助。作为一个有

---

① 这座位于普鲁士东部的城市,曾经是德国最北的地方,根据《凡尔赛条约》,它和周边地区与德国其他地区划分开来,暂时由国际联盟进行管理。这一地区是希特勒最先吞并的领土之一。

敏锐感知和丰富思想的人,我想远离任何政治,专注于我的作品,安静而持久地工作,把我多年的生活以书的形式赋予意义。然而,在某处看不见的地方——在柏林的威廉大街,在巴黎的奥赛码头,在罗马的威尼斯宫以及伦敦的唐宁街,一群我完全不认识,也从未谋面的陌生人,在没有任何证据表明他们有非凡智慧的前提下,却在互相商议着,通过一些电话谈判,最终达成了我们毫不知情的协议。他们所做的决定与我们毫无关系——我们从未了解过这些决定的细节——但是,他们最终决定了我的人生轨迹,也决定了欧洲每一个人的人生轨迹。我的命运掌握在他们手中,而不是我自己手上。他们可以毁灭,也可以保全我们这些手无寸铁的人们;他们可以给我们自由,也可以强迫我们成为奴隶;他们为数百万人做出决定——是进行战争还是保持和平。我和其他人一样,只能在自己的房间里坐立不安地等待,像苍蝇一样无助,像蜗牛一样无能为力。而与此同时,我的生活和我的未来,我脑海里的思想,我已经计划好的事情,还有尚未完成的计划,我的无眠和睡梦,我的意志,我拥有的物品,甚至我的整个存在,都处在一个生死攸关的时刻。我就坐在那里,盯着房间里的一片虚无,就像一个死刑犯被关在牢房里,被拴在这种毫无意义的无力等待之中;而我身旁的狱友们彼此问着问题,喋喋不休地互相商议着,好像我们当中有谁知道或者可能知道,在我们身上会发生什么,以及为什么会这样。电话铃响了,是一位朋友打电话来询问我的想法;报纸来了,不过上面的消息让我更加困惑;收音机里充斥着各种演讲,然而它们都相互矛盾。我走到街上,遇到的第一个人上来就问我是否认为会有战争,而我和他一样都一无所知。我自己也会问别人问题,也会喋喋不休地议论,尽管我很清楚,这些年来我所积累的知识和经验,以及我所获得的先见之明,与那十几个陌生人的决定相比,都毫无意义。二十五年来,这是我第二次无力地面对自己的命运,我的自由意志发挥不了任何作用。毫无意义的想法不断地涌入我的脑海,让我头皮发麻,痛苦不已。最后,我再也忍受不了待在大城市里了,因为在每个街角张贴的海报上都有刺眼的文字,它们像恶狗一样向我扑来;因为我发现,每当我路过熙攘的人群时,我都想通过眼神读出他们的心中所想。但我们的想法其实都一样——在这个命悬一线的赌博中,我的整个人生,我的余生,我尚未完成的书,以及我到现在为止人生的使命和生命本身的意义,都被押上了赌注,而我们只能单纯地决定,是跟牌,还是不跟,是选择红方,还是黑方。

但是,这场外交赌盘里的弹球继续滚来滚去,速度缓慢而令人紧张,一会儿滚到这头,一会儿滚到那边,来来回回,一会儿是黑和红,一会儿又是红和黑。希望和失望接踵而至,好消息和坏消息不断穿插,但始终没有一个确定的结果。我告诉自己,我要忘记这一切,逃入我的思想和工作里;逃到一个我只是我的地方,自由地呼吸和生活,不再是任何国家的公民,不再是任何地狱游戏里的赌注;在这个已经疯狂的世界里,我要逃到一个理性还能产生一些合理效果的世外桃源。

我手上已经准备好了要做的工作。多年来,我一直在不断地积累素材,准备写一本分为上下两卷的关于巴尔扎克及其著作的传记。然而,我一直没有鼓足勇气去启动这样一个巨大的长期项目。现在,由于我在面对当前事件时缺乏勇气,这反而给了我开始这部作品的勇气。我动身去了巴斯,因为这座城市是许多辉煌的英国文学的诞生地,尤其值得一提的是菲尔丁的作品。因此,它比英格兰的任何其他城市都更能抚慰我不安的眼神，给我一种仿佛置身于另一个更和平的十八世纪的幻觉。但是，那些被赋予了温柔的美丽景色，与纷乱的世界和我的思绪，形成了多么令人痛苦的对比啊！就像一九一四年七月的奥地利比我记忆中的任何时候都更美丽一样，一九三九年八月的英国也是如此明媚灿烂。柔软如丝的湛蓝天空又一次像上帝赐福般地出现在我们眼前，温暖的阳光又一次照耀在树林和草地上，到处都开满了灿烂的鲜花，所有的一切都让人感到是那么和平宁静——虽然人们已经武装了起来准备打仗。在那些鲜花盛放的草地上，在巴斯周围的山谷里，我再一次地尽情呼吸和平的空气，难以相信如此疯狂的事情真的会发生。再一次地，这幅令人愉快的景色莫名地使我想起一九一四年的巴登。

我也再一次地选择了不相信，和上次一样，我为夏季出国旅行做了准备。国际笔会将于一九三九年九月的第一个星期在斯德哥尔摩举行，我的瑞典朋友邀请我作为名誉嘉宾出席，因为当时的我已经不能再代表任何国家。我好心的东道主为我提前安排了一个时间表，在接下来的几个星期里，每天中午和晚上，甚至每个小时的时间都被安排得满满的，而且我很久以前就订了一张船票。然而，紧接着就出现了铺天盖地的有关战争动员的威胁公告。按照任何理性的原则，在这种时候，我应该收拾我的书和手稿，匆忙地离开英国，因为这个国家随时可能会处于战争状态，而如果战争真的来了，作为一个在英国的外国人，我很可能会被视为一个敌方的外来者，然后我就会受到各种限制自由的威胁。但我的内心有一种奇怪的想法，让我不愿服从理性的命令，不愿拯救自己。这一半是出于一种挑衅态度——因为命运似乎无处不在，而我不想再一次地逃跑，另一半是出于疲惫。我引用莎士比亚的话对自己说:"我们总会与这些时刻不期而遇。"我告诉自己,如果命运真的想让我们相遇,那就不要再无谓地抗拒。在我已经快要步入六十岁的关头,我早已活过了生命中最好的部分,所以我已经没有什么真正的遗憾。于是我坚持了这个决定。同时,我还有一些想尽快完成的事情,我希望我的生活能够有条不紊地向前推进。由于我计划再次结婚[①],所以我不想再耽搁一刻,以防我和我未来的妻子会因为收容或其他不可预知的措施而长时间分开,所以那天早上——九月一日,一个公共假日——我们去了巴斯的婚姻登记处申请结婚证。登记员非常友好,而且很有效率,他看了看我们的文件,并且理解我们和当时所有人一样想尽快结婚的愿望。仪式定于第二天举行,他拿起笔,开始在登记簿上用漂亮的圆体字写下我们的名字。

就在这时——大概是十一点左右——房间的门被猛地推开了。一个年轻的公务员匆匆走了进来,同时把外套扔在一旁。"德国人入侵了波兰。这意味着战争开始了!"他在安静的房间里大声喊道。这句话像铁锤一样重击在我心上,但我们这一代人的心脏已经习惯了各种打击。"这并不一定预示着战争,至少现在还没有。"我满怀信心地说。这位年轻人的回答听起来几乎已经出离了愤怒:"不!"他有力地喊道,"我们受够了!我们不能让这一切每隔六个月就重来一遍!

[①] 正如前文所述,茨威格在他的回忆录中完全没有涉及他的私人生活。然而,当他最后一次离开萨尔茨堡时,他的第一任妻子弗里德里克和她与前夫所生的女儿们选择继续住在那栋山顶的房子里。之后,她和茨威格之间仍有通信往来,她也给茨威格寄去了他在英国和去美洲大陆旅行时所需要的书。然而,多年过去后,他们渐行渐远,茨威格与他在伦敦时的秘书洛蒂·奥特曼的感情日益浓厚。在与弗里德里克离婚之后——这在很大程度上是一种相当友好的安排——茨威格与洛蒂结婚了。1942年,洛蒂与他一同自杀身亡。

现在必须结束这一切！"

与此同时，这位已经开始为我们写结婚证的登记官，若有所思地放下了笔。他说，毕竟我们是外国人，一旦发生战争，我们就会自动变成敌人，他不知道在这种情况下由他来主持我们结婚是否还合适。他很抱歉，但他必须先请示伦敦方面，接下来便是两天的等待、希望、恐惧和焦虑。星期天早上，广播里传来了新闻——英国对德国宣战了。

在那个奇怪的早晨，当收音机在房间里播放了这则爆炸性消息后，我们沉默地关闭了它。这条信息将持续几个世纪，将永远彻底地改变我们的世界，也将随之改变我们每个人的生活。对同样沉默地聆听这则消息的其他广大民众来说，它还意味着死亡，意味着哀悼、悲伤、绝望和对我们所有人的威胁。艺术家的创造冲动可能要再过上许多年才会再次回归。战争又降临了，而这一次将比世界上以往发生过的任何冲突都更为可怕，影响也更为深远。一个时代又一次地落幕了，而新的时代也开始了。我们静静地站在突然变得死寂的房间里，彼此都避免眼神对视。与此同时，外面传来了悠然的鸟鸣，鸟儿充满爱意的自由戏耍声在微风中时隐时现，树枝在金色的阳光下婆娑摇摆，仿佛树叶之间想要温柔地亲吻彼此一样。我们古老的大自然母亲，像往常一样，对她的孩子们的烦恼一无所知。

我走进自己的卧室，打包了一个小手提箱。如果我的那位身居高位的朋友所言成真，我们生活在英国的奥地利人将会被当作德国人来对待，行动也会受到同样的限制，有可能我今晚就无法在自己的床上睡觉了。我的社会地位又下降了一级。在过去的一个小时里，我从这个国家里的一个外国人变成了一个来自敌对国家的外国人，一个被强制流放、焦灼的心灵无处安放的人。对于一个早就因为种族起源和自身的思想而被打上"反德"的烙印，被德国从家园里流放的人来说，如今在另外一个国家里，按照官僚机构的条例，我这个奥地利人又将被强行划分在一类我从不属于的群体当中，还有什么是比这更荒谬的事情呢？简单地大笔一挥，我的整个人生就被颠倒了过来，而且变得毫无意义。我虽然用德语写作和思考，但我所有的想法和愿望，都与现在这些拿起武器为世界自由而战的国家更为相似。所有的联系都被切断了，所有已经发生的和正在发生的都随风而散了，一切都支离破碎了，我意识到我不得不在战争结束后——再一次地——重新开始。四十年来我一直坚定地为之努力的个人事业——一个和平的欧洲联盟——被彻底地摧毁了。比我自己的死亡更让我害怕的是，人与人之间的战争第二次爆发了。我曾经为促进人类和人类思想的和解做出了不懈的努力，然而，就在这个需要团结一致的时刻，我却感到一生中从未有过的无助和孤独，就像突然被推入了无尽的黑暗之中。

我又一次地前往巴斯城里，最后看了一眼"和平"的样子。这座小城静静地躺在正午的阳光下，似乎和往常一样。人们迈着平日的步伐走在同样的街道上，他们一点儿也不着急，也没有聚在一起激动地谈论，而是看上去十分随意和镇静，有一种恰如其分的礼拜日氛围。有一刻我甚至在怀疑："他们难道还不知道发生了什么事吗？"但他们是习惯于隐藏感情的英国人，他们不需要鼓声和旗帜，不需要噪音和音乐来增强他们坚定而冷静的决心。这与一九一四年七月我在奥地利的情形是多么不同！不过，同样地，那时的我和现在的我也是多么不同！当时的我年轻而又缺乏经验，而如今，厚重的人生回忆已足以将我压倒！我知道战争意味着什么，当我看着那些拥挤不堪、琳琅满目的商店时，我的眼前突然浮现了一九一八年那些商店的景象：货架被清空，店铺被洗劫一空，只剩下空荡荡的橱窗，像瞪大的眼睛一样望向我。仿佛白日梦魇般地，我又看到了忧心忡忡的妇女们在食品店外排长队等候，还有悲伤的母亲们、受伤和残废的男人们——曾经那种巨大无比的恐怖又一次缠上了我，就像一个在正午阳光下的幽灵。我想起了那些如今已经迟暮的士兵们，他们从战场上回来时衣衫褴褛，疲惫不堪；我的心开始怦怦直跳，在始于今天的这场尚未露出恐怖獠牙的战争中，我回忆起了过去所有的战争。我知道，曾经的一切又一次灰飞烟灭了，所有的成就都已化为乌有——我们曾生活过的欧洲故乡已经被摧毁了，而这种毁灭在我们死后还将持续很久。不过，与此同时，一个新的时代也开始了，但谁知道我们还得经历多少炼狱才能到达那里呢？

  那天的阳光明媚而温暖，在回家的路上，我突然看见自己的影子走在前面，就像我从这次战争中窥见了上一次战争的影子一样。那个影子与我日夜相随，无处不在，始终徘徊在我的心头，也许这本书的书页上也隐藏着它黑暗的轮廓。但是，毕竟每一片阴影也都是光明的孩子，而只有那些见识过光明与黑暗、经历过战争与和平、体会过崛起与衰落的人，才算是真正地活过了这一生。